天台談義所

成菩提院の歴史

成菩提院史料研究会

法藏館

口絵１　伊吹山

口絵２　成菩提院山門

口絵 3　成菩提院参道

口絵 4　成菩提院建物全景

口絵 5　盂蘭盆会

口絵 6　同上

口絵７　調査風景

口絵８　調査風景

序文

第六十一世住職　山口智順

このたび、成菩提院の歴史および所蔵史料について、情報を公開し学術面から広く検討していただく機会を得ることとなりました。かかわった多くの方々に感謝したいと思います。

成菩提院は、天台宗の祖師である伝教大師最澄の開山といわれ、南北朝時代の貞舜以来、談義所寺院として発展してまいりました。とくに第二世慶舜、第三世春海、第十世真海、第十七世真祐などが学僧として名高く、学問寺院としての成菩提院を確立しました。また、末寺（菅生寺）の僧であった栄心が著した『法華経直談抄』に見られるような、天台教学の民衆教化を志向した側面をも持っていたと考えられています。一方で、西山流の灌室として、天台密教の重要な拠点でもあったことが知られています。

こうした点が明らかになった画期は、成菩提院第五十九世の尾上寛仲師が精力的に行った調査・研究活動でした。尾上師によって日本全国、とくに関東に多い談義所寺院の分布や、談義所間を行き来した人や書物の動きなどが明らかにされ、その後の研究の基礎となっています。また尾上師は、とくに成菩提院についても、住職という立場から基礎的な研究を推し進めましたが、所蔵史料全体を調査するには至りませんでした。

平成六年（一九九四）以降、福田榮次郎先生（当時、明治大学教授）を中心とする調査団が、大原観音寺に続き成菩提院史料の網羅的調査に着手し、主に歴史史料（中世古文書を中心とする）の調査において、いくつもの重要な成果を挙げました。

本書執筆者の一人である曽根原理氏は、福田調査団に招かれて平成七年から調査に加わり、関西の文化系大学教員などの協力を得て、主に宗教史料（以下「聖教」と呼称）に関する悉皆調査に着手しました。さらに、平成十九年末からは、同様に関西の歴史系大学教員の協力を得て、近世文書の悉皆調査にも着手しました。こうした調査体制によって、成菩提院の所蔵史料の概要が次第に明らかになって参りました。

現在、成菩提院は、浄土曼荼羅、伝聖徳太子像、不動明王二童子像（いずれも国指定重要文化財）、普賢十羅刹女像、大般若経（いずれも県指定文化財）などの文化財を所蔵し、また中世から近世にかけての古文書を多く所有しております。美術や歴史方面の所蔵史料等については、『坂田郡志』『山東町史』などの自治体史や、諸先生方の御論考である程度知られていましたが、その後研究が進展し、より広く各時代の活動の実態を伝える諸史料について調査が進みつつあります。今回は、その中間報告ということで、現時点で判明している事実等を確認し、新たな知見も示されるようです。是非、多くの皆様のご関心を得て、成菩提院の歴史と文化財の意義が明らかになることを願っております。

本書は大きくは三部構成となります。第一部の通史・伝承編では、成菩提院の歴史の概要について中世から明治初期までを記述し、また伝承にも言及されています。第二部の文化財編では、所蔵する主要な史料（文書・聖教）などの解説を、多くの研究者の協力により分担執筆していただきました。第三部の資料編では、所蔵史料の概要や年中行事などを補足し、略年表も加わりました。

本書の内容は、なお検討や精査を必要としていますが、今まで知られていなかった成果も盛り込まれています。今後の研究の進展のため、多くの方にご覧いただき、ご批判やご意見を賜れば幸いです。

天台談義所　成菩提院の歴史＊目次

序文――山口智順 i

第一部　通史・伝承編

一、貞舜と談義所の成立……5
貞舜の伝記と教学　5
談義所としての成善提院　15
二、第二世慶舜と西山流灌室の成立……18
慶舜の学問とその活動　18
西山流灌室の成立――『阿娑縛抄』と『行用抄』――　25
『阿娑縛抄』　25
『行用抄』ほかの枡型折帖本　29
三、第三世春海以降の学問と教学……32
第三世　春海　32
第四世　明舜　38
第五世　舜海　40
第六世　心舜・第七世　宣舜　41

第八世　快尊・第九世　定海　43
第十世　真海・第十一世　真円・第十二世　心芸　46
第十三世　憲栄　48
第十四世　定舜・第十五世　亮運　49
第十六世　光栄　50
第十七世　真祐・第十八世　澄芸　52
第十九世　祐円　54
四、成菩提院聖教にみる寺院ネットワーク……55
五、戦国期から信長・秀吉時代にかけての成菩提院……61
六、近世初期の成菩提院……63
関ヶ原合戦と成菩提院　63
徳川家康の寺領安堵　65
天海による蔵書持ち出し　66
七、近世の末寺……69
近世前期の本末関係　78
近世後期の本末関係　79

八、兼帯寺院としての成善提院……81
延暦寺西塔正観院との兼帯　81
俊静による東照宮八講の実施　87
画期となった栄応　88
九、六如慈周の活動……91
安楽騒動との関係　91
詩人六如の活動　94
十、豪恕・円体の活動……97
大般若経購入と貞舜顕彰　97
本堂倒壊と祐円二百回忌　101
十一、幕末・明治初期の動向……102
幕末の成善提院　102
孝健の住職継承　104
孝健の着任　107
十二、成善提院の伝承……109
開創伝承　109

戦国大名の宿所として　110
関ヶ原合戦と成菩提院　112
宝物の伝承　112
近世の略寺史　113

第二部　文化財編

はじめに……131
一、指定文化財……141
一―一　浄土曼荼羅図　一―二　聖徳太子像
一―三　不動明王二童子像　一―四　金銅雲形孔雀文磬
一―五　大般若経　一―六　普賢十羅刹女像
一―七　兜率天曼荼羅図
二、中世文書……161
二―一　権律師実尊田地譲状
二―二　清滝寺維那代全盈・監寺全等連署為次名補任状
二―三　年中雑々　二―四　年中日記
二―五　織田信長禁制　二―六　豊臣秀吉朱印状
二―七　田古新帳　二―八　石田三成掟書十三条

三、中世聖教……179
三―一　天台名目類聚鈔
三―二　瑜祇秘訣
三―三　仏土義々科見聞
三―四　断簡
三―五　題未詳　論義抄
三―六　題未詳　灌頂次第書
三―七　〔行用抄〕
三―八　花鳥集
三―九　聖徳太子講法則
三―一〇　守護国界章
三―一一　法華文句輔正記
三―一二　慶舜・春海弟子分交名
三―一三　〔血脈〕
三―一四　行用抄
三―一五　持誦鈔
三―一六　悟鈔
三―一七　阿娑縛抄　愛染王
三―一八　阿娑縛抄　香薬
三―一九　阿娑縛抄　許可
三―二〇　阿娑縛抄　護摩要
三―二一　阿娑縛抄　請雨ヵ
三―二二　阿娑縛抄　文殊一字
三―二三　阿娑縛抄目録
三―二四　阿娑縛抄　安鎮法日記集　丁　断簡
三―二五　相伝法門私見聞　上巻
三―二六　〔行用抄〕
三―二七　〔栄心印信断簡〕
三―二八　教時義
三―二九　華厳仏光三昧観秘宝蔵　巻下
三―三〇　金剛界儀軌
三―三一　山家要略記
三―三二　算題
三―三三　相伝口決抄
三―三四　即位法門　断簡
三―三五　兒灌頂
三―三六　法華玄義　断簡
四、近世文書……215
四―一　禁制
四―二　成善提院宛行状写

四—三　成菩提院法度
四—四　宗門檀那請合之掟
四—五　末寺法流書物
四—六　地蔵院一件
四—七　前田安芸守用状
四—八　御検地ニ付指上申手形ノ事
四—九　天真法親王令旨
四—一〇　法華八講関係
四—一一　谷汲山観音三十三年開帳覚
四—一二　成菩提院栄応書付（写）
四—一三　青木大梵天王一件
四—一四　公遵法親王令旨写
四—一五　下知状
四—一六　谷汲山十一面観世音菩薩像出開帳関連
四—一七　令旨写
四—一八　口宣案
四—一九　書付
四—二〇　弔手形事
四—二一　修復願書付
四—二二　祐円法印弐百回忌諸記
四—二三　人別改帳
四—二四　請書草案
四—二五　成菩提院寺領代官掟
四—二六　口上覚
四—二七　入院諸記録

五、近世聖教……349

五—一　不動法　私
五—二　虎巻秘法・虎巻守　秘伝
五—三　庚辰和讃・役行者神変大菩薩講式
五—四　歳内祈念録・祈念録
五—五　札・護符類

第三部　資料編

一、主要典籍一覧……361
二、年中行事……389
1　成善提院の年中行事　389
2　成善提院の年中行事と料理　390
3　関連史料四点　翻刻　393
三、略年表……431
あとがき　439
英文目次　*1*

天台談義所　成菩提院の歴史

第一部

通史・伝承編

寂照山成菩提院《じゃくしょうざんじょうぼだいいん》は、滋賀県米原市柏原《かしわばら》（旧、山東町）に位置する天台宗寺院である。中世には円乗寺《えんじょうじ》とも称し、また日本三カ所竪義のうちの海道竪義として知られた寺院であった。(1) 近世以降になると、桓武天皇勅願所として伝教大師最澄が建立したとの記述が成菩提院に伝わる覚書等に述べられるが、これが事実であるか定かではない。実際に成菩提院を開いたのは貞舜《じょうしゅん》である。ここでは、中世における成菩提院とその歴代をみていく。とくに中興開山貞舜、第二世慶舜《けいしゅん》、第三世春海《しゅんかい》は「柏原三代」と称され、(2) 成菩提院の基礎をつくった僧侶である。

一、貞舜と談義所の成立

貞舜の伝記と教学

はじめに、中興開山の貞舜（正平四・貞和五年〈一三四九〉～応永二十九年〈一四二二〉）の事績を紹介する。貞舜の伝については、『円乗寺開山第一世貞舜法印行状』（以下、『行状』(3)）にその前半生がみえる。この『行状』は、

已上貞舜行状、円乗寺の蔵本を以て、院代真乗院某手書して銀鹿を附して送る

庚寅宝永七年中元日横川厳覚記

と、宝永七年（一七一〇）に厳覚が「円乗寺蔵本」を書写した旨の筆者奥書があり、これ以前の成立と考えられる。この「円乗寺蔵本」については、成菩提院に残る史料のなかに木箱が一箱あり、その蓋に「開山貞舜法印伝記　一冊」と記されている（図3）。残念ながら史料そのものは残されていないが、これが「円乗寺蔵本」と関係のあるものなのかもしれない。

以下、まずはこの『行状』によりその半生をみていきたい。

貞舜の父親は足利直義の被官の平元慈純で、出羽国住人であった。彼は尾張国小熊郷（現、岐阜県羽島市小熊町）を知行していた。また、母親は美濃国多芸庄島田（現、岐阜県養老郡養老町）の住人であった。

貞舜は、二十七歳ごろまで貞純といった。二歳の時に上洛し、四歳の時に主君の足利直義の没落により、都を離れ、一家で多芸庄の柏尾寺（廃寺。現、岐阜県養老郡養老町）の法師であった、母の姉の子の侍従公を頼り、その寺に居住した。父は六歳の時に死亡し、その後侍従公を師として出家した。そして叡山にて受戒し、柏尾寺に帰るも、管弦などの遊興にふけってしまった。応安元年（一三六八）、同じ美濃国にあった摩尼寺（廃寺。現、岐阜県養老郡養老町）において、近江公（貞祐法印）という僧に師事して天台教学を学んだ（図1）。

このころの貞舜の修学をうかがうものとして、『血脈私見聞』[4]があり、これは永和元年（一三七五）に柏尾寺の貞祐から授かったものである。[5]その後二十一歳で大塚社での蓮華会の講衆を勤め、その後も、聖教の書写をはじめ、修学を積んだ。永和二年（一三七六）元応寺にて両部灌頂をうけ、三十一歳で清水社の学頭職を得た。先の永和二年には比叡山の西塔院南尾の蓮台坊に住んだ。そして五時講・十禅師講・慈恵講などの講師を勤めた。嘉慶元年

一、貞舜と談義所の成立

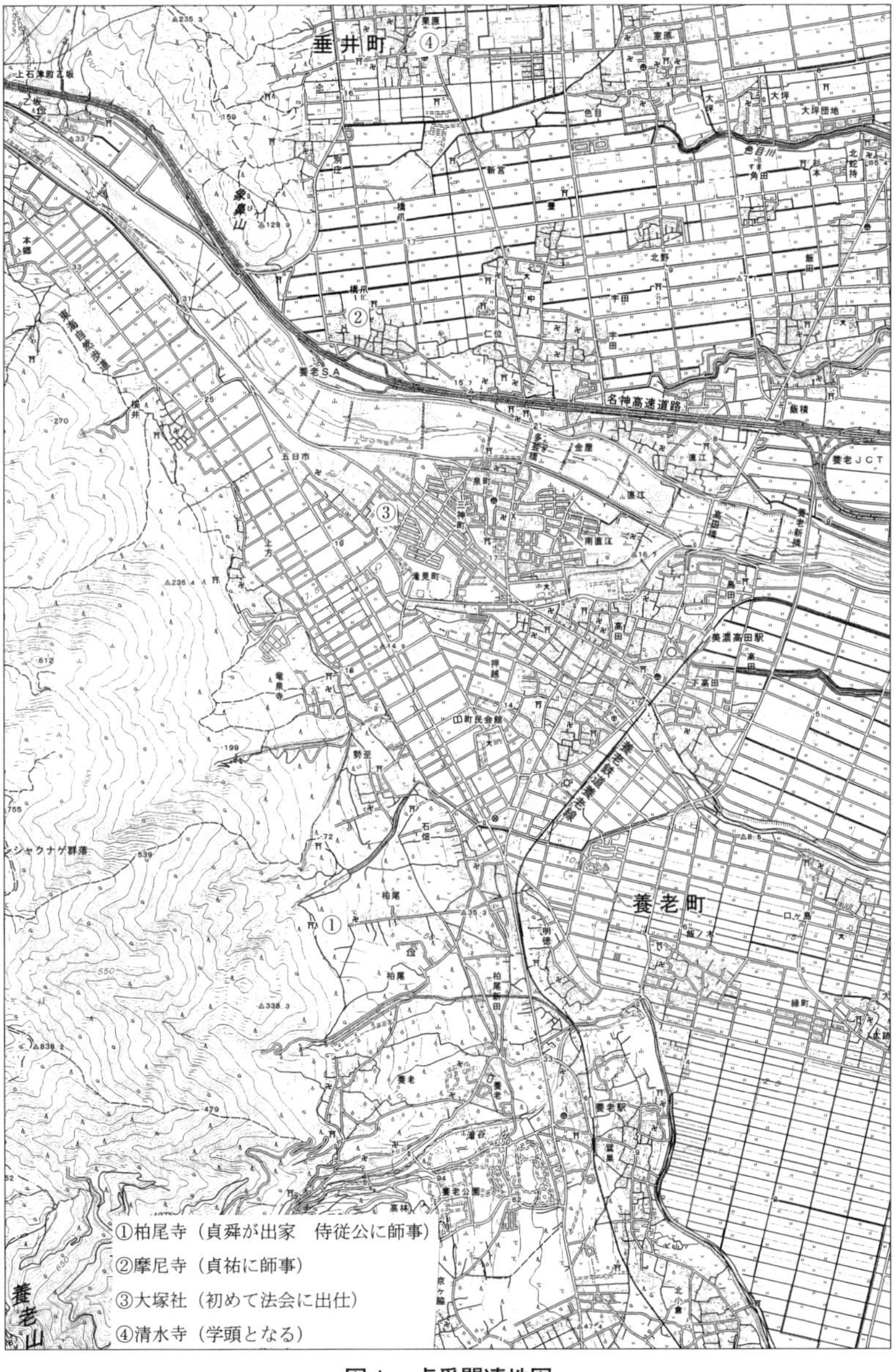

図１　貞舜関連地図

（一三八七）には近江国清滝寺（現、滋賀県米原市山東町）に住み、談義をはじめており、このころ清滝寺は談義所ともなったようである。

清滝寺は、現在では徳源院とも称し、成菩提院の近くに現在も所在している天台宗寺院で、京極佐々木氏の菩提寺ともなっている。また、地図（図2）で位置関係をみてみると、成菩提院との往来については、現在でも成菩提院の裏山のふもとをぬけていけば、それほど時間のかからない近い距離に位置していることがわかる。貞舜は、このようなルートを通り、清滝寺と成菩提院の間を往来していたのかもしれない。

嘉慶二年（一三八八）に清滝寺が放火され、貞舜は住房であった万徳坊を出た。『行状』には以上のことが記されるが、その後同年五月には「青龍寺」（清滝寺カ）、十二月には美濃国多芸庄清水寺に移っている。

この嘉慶二年の動きについては、『宗要白光』菩薩部奥書[6]に「本云、嘉慶二年五月十九日青龍寺貞舜本云、応永二十二年九月十八日於江州柏原荘令書写畢」とみえ、また、『宗要白光』教相部上の奥書には、「嘉慶二年十二月二十日於濃州多芸庄清水寺書写畢云々　貞舜」という記述があり、「青龍寺」[7]（清滝寺）、柏原庄、美濃国多芸庄清水寺などを転々としながら教学研究にはげんでいたことが裏付けられる。

そして、応永七年（一四〇〇）に柏原談義所が成立したと考えられている。成菩提院文書の「明徳五年殿村中屋沙弥導一田地売券」の裏書に、「円乗寺能化大夫貞舜」と見え、応永七年「万徳坊実尊寄進状」（文化財二―一）にも、清滝寺万徳坊の実尊から、「円乗寺能化大夫立者貞舜」に田地が譲られた記載が見られるためである。

この寄進状によれば、応永七年十二月一日付で、権律師実尊の私領田地二段半（柏原庄内大谷口平太林にある）を円乗寺能化大夫立者貞舜に譲る、というものであった。

この史料により、円乗寺成菩提院への田地寄進が行われていたことから、成菩提院の経済基盤が築かれたことが

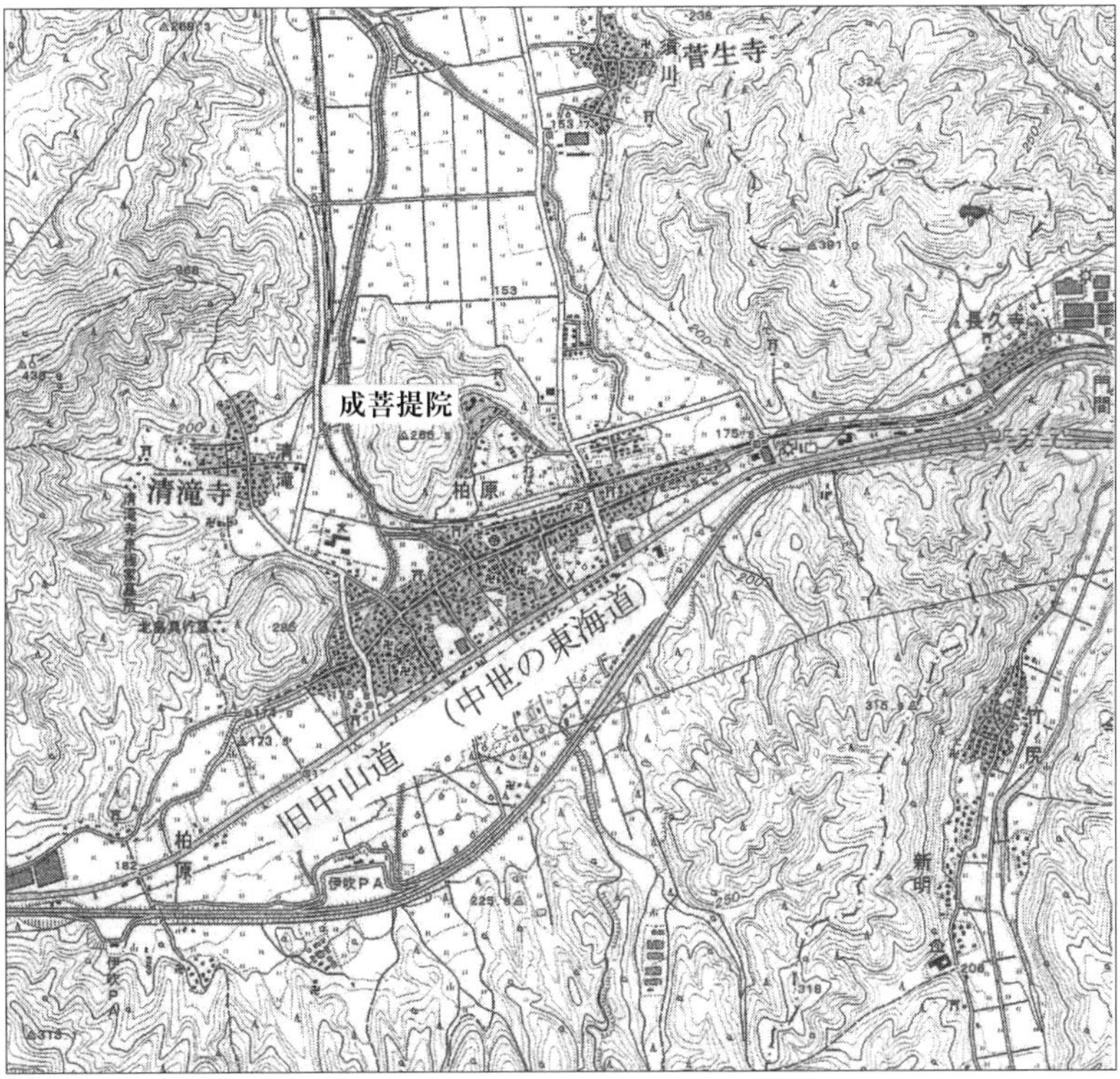

図２　成菩提院周辺地図（国土地理院「関ヶ原」より作成）

推定されている。[8] ここにみえる実尊と貞舜の関係は不明である。

また、「能化」とは、教化する者の意で、この記述から、貞舜はこの時期にすでに「教える立場」の学僧であり、談義所としての成菩提院の成立を同時に示すものであるとも考えられる。

『行状』にもみえるように、貞舜は修学のため数多くの聖教等を書写している。これらにより、伝記にみえない貞舜の活動を次にみていく。

貞舜が制作、書写した聖教については、多数のものが残されているし、また、成菩提院にも自筆と推定されるものも含め、残されている（表1参照）。[9]

貞舜は、応永二年（一三九五）以降、聖教の著述・書写を行っていることは、一覧にあげた聖教の奥書から判明するが、たとえば『天台名目類聚鈔』（七帖見聞）の奥書をみると、応永二年から応永九年の間に順次成立し、その奥書には「吾建山中宝幢院」「吾建山中住」とみえ、比叡山西塔宝幢院での著作であることを示している。実際、貞舜が成菩提院に止住していたかどうかについては、なお検討を要する。貞舜は、若年のころより、方々に赴き、教学の研鑽に励んでいたようで、比叡山西塔南尾谷定泉坊、西塔南尾谷寂場坊といった場所で活動をしていたことも指摘されている。このような、学僧の修学のあり方は、二代慶舜の場合も同様である。

天台宗では、円・密・禅・戒といい、円（天台法華）、密教・禅定・梵網菩薩戒の四宗融合一致の総合仏教であった。[10] とくに円教の止観業と密教の遮那業を叡山学僧の教育制度としたため、法華経を基盤とする修学を顕教とし、大日経等に基礎をおく密教とともに重視された。よって天台宗の僧侶たちは、顕教、密教をそれぞれ学んだ。先にあげた貞舜が書写した聖教をみても、顕教である天台法華と密教の二つにかかわるものが残されている。

貞舜は、顕教では恵心流の教学の相承を受けていた。そのことは、『天台名目類聚鈔』の記事からうかがえる。

表1　貞舜書写聖教、写本・所持本等一覧

書写聖教

書　名	成立年代	所蔵先
『六即義案立』	応永五年（一三九八）書写	日光天海蔵
『無題　天台宗古記録』	応永五年（一三九八）書写	龍谷大学大宮図書館
『十如是義私抄』	応永七年（一四〇〇）撰	西教寺正教蔵
『天台名目類聚鈔』	応永九年（一四〇二）撰	叡山文庫真如蔵・身延山
『三百帖見聞』	応永十一年（一四〇四）撰	西教寺正教蔵
『宗要伝授見聞』	応永十三年（一四〇六）書写	妙法院・大谷大学
『天台一心三観相伝脈譜』	応永十四年（一四〇七）相伝	叡山文庫無動寺蔵
『爾前久遠』	応永十五年（一四〇八）書写	叡山文庫天海蔵
『宗要柏原案立』		叡山文庫天海蔵ほか
『龍女分極』		叡山文庫天海蔵
『三身義』		西教寺正教蔵・日光天海蔵
『法華三百帖』		高野山大学
『二聖発心』		叡山文庫天海蔵
『草木成仏』		叡山文庫天海蔵
『俗諦常住』		大谷大学
『眷族妙義』		妙法院
『三周義私用意』		日光天海蔵

写本・所持本

書名	所蔵先
『一字金輪念誦義』	叡山文庫明徳院蔵
『時処行法略記』	叡山文庫無動寺蔵
『如法経記録』（自筆）	大林院

成善提院伝来聖教

書名	年代	備考
『天台名目類聚鈔』一・四・五	応永二～九年（一三九五～一四〇二）	※
『天台教観時名目私抄』	応永五年（一三九八）	
『即位法』	応永八年（一四〇一）	
『法花大意』	応永十年（一四〇三）	
『仏土義』	応永十一年（一四〇四）伝領	※
『瑜祇秘決』	応永十四年（一四〇七）	※
『天台一心三観相承』	応永十七年（一四一〇）	
『仏土義々科見聞』（自筆）		※
『一心三観相承』		
『行用抄』「白衣観音法　秘法」「造塔」「降三世法」「仁王経法」「多羅尊」「炎講伽陀」		
『七箇口伝』		※
『涅槃講伽陀』（自筆）		※

（註）備考欄の※は『昭和現存天台書籍綜合目録』に所載のもの。

また、『天台一心三観相伝血脈譜』には、貞舜は、恵心流の相承で、皇覚―範源―俊範―静明という、恵心嫡流を標榜した椙生流が意識され、以下、成運―栄運―能運―勒運―貞舜と相承が記されている。また、『宗要柏原案立』[11]六巻は、応永年間に成立した貞舜の著作であるが、この書もその内容は、恵心流の宗要論草である。また、本書は恵鎮の宗要六部の講談を筆録類聚した、『宗要白光』の算題順序とよく似ており、この算題順は恵鎮から貞舜に受け継がれたものという指摘もされている。[12]『宗要白光』は檀那恵光房流の書であるが、貞舜はこの書の書写も行っていたことは、『宗要白光』教相部上の奥書に、

本に云く、此の抄は元亨元年白川元応寺に於いて恵鎮上人の御談也。聊爾に外見すべからざる也。恵光房流の事也

本に云く、嘉慶二年十二月二十日濃州多芸庄清水寺に於いて書写し畢ぬと云々　貞舜

とあることから明らかとなる。この事実は、貞舜が、その学問活動の早い時期に恵心流のみならず、檀那流の教学にも関心のあったことを裏付けるのである。

密教については、西山流の相承を受けていた。西山流は、小川流の忠快―承澄に連なる澄豪に始まる流派で、京都の西山宝菩提院に澄豪が止住したことから始まり、澄豪―豪鎮―厳豪―豪喜への継承と、行遍―永慶―恵鎮―光宗へそれぞれ継承された流れがある。

成菩提院に伝わる『瑜祇秘決』の奥書には、光宗―運海―貞済―貞舜という伝授がみられ、また『即位灌頂』には、月輪殿（九条兼実）から、承澄―澄豪という穴太（西山）流の伝授の流れに続き、行遍―慶盛―光宗―澄恵―

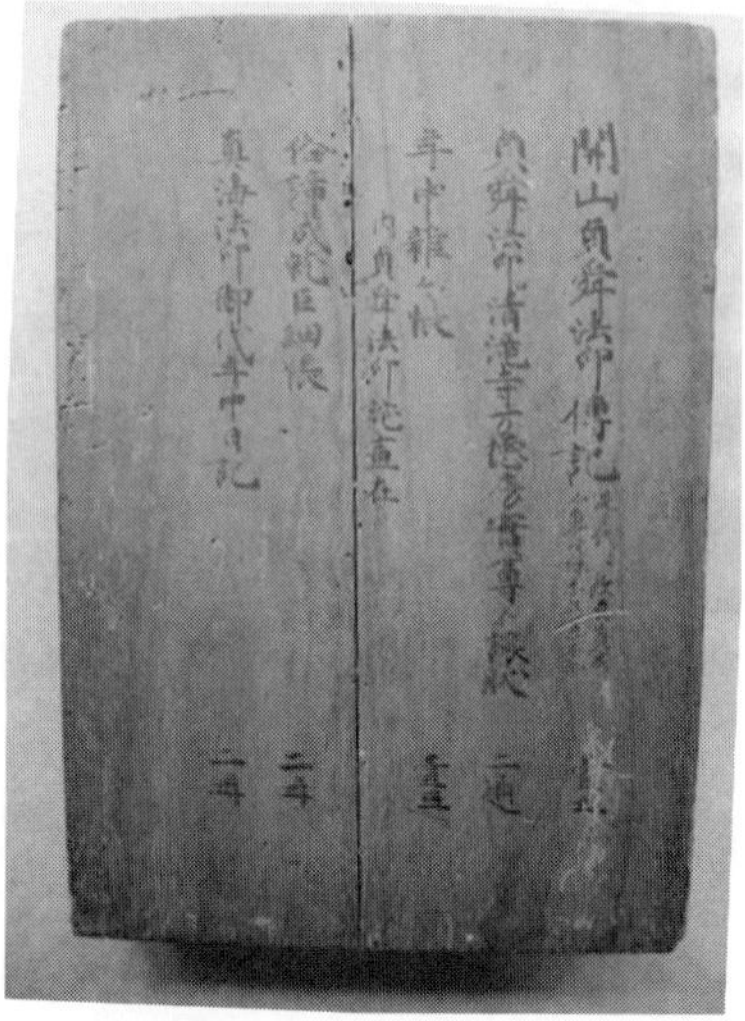

図3　貞舜関係史料が収納されていた木箱の蓋

運海―貞済―貞舜への伝授が記されている。

また、貞舜は、人々を教化するための説法の活動も行っていたようで、[13]『法則集』（叡山文庫真如蔵）には、「説法上手」で知られた僧として、安居院澄憲・安居院勢覚（聖覚）・解脱房貞慶と並んで、成菩提院初代貞舜と第二世慶舜の名があげられている。現在の成菩提院には、貞舜の作成した説法は伝わらない。ただし、『上宮王太子講法則』は表紙に本文と同筆で「円済之」とある。『花鳥集』も『上宮王太子講法則』と同筆とみられ、これも円済写本と判断されている。[14]円済は、貞舜の師であった僧である。『花鳥集』は説法のための対句例文集で、このような書物は説法にかかわる僧侶には必要なものであった。

成菩提院では、開基の貞舜は後世まで重要視されていた。貞舜関係史料は、先にもふれた江戸時代のものと考えられる木箱に収められて伝えられたようである（図3）。その木箱の蓋には、「開山貞舜法印伝記」「貞舜法印清滝寺万徳房実尊より譲状」「年中雑々帳　内貞舜法印託宣在」「俗諦成就巨細帳」「真海法印御代年中日記」の書名が記され、貞舜関係史料が大切に伝えられてきたことが知られる。

談義所としての成善提院

成善提院は談義所として著名な寺院であった。現在も山門の前に、近年のものであるが、「寺院跡　談義所遺跡」と記された石碑が立てられている（図4）。

談義所とは、僧侶が学問、修学を行った学問所で、仏教の教理や宗門の教義について講説する所であった。談所、談林、檀林、学問所ともいわれ、天台宗、真言宗、浄土宗、日蓮宗などで設けられたものである。古い例は信州佐久郡津金寺談義処（『法華玄義抄』建治二年〈一二七六〉）があげられる[15]。

談義所は、地理的には、①主要街道筋に位置していること、②国分寺もしくは国府所在地またはその近辺にあること、③都をはなれた地方に展開したことなどがあげられるが[16]、成善提院もまた東海道の近くに位置していた[17]。

談義所は能化と所化で構成され、能化は学頭とも称される談義所の長ともいえる存在であった。そしてそこで学ぶ学生が所化である。天台宗では、叡山に登り、広学竪義の竪者《りっしゃ》（経典の講説を行う大会で、自己の見解を述べる僧）となるための学習の場であった。そしてその学問内容は天台宗の顕教にあたる法華経に関するものが中心であった。

図4　成善提院石碑「寺院跡　談義所遺跡」

成善提院には、室町時代のものと考えられる算題も残されており、実際に論義をしていたことがわかる（文化財編三―三二）。算題とは、論義の問題を木片（算木）に記したものである。

談義所の間では人と書物の交流が活発であったし、談義所において新たな編纂書も述作された。このことについては、談義所では、「類聚」というさまざまな聖教を集め、編纂した内容を整えることと、「聖教の相伝」という、師の類聚したものが次代に引き継がれ、さらに類聚と相伝を繰り返すことにより、大部の編纂書が形成されたとの見解も出されている。(18)

また、談義所に集う学僧たちが書き残した書物は他の談義所へと持ち込まれ、新たな解釈が加えられた書物となり、さらに他の談義所へと持ち込まれていき、談義所から談義所へ、学僧から学僧へと学問は受け継がれ、また再生産されていった、との指摘もある。(19)

談義所の活動から生み出された書物としては、

『一乗拾玉抄』（叡海）明応二年（一四九二）
『法華経鷲林拾葉抄』（尊舜）永正九年（一五一二）
『轍塵抄』（実海）大永六年（一五二六）
『法華直談私類聚抄』（慶舜・春海）天文四年（一五三五）
『法華経直談抄』（栄心）　天文十五年（一五四六）

がある。『法華経鷲林拾葉抄』を著した尊舜は、関東の天台宗談義所であった常陸国黒子千妙寺に住しており、同書の序文を記した実海は武蔵国の仙波談義所（のちの喜多院）に住していた。実海も『轍塵抄』を著している。『轍塵抄』の奥書には、実海は、長年「法華経訓読之志」があり、諸抄を集めていたが、美濃国の勧学院で柏原成菩提院慶舜法印の『衣内抄』を書写し、『轍塵抄』の内容に加えることができた、と記している。

『一乗拾玉抄』も常陸国の逢善寺（伝海が訪れている）、月山寺（『一乗拾玉抄』の書写にかかわった幸海は月山寺に住んでいた可能性がある）、石守寺（『一乗拾玉抄』本文中の「談所」として記される）との関わりがみられ、また伝海のいた信太庄付近にも談義所江戸崎不動院があり、[20]これらの法華経注釈書は談義所の学問活動から生み出されたものである。これらの書は『法華経』の注釈で、和歌や説話などをときには引用しながら経釈、そして談義を行うものであった。

この法華経注釈を中心とした教学研究は、法華経のみならず、他の経典にまで拡大することもあった。たとえば、尊舜には『延命地蔵経聞書』、栄心には『阿弥陀経見聞私』などがある。

ところで、談義所とは、先にもふれたように、天台宗においては叡山に登り、試験を受け学僧としての資格を得た竪者になるための学習の場で、そこでは論義のための教学研究がなされていたわけである。談義とは、「義科」を談ずるのみでなく、ひろく経典などを正統的な注釈に則り解釈を行う「経釈」に基づき講義することと考えられている。

また直談なるものも現れた。直談の意味するところは広く、また談義との関係についても諸説あるが、一つには、直談はより平易に経典や教義内容を説いたものと考えられており、その過程において説話や和歌が解説や比喩として取り入れられていった。[21]『鎮増私聞書』には、庶民向けに説法を行ったことなども記されている。[22]

談義所における法華経注釈については、個々の書物の内容の比較検討が不可欠である。とくに思想面については、談義所の学僧たちの残した著作を検討する必要がある。

談義所としての成善提院は、初代の貞舜の時代にはその活動を始めていたであろうが、「談義所」という語が認められるのは、『宗要抄　河田谷　二乗帖上』（金剛輪寺）に、

応永第廿三年極月九日　近江国坂田郡円乗寺談義所に於て書き畢ぬ

右筆　清源生年廿四

とみえるのが早い例である。金剛輪寺は湖東の愛智郡に位置する天台宗寺院である。この記述によれば、応永二十三年（一四一六）には円乗寺談義所といわれていたことがわかる。これは貞舜の住持の時期にあたる。貞舜は応永二十九年（一四二二）正月一日に示寂するが、このあとを継いだのが第二世となる慶舜である。

二、第二世慶舜と西山流灌室の成立

慶舜の学問とその活動

慶舜は、応安五年（一三七二）に生まれ、嘉吉元年（一四四一）に没した[23]。『円乗寺開山第一世貞舜法印行状』には、その冒頭に、「二代慶舜相継テ而以テ文章卓犖タリ焉」と、貞舜と並んで文章に秀でていたことが記されている。

慶舜は、『如法経筆立作法』（成菩提院）に、「応永二十二年（一四一五） 釈慶舜夏臈廿七」とみえることから、康応元年（一三八九）に十八歳で出家したことになる。その後各地で勉学をしたようで、美濃国横蔵寺（応永五年）、近江国清滝寺（応永六年）、美濃国大野郡河崎庄蓮花寺（応永十二年）、延暦寺宝幢院（応永十四年）などで聖教を書写した事実がわかっている。応永六年の近江国清滝寺での修学が、貞舜との接点をつくったのかもしれない。

慶舜が成菩提院に入ったのは、応永十九年（一四一二）、応永二十九年（一四二二）の二度があげられているが[24]、応永十九年には、『性類抄[25]』巻上奥書に、

> 応永十九年壬辰二月十九日、近江州坂田郡柏原円乗寺に於いて居し之を写す。右の本は、西塔北尾賢泉房法印祐意髻中明珠の由存日の約諾之有り。仍て彼の後二弟子祐諸越後注記申し談じ之を書く。尤も秘すべし秘すべし
>
> 西塔南尾住侶慶舜

とあり、応永十九年に「近江州坂田郡柏原の円乗寺に居し写した」と記される一方で、「西塔南尾住侶」とも署名している。あるいは、応永十九年はまだ初代の貞舜も存命であったので、慶舜は成菩提院を居所としながら、叡山等との往来をして勉学に励んでいたのかもしれない。『性類抄』巻中奥書にも、「比叡山延暦寺西塔南尾真蔵房に於いて、源舜の筆写を雇み之訖ぬ」とみえ、応永二十五年にも延暦寺西塔院南尾真蔵房における書写活動も認められる。

慶舜は、密教の相承は西山流から受けている。成菩提院には慶舜の印信が数点伝えられる。印信とは、教えを授与した証明として師匠から弟子に与えられる文書のことであるが、慶舜関係の印信を以下列挙すると、最も早い時

期のものは応永七年（一四〇〇）の『金剛界慶舜印信』『胎蔵界慶舜印信』で、いずれも弘範からの伝授である。この印信の法脈は、基好―忠快―承澄―永慶―貞存―弘範―慶舜、というもので、承澄の次は澄豪の弟子の永慶に続く西山流の流れであるが、次の貞存・弘範については未詳である。

胎蔵界灌頂は厳豪より受け、応永二十五年（一四一八）の『金剛界慶舜印信』では金剛界灌頂を豪喜より受けている。また、応永二十九年（一四二二）九月十三日付の『慶舜印信』には、□（忠）快法師、行遍阿闍梨、豪鎮法印、厳豪法印、豪喜法印、慶舜の法脈が記され、同年十月一日付の『慶舜印信』には、聖昭、忠慶、見西（東福寺開山）、円爾（平等長老）、大恵（上羽）、智顗、豪鎮、厳豪、豪喜、慶舜といった西山流の法脈が確認でき、いずれも豪喜より伝授を受けている。

慶舜には多くの弟子がいた。『慶舜弟子分交名』（成菩提院）によれば、応永十九年（一四一二）に純慶ら六名が、応永二十一年には澄海ら三名が、応永二十二年には定円ら一一名が弟子となり、その後も応永二十三年に一名、応永二十四年に清源ら三名、応永二十五年には盛円ら一〇名が弟子となっている。その後も弟子は増え、最後は亡くなる前年の永享十二年（一四四〇）に玄慶ら八名が弟子となり、都合九〇名の弟子があった。

では、次に成菩提院に伝わる書物等から、顕密にわたる慶舜の活動をみてみよう。成菩提院に伝わる慶舜関係の聖教は比較的多数にのぼるが、慶舜自筆本と、慶舜が持ち伝えた伝領本とがある。そのいずれであるか判断の難しいものも多いが、以下列挙してみたい。

『行用抄　弁財天』応永五年（一三九八）

『法華天台文句輔正記』『守護国界章』（慶舜自筆）

『如法経供養次第』応永二十二年（一四一五）
『羅漢講式』『羅漢講式　下座次第』（慶舜墨書）
『大日経注釈』（慶舜自筆カ）

この他に『阿娑縛抄』と『行用抄』といったものもあるが、これについては後述する。成菩提院に残る慶舜関係の聖教のうち、最も古いものは『行用抄　弁財天』で、その奥書に応永五年（一三九八）に美濃国横蔵寺にて書写したことが記されている。また、近世写本にも、慶舜書写本の奥書を含むものがあり、『穴太授法日記』一・二は応永二十二年の五月、十二月にそれぞれ書写したものである。その二には「江州柏原円乗寺に於いて書写し畢ぬ」とみえる。また、唱導史料である『悟抄』もその寸法や筆跡から慶舜筆の可能性の高いものである。慶舜も貞舜と同じく説法上手であったことは、先に紹介した『法則集』（叡山文庫真如蔵）に記されている。

慶舜は、応永三十一年には『当山巡礼霊所法施記』を書写しており、そこに「教光房阿闍梨慶舜」と記し[26]、記家の義源から受け継がれた聖教の書写も行い、その学問の広がりがわかる。

また、『断簡』（文化財編三-四）には、

時に応永十四年丁亥九月十六日西塔南尾定泉房に於いて彼本を借り書功を満たし訖ぬ

吾建山中南尾僧貞舜

伝領沙門慶舜

とあり、応永十四年（一四〇七）に貞舜が書写したものを後に慶舜が伝領したものである。ここに貞舜から慶舜への伝領事実をみることができる。

慶舜の学問活動について、書写した聖教一覧からみると(27)（表2）、応永五年（一三九八）の美濃国横蔵寺に始まると考えられる(28)。その後、各地で修学し、顕密にわたる学問と、談義、弟子の育成などを行った。そして、慶舜は、嘉吉元年（一四四一）八月十五日に示寂した（成菩提院『過去帳』。『過去帳』の傍記には八月十九日とある）。

慶舜の談義の実態については、『法華直談私類聚抄』（渡辺守邦所蔵）第六に、

本に云く、此抄は柏原慶舜の御談也。誠に甚深也。之を秘すべしと云々
天文四年三月五日夜書写し了　　肥州教厳
根来寺別院杉坊にて之を為す

とあり、この一冊が「慶舜御談」つまり慶舜の談義の内容である。この第六は、後にふれる第七・八と比較すると、説話が少ない点が指摘されている(29)。

第六で説話と認められるものは、弥勒を慈氏と翻訳する因縁を語る内容であるが、そこに曇鸞の発心譚が紛れ込んだものである。この第六に説話が極端に少ない理由については、講師に起因するのか、筆録者の態度に起因するのかは不明だが、渡辺守邦氏は後者に起因するものであると考えられている。しかしながら、ここに慶舜の講義の一端をうかがうことができるのである。

成菩提院をささえた経済的基盤については、成菩提院に残された売券や寄進状といった古文書から、慶舜の時代

以後の確立であると考えられる。応永（貞舜の時代）以降の年紀を持つ古文書としては、永享十一年忍宗田地売券が残っている。寄進状についても、永享十年正賢寄進状がある。これ以降、寄進状や売券は中世のものは文禄二年までのものが、一〇〇点ほど残されている[30]（表2）。

表2　慶舜書写聖教一覧

書写年代	事績（出典・所蔵など）
応永五年（一三九八）	美濃国横蔵寺に学ぶ（『行用抄　弁財天』〈成菩提院〉書写）
応永六年（一三九九）	近江国清滝寺に学ぶ（『法華文句伊賀抄』第四〈叡山文庫真如蔵〉書写）
応永七年（一四〇〇）	『慈覚大師一心三観相承譜　秘抄』〈谷中天王寺福田蔵〉書写
応永十二年（一四〇五）	『天台名目類聚鈔』（金剛輪寺）書写 『義科見聞抄　六即義』（日光天海蔵）書写
応永十四年（一四〇七）	「吾立杣中宝幢院」に住す（『宗要白光』雑部下　奥書。『続天台宗全書』）
応永十五年（一四〇八）	『山王秘伝記』（妙法院）書写 『義源勘注』（叡山文庫天海蔵『山王神道雑々』の内）書写
応永二十二年（一四一五）	『如法経筆立作法』（成菩提院）書写 『授法日記　西山方』（大森医王院）書写 『穴太授法日記』（成菩提院）書写 比叡山西塔にて『宗要相承口伝抄』（叡山文庫真如蔵）書写
応永二十三年（一四一六）	『義科講案立抄　名別義通』（日光天海蔵）書写
応永二十八年（一四二一）	比叡山西塔にて『顕密二宗本地三身釈　山王院』（叡山文庫真如蔵）書写
応永二十九年（一四二二）	『阿娑縛抄』巻二一五「許可略作法上」（成菩提院）書写 『阿娑縛抄』巻七「三摩耶戒儀式次第」（成菩提院）書写 『義科見聞抄　三身義』（日光天海蔵）書写

応永三十一年（一四二四）	『当山巡礼霊所法施記』（叡山文庫天海蔵）を定憲より相承
応永三十二年（一四二五）	『六即義　梨耶一念』（日光天海蔵）を撰集
正長元年（一四二八）	『宗要相承口伝抄』（叡山文庫真如蔵）を延暦寺西塔南尾宝幢院にて書写
永享元年（一四二九）	『天子本命血脈』（谷中天王寺福田蔵）を相承 『眷属妙義』（叡山文庫天海蔵）書写 『瑜祇経抄』（内題は瑜祇経聴聞抄）中・下巻（叡山文庫天海蔵）書写
永享三年（一四三一）	『瑜祇経抄』（内題は瑜祇経聴聞抄）上巻（叡山文庫天海蔵）書写
永享五年（一四三三）	『六即義抄』（西教寺正教蔵）書写 『身証那含　阿』（内題は七聖義私抄）（叡山文庫天海蔵）書写
永享六年（一四三四）	『名別義通口決抄』（叡山文庫真如蔵）書写
永享七年（一四三五）	『自受用所居　椿堂』（叡山文庫天海蔵）を撰す 延暦寺椿堂の竪義を勤める
永享八年（一四三六）	『玄義略要』（叡山文庫真如蔵）書写 『九院仏閣記』一冊（三千院円融蔵・叡山文庫真如蔵・叡山文庫明徳院蔵・叡山文庫天海蔵）書写
永享九年（一四三七）	この年には已講と称す 『六即義案立抄　草木成仏』（日光天海蔵）書写 『相伝法門私見聞　上』（成菩提院）を談ずる
永享十一年（一四三九）	「宗要」を談ずる（春海『円銭抄』第六。叡山文庫真如蔵・妙法院）
永享十二年（一四四〇）	『菩薩義　阿抄』（叡山文庫天海蔵）書写
嘉吉元年（一四四一）	『阿娑縛抄』巻一〇九「弥勒」（成菩提院）書写 『阿娑縛抄』巻一〇〇「文殊一字」（成菩提院）書写 『阿娑縛抄』巻一一九「五壇法」（成菩提院）書写 『阿娑縛抄』巻一〇三「令法久住法」（成菩提院）書写

	『横蔵薬師御戸開法則』（横蔵寺）を著す
年未詳	『法華天台文句輔正記』『守護国章』（成菩提院）慶舜自筆 『羅漢講式』『羅漢講式　下座次第』（成菩提院）慶舜墨書

西山流灌室の成立――『阿娑縛抄』と『行用抄』――

成菩提院は、西山流の灌頂道場として灌室が存在していた。天台宗では、伝法のための灌室として、後世に「叡山五箇の灌室」と呼ばれた正覚院・行光房・総持房・鶏足院・法曼院の灌室があった。その他にも、葉上流は密蔵院（愛知県春日井市）にあったともいわれる。[31]

成菩提院に灌室が設けられたのは、いつのことであるか明らかではないが、後に述べる『阿娑縛抄』の受容の事実から考えると慶舜の時代と考えられる。[32]初代貞舜・第二世慶舜ともに西山流の法脈に属していることより、成菩提院は西山流の灌室であったと考えられる。近世以降もそのように認識されていたことが確認できる。

『阿娑縛抄』

成菩提院には中世書写の『阿娑縛抄』が大量に残されている。『阿娑縛抄』は小川流の僧尊澄が原撰したものを、師の承澄が再治・増補を行ったと考えられている天台宗の事相書である。[33]内容の大部分は、灌頂・諸尊修法・諸作法・諸加持の次第であるが、それに加えて「一二三名目」「明匠等略伝」「密宗書籍」「諸寺略記」「名所事」「香薬」

といった事典的内容や、「伝法灌頂日記」「如法尊勝法日記」「普賢延命法日記」「安鎮法日記集」のような修法記録、「悉曇反音抄」「悉曇字記正決」といった悉曇学、そして「菩提心勘論」「義釈要文」「大日経要文」といった教義についての巻からなり、あたかも天台宗の百科全書的な書籍であるともいえる[34]。

その成立については、各巻の奥書より、承澄を撰者と考えた場合には仁治三年（一二四二）から弘安七年（一二八四）の間となり、尊澄を撰者とみた場合は、仁治二年（一二四一）から正元元年（一二五九）の間で、後に承澄が、弘安七年までに再治・増補を行ったこととなる。

それでは、成菩提院の『阿娑縛抄』についてみていきたい。成菩提院の『阿娑縛抄』は七〇巻程度が伝えられている。後の歴代の事績のなかで再びふれることもあるが、ここでその概要を紹介しておく[35]。

中世の写本としては、①豪鎮書写・校合本、②厳豪書写本、③円俊書写本、④応永二十九年書写本、⑤嘉吉元年書写本、⑥享徳元年書写本、⑦康正三年書写本、⑧天文十六年書写本、⑨天文十七年書写本、⑩天文二十四年書写本、⑪永禄六年書写本、⑫天正十三年書写本がある。ほかに近世写本と書写年次未詳書写本がある。

その内容は、大別すると、成菩提院成立以前の年紀を持つ豪鎮書写・校合本にはじまる西山流の僧侶が書写したもの（①②③）、第二世慶舜がかかわったもの（④⑤⑥⑦⑩）などがある。

とくに注目すべきものは、⑥「安鎮法日記集　乙」「安鎮法日記集　丁」『阿娑縛抄目録』で、『阿娑縛抄目録』の奥書には、故慶舜法印の発願により『阿娑縛抄』の書写が行われたが、慶舜死後の享徳元年（一四五二）に春海僧都に渡されたということと、豪宗が二百余巻を書写したことが記されている。この「二百余巻」というのは『阿娑縛抄』全巻にあたると考えられ、成菩提院にはこの時期に『阿娑縛抄』一揃いが備えられたのであろう。また、⑦は「胎灌記　末」一巻で、慶舜所持の奥書を持つものを、康正三年（一四五七）に深瀬慈明院において、弁賀という僧が書写したものである。深瀬慈明院は、現在、岐阜県高富町に現存し、深瀬談義所とも称されていた。[36] 慈明院の第九代住持であった真祐は、後に成善提院第十七世となる僧で、この一巻は成善提院と慈明院の交流のなかでもたらされた一本であるかもしれない[37]（図5）。

⑧は「胎灌記」一巻のみで、天文十六年（一五四七）に「源継法印開壇之時新調之」「小川之末流法印豪仁記之」、とあるが、これ以前には澄豪、豪鎮、厳豪、豪喜、豪宗、豪恵、豪宣と西山流歴代の僧侶の名が記される、とくに天文十六年奥書の直前にみえる豪宣は、成善提院第七世の宣舜と同一人物である。[38] 豪仁は豪宣の弟子であり、「開壇」は灌室の開壇であると考えられ、それに伴う書写であったと考えられる。

⑨は、「内作業灌頂私記」一巻のみで、豪喜、豪憲、源尚の書写になるものであるが、この後に別筆で、

図5　関係人物図

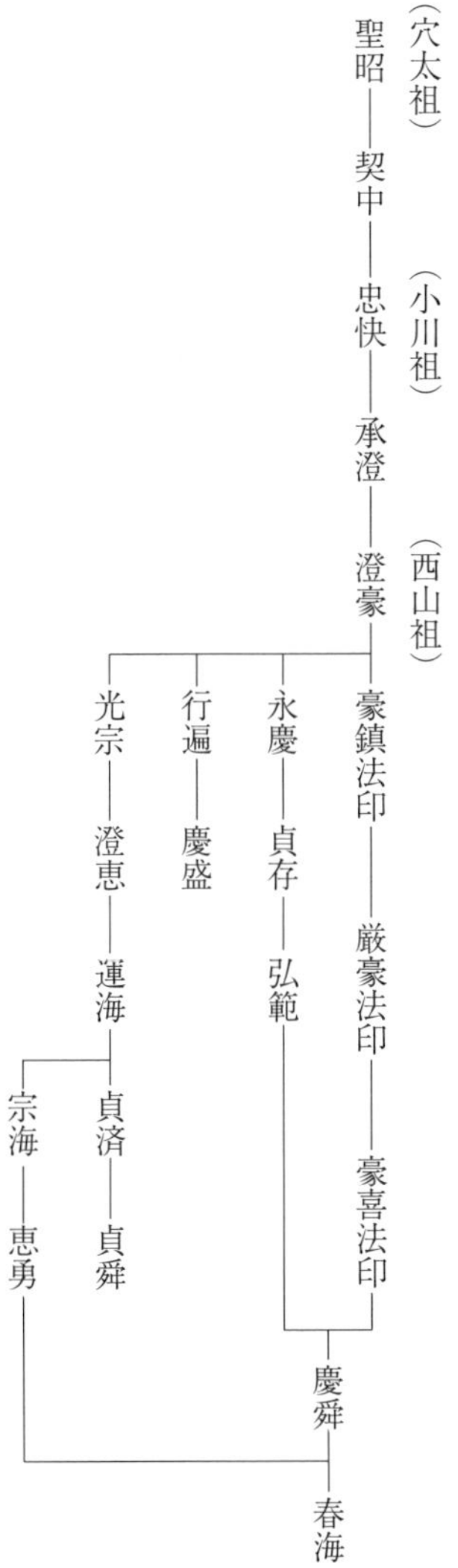

表3『阿娑縛抄』一覧

豪鎮書写・校合本	金灌記・金灌記　本・修法・修法雑用心・胎記供養会　本・胎記供養会　末・金記諸会本・蘇悉地記　本・十八道次第・護摩要・薬師　本・時処成就行法・熾盛光法・熾盛光本・尊勝・仏眼秘記　第三度・准胝・転法輪・馬鳴・不動　本・星供・教相雑抄　下・香薬下・諸法要略抄
厳豪書写本	愛染王
円俊書写本	胎灌記
慶舜書写本	許可略作法　上・五壇法・文殊一字・弥勒・令法久住法
豪宗書写本	安鎮法日記集　乙・安鎮法日記集　丁
憲栄所持・書写本	三摩耶戒儀・許可略作法次第・胎灌記・金灌記　初
光栄本	金灌記・胎灌記　本・合灌記　本・三摩耶戒儀・許可略作法次第・三摩耶戒儀・取水作法

右本は源継法印去年開壇有り、今年に至り瑜灌懇望の間、印可せしめ此刻新調するなり。偏へに令法久住の本を喜ぶ

意奥書に加へ畢ぬ

時に天文十七年戊申八月廿二日

三部阿闍梨兼二会講匠探題職小河正流宝菩提院法印大和尚位豪仁（花押）

とあり、⑧と一連のものと考えられる。この巻は源継法印が、去年に灌室の開壇をし、今年は「瑜灌」、すなわち瑜祇灌頂を行うことを懇望したので、許可を与えて、この一巻を新調したものであった。この巻の筆者の源尚は、「源」の字を持つことから源継と子弟関係にあった僧侶であるのかもしれない。

ほかに成菩提院第十三世憲栄にかかわるもの（⑩⑪）で、⑪は憲栄が、伊勢宝光院本により紛失した巻が補われたのである。宝光院は伊勢国高輪村にあった寺院で現在は廃絶している。この宝光院は、近世には成菩提院の末寺であった(39)。

また、成菩提院第十六世光栄のときに九州筑後高良山より寄進されたもの（⑫）がある。九州筑後高良山は、現在福岡県久留米市に所在する高良大社で、この神社は天台宗の支配下にあった(40)。この高良山の刑部卿顕秀という僧が寄進したものである。成菩提院と高良山の関係は現在、他にみることができないが、何らかの関係があったから寄進されたのであろう。

この他にも書写年は明らかではないが、中世の書写と考えられるものは、「胎灌記　本」「熾盛光　本」「合灌記本」「両寺灌頂記本」「求聞持」「五壇法日記」「大師供・山王供・玉女供」「教相雑抄　下」「諸寺略記」「胎曼釈下」「普賢延命法日記」「安鎮法日記集」など多数ある。このように、成菩提院には『阿娑縛抄』は、多くの巻が残されているが、とくに灌頂にかかわる巻が複数伝えられているのは、成菩提院に西山流の灌室が存在していたことと関係があったと考えられる。

『行用抄』ほかの枡型折帖本

成菩提院には、『行用抄』と題されるものをはじめとする枡型折帖本が多数伝来している。枡型折帖本とは、金沢文庫に多数伝わる書物の形態で、正方形に近い長方形＝枡型の形態をとり、一帖の行数も共通したものである。金沢文庫には神道関係史料を中心とする口伝・秘決といった伝授書と縁起・霊験などの説法を素材とした実用書の大きく二つのグループが伝来しており、これらは真言律の僧侶たちの手になるものであった[41]。

成菩提院にも枡型折帖本が伝わっており、その総数は一四〇点前後であるが、本に記された題で分類すると、『行用抄』『夢想成就法』『持誦抄』『大黒天飛礫秘法』『相伝口決抄　私』、そして題の記されない本、となる。その内容は次第が最も多いが、その他に口伝・秘決、『花鳥集』『悟抄』といった唱導書も存在している。

『行用抄』は、修法の次第を記したもので、成菩提院のほかに京都三千院円融蔵にまとまって伝来している。また数冊単位では、曼殊院（聖観音・大威徳・大黒天一日千座、大黒煎華供）、真如蔵（尊勝秘法）、十妙院、密蔵院のものが知られる。成菩提院のものは、『昭和現存天台書籍綜合目録』には慶舜自筆本として、「羯摩菩薩」「大勢至」「無能勝」「龍樹」「馬頭」「孔雀明王」「放光」「火天」「七十天」「歩擲」「羅刹」「迦楼羅」「梵天」「風天」「華厳経」「無垢浄光経」「嚢虞利」「如意輪加星供」「地天」「白衣」「熾盛光」の二一点があげられている。

実際に成菩提院には、貞舜・慶舜・春海の三代の『行用抄』が伝来している。貞舜のものは、「白衣観音法　秘法」「造塔」「降三世」「仁王経法」「多羅尊」の五つが確認されている。春海のものは、表紙に春海の名が記される『尊勝法　私』のみである。慶舜のものは、比較的大量に残されている。

いわゆる慶舜本と認定されるものは、慶舜自筆本と、「慶舜」の名を記す慶舜伝領本とに分けることができる。「慶舜」墨書署名を持つ『行用抄』の多くは、『阿娑縛抄』の「五行法事」とほぼ同じ内容で、いわば修法の次第のみを抜き出したものであるといえる。貞舜の『行用抄』は、『阿娑縛抄』の「五行法事」とは内容が異なり、『行用抄』という同じ書名であっても内容の異なるものもある。ちなみに、京都三千院円融蔵のものは、『阿娑縛抄』の「五行法事」と一致した内容を持っている[42]。

なお、幕末の嘉永六年（一八五三）の第四十一世亮秀の手になる聖教で、貼紙のみ「諸行用」と記されたものがあり、これには「当院霊宝」「貞舜僧正ヨリ先代之御筆」「門外不出」と非常に重要なものとして伝えられていたことがわかる。

次の『夢想成就法』にも、「慶舜」墨書署名のあるものが残されている。いま、「慶舜」墨書署名のあるもののなかには、西山上人澄豪より伝授されたものを書写した旨の奥書を持つものがある。ここに澄豪よりの伝授をみることができる。他にも『乞戒導師作法』『合行灌頂作法』の表紙にも「慶舜」墨書署名があり、『夢想成就法』と同じグループのものと考えられる。なお、『夢想成就法』はもう一点、明応七年（一四九八）の永俊書写本がある。これらの本もいずれも次第を内容としている。

『持誦抄』も諸尊法といわれる次第で、それぞれ数字の上に梵字が付され、その梵字により「五　尊勝」「六　一字」「八　阿閦」「九　定光仏」「四　十一面持誦要集　悉地　蓮華部」「五　白衣観音法　悉地」「七　不空羂索持誦要集」「十　虚空蔵」のグループと、「二　最勝太子法」「三　吉祥天」「四　妙見」「六　迦楼羅」「八　氷迦羅天増益」のグループと、「十　善名称」「十一　水天持誦」「十三　風天」「六　如意輪持誦要集」「七　持世菩薩」「一延命法」「二　不動明王」「八　炎魔」のグループ、そして数字の付されない「毘楼勒叉」「龍樹」「五字文殊　悉地」「軍荼利」「梵天」「弥勒」のグループからなる。いずれも室町時代の写本である。

次に大黒天関係のものとして、『大黒天飛礫秘法』『[illegible]　秘決　第六』『欠題（大黒天法）』（括弧内は仮題）などは、その奥書から、いずれも光宗の書写、また貞和年間に法勝寺にて書写したものであるという共通点がある。これらは「伝授」にかかわる書物で、とくに『[illegible]　秘決　第六』の内容は、『渓嵐拾葉集』、運海撰『秘密要集』などの類聚書に収載された「……事」という事書の数項目に該当する同文で、いくつもの伝授システムの「痕跡」を残して師資相承の場をうかがわせる「元奥書」が項末に頻出する形式をとっている、との指摘があり[43]、実際に伝授に使用された秘決・口伝類である。

また次第書も数多くみられる。題の残っているものだけでも「経供養作法」をはじめ一五点ほどあり、断片となって、題の失われているものが多数残されている。

最後の本来の題を失っているグループも、秘決・口決類である。このグループは成菩提院に流入した教学の一端をうかがうことのできるものであるといえる。『相伝口決抄　私』、「即位法門」(断簡)、「欠題（天台先徳関係口決）」等が代表的なもので、「即位法門」(断簡)は『日本紀』にかかわる内容を持っており、これも伝授されたものとして貴重なものであるといえる。

枡型折帖本の形態の次第については、同じ滋賀県の金剛輪寺にも伝来していたが、その多くは火災により失われてしまった[44]。

三、第三世春海以降の学問と教学

第三世　春海

春海は、応永十年（一四〇三）の生まれで、[45]慶舜の弟子となった。成菩提院に所蔵される聖教から春海の活動をみてみると、まず『慶舜弟子分』には、「永享九年丁巳九月二十一日　大法師春海」と記されている。春海は慶舜から密教の伝授を受けており、灌頂については、応永三十一年（一四二四）の『胎蔵界印信』の最後に、慶舜が春海に伝授したことがみえる。ここに記された「灌頂道場」は、おそらく成菩提院の灌室と考えられている[46]。

永享三年（一四三一）二月の『稟海印信』では、「一心三観事」の伝授が行われた。稟海は木原談義所の開祖である[47]。また、同じ年には、恵勇から胎蔵・蘇悉地・大瑜伽の伝法を受けている。その法流は、運海─宗海─恵勇─春海の流れであった[48]。

談義の活動については、『相伝法門私見聞』（上）という、談義の内容を記した書物も伝わっている。この奥書には、「永享九年十月五日江州柏原円□□（乗寺）談義所に於いて法印慶舜口筆訖ぬ　春海」と記され、慶舜の談義を春海が口筆したものであった。その内容は「止観大旨事」「法華探義事」といった天台教学に関するものなど、顕教にかかわるものである。

春海も師の慶舜と同様に顕密にわたる事績が確認されるが、密教については、慶舜のところでふれたように、享徳元年（一四五二）に慶舜が発願したが、亡くなってしまったため、豪宗が書写した『阿娑縛抄』が春海に渡された。書写した豪宗は、「穴太末嗣小川嫡流」と記しているが、一般に豪宗も西山流に属する僧侶である。『阿娑縛抄目録』も書写されていることと、その奥書に「今亦懇請に依り、六十一歳の禿筆を染め、二百余巻の題を銘す」と記されることから、『阿娑縛抄』全巻が渡されたと考えるべきであろうが、現在の成菩提院で確認できる、享徳元年書写と判明するのは「安鎮法日記集」乙・丁のみである。年紀不明の聖教のなかに残っているのかもしれないが、今後の課題といえよう。この『阿娑縛抄』の書写も西山流の僧侶によるものであった[49]。

この、『阿娑縛抄』の受容こそが、成菩提院の密教寺院としての側面の整備・完成といえる。さらに、春海にかかわる枡型の次第本も数点伝来している。それは、『三摩地法次第』巻末一紙（嘉吉三年癸亥七月廿日　筆者権少僧都春海）と、『尊勝法　私』（見返しに「春海」の記載あり）である。これらは修法の次第であり、密教の修法マニュアルといえるものである。また、『春海・明舜弟子分』には成菩提院における彼等の弟子の名前が記され、成菩提院が密教道場として活動していた様子も慶舜に引き続き、うかがうことができる。

談義については、確実なものは先にあげた『相伝法門私見聞』（上）があるのみであるが、成菩提院のほかに所蔵される聖教からも、春海の動向を知ることができる。『法華直談文集』（龍谷大学大宮図書館蔵『天台宗古記録』所収）と『法華直談私類聚抄』（渡辺守邦所蔵）である。『法華直談文集』には「長禄弐年戊寅三月廿五日春海五十五歳之を類聚す」と自署している。また、『法華直談私類聚抄』は、まず第七の奥書には、

右、此抄は春海法印の御儀（ママ）也。秘すべしと云々
天文四年二月写了　　教厳生年卅六

とあり、『法華直談私類聚抄』第八の奥書には、

右、此の抄は春海法印の御義也。之を秘すべしと云々
本に云く、永正三年八月三日叡山横川般若谷に於いて之を書く　空順房生年廿七
天文四年二月六日根来寺杉坊に於いて之を書き了ぬ、上は菩提を求め下は衆生を化す為め也、

肥州教厳生年卅六才

とある。後者の『法華直談私類聚抄』は、春海による法華経講釈の聞書で、成菩提院における「直談」の実態を伝えるものと評価されている。ここには、講釈に際して、豊富な説話が例話として挙げられている。[50] たとえば、「神力品」に、「一　目連舎利弗神通事」という説話を挙げ、このような内容を春海が講説していたことがうかがえる。

春海の修学活動について、その書写した書物などからまとめておく[51]（表4）。

ほかに春海の修学活動としては、談義所における学問活動の一つとしての「類聚」活動があった。『教相義』（叡山文庫真如蔵）の奥書には、

夜源正金剛寺に於いて源喜庵の追善義科講用意形の如く之を類聚す　　題者春海六十九歳

とみえ、「義科講用意」のために類聚したものであることがわかる。また『円銭抄』六巻八冊（叡山文庫真如蔵）の奥書には、

菩薩部　永享十一年閏正月十八日之を始む
二乗部　文明十九年九月廿二日
仏部　此の聖教は慶舜法印の仰せ又諸聖教之を集むる口伝なり　　作者春海

表4　春海関係聖教一覧

年代	事績（所蔵先）
永享二年（一四三〇）四月	『円融三諦　精条々』一巻（日光天海蔵）春海書写
永享十一年（一四三九）閏正月十八日	『円銭抄』六巻八冊（叡山文庫真如蔵）の著作を始める
永享十一年（一四三九）	美濃国金剛寺にて『三観義　三惑同断』一巻（西教寺正教蔵）を書く
長禄二年（一四五八）三月廿五日	『第四勢至　法華三四巻要文集』（龍谷大学）を類聚する
長禄三年（一四五九）四月三日	『問要抄』一巻（妙法院）を撰する
寛正二年（一四六一）十月	『教相義抄　権乗下種経中経末』（日光天海蔵）一巻を撰する
応仁元年（一四六七）五月三日	「探題表白（経蔵院探題題者白）」を撰する（『竪義表白集』二巻〈叡山文庫真如蔵〉）
文明二年（一四七〇）	『仁王経私類聚抄』（仏乗院故菊岡義東師蔵）書写 ※菩薩部　此抄者慶舜法印仰又諸聖教移畢口伝相承多之（妙法院蔵）
文明三年（一四七一）四月八日	『教相義』（叡山文庫真如蔵）一巻を撰する
文明十九年（一四八七）九月廿二日	『円銭抄』六巻八冊（叡山文庫真如蔵）のうち、二乗部を著す

年紀未詳聖教

書名	所蔵先	備考
『一仏始終』一巻	叡山文庫天海蔵	春海集　義科
『即身成仏義　龍女分極　五逆謗法』一巻	日光天海蔵	春海撰
『嘱累義私　経中経末』一巻	日光天海蔵	春海撰
『元品能治　柏原三代集』一巻	西教寺正教蔵	春海撰
『四種三昧義　一算　二界増減』一巻	日光天海蔵	春海私
『名別義通要文』一巻	日光天海蔵	春海案立
『第十一　地蔵菩薩　三巻次』一巻	龍谷大学	春海記
『第十一　地蔵菩薩　要文　初観音品』一巻	龍谷大学	春海記

とあって、春海が「慶舜法印仰」をはじめ、さまざまな聖教を集めて制作したことがうかがわれる。

注目すべきは、春海撰『元品能治　柏原三代集』一巻（西教寺正教蔵）で、その奥書に、

　右此案立の初問答　江州柏原円乗寺第三代の住持春海僧都の私也、自余は開山貞舜法印なり
　御案立新たに書きて之を加ふ

とみえ、初問答は春海、残りは開山貞舜の案立とみえ、書名に「柏原三代集」とみえることから、この書は貞舜・慶舜・春海の三代の手によりなったものであることがわかり、談義所寺院としての成菩提院の活動の生み出した成果である。

のちに身延山久遠寺第十二世となる泰芸（一四四四～一五一九。のち日意と名乗る）は、春海から『一流相伝法門見聞』を授かっている。『一流相伝法門見聞』の奥書には、「応仁元年丁亥八月七日授泰芸訖　法印春海示」とみえ、『春海弟子分交名』にも応仁元年八月二十七日の項にその名が確認できる。[52] これは、成菩提院に学僧の往来したことを示す事例である。

また、春海は成菩提院に対し土地の寄進も行っており、応仁二年（一四六八）、応仁三年（一四六九）の文書が伝わっている。これは、田地の寄進状であるが、寄進の目的として、「田住名弐石」寄進のうち、一石は上葺（屋根の上葺カ）の修理のため、もう一石は凜海法印・隆海法印二親道泉庵主明縁禅尼の毎月の霊供のためであった。「凜海法印」は、春海の師であった稟海のことであろう。

もう一通は、「法印春海畠地寄進状」で、こちらは慶春（慶舜カ）法印の菩提のため、大吉寺梅本坊に永代寄進

した際のものだが、これで「毎年霊供毎年義科講一度」勤めるべきことが記されている。また、「両季大明講」「六月会前夜義科講」についても触れられ、談義所としての成菩提院の活動もうかがえる。

第四世　明舜

第四世明舜の経歴については、ほぼ未詳であるが、成菩提院には、明舜にかかわる聖教がわずかながら残っている。その一つは、書名は失われているが、内容は談義にかかわると考えられるもので、前欠のものながら「宗大事」「自他宗諍」の二条が記されている。最後の部分には、

本に云く、常楽院法印御房心賀御自筆本を以て書写し畢ぬ已上
建武二年五月十九日
嘉吉三年癸亥正月廿六日　　　権少僧都春海、明舜に授け訖ぬ

とみえ、春海から明舜への伝授が記されている。この書は、恵心流の心賀自筆本であり、恵心流の系譜に連なることがわかる。

また、『相伝口決抄　私』には、表紙に明舜の墨書署名があり、その内容は、建武四年（一三三七）二月の播磨国石峯寺での「天台血脈事」「感応一心三観事伝授」などの伝授が記されている。

さらに、『春海・明舜弟子分』により、明舜も、慶舜、春海と同様に弟子の育成を行っていたことがわかる。

この明舜の時代には二つの大きな出来事があった。一つは開山貞舜法印の託宣があったこと、もう一つは成菩提院において寺院法が制定されたことである。

開山貞舜法印の託宣については、天文三年(一五三四)の『年中雑々』(天文三年極月日)[53]に収載されている(「開山貞舜法印御託宣事」)。

その概要は、日向国の所化であった兵部卿舜海が、文明十一年(一四七九)八月十一日の日中時分より、にわかに狂乱し、開山貞舜の託宣を伝えたものであるが、それは、明舜は名聞利害のない者で、もしここに余人が居たら、ここには「刀差す者計にて」「仏法有るべからず」という状態になってしまうこと、また貞舜のために法事を行わないのは、曲事の至りである、法事とは、義科講のことである、他所では行っているのに、ここには「門徒ノ人」も立ち入らないのは、「不足之至極」である。座敷が無いならば、土壇であってもぜひとも、当院で義科講を行うべきである、というものであった。また四〇条の法度を定め、「談義堂」にこれを貼ることや、明舜が、死後の用意を蓄えていることを非難するなどのことを伝えた。さらに、明舜に対して、本書の談義をしても、義(内容)を心得ていないので、当所の玄義の滅縁滅行である、といって、四、五丁広げて談義をした、というものである。

この託宣事件は、成菩提院において教学研究が衰えたため、義科講を行うことを意図したものであったとの指摘もある[54]。

また、法度についても『年中雑々』に「明舜法印御代法度条々」という一五カ条からなる法度が収録されている。この法度をみると、第三条では、「日中談義不終前、起座人過銭十文可出事」とあり、日中の談義が終わる前に座を立つ人には過銭(罰金)一〇文を課すこと、第六条には、「見能化之聖教、其外学文道具等為所化不可用事」と、能化の見る聖教、道具等を所化が用いてはならないこと、第八条では、同朋の中の老僧は敬うべきであること、第一〇条では「遠宿ノ衆番ノ時、朝ノ食当院テ可与事」と、遠宿の衆、つまり遠くからやって来て宿泊をしている人には当院（成菩提院）で朝の食事を与えるべきこと、第一四条では、「談義堂文箱ヲ持テ可出仕事、但文巻以出入幷何モ不メ持出人同過銭十文可出事」と、談義堂に文箱を持って出仕すべきで、文巻（筆記のための巻紙）のみで出入りしたり何も持ち出さない者は過銭一〇文が課せられること、第一五条では談義堂で横臥してはならない、といったことが定められている。この法度のなかで、「談義堂」があったことは注目される。「談義堂」は、談義のための専用の施設が存在していたのか、他の堂をそれにあてていたかは明らかではないが、談義のための場所が存在していたことは重要である。

また、末尾に「先師代々旧儀ヲ模シ」とあることから、明舜以前の貞舜・慶舜・春海の三代の間に何らかの法度が存在していたとも考えられている(55)。

このような法度が制定された背景には、先の「開山貞舜法印御託宣事」と合わせて考えると、この明舜の代に、談義所寺院としての立て直しが進められたと考えられる。

第五世　舜海

第五世舜海は、「開山貞舜法印御託宣事」に、「日向国ノ所化ニ兵部卿舜海ト云人」とみえ、この貞舜の託宣を語る舜海がその人であると考えられる。文明十一年（一四七九）八月十一日に柏原談義所の所化であったが、狂乱状態となり、時の学頭明舜に「義科講」を設けて天台の教理研究を推進せよと迫る。この舜海は美濃国金剛寺談義所で没したとされる(56)。また、後に宗海と改名もしている。

舜海は文明十一年八月十二日に四〇カ条からなる法度を制定した。『年中雑々』に収録される「条々」がそれである。(57)

この「条々」は、明舜の時に定められた一五カ条からなる「明舜法印御代法度条々」をもとに、さらに充実させたものである。法度に違犯した時の罰金の規定が目立つが、この法も談義所としての成菩提院を維持することを目的とした内容が顕著である。

たとえば、第三条は、「毎日談義に不参の人、一日十文宛出すべき事」とあり、毎日の談義に参加しない者は一〇文出さねばならない、であるとか、第七条には、「無師の聖教見るべからざる事」、第八条では、「談義所にて高声にて雑談すべからざる事」とか、第三一条は、「談義の間に雑談すべからざる事、ならびに無用の立居する事」、また第三二条では、「所化の音曲・尺八・笛は禁ずべき事」などが定められている。さらに第三三条では「無用の他行・物参等に隙を取るべからざる事〔但し聖教借用に至る事、之を許すべし〕」(〔 〕は割書)と、用事もないのに外出や参詣に時間を取ることはしてはならないが、聖教の借用は許可する、ということなどが規定されている。そして最後に、この法度の旨を守り、堅く制戒すべきである。もし違犯すれば、開山法印貞舜の罰を蒙るものである、と記されている。第四世明舜と第五世舜海の二代にわたり、談義所としての成菩提院が整備されていった。

第六世　心舜・第七世　宣舜

第六世心舜については、以下の修学活動を知ることができる。

文明六年(一四七四)、『龍女分極』(叡山文庫天海蔵)を「濃州地蔵」にて書写する(濃州地蔵は谷汲山華厳寺地蔵院カ)、明応七年(一四九八)、『四信五品退不退私鈔』(叡山文庫天海蔵)を書写する、というわずか二点のみである。
ほかに心舜にかかわるものとして、成菩提院心舜撰『法華教主(五味義科抄)』(叡山文庫天海蔵)があり、その奥書の記述によれば東塔西谷常智院において、心舜法印が行光房の師(円俊)の口説を記した『密宗聞書』(大谷大学)がある。

『三百帖略問答』(大谷大学)は、奥書に、

長享二(一四八八)歳戊申美濃大野郡鷺田正覚院に於いて心舜御筆の御本を以て之を書写す　横蔵寺尊幸

と、美濃国大野郡鷺田の正覚院で心舜筆の本を書写したものであることが記され、この『三百帖略問答』は心舜の記した本で、後の永禄五年(一五六二)に成菩提院に寄進したものであった。この美濃国大野郡鷺田の正覚院は成菩提院の末寺であった寺院である。

つづく第七世宣舜は、もと豪宣と称した僧で、『成菩提院歴代住持』には、

七世　宣舜法印
豪宣法印也　六日寂

とみえ、[58]「院中代々法度之事」の中には、「当院真言門法度の事、先年山上ニ於いて豪宣法印へ申し合せ前紙に之を記し畢ぬ」と、ここにも豪宣の名が記されている。

宣舜も『宗要抄』（日光天海蔵・十妙院）があり、これは一二帖からなっていたものだが（十妙院本は一五帖五冊）、日光天海蔵のものは「十二帖ノ内　仏部上下　菩薩部上下　五時部上下　雑部上下ノ八冊」の本で、「宣舜法印御談の旨、聞き書き畢ぬ」と、宣舜法印の談義の聞書であった。これは沙門真海が永正七年（一五一〇）十二月に結願したものであった。『仏土義第五重　自受用所居』（日光天海蔵）も宣舜撰のものである。

第八世　快尊・第九世　定海

快尊は、『菩薩義安立私　二聖発心』（日光天海蔵）の奥書に、「明応九年　三十二歳　快尊」とあるところから、応仁二年（一四六八）の生まれであることがわかる。生まれは丹波国多池郡（多紀郡カ）であった。十八歳で学道を志した（『即身成仏義　龍女分極　愚案集私』〈日光天海蔵〉奥書）。修学の歩みについては、表5のとおりである。

また、『即身成仏義　龍女分極　愚案集私』には、

延徳元年十月十三日同月廿二日注し畢ぬ
美濃国埵井正行院本堂西ノ部屋に於いて之を書く
生国丹州多池《ママ》郡大芋慶林寺の住僧なり
十八冬霜月廿一日ニ始て学道に思ひ立ち今年廿二歳に罷り成り候
前世の宿習□《ママ》のみに非ず今生のはげみ薄き故に学道増進無し悲しきかな
此の上下二帖愚案を廻らすと雖も法門據る無き義難のみなれば仏意に異なるべし　快尊

表5　快尊年譜

延徳元年（一四八九）	美濃国垂井正行院本堂にて『即身成仏義　龍女分極　愚案集私』（日光天海蔵）を書く
延徳二年（一四九〇）	『一仏始終精詮用』（叡山文庫天海蔵）・『仏始終』（叡山文庫天海蔵）を書写
明応九年（一五〇〇）	『菩薩義案立私　二聖発心』（日光天海蔵・西教寺正教蔵）を卯月祭礼用として撰す 『菩薩義安立私　二聖発心』（日光天海蔵）を撰す

と記され、快尊の生い立ちの一部をうかがうことができる。

また、『円乗寺開山第一世貞舜法印行状』の冒頭には「八世快尊　宗門の瑚璉と為て　濃の仲山の記を書く」とみえ、後世の評価ではあるが、優れた人物であったことが記されていた。成菩提院に残る聖教の一つ、『内護摩法』は、表紙に「快尊」の墨書署名を持ち、第二面裏には「慶舜」の自筆と認定できる墨書署名があり、これは慶舜本が快尊の時代まで大切に伝えられたことを示すものであろう。

さらに、「院中代々法度之事」も、快尊の時代のものと考えられている。(59)

この「院中代々法度之事」は、全一七カ条からなるものであり、先の「明舜法印御代法度条々」と比較してもその内容はかなり詳細なものになっている。また、談義所としての成菩提院の実態をうかがうことができる。以下、その内容をみると、第一条では、院内において、先師の弟子や地下人が坊室を構えてはならないことは、先師代々の法であり、非学の人の常住は法滅のもとであるとする。第七条には、衆中の論談については不足はないが、近年になって廃れているのは、「本書談義」すなわち三大部の談義である、といい、今は論義所であって談義所ではないし、たまたま談義があっても、談義を聞く所化はいない。所化がいても「本書」（三大部）を論義する人はいない。往古は論義は希で、毎日の談義を基本としていた。各々に本書を借用して持参する、以後は少々の論義は略しても談義をするべきである、とする。さらに第一二条には末寺を記しており、そこには、諸末寺諸山の衆の、年中礼物等の事は、ほぼ漸々に返すこと、実成院・花蔵院・円光院・成就院・正覚院・宅光院・鷺田正覚院・宝伝寺、この八カ寺は、末寺の契約である、年に一度の礼銭等は必ずしも返さなくともよい、であるとか、当院（成菩提院）で受法の人の樽銭等の事は、「当住之下ノ之授法」では返報は無用である、「前住受法ノ人」は、礼銭を返してもよい、時宜に従うべきであること、が記されている。そのほか、寄進された霊供田についての規定や「当院真言法門法度」として、当院で受法をした者を授者として末寺に拘束して、たびたび灌頂を行うことは「非法の至り」である、といったことも記されている。ちなみに、ここにみえる末寺はいずれも美濃国にあった。

快尊は、天文三年（一五三四）三月に成菩提院に田地を施入している。三井文庫蔵の大永七年（一五二七）五月の成菩提院第九世の定海法印の地券[60]に、

当年大永七丁亥年拾貫伍百文妙徳院快尊之を売ると云々

とあり、すでに美濃国の妙徳院に移っていた快尊が、定海に土地を売却したのであった。

次の定海は、永正十七年（一五二〇）書写の『四種三昧義　弥陀報恩』一巻（日光天海蔵）の奥書に「成菩提院定海写」とみえ、このころに定海は成菩提院の住持を勤めていたのであろう。定海は、文正元年（一四六六）の生まれで（『三部抄　灌曼四度』〈西教寺正教蔵〉奥書）、明応五年（一四九六）に『六即義　四重五重抄　草木成仏』（日光天海蔵）を書写、永正四年（一五〇七）に上総国山野辺薬師寺で『青池宗義聞書　第三』（妙法院）を書写、永正

十二年（一五一五）には『三部抄　灌曼四度』（西教寺正教蔵）を美濃国谷汲山華厳寺地蔵院で記す（このとき四十九歳）、永正十七年（一五二〇）、『四種三昧義　弥陀報恩』一巻（日光天海蔵）を書写する、といった事績が明らかである。

『三部抄　灌曼四度』（西教寺正教蔵）の奥書に、

永正十二（一五一五）天乙亥六月十一日より七月廿九日に至る迄濃州谷汲山地蔵院に籠らしむ、居りて阿娑縛抄一覧の内少々之を記す　　定海四十九歳

とあり、『阿娑縛抄』も書写したらしいこともわかる。ちなみに、谷汲山華厳寺にも応永の書写奥書を持つ『阿娑縛抄』が所蔵されていた[61]。

第十世　真海・第十一世　真円・第十二世　心芸

第十世真海は、丹波国多紀郡の人で、文明八年（一四七六）の生まれ、永正七年（一五一〇）には宣舜（成善提院第七世）に学んでいる。これに前後して、永正元年（一五〇四）には『問答抄』第一の執筆を終えている。『問答抄』第一の奥書によれば、真海が「古抄の趣」と「聴聞の分」「慮案の旨」を形のごとく注したものであった。またこの奥書に真祐の記として、「真海法印五十九歳にして当院（成善提院）の第十住持と云々」とみえる。

また真海は、『六観音合行法』（法明院）を天文二十一年（一五五二）に書写し、このとき七十八歳であった。『横

蔵寺安居供養法則』を天文二十二年（一五五三）七月に書写、このとき七十九歳とする。成菩提院にも年次は未詳だが、『文殊五字法』という真海伝領本が残されている。

天文二年（一五三三）、五十九歳で成菩提院住持となる。永正元年には成菩提院に来ていたと考えられており、成菩提院の能化であった可能性も指摘されている。

『問答抄』第九奥書によれば、天文十七年（一五四八）八月二十六日に真祐は美濃国横蔵寺で『真海十帖』（一三巻本）を伝授されており、七十四歳の真海は、このときには横蔵寺に移っていたことになる。

真海の著作としては、『七帖要文』『台嶺真珠集』『両部兼貫記』などが知られる。『七帖要文』（叡山文庫真如蔵）の奥書には、「右此文集柏原成菩提院第十代住持真海類聚」とある。

成菩提院には『問答抄』（真海十帖）が所蔵されている。本書はもと一三帖からなっていたが、成菩提院第十二世の心芸が一〇帖に改めたようである。そのことは、『問答抄』第八奥書に、「□時十二代心芸法印為十帖」とみえる。また、『問答抄』第六奥書から、真祐が『真海十帖』と名づけたことがわかる。

また、真海は、天文二十一年（一五五二）に江州坂田郡柏原庄の菅川常友名のうちの田地一段を成菩提院に売り渡したことも文書から判明する。

真海が成菩提院の住持であったときに、末寺である菅生寺法華院では栄心が居住していたようで、真海と栄心は同年齢であった[62]。また、両者の交流も推測され、この交流のなかで『真海十帖』や、『法華経直談抄』（金台院本）が制作されていったのであろう。

この真海の代のころの記録として、成菩提院には天文三年の『年中雑々』のなかに「自当院可勤諸講之事」という年中行事がわかる史料も記されている。

この史料で当時の主な年中行事として、大師供・誕生会・施餓鬼・仏名会といった寺院に通例みることのできる行事のほか、卯月中申祭礼（山王祭カ）・両季ノ義科講内義などが行われていたことが記されている。また、「正月之大般若」は大般若転読会のことで、おそらく近世に入ってからこの行事に使用されたと考えられる大般若経が現在も伝えられている。

現在、成菩提院に伝えられる大般若経は、平安時代の写経であるが、享和二年（一八〇二）に豪恕が購入して装丁を改めたものである（文化財編一-五参照）。

また、天文二十一年（一五五二）のものと考えられる真海自筆の『年中日記』（文化財編二-四）があり、寺領からの詳細な年貢・公事の記録や寺領そのものが記され、寺院経営の側面について知ることのできる史料である。

第十三世　憲栄

憲栄は、成菩提院の聖教・経典を補完していった事績が知られる。一つは成菩提院所蔵の『妙法蓮華経』八軸で、鎌倉時代の写本であるが「奉寄進成菩提院常住法印憲栄」と憲栄の寄進したことが記されている。もう一つは『阿娑縛抄』で、『金灌記　初』『合灌記　初』『胎灌記　初』の奥書のみが確認されるが、これらは、紛失のため、永禄六年（一五六三）に伊勢の宝光院のものを書写したものであった。また、『三摩耶戒儀』の巻は、「天文廿四年（一五五五）五月廿七日　持者憲栄」と記されるが、その直前には、

応永廿九年壬寅十月五日西山寺戸御房に於いて御本を賜ひ豪宗に誂へ之を書写し畢ぬ　持者慶舜

穴太末資法印権大僧都豪喜之を記す

とあり、豪宗書写本を慶舜が所持していて、それを豪喜が記したものであることがわかる。これは、西山流の流れである。

加えて『西山流』（大森蔵）という聖教のなかに、「別行経」があり、そこには「永禄十一年（一五六八）五月　憲栄法印」と記されており、憲栄も西山流の僧侶であったことがわかる。

また、『仏名会講式』には「天文八年十月十三日　憲栄法印之」とあり、天文八年（一五三九）の奥書を持つ本書は憲栄の持物であったと考えられる。

憲栄は、永禄五年（一五六二）には樋口重清より田地の寄進を受けている。その寄進状には、成菩提院当住憲栄法印御房に対し、夫婦日霊供田として真恒一名《みょう》を寄進する旨が記されている。

第十四世　定舜・第十五世　亮運

定舜については、その事績は未詳であるが、成菩提院に伝わる『栄心印信』は、天文十五年（一五四六）八月一日に栄心から定舜に与えられたもので、恵心流の系譜から直海、そして光栄以下月山寺の歴代を経て、尊舜（『法華経鷲林拾葉抄』作者）に至る、関東天台の相承を含んでいる。また、年代は不詳だが、定舜が定海より授けられた『定海印信』も伝えられている。

さらに『一流相伝法門見聞』（叡山文庫真如蔵）の奥書に、「天文五暦菊月三日伝授了　重弁　定舜」とみえるが、成善提院の定舜その人であるかは、なお検討を要するであろう。

亮運については、成善提院に比較的多くの関連史料が残されている。以下、列挙すると、『即身成仏義言・舎利理法・十二時不退行法』『摩利支天』『大黒天飛礫秘法』で、いずれも表紙に「亮運之」とあり、いずれも亮運所持本と考えられる枡型折帖本である。

また、室町時代の刊本である『科註妙法蓮華経巻第三』は、「奉寄進成善提院　亮運」と記され、『真俗合割帳』にみえる「法華科註　五巻」の一部にあたるものであると考えられる。

成善提院以外には、亮運が写したものとして『加行灌頂記』（天正ごろ〈一五七三〜九二〉・密蔵院所蔵）、『表白集後醍醐天皇曼供表白等』（天正十年〈一五八二〉・叡山文庫真如蔵）の二点が存在している。

さらに成善提院には、『真俗合割帳』という仮綴の薄冊が残されており、その内容は「真俗帳」「世具之事」「亮運寄進事」からなる。「真俗帳」は、灌頂道具、文殊堂道具等が記され、「世具之事」には寺の資財が記されている。「亮運寄進事」には、「大威徳□□　四冊」「天摩訶□論　六巻」「法華科註　五巻」「金剛秘天　一巻」「大日経疏一巻」「瑜祇経疏　一巻」「金剛界決　一巻」などの亮運の寄進した聖教などを記している。

第十六世　光栄

光栄の代には、『阿娑縛抄』の「取水作法」「三摩耶戒儀」「胎灌記」「金灌記」「合灌記」「許可」の六本が天正十三年（一五八五）に筑後国高良山刑部卿顕秀より寄進されている。

また、栄心の『法華経直談抄』（金台院本）が天文十五年（一五八七）に成善提院に奉納された。栄心は、この書を菅生寺（成菩提院子院）にて執筆した。

その奥書には、「奉寄進　成菩提院　常住　天文十五年」と記され、跋文には、

右、此の直談抄十帖は江州坂田郡柏原菅生寺法華院に於いて書写の功畢ぬ。爰に諸抄を集め之を見、或ひは広くして暫に及び難し

時に所覧或ひは略して明し難し（以下欠）

とあり、柏原菅生寺の法華院で書写したことが記され、第九冊の識語には、

当院焼猛の刻、此くの如く飛火し少し焼く故、大方妙徳院御本を以て交合仕り修覆せしむもの也　光栄

と、火災による焼損と、光栄が妙徳院の本で交合、修復したことが記される。妙徳院は美濃国多芸郡に所在した寺院で、自立山妙徳院という成菩提院の末寺であった(63)。

栄心による著作には、『独宝集』（日光天海蔵）も存在し、その原本は光栄所持本であった(64)。また、成菩提院には「栄心印信」が所蔵されるが、これも天文十五年（一五四六）八月一日に栄心から定舜に伝授されたもので、直海、光栄以下は月山寺歴代を経て、『法華経鷲林拾葉抄』の著者尊舜に至るもので、関東天台への相承が含まれている。さらに「覚書」一巻が所蔵されるが、これは慶長二年（一五九七）四月に石田三成の奉行衆に宛てて出されたもので、成菩提院の領地にかかわる内容である。

第十七世　真祐・第十八世　澄芸

真祐は、美濃国を中心に活動した学問僧である。主な事績については、すでにまとめられているので[65]、それにもとづき、その生涯をみていこう（表6）。

真祐は、大永六年（一五二六）の生まれで、成菩提院の客分となり、織田信長による元亀二年（一五七一）九月の比叡山の焼き討ち以後は、美濃国の妙徳院、多芸玉泉院、野口宝光院、横蔵寺、生津花王院、慈明院など美濃国西部を転々として修学にはげみ、その成果は『真祐十帖』として集大成されたものであろう。天正十七年（一五八九）に成菩提院に住したようである。成菩提院においては、『真海十帖』の改訂・書写が大きな事績の一つといえる。『問答抄』第一の奥書には、「当院十七世真祐は即ち真海入室弟子」と記され、真海の弟子であったことがわかる。

また、年紀は不明だが、『灌頂法則』は、表紙に「真祐書」と記される真祐自筆と考えられるもので、成菩提院における灌頂の際に使用されたものであろう。その後、比叡山の横川恵心院第二世になったようである。

つづく澄芸については、天正十九年（一五九一）の十二月十日の年紀を持つ「田古新帳」が成菩提院に残るが、この奥書に「法印当住澄芸」とみえる。また、天正二十年（一五九二）に『請雨経法』（叡山文庫無動寺蔵）を、慶長五年（一六〇〇）に『荒神供私記』（金山寺）を書写した「澄芸」が認められるが[66]、同一人物であるかは検討を要する。

表6　真祐年譜

天文十九年（一五五〇）	『七帖要文』（真海著）（叡山文庫真如蔵）を書写
天文二十一年（一五五二）	川流許可密印を書写（『許可密印』南渓蔵）
元亀二年（一五七一）	柏原の客分となる
天正三年（一五七五）	美濃国妙徳院に行く
天正六年（一五七八）	美濃国多芸玉泉院に行く（『龍女分証《（ママ）》』奥書（叡山文庫真如蔵）
天正七年（一五七九）	美濃国野口宝光院に行く 『廟上廟下』一巻（十妙院）を書写 『星供　私』（金山寺）を書写
天正九年（一五八一）	美濃国横蔵寺に行く
天正十年（一五八二）	美濃国生津花王院に行く（『義科抄　一生破無明』日光天海蔵。『三周証人』叡山文庫天海蔵）
天正十一年（一五八三）	美濃国慈明院に行く『公問要』巻四（叡山文庫天海蔵）を増補する
天正十二年（一五八四）	柏原に来る（『三諦勝劣』奥書）
天正十三年（一五八五）	美濃国慈明院に行く（『名別私抄』日光天海蔵）
天正十五年（一五八七）	『分断捨不捨　外』（日光天海蔵）を撰す
天正十六年（一五八八）	『如法経法則』（勝林院）を草す
天正十七年（一五八九）	成善提院に住するか（真海撰『問答抄』を書写）
天正十九年（一五九一）	横川恵心院第二世となる
文禄年中（一五九二～九六）	成善提院住持となる（『横川堂舎並各坊世譜』、天台宗全書）
文禄四年（一五九五）	恵心院に居る（『真祐聞書』西教寺正教蔵） 晩年は三井寺の法泉院に退く

第十九世　祐円

祐円の事績についてはほとんど未詳であるが、叡山文庫真如蔵に所蔵される『無常導師表白』は、その扉に「柏原成菩提院祐円法印遷化之砌草之」と記され、祐円にかかわる書物である。ほかに祐円にかかわる書物としては、『諸堂記録（九院仏閣抄）』（明徳院）元和五年（一六一九）書写『叡山九院仏閣抄』（叡山文庫池田蔵）元和五年（一六一九）書写があり、記家の学問を修めていたことが考えられる。また、天正四年（一五七六）書写の『文殊八字』（穴太寺）も祐円書写であると考えられる。

なお、『円乗寺開山第一世貞舜法印行状』には、豊臣秀吉と好みを通じ朱印を与えられたこと、寛永十七年（一六四〇）に示寂したことが記されている。

四、成菩提院聖教にみる寺院ネットワーク

中世の天台談義所は、関東において早くから発達していた。武蔵国の仙波談義所（のちの喜多院）、金鑽談義所、上野国には渋川談義所（無量寿院真光寺）、普門談義所（普門寺）、山田談義所（桐生）、千手院談所常清寺（伊勢崎）、青柳談所龍蔵寺、昌楽寺談所、禅養寺山王宮談所、上総国佐貫談所、下総国龍角寺談義所、常陸国には月山寺談義所などが活動していた。

さらに信濃国津金寺談義所、福是談義所が、美濃国には垂井談義所、府中談義所、中川談義所などがあった(67)。これらの談義所は、天台教学の伝播のなかで成立したものもあった。たとえば『三大部伊賀抄』流伝のルートについては、伊賀国往生院から金鑽談義所へと伝えられたことが明らかにされている。また、近畿と関東を結ぶ信濃国や西上野の談義所や学問寺について、その重要性が指摘されている(68)。

これら談義所を、学僧たちは往来して教学研究にはげんだのであった。たとえば、身延山の泰芸は成菩提院、金鑽談義所などに行き、『宗要集私抄』などの書写を行っている(69)。

先に成菩提院の歴代の僧侶について、彼らにかかわる聖教を中心に概観したが、成菩提院にはほかにも多くの聖教が伝えられている。そのなかには成菩提院成立以前の年紀を持つものも残されている。

その背景には成菩提院成立以前の学僧たちのネットワークが存在していたと考えられる。成菩提院に伝わる聖教の伝来にかかわるものとしては、鷲尾金山院・白毫院太子堂・霊山院などの京都東山文化圏、法華山寺・西山宝菩

提院といった京都西山の寺院、東大寺戒壇院、滋賀の金剛輪寺などが指摘されている[70]（図6参照）。

鷲尾金山院は、十三世紀中・後期には東大寺の円照上人常住の寺で、円照上人は律を学んでいたが、そこには宗派を超えた門下の学僧たちが修学していた。弘長（一二六一～六四）、嘉暦（一三二六～二九）のころには、円珠・思順が移住して円照の化儀を助けていたが、とくに円珠は天台西山流の澄豪につき天台宗を学んでいる。また、東大寺戒壇院、天王寺勝鬘院、八幡善法寺、室生寺との間に密接に関係していたと推測されている。さらに白毫院の良含（円光上人）の人脈にも連なっていた。この円珠と良含はまた、「忠快―承澄」の穴太西山流も師資相承し、真言と天台西山・記家・戒家と結んでいた。

この金山院は、鎌倉末から南北朝の初めには廃れてしまったようであるが、天台僧の興円―光宗により再興された。光宗は正中二年（一三二五）には止住していた[71]。

東山の速成就院白毫院（太子堂）は、良含の伝授の場であり、ここにおいては澄豪の書写・伝授が行われた[72]。西山法華山寺も西山流との交流の可能性も指摘されている。

成菩提院に伝来する聖教の一部には、このようなネットワークを背景として、もたらされたと考えられるものもある。以下、数点紹介してみたい。

『真言宗教時義』第三は、保安元年（一一二〇）六月十四日の奥書を持ち、延暦寺の東谷において、また『金剛界儀軌』上下巻は、保安元年九月十八日に加賀国江沼郡山代別所不動寺にて加点したもので、いずれも平安時代の書写奥書を持つ、成菩提院の聖教のなかでも最古に近いものである。この二点が成菩提院に伝えられている経緯は不明である。

『山家要略記』は巻子の一巻と断簡数葉が残されている。その奥書によれば、元徳二年（一三三〇）八月に道意

四、成菩提院聖教にみる寺院ネットワーク

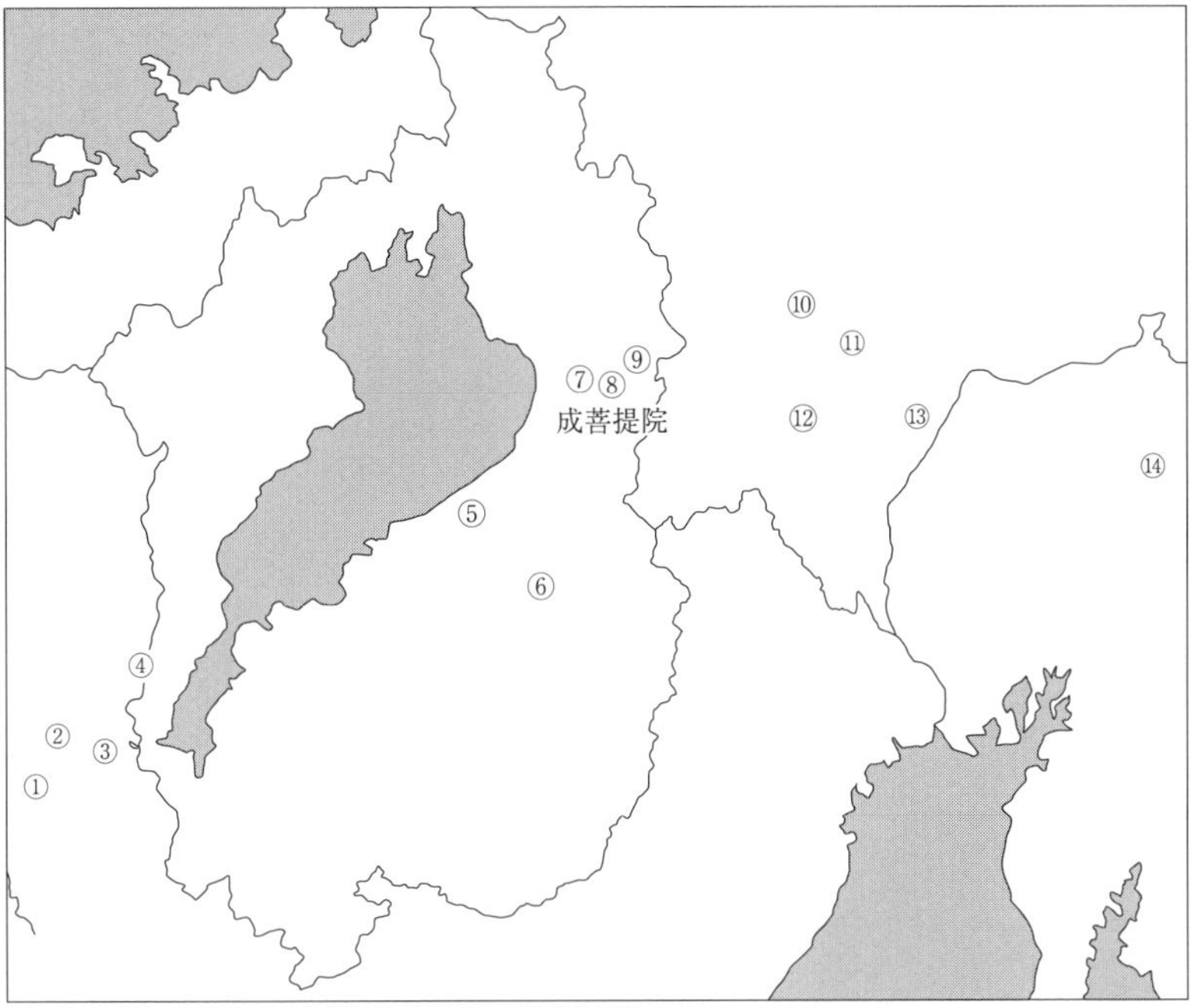

図6　関連寺院図

①西山宝菩提院（寺戸。天台密教西山流の拠点。西山上人澄豪居住）
②西山法華山寺（慶政上人居住）
③東山鷲尾金山院（円照・光宗らの止住）
④比叡山延暦寺（天台宗総本山）
⑤平流山霊山寺・延寿寺（光宗・運海ら止住）
⑥金剛輪寺（天台西山流灌頂道場。西山上人澄豪止住）
⑦徳源院（柏原庄清滝の拠点寺院。京極佐々木氏菩提寺）
⑧成菩提院（柏原談義所。天台西山流灌頂道場）
⑨菅生寺（『法華経直談抄』著者栄心止住）
⑩谷汲山華厳寺（天台密教西山流の流入）
⑪慈明院（深瀬談義所）
⑫摩尼寺（貞舜修学）
⑬真福寺（真言宗談義所）
⑭密蔵院（篠木談義所。天台葉上流灌頂道場）

※曽根原理氏作成図を一部改変（科研費報告書　課題番号14310189『中世談義所寺院の知的交流と言説形成』〈研究代表者　曽根原理〉 2006年）

が書写したものである。『山家要略記』は、奥書にもみえる顕真や義源などの関与が考えられているもので、「浄刹結界章」「仏像安置章」「厳神霊応章」「鎮護国家章」「法住方軌章」「禅侶修行章」からなる。成菩提院本は、一部裏書のあるもので、古い形態を保ったものである。現在、写本としては、三千院と南渓蔵の二本が知られており、三千院本は奥書部分に𑖨字角印を押している。これは成菩提院本も同様である。成菩提院本は三千院本に次ぐ古態を持つ写本であるとされている。義源の弟子に光宗がいるが、本書は光宗の黒谷流を介して、成菩提院にもたらされた可能性も考えられる。

『金剛界大法対受記』第一～第四・五上・七・八と『蘇悉地対受記』も鎌倉時代の写本である。(73)『金剛界大法対受記』は、巻八の奥書に、「法花（この下「智満」二字削、重書）寺中尾に於いて書き了ぬ　比丘信豪」とある。一方、『蘇悉地対受記』には、「天福元年癸巳七月一日智満（二字スリケチ）寺に於て之を書き了ぬ　信豪」とある。ここにみえる智満寺は、静岡県島田市に所在する天台宗寺院である。これらの典籍は、その背景に四天王寺の円珠・思順が、駿河国に下り、駿河の国人であった忍空は、この二人に従い上洛したことが知られており、その際多くの典籍もまず南都にもたらされたことが推測されている。円照の東大寺戒壇院系の寺院をめぐる、東山鷲尾金山院・東大寺戒壇院・法花寺（いずれの法華寺か未詳）・天王寺勝鬘院等を結ぶ僧侶・典籍の往来に、天台西山流の澄豪・豪鎮を介して、慶舜あるいは前代の貞舜のいた成菩提院にもたらされた可能性が高いことも指摘されている。

また成菩提院旧蔵の筑波大学図書館蔵天福二年写『悉曇要決』四帖は、信豪筆で、『蘇悉地対受記』と同一筆者である。この書についても、白毫院あるいは東大寺戒壇院・西山法華山寺系と関連する可能性も指摘されている。(74)

『華厳仏光三昧観秘宝蔵巻下』は高山寺明恵の弟子証定の自筆書写の可能性が高い一本であるが、これは、一つの可能性として、東山鷲尾金山院で入手され、金山院の光宗の系譜により流入したという考えも提示されている。(75)

また、成善提院の典籍・聖教の集積には、もう一つの流入ルートが想定される。それは、成善提院歴代の法脈にもとづくものである。

まず第一には「一、貞舜と談義所の成立」のなかの「貞舜の伝記と教学」で触れたが、貞舜へとつながる「湖東文化圏（平《へ》流《る》山《さん》文化圏）」である。[76] 平流山には延寿寺・霊山寺があった。また、ここには光宗・運海という、『山家要略記』を生んだ義源に始まる天台宗の記家に属し、また恵鎮にはじまる台密黒谷流の系譜につらなる僧侶たちが活動していた。

先にふれた応永十四年の『瑜祇秘決』には、「光宗—運海（金山院）—貞済（江州倍山延寿寺）—貞舜」の系譜が記される。また、応永八年の『即位灌頂』には、「月輪殿—承澄—澄豪—行遍—慶盛—光宗—澄恵—運海—貞済—貞舜」という系譜を記す。ここには天台西山流の行遍の名が記されている。

「題未詳聖教」には、光宗—運海—貞済あるいは貞舜か、の系譜が記される。

このように、貞舜は、湖東文化圏の流れ、台密西山流、黒谷流、さらには記家にかかわる僧侶たちの系譜の僧侶であったため、それにかかわる聖教が流入してきたと考えられるのである。『上宮王太子講法則』には表紙に「円済之」と記され、これは貞舜の師の一人、円済にかかわるものが残されているのである。

台密西山流は、光宗が東山鷲尾金山院を再興したのであるが、光宗再興以前の一三世紀中・後期にこの金山院を拠点として活動したのは東大寺戒壇院の円照とその弟子であった。さらに台密西山流の祖澄豪は、円照の弟子忍空に律を学んでいる。[77]

続く第二世慶舜は、成善提院に灌室（灌頂道場）を開くなかで、台密西山流を本格的に受容していったと考えられる。この慶舜以降、台密西山流にかかわる典籍・聖教も流入してきたのだろう。成善提院の『阿娑縛抄』は西山流の豪鎮書写本を数多く伝えるが、これは、西山流の系譜のなかで流入してきたものと考えられることは、先述したところである。西山流の本拠地は洛西の西山宝菩提院であり、この宝菩提院書写の奥書を含む聖教も成菩提院には残されている。

また、天文三年書写と考えられる『阿娑縛抄』の「金灌記」の奥書には、「多芸庄妙満院」と、末寺においての書写がみえ、末寺との交流からも典籍・聖教の交流を考えることができる。もと成菩提院所蔵であった栄心の『法華経直談抄』（金台院本）もまた栄心の居住した菅生寺で執筆され、のちに奉納されたものであった。このような末寺との交流は、すでにみた成菩提院歴代の聖教の書写活動の場としてもみることができるし、他の談義所の名もみえ、聖教の書写を媒介とする談義所間の交流もみられる。さらに成菩提院の尊海撰『即位法門』には、政海―尊海―貞舜の系譜が記され、ここにみえる尊海は仙波談義所の尊海である。関東の談義所との教学上の交流も認めることができる。

最後に、清滝寺との交流を示す聖教をみてみたい。

『草木成仏』（叡山文庫天海蔵）

右抄は柏原成菩提院に於いて之を書き畢ぬ、開山法印貞舜の御草案也、

天文十二年二月十三日漸く書き畢ぬ

江州柏原清滝寺万徳坊定信

と、清滝寺との交流も貞舜以来継続していたことがわかるのである。

以上のように、成菩提院は談義所として、末寺や他の談義所などとの交流のなかで学問を深め、教学の蓄積を進めていったのであった。そして蓄積された典籍・聖教は大切に管理保管され、現在にまで伝えられたのであった。

五、戦国期から信長・秀吉時代にかけての成菩提院

戦国時代には、成菩提院は、「歳末巻数」や「正月之礼」を御屋形（京極氏）・浅井氏とその家臣（錦織殿・山城殿）らに納めたことが、『年中雑々』にみえ、この時期の武家に対する負担の一端がうかがえる。(78)

その後、永禄十一年（一五六八）九月、織田信長は足利義昭を奉じて入京するが、それに先立つ八月には禁制を成菩提院に与えている（文化財編二‐五）。

この年、六角氏の居城であった観音寺城を落城させて、ほぼ近江一国を平定した年で、街道筋に位置していた柏原の地は、軍事上も重要拠点であり、成菩提院は宿所としても利用された、とも考えられている。(79)

その後、元亀三年（一五七二）の浅井攻めのなかで、木本地蔵浄信寺や成菩提院末寺の草野大吉寺、清滝寺、観音寺、名超寺、安能寺などは被害を受けたり、兵火にかかり焼失したところもあった。この際、成菩提院はその難を逃れたようである。(80)

つづく豊臣秀吉の時代にも、成菩提院は禁制札を与えられている。それは、天正十年（一五八二）の丹羽長秀・

羽柴秀吉連署禁制（文化財編二-六）で、この禁制は、柴田勝家と対立した羽柴秀吉が、勝家の子柴田勝豊の守る長浜を攻め、平定した際に下されたものとされている。この禁制は成菩提院の他に、箕浦次郎左衛門屋敷、長浜の総持寺、神照寺、金光寺、八幡神社などにも下されており、秀吉が、長浜から柏原のあたりまでを制圧した証であった[81]。

豊臣秀吉は、天正十五年（一五八七）七月に「九州平定」を宣言した。これに際し、成菩提院は、戦勝祈願の「巻数」や「細布」を送っている。その文書は二通残るが、そのうちの一通には、成菩提院が、秀吉の「九州御動座」に際し、巻数と細布三端を送ったことが記されている[82]。このような成菩提院に対して、秀吉の家臣富田将監の「富田将監書状」も残されている[83]。この九州平定のときの、成菩提院住持は真祐であったと考えられる。

また、年紀は記されないが、「賀藤家□（ママ）書状[84]」も、この時期のものであろう。この書状は、富田将監の部下である賀藤彦一のもので[85]、本文中に「然らば九州の儀、悉く平均に仰付られ肥後国の儀は、羽柴陸奥守殿へ遣はされ候」とみえるところから推測される。

豊臣政権は天正十八年（一五九〇）七月に小田原北条氏を下し、ほぼ全国を平定した。文禄四年（一五九五）までに石田三成が佐和山に入り柏原の地域も支配した。成菩提院には、三成の自筆の文禄五年（一五九六）三月一日付の一三カ条からなる「石田三成掟書」（以下、「掟書十三条」）が残されており、支配の実態を知ることができる（文化財編二-八）。

天正十九年（一五九一）の太閤検地では、成菩提院に対しては「豊臣秀吉宛行状」が下され、江州坂田郡柏原内の一五〇石が朱印状により保証された。

そして、太閤検地をうけ、この年末の十二月十日には、「田古新帳」が作成された[86]（文化財編二-七）。この帳簿は

「柏原帳田分　成菩提院地帳目録古新帳」「清瀧（滝）分田方検地古新帳」「大野木分田地古新帳」「杉沢分検地古新帳」「室木分古新帳」「葛川分田方帳」からなり、末尾に、関白様（豊臣秀吉）が検地を行った際に、「古帳の表・検地帳の旨」を引き合わせ「田地帳」を定めたことが記されている。これは、この時の住持の第十八世澄芸と清滝寺万徳坊定信と檀徒の西川与三兵衛、小谷孫作、西川周介の立会いのもと新旧両帳を引き合わせた記録であった。

以上のように、戦国時代以降は、地域の大名権力と、交通の要衝に位置したことと相俟って、織田信長、豊臣秀吉らとも交渉を持っており、その支配を受けていたのであった。成菩提院に伝わる、石田三成の「掟書十三条」も、このような事情のなかで残されたものであろう。[87]

六、近世初期の成菩提院

関ヶ原合戦と成菩提院

成菩提院が近世国家の中に位置づけられる転換点となったのは、慶長五年（一六〇〇）九月の関ヶ原合戦であった。当時の住職は、第十九世の祐円（?～一六二八）である。

寺伝では、関ヶ原合戦に際し、祐円は山上で護摩法を修し、徳川家康の勝利を祈禱したと伝えられている。[88]祐円は、家康と深い関係を結ぶ天海と同門と伝えられることから、東軍寄りと見なされるのかもしれない。しかし、天海と徳川家康の交流が目立ってくるのは関ヶ原合戦後の慶長十年代であり、仮に祐円が東軍のため祈禱をしたとしても、直接天海との関係に起因するとは考えにくい。

一方で成菩提院は、その地理的位置などから、周辺の有力者たちと良好な関係を結んでいたことが知られる。中山道を往来する多くの勢力にとって、街道近くの大寺院は宿舎として利用できる恰好の施設であった。尾張国や三河国を出身地とする天下人たちにとって、美濃国から近江国への道は上京や帰郷の際のメイン・ストリートであったことから、成菩提院住職と有力大名の間に特別の関係が生じたとしても不思議ではない。もし祐円が東軍のために祈禱したとするならば、それは家康をはじめとする東軍諸将との間に積み重ねられた関係が元になっていると考えられる。

関ヶ原合戦をめぐっては、①直前の時期に小早川秀秋が成菩提院に宿泊し西軍から東軍への裏切り如何について思い悩んだ、②東軍勝利を祝って牡丹餅を献上した、③戦後に家康から成菩提院に寄進された米穀や古材により堂宇の修復がなされた等の伝承が存在する。それらについては、後ほど扱うこととする（「十二　成菩提院の伝承」）。

成菩提院には、合戦が行われた九月に小早川秀秋によって立てられた禁制の高札が残されており、[89]同寺に対する一定の配慮が示されたことを確認できる。三カ条から成る禁制は、いずれも東軍の小早川の軍勢に対して出されており、第一条は略奪等の暴力行為の禁止、第二条は寺の山林を荒らさないこと、第三条は戦陣を構えたり放火をすることを禁止している（文化財編四‐一）。

徳川家康の寺領安堵

慶長十三年（一六〇八）十月四日付で、徳川家康から成菩提院に対し、寺領の安堵状が発給され、同時に法度も出された。[90]「成菩提院領の事」と題された安堵状では、寺領一五〇石が保証されているが、すでに天正十九年（一五九一）に豊臣政権で認められた石高を引き継いだものである。「成菩提院法度の事」と題された法令においては、「長日護摩油断あるべからず」（第一条）、「教・観二道を専らに」（第二条）、「顕密の名室たる故に学匠をもって相続せらるべき事」（第五条）など、顕教と密教の双方で一目置かれる成菩提院の伝統を踏まえた内容が目立っている（文化財編四-二・三）。

実はこの二つの法令が出される前の慶長七年（一六〇二）検地では、成菩提院領は一六〇石余となっている。家康黒印状の石高は豊臣時代の文言を継承したと考えられ、二代将軍秀忠時代以降の寺領は例外なく一六〇石とされている。

ところで寺領一六〇石が多いのか少ないのかについて、神崎彰利氏が「寛文朱印留」にもとづき調査したところでは、「当院は全国天台宗寺院朱印地宛行一一七寺院のうち二三位の朱印地」とのことで、決して少なくない石高であると考えられる。[91]

寛文五年（一六六五）に作成された「末寺法流書物」は、成菩提院から東叡山寛永寺の執当二名（実俊・謙泰）[92]に対し出された記録の写である。その中には、当時の末寺が六四軒、所属僧侶数が一〇三人、檀家が二三七軒・九七七人であったことなど、成菩提院の末寺や檀家数などが確認できる。

成菩提院領は柏原村（正保三年の「近江国郷帳」によると一八〇〇石余）の内にほぼ限定されていたが、幕領と入り組んだ支配となっており、同代官が管理する側面も存在した[93]。延宝四年（一六七六）に京都町奉行（前田直勝）から成菩提院に対して発給された文書では、幕領代官（市岡）が支配する地域の一つである柏原村において、幕領と入り組んで存在する成菩提院領の朱印地年貢について報告を求められている（文化財編四-七）。成菩提院領は、それをとりまく幕領や諸藩領と関係を持ちつつ運営されていたのであろう。

天海による蔵書持ち出し

祐円の次の成菩提院第二十世は、寛永五年（一六二八）に天海に引き継がれたと伝えられている（文化財編四-一二）。天海は慶長四年（一五九九）に仙波の喜多院（現、埼玉県川越市）、同八年に久下田の宗光寺（現、栃木県真岡市）に移るなど、関東を拠点として活動していた。成菩提院住職として活動した痕跡は確認できないことから[94]、仮に歴代住職に名を連ねたとしても名目的なもの（兼帯）であったと考えられている。

天海と成菩提院の明確な関係が確認できるのは、蔵書の持ち出しである。祐円の隠居と天海の兼帯開始に際して作成された『常住物日記』（寛永五年成立）には、すでに知られているように、成菩提院の書物の多くを天海に進上したとの記述がある[95]。また近年発見された史料には、天海が貞舜の事績に以前から敬意と関心を持っていたため、旅行の途次に立ち寄り蔵に入り、「法欲」により「借用」したことが記されている[96]。実際に叡山文庫天海蔵には、成菩提院旧蔵の書籍が存在する。その多くが、いわゆる「義科抄」である[97]。

延暦寺において、僧侶養成の節目となるのが、広学竪義と呼ばれる法会である。そこで講師に選ばれ、試問を経て実力を認められた者は「竪者」の資格を得て、一人前の学僧として認められた。しかし、織田信長の焼き討ち以降、叡山では各種法会が中断された。広学竪義の再興のためには、教学学習のための書物を集めることが必須となる。そうした気運の中で、天海は諸国の談義所から論義のための「義科抄」を集めた。成菩提院のほかにも、仙波の喜多院、渋川の真光寺（現、群馬県渋川市）、前橋の龍蔵寺（同前橋市）、出雲の鰐淵寺（現、島根県出雲市）など、関東を中心に日本各地から集められたことが確認されている。

天海の蔵書収集は、彼の個人的な営みではなく、同時代の延暦寺学僧の復興事業の一環であった。たとえば、関東天台で活動し、天正十二年（一五八四）に本山に招かれ正観院（延暦寺西塔北谷）を司った舜慶の場合も、同様の活動が認められる。次のように、彼を比叡山に呼び戻す際の座主の令旨には「聖経繁多求め得」た点が称揚され、「所持の抄物」の「寄進」が求められている。

> 山門既に再興に及び、仏閣・寺院の起立庭眼（ママ）たりと雖も、本書・抄物これ無く、論談の法味叶ひ難く、決択の精題忽ち暗し。然る処舜慶、聖経繁多求め得るの由その隠れ無く候。幸ひ西塔旧住の由緒に候。所持の抄物等寄進に於いては一山の珍味、当院本意たるべく候。則ち衆徒中連署を以て申し越し候。必ずこの度の送上に於いては、尤も悦入べく候。来春は登山せしめ万緒馳走然るべく候。猶ほ楽音坊申すべく候間、一二能はず候也。
>
> 九月十六日　花押（尊朝法親王）
>
> 月山寺法印（舜慶）(98)

また、天海に先立ち同種の活動を行った詮舜は、死を目前にして集まった弟子たちに対し、堂舎の復興は成ったものの経論や修行僧の集まりは往古の「十分の一」に満たないと述べ、最大の憾《うら》みとして「経蔵を建て」「散逸の書籍を……収蔵」することの未遂を挙げた。以下がその史料である。

（慶長）五年の昏疾病あり。二月十九日起たざることを知りて徒弟に嘱して曰く、「吾山今既に興復す。旧と蓄へし所の経論・古書漸く集る、僧徒も亦た稍帰れり。然れども往日の十か一に非ず。吾れ嘗て山上に就て三所に経蔵を建て、遍く天下に散逸の書籍を探索し以て収蔵せんと欲す。志有りて未だ遂げず、此れ憾むべし。汝等之れを勉めよ。」言ひ畢て仏号を称し安詳として逝す、世寿六十一[99]

天正の再興以後十余年、なお典籍の不足は明らかだった。比叡山再興に果たした舜慶や詮舜の役割と位置を踏まえるなら、経論蒐集は彼らの個人的志向にとどまらず、一山を挙げて取り組むべき重い負債であったと考えられる。比叡山の蒐書活動はさらに、少なくとも寛永の末年頃まで続けられたと言われる。天海の収書は、その最終段階を担っていた。

現在、叡山文庫天海蔵で所蔵している成菩提院旧蔵の「義科抄」は、以下の一〇点である。

菩薩義阿抄／一仏始終（眷属妙義私）／三身義案立／一仏始終（眷属妙義私案立）／龍女分極／三諦勝劣／法華教主／義科講所／二界増減／草木成仏

なお「義科抄」とは、義科のためのメモといった意味である。天台宗では、仏教教理上の研究課題を宗要・義科・問要の三つに分けて整理した。天台宗の中心的命題を論じるのが「宗要」、広く先人のさまざまな命題などを扱う「問要」に対し、「義科」は他宗との相違に力点を置き天台宗の独自性を論じたものとされる。[100]

成善提院には天海の持ち出しやその他の理由により、長い歴史を通じて流出した書物があったらしい。現在確認できるものとしては、『宗要集要文料簡抄』一帖（林松院文庫所蔵）、『〔天台宗古記録〕』一五冊（龍谷大学所蔵）、『宗要私案立』一帖（関西大学所蔵）、『悉曇要決』四帖（筑波大学所蔵）などがある。

七、近世の末寺

近世ならびに近代初頭における成善提院の末寺について書き上げられた史料がいくつか残されている。それらに記された情報を列記することで、末寺の変遷を明らかにすることができる。現段階で把握している史料からの末寺情報について、「成善提院・末寺人別一覧表」（表7）にまとめた。

「成善提院・末寺人別一覧表」を作成するにあたり、次の史料を用いた。

・寛永十年（一六三三）…「江州坂田郡柏原成善提院末寺之事」（「成善提院要記」所収、成善提院文書）
・寛文五年（一六六五）…「末寺法流書物」[101]（成善提院文書）、「成善提院ゟ上申書出之事」「成善提院末寺幷檀方書出之事」「指上申書立之事」「成善提院法流末寺目録写」（「成善提院要記」所収、成善提院文書）
・宝暦九年（一七五九）成立、天明三年（一七八三）写…「比叡山延暦寺本末帳」[102]（叡山文庫止観院文書）
・安永九年（一七八〇）…「江州成善提院幷末寺人別御改帳」[103]（成善提院文書）

安永9年(1780)		天明3年(1783)	文政5年(1822)～天保4年(1833)	文政11年(1828)			明治5年(1872)
人別・無住	領主・支配				人別・無住	領主・支配	
――	――	――	160石余	○	寺内12人 (出家6人、俗6人) 当寺代官新井主税家内8人 (男2人、女6人) 門前80人 (男42人、女38人)	京都二条奉行所	檀家58軒
――	――	×	×	×	――	――	○無住
寺内6人 (出家4人、俗2人)	松平甲斐守 (大和郡山藩)	○	○	○	無住	松平甲斐守 (大和郡山藩)	――
寺内3人 (出家1人、俗2人)	松平甲斐守 (大和郡山藩)	○	○	○	寺内4人 (出家2人、俗2人)	松平甲斐守 (大和郡山藩)	○
――	――	×	×	×	――	――	――
――	――	×	×	×	――	――	――
――	――	×	×	×	――	――	――
――	――	○	○	○	寺内3 (出家2人、俗1人)	京極長門守	○
――	――	×	×	×	――	――	――
寺内19人 (出家ばかり) 門前8人 (男4人、女4人)	井伊掃部頭 (彦根藩)	○衆徒23カ寺、内9カ寺廃寺	○衆徒23カ寺、内10カ寺廃寺	○	寺内8人 (出家ばかり) 門前7人 (男3人、女4人)	井伊掃部頭 (彦根藩)	○
寺内17人 (出家10人、俗7人)	井伊掃部頭 (彦根藩)	○衆徒21カ寺、内2カ寺廃寺	○衆徒21カ寺、内2カ寺廃寺	○	寺内23人 (出家14人、俗9人)	井伊掃部頭 (彦根藩)	○
寺内2人 (出家ばかり)	井伊掃部頭 (彦根藩)	○衆徒10カ寺、内7カ寺廃寺	○衆徒3カ寺	○	寺内2人 (出家ばかり)	井伊掃部頭 (彦根藩)	○
寺内1人 (出家ばかり)	井伊掃部頭 (彦根藩)	○	○	○	寺内1人	井伊掃部頭 (彦根藩)	○
寺内1人 (出家ばかり)	加藤伊勢守 (水口藩)	○	○	○	無住	加藤佐渡守 (水口藩)	○無住
無住	堀田豊前守 (宮川藩)	○	○	○	無住	堀田豊前守 (宮川藩)	○無住
無住	堀田豊前守 (宮川藩)	○	○	○	無住	堀田豊前守 (宮川藩)	○無住
寺内2人 (出家ばかり)	西郷筑前守 (旗本)	○	○	○	寺内2人 (出家ばかり)	西郷筑前守 (旗本)	○
寺内1人 (出家ばかり)	井伊掃部頭 (彦根藩)	○	○	○	寺内2人 (出家ばかり)	井伊掃部頭 (彦根藩)	○
無住	井伊掃部頭 (彦根藩)	○	○	○	無住	井伊掃部頭 (彦根藩)	○無住
――	――	×	×	×	――	市岡理右衛門(幕府代官)	――

七、近世の末寺

表7　成菩提院・末寺人別一覧表（○は記載あり、×は記載なしを表わす）

寺院名	山号・別名	国	郡	所在地	寛永10年（1633）	寛文5年（1665）		
						「末寺法流書物」番号	領主	
成菩提院	寂照山、円乗寺	近江	坂田	柏原郷	－－	①160石余 ②寺数64軒、坊主103人、俗974人	寺領	－－
念仏堂	－－	－－	－－	当寺（成菩提院）門前	×	×	－－	×
市場寺	福聚山	近江	坂田	柏原	×	×	－－	○
泉明院	明星山、明星輪寺	近江	坂田	柏原村	×	×	－－	○
来蔵坊	－－	近江	坂田	柏原村	×	○ ⑪	市岡理右衛門（幕府代官）	×
清滝寺	－－	近江	坂田	（清滝村）	○3坊	○ ③4坊	市岡理右衛門（幕府代官）	×
玄要寺	－－	近江	坂田	清滝村	×	○山門直末、法流	－－	×
石堂寺	－－	近江	坂田	清滝村	×	×	－－	×
智蔵坊	－－	近江	坂田	清滝村	×	○ ⑫	市岡理右衛門（幕府代官）	×
観音寺	伊吹山、伊富貴山、観音護国寺、華蔵院	近江	坂田	観音寺村	○23坊	○ ⑤14坊	井伊掃部頭（彦根藩）	○
松尾寺	普門山、松之尾寺、定光院	近江	坂田	松尾寺村	○20坊余	○ ⑥61石1斗3升5合	井伊掃部頭（彦根藩）	○
名超寺	恵光山、常喜院	近江	坂田	名超村、名越村	○2坊	○ ⑦8石8斗3升	井伊掃部頭（彦根藩）	○
日光寺	尾鼻山、照明院	近江	坂田	日光寺村	○2～3坊	○	井伊掃部頭（彦根藩）	○
小倉寺	－－	近江	坂田	山室村	○退転	○ ⑮	市岡理右衛門（幕府代官）	○
妙楽寺	受勝山	近江	坂田	大野木村	○	×	－－	○
神宮寺	－－	近江	坂田	大野木村	×	×	－－	○
常福寺	孤峯山	近江	坂田	梓河内村	×	○ ⑨	市岡理右衛門（幕府代官）	○
安能寺	大場山	近江	坂田	長岡村	×	○ ⑬	井伊掃部頭（彦根藩）	○
菅生寺	普門山、法華院	近江	坂田	須川村	×	○ ⑭	井伊掃部頭（彦根藩）	○
明性寺	－－	近江	坂田		×	○ ⑧2石1斗7升4合、王子権現4石4斗	市岡理右衛門（幕府代官）	×

安永9年(1780)		天明3年(1783)	文政5年(1822)～天保4年(1833)	文政11年(1828)			明治5年(1872)
人別・無住	領主・支配				人別・無住	領主・支配	
寺内3人(出家2人、俗1人)	小堀和泉守(小室藩)	○衆徒7カ寺、内4カ寺廃寺	○衆徒7カ寺、内2カ寺廃寺	○	寺内2人(出家1人、俗1人)	石原庄三郎(幕府代官)	○
寺内1人(出家ばかり)	小堀和泉守(小室藩)	×	×	○	無住	石原庄三郎(幕府代官)	−−
−−	−−	○	○	×	−−	−−	○無住
寺内1人(出家ばかり)	稲垣長門守(山上藩)	○	○	○	無住	稲垣長門守(山上藩)	○無住
−−	−−	×	×	×	−−	−−	−−
−−	−−	×	×	×	−−	−−	−−
−−	−−	×	×	×	−−	−−	−−
−−	−−	×	×	×	−−	−−	−−
−−	−−	○10石	×	×	−−	−−	−−
−−	−−	○	○	×	−−	−−	○
−−	−−	○	○	×	−−	−−	○
−−	−−	○40石、衆徒5カ寺	○40石、衆徒5カ寺	×	−−	−−	○
−−	−−	×	×	×	−−	−−	−−
−−	−−	○	○	×	−−	−−	○
−−	−−	×	×	×	−−	−−	−−
−−	−−	×	×	×	−−	−−	−−
−−	−−	×	×	×	−−	−−	−−
−−	−−	×	×	×	−−	−−	−−
−−	−−	○	○	×	−−	−−	○無住
−−	−−	×	×	×	−−	−−	−−
−−	−−	×	×	×	−−	−−	−−
−−	−−	×	×	×	−−	−−	−−
−−	−−	×	×	×	−−	−−	−−
−−	−−	×	×	×	−−	−−	−−
−−	−−	×	×	×	−−	−−	−−
−−	−−	×	×	×	−−	−−	−−
−−	−−	×	×	×	−−	−−	−−
−−	−−	近江16 美濃6	近江16 美濃5	近江16(無住7)	−−	−−	近江14(無住7) 美濃5(無住1)

（表７つづき）

寺院名	山号・別名	国	郡	所在地	寛永10年（1633）	寛文5年（1665）		
						「末寺法流書物」番号	領主	
大吉寺	寂寥山、実成院	近江	浅井	野瀬村	○6～7坊	○ ④	－－	○
弥勒寺	－－	近江	浅井	小室村	×	×	－－	○
勝光寺	日輪山、教学院	近江	浅井	小室村	×	×	－－	×
光明寺	－－	近江	浅井	三河村、三川村	×	×	－－	○
玉泉寺	－－	近江	浅井	三河村	×	○ ⑯6坊	大野惣左衛門（幕府代官）	×
明星寺	－－	近江	－－	－－	○	×	－－	×
古房	－－	近江	－－	－－	○	×	－－	×
布施寺	－－	近江	－－	－－	○退転	×	－－	×
宝光院	仏道山、成願寺	美濃	多芸	野口村	○寺領10石	○末寺法流、寺領10石	寺領	×
玉泉院	仏照山、金性寺、金照寺	美濃	多芸	金屋村	○	○	－－	×
妙徳院	時立山、自立山、神宮寺	美濃	多芸	大塚村・大墳村	○無主	○高2石	戸田采女正（大垣藩）	×
華厳寺	谷汲山、花厳寺	美濃	大野	谷汲村	○5～6坊	○	寺領	×
横蔵寺	両界山	美濃	大野	坂本村	○	○	－－	×
三光院	飛龍山、荘厳寺	美濃	山県	伊自良村	×	×	－－	×
三光院	－－	美濃	山県	大森村	×	○	－－	×
慈明院	神宮山	美濃	山県	深瀬村	×	○法流	－－	×
正行院	－－	美濃	（不破）	宮代村	○	×	－－	×
徳蔵坊	－－	美濃	不破	今洲村	×	○ ⑩	名取半左衛門（幕府代官）	×
宝谷寺	金堂山	美濃	不破	今須	×	×	－－	×
密厳寺	－－	美濃	（安八）	墨俣村	○退転	×	－－	×
花薗院	－－	美濃	（安八）	墨俣村	○退転	×	－－	×
正学院	－－	美濃	（安八）	斎田村	○退転	×	－－	×
松林寺	－－	美濃	－－	伊尾村	○退転	×	－－	×
宝伝寺	－－	美濃	－－	伊尾村	○退転	×	－－	×
仏眼院	－－	伊勢	（桑名）	桑名	○寺領16石、5坊	×	－－	×
宝光院	－－	伊勢	－－	高縄村	○	×	－－	×
蓮光院	－－	伊勢	－－	高縄村	○退転	×	－－	×
末寺数（単位：カ寺）					近江11（退転2）美濃11（退転・無主6）伊勢3（退転1）	近江14 美濃8	－－	近江15（無住3）

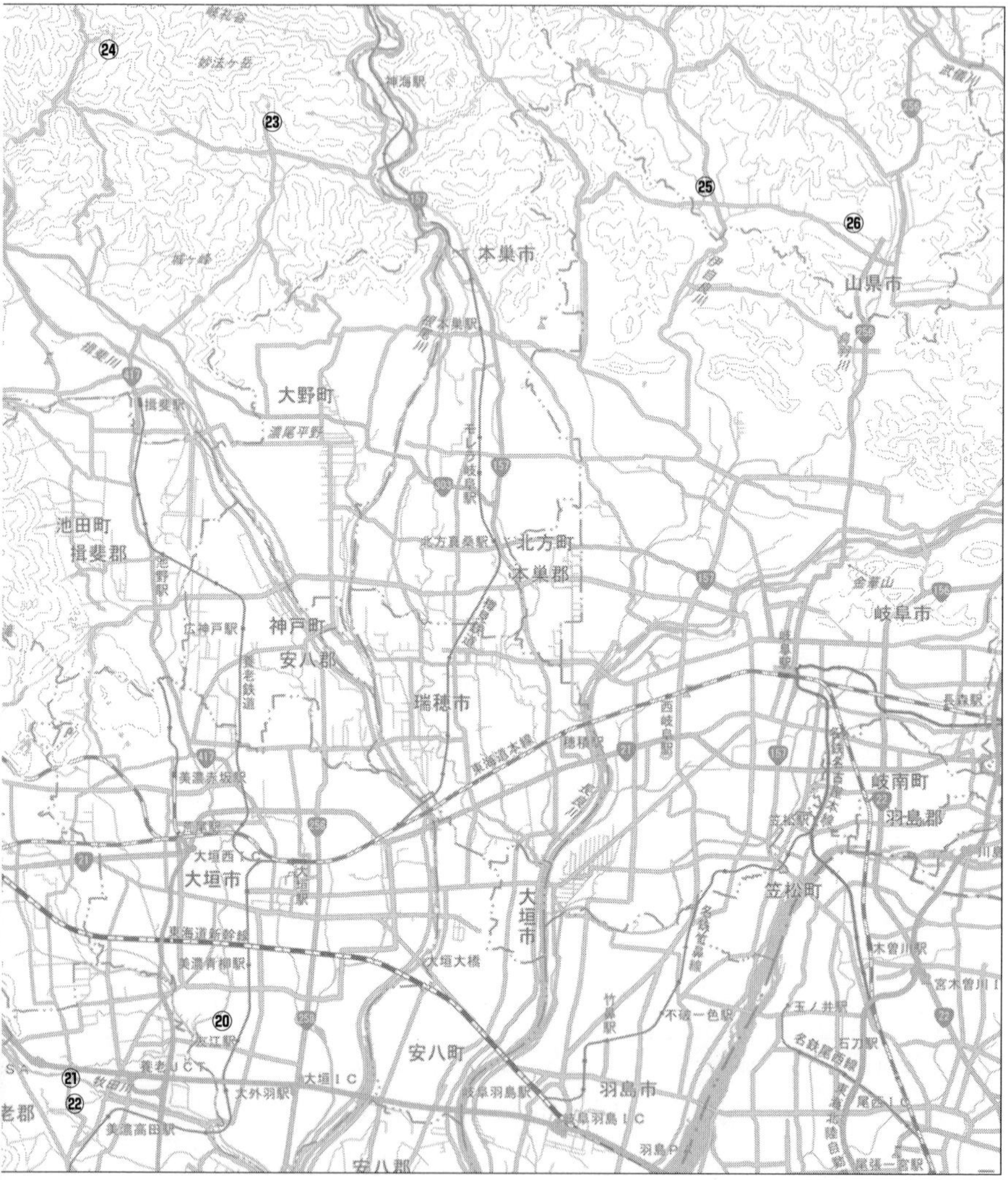
㉔
妙法ヶ岳
神海駅
㉓
㉕
㉖
本巣市
山県市
大野町
揖斐駅
北方真桑駅
北方町
本巣郡
池田町
揖斐郡
池野駅
広神戸駅
神戸町
安八郡
養老鉄道
瑞穂市
金華山
岐阜市
長森駅
穂積駅
西岐阜駅
東海道本線
美濃赤坂駅
大垣駅
大垣西
大垣市
東海道新幹線
美濃青柳駅
大垣大橋
岐南町
羽島郡
笠松駅
笠松町
名鉄竹鼻線
木曽川駅
宮木曽川I
竹鼻駅
不破一色駅
玉ノ井駅
⑳
烏江駅
養老JCT
大垣IC
大外羽駅
安八町
岐阜羽島駅
岐阜羽島IC
羽島市
石刀駅
名鉄尾西線
尾西IC
尾張一宮駅
㉑
㉒
老郡
美濃高田駅
安八郡

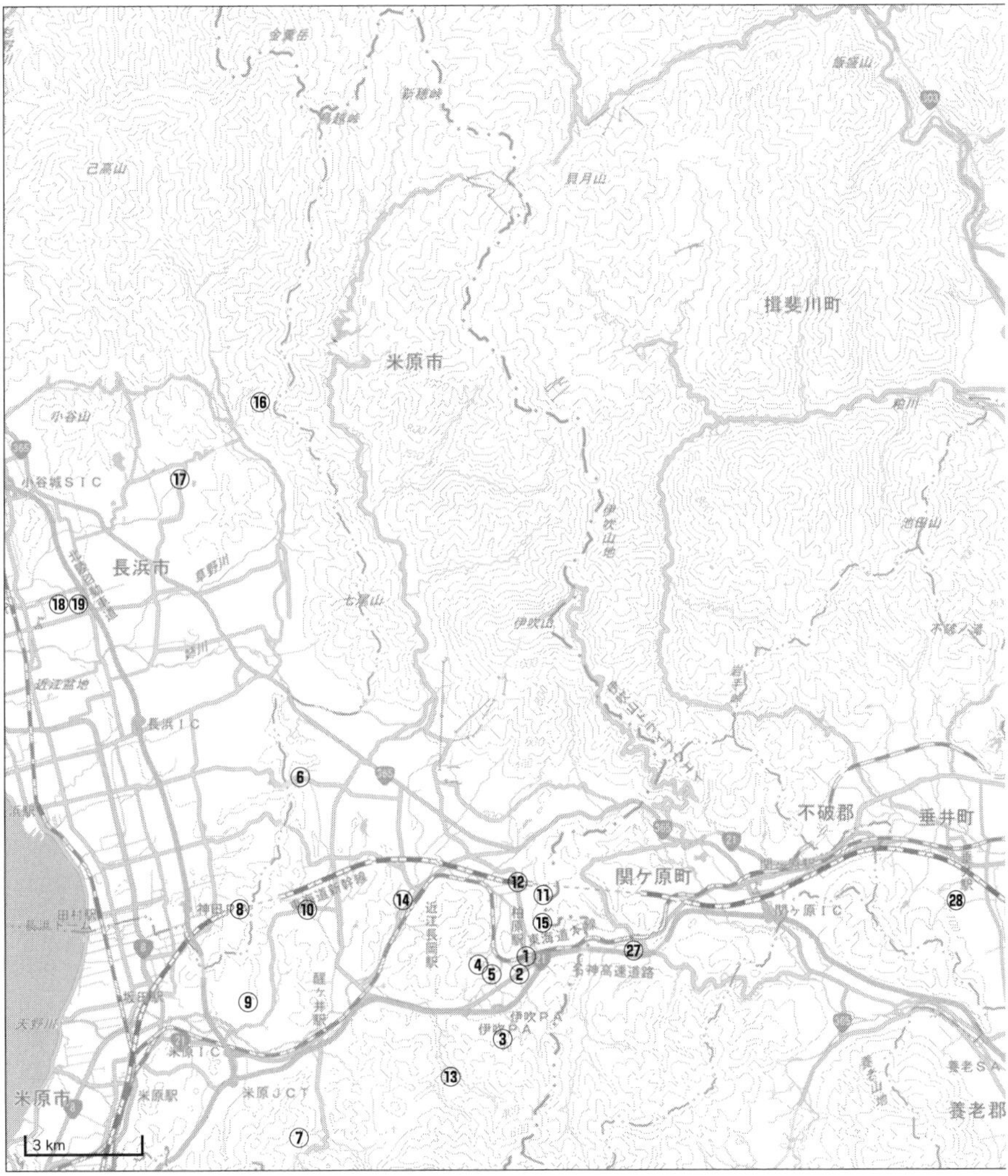

図７　成菩提院末寺　広域地図

①成菩提院　②市場寺　③泉明院　④徳源院　⑤石堂寺　⑥観音寺　⑦松尾寺　⑧名超寺
⑨日光寺　⑩小倉寺　⑪妙楽寺　⑫神宮寺　⑬常福寺　⑭安能寺　⑮菅生寺　⑯大吉寺
⑰勝光寺　⑱光明寺　⑲玉泉寺　⑳宝光院　㉑玉泉院　㉒妙徳院　㉓華厳寺　㉔横蔵寺
㉕三光院　㉖慈明院　㉗宝谷寺　㉘南宮一山

（国土地理院地図〈電子国土Web〉を加工して作成）

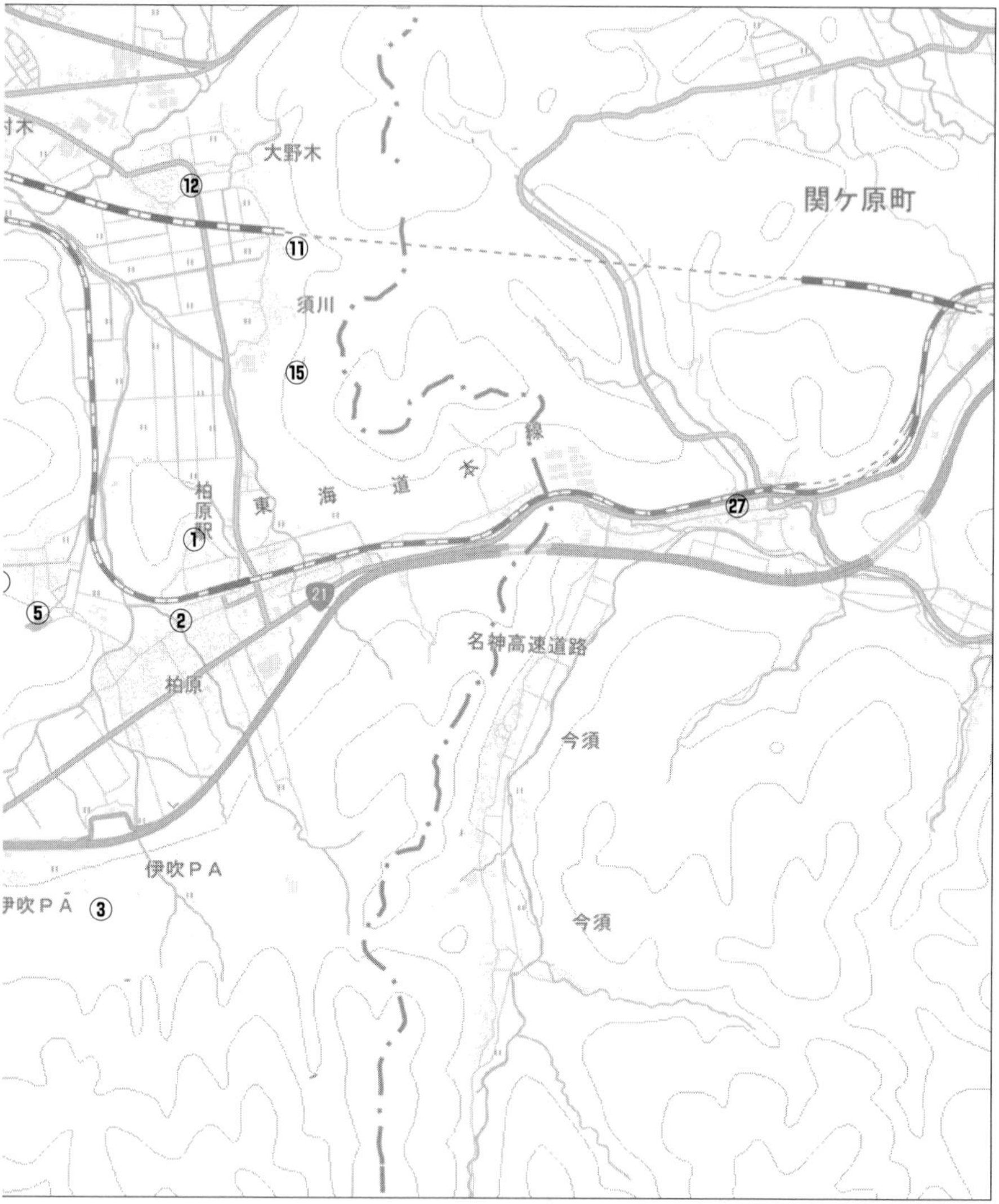
大野木
⑫
⑪
関ケ原町
須川
⑮
東海道本線
柏原駅
①
⑤
②
㉗
21
名神高速道路
柏原
今須
伊吹ＰＡ
③
今須

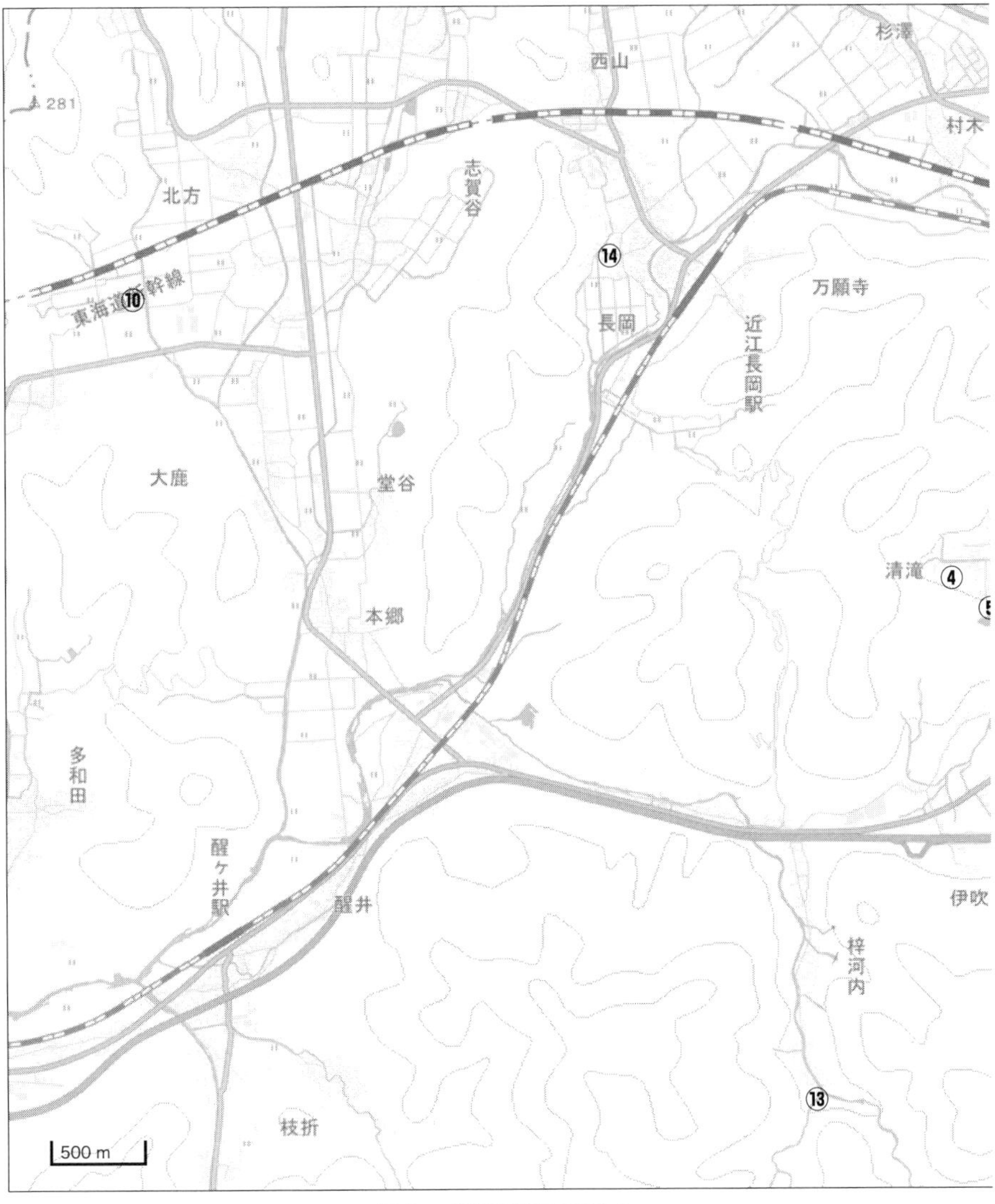

図8　成菩提院周辺地図
（国土地理院地図〈電子国土Web〉を加工して作成）

・文政五年（一八二二）～天保四年（一八三三）…「寺院本末帳天台宗」[104]（彰考館文書）
・文政十一年（一八二八）…「江州成菩提院幷末寺人別御改帳」[105]（成菩提院文書）
・明治五年（一八七二）…「社寺除地改返答書」（成菩提院文書）

このうち、成菩提院文書に含まれる史料の一部については、本書の「第二部　文化財編」参照。また宝暦九年（一七五九）に寺社奉行所へ提出した帳面をもとに天明三年（一七八三）に書写された「比叡山延暦寺本末帳」（叡山文庫止観院文書）、文政五年（一八二二）～天保四年（一八三三）に成立したと考えられている[106]「寺院本末帳天台宗」（彰考館文書）といった本末帳からも、末寺を確かめることができる。ここではこれらを総括して、現段階で把握している末寺の変遷を確認したい。

近世前期の本末関係

前掲した各年代の史料のうち、最も古いのは寛永十年（一六三三）段階に関する情報である。近江国に一一カ寺、美濃国一一カ寺、伊勢国三カ寺あったという。ただし近江国には退転二カ寺、美濃国には退転・無主六カ寺、伊勢国には退転一カ寺も含まれている。退転した寺院には、これ以降、末寺として存在を確かめられない寺院が多い。また伊勢国に末寺があったと記されているのは、当該期のみである。これらは廃寺となったか、成菩提院の末寺からは離れていったものと考えられる。

次に、寛文五年（一六六五）の史料に着目したい。同年七月十一日付で成菩提院は、徳川家綱の継目朱印状を受け取っている[107]。その二カ月前である同年五月付で成菩提院末寺が、成菩提院へ各寺院に関する情報を届け出ている。

さらに成善提院が同寺の情報を加えて上野寛永寺の執当へ提出するために作成された史料が「末寺法流書物」である。継目朱印を契機に、末寺の情報を集積して新規朱印申請に備えようとしたか、あるいは継目朱印を背景として、末寺との関係を再確認・固定化しようとしたものと考えられる。(108)

寛文五年五月付「末寺法流書物」については、本書中に翻刻とともに史料紹介している（文化財編四-五）。なお本史料の書写が「成善提院要略」に掲載されており、さらに九カ寺の情報が加筆されている。「成善提院・末寺人別一覧表」（表7）には「成善提院要略」掲載分全体についてまとめている。「末寺法流書物」によれば、寛文五年における末寺のうち、大吉寺は「当寺者先年者山門末寺ニ紛無之、近年柏原成善提院末寺」、松尾寺は「往古者山門之末寺ニ而御座候へ共、今程者同国柏原成善提院末寺」と記しており、寛文五年の「近年」に比叡山延暦寺の直末寺から成善提院の末寺となったことがわかる。また玉泉寺は「今程者大吉寺之末寺ニ而御座候」としていることから、成善提院末寺である大吉寺の末寺であることが明らかである。

寛永十年（一六三三）と比較すると、寛文五年までに八カ寺が退転した一方で、新たに成善提院の末寺となる寺院が一〇カ寺みられた。

近世後期の本末関係

近世後期の末寺に関する情報としては、安永九年（一七八〇）、天明三年（一七八三）、文政五年（一八二二）～天保四年（一八三三）、文政十一年（一八二八）について知ることができる。文政十一年六月の「江州成善提院幷末寺人別御改帳」（成善提院文書）は、本書中で翻刻の上、史料紹介している（文化財編四-一三）。

安永九年と文政十一年六月の「江州成善提院幷末寺人別御改帳」は、成善提院と近江国に所在する同寺の末寺が、各領主へ寺内・門前の人別を届け出た覚書を、一冊にまとめた人別改帳である。両史料の情報を比較することで、この約五十年間における人別の変動を知ることができる。また近江国の末寺のうち、石堂寺が安永九年（一七八〇）から天明三年（一七八三）の間に増加している。

ただし安永九年と文政十一年の史料は、近江国の末寺に限定した史料という制約がある。各史料の性格により、記載される末寺に異同があるため、慎重に比較すべき点もある。たとえば浅井郡小室村（現、滋賀県長浜市小室町。旧、浅井町小室）にある弥勒寺と勝光寺について、現段階では史料から、両寺の関係は見出せていない。ただし同村であり、各史料でいずれか一方しか記載がないため、同一の寺院である可能性も考えられる。

さらに明治五年（一八七二）の史料から、近代初頭の状況を知ることができる。近江国一四カ寺のうち七カ寺が、美濃国五カ寺のうち一カ寺が無住である。ただし文政十一年の無住寺院と四カ寺は重複しており、無住状態が長期化していた寺院もあるなど、住職が常住しない寺院も成善提院末寺には一定数みられたようだ。

細部については今後の検討を要するが、以上のように各時代における末寺に関する史料を比較してきたことで、近世における成善提院末寺組織が流動的であったことを確かめることができた。

八、兼帯寺院としての成菩提院

延暦寺西塔正観院との兼帯

以下、天海に続く歴代住職に注目することで、成菩提院の歴史をたどっていきたい。近世の天台宗僧侶の動向については、次の三つの文献が詳しい。第一に「叡山三塔堂舎並各坊世譜」（以下、「三塔」）、および「東叡山子院現住法脈記」（「現住」）である。[109]成菩提院は、比叡山延暦寺を構成する三つの僧侶集団（三塔〈東塔・西塔・横川〉）の中でも西塔と縁が深いらしく、とくに「三塔」に含まれる「西塔堂舎各坊世譜」（「西塔」）に関連僧侶の記事が多く見える。第二に、「東叡山寛永寺子院歴代主僧記」（「東叡」）である。[110]第三に、近世に延暦寺の寺家が作成した『延暦寺三院僧都臈次』[111]（「三院」）である。この後は、必要に応じて典拠を略称で明示しつつ記述する。

天海に続き第二十一世となった憲海については、まず延暦寺東塔北谷蓮華院の住職となり、ついで承応三年（一六五四）に寛永寺真如院住職となって成菩提院住職を兼帯したことが確認できる。彼はその後隠居し、元禄五年（一六九二）に八十九歳で逝去している。[112]

続く光憲の経歴は未詳である。第二十三世の秀仙は、延宝六年（一六七八）に梵鐘を鋳造するにあたり、次の銘文を撰述したことで知られている。

近江州坂田郡柏原郷、寂照山円乗寺成菩提院者、伝教大師創建、海道三箇談場、勧学能化梵刹也、

その次の第二十四世公憲については、多少の事績が確認できる。(113) 公憲は加賀国（現、石川県）出身で、延暦寺東塔竹林院の第四世（東叡山寿昌院など兼帯）の堯憲の弟子となった。承応年間（一六五二～一六五五）に延暦寺西塔の妙観院の住職となり、寛文七年（一六六七）に実俊から出羽国の立石寺（現、山形県山形市）の住職を譲られている。(114) 延宝八年（一六八〇）に立石寺住職を辞して成菩提院住職を兼帯した。同年九月に成菩提院公憲宛に、「先例に任せ公憲一代、美濃一国中ならびに東近江中において木蘭色の衣を聴《ゆる》され訖んぬ」という東叡山執当からの文書が出されている（文化財編四-九）。当時の成菩提院住職の地位を示唆する内容である。その後、貞享元年（一六八四）に大僧都となり、同二年に延暦寺東塔の竹林院住職となった。翌三年四月に厳有院（四代将軍徳川家綱）の七回忌法会に向かう旅で病に侵され、江戸で逝去している。

続く広海と亮雄の経歴は未詳である。ところで、その次の第二十七世秀算から第二十九世普寂までの事績については、ある共通点が確認できる。「三院」から、彼らの履歴を抜き出すと次のことが確認できる（〈　〉内は割書。以下同）。

秀算

寛文十年（一六七〇）宝薗院擬講法眼大僧都〈丑歳四十六／戒三十二秋〉
貞享三年（一六八六）正観院探題権僧正〈丑歳六十二／戒四十八秋〉
元禄三年（一六九〇）正観院探題僧正〈丑歳六十六／戒五十二秋〉

同　四年（一六九一）同〈丑歳六十七／戒五十三秋〉
同　十年（一六九七）正観院探題前大僧正〈丑歳七十三／戒五十九秋〉
同十二年（一六九九）同〈丑歳七十五／戒六十一秋〉
同十三年（一七〇〇）同〈丑歳七十六／戒六十二秋〉

玄海

元禄四年（一六九一）真蔵院法印大僧都〈申歳四十八／戒三十五春〉
同　十年（一六九七）同望擬講大僧都〈申歳五十四／戒四十一春〉
同十二年（一六九九）同已講大僧都〈申歳五十六／戒四十三春〉
同十三年（一七〇〇）功徳院已講大僧都〈申歳五十七／戒四十四春〉
同十四年（一七〇一）功徳院正観院探題法印大僧都〈申歳五十八／戒四十五春〉
同十五年（一七〇二）正観院探題権僧正／執行兼柏原成善提院／十月二日勤別請竪義題者〈申歳五十九／戒四十六春〉
同十六年（一七〇三）同〈申歳六十／戒四十七春〉
同十七年（一七〇四）同／四月廿九日逝去〈申歳六十一／戒四十八春〉

普寂

元禄三年（一六九〇）覚忍坊権大僧都法眼〈戒二十七秋〉

同　四年（一六九一）同〈丑歳四十三／戒二十八秋〉
同　十年（一六九七）浄国院法印大僧都〈丑歳四十九／戒三十四秋〉
同十二年（一六九九）同擬講大僧都〈丑歳五十一／戒三十六秋〉
同十三年（一七〇〇）浄国院法印擬講大僧都〈丑歳五十二／戒三十七秋〉
同十四年（一七〇一）同已講〈丑歳五十三／戒三十八秋〉
同十五年（一七〇二）同／十月二日勤別請竪義問者〈丑歳五十四／戒三十九秋〉
同十六年（一七〇三）同〈丑歳五十五／戒四十秋〉
同十七年（一七〇四）同／八月廿日補正観院住職幷執行職権僧正転任柏原兼帯之奉書同晦日来九月……権僧正執行当会勤新題者〈丑歳五十六／戒四十一秋〉
宝永二年（一七〇五）正観院探題権僧正／十一月三日勤別請竪義証義〈丑歳五十七／戒四十二秋〉
同　三年（一七〇六）同〈丑歳五十八／戒四十三秋〉
同　四年（一七〇七）同／玄五月転正八月任来迎寺住持職戒和尚〈丑歳五十九／戒四十四秋〉
同　五年（一七〇八）正観院探題僧正〈丑歳六十／戒四十五秋〉
同　六年（一七〇九）同〈丑歳六十一／戒四十六秋〉
同　七年（一七一〇）同／五月転大〈丑歳六十二／戒四十七秋〉
同　八年（一七一一）正観院探題大僧正〈丑歳六十三／戒四十八秋〉
正徳二年（一七一二）正観院探題前大僧正〈丑歳六十四／戒四十九秋〉
同　三年（一七一三）同／辰年ヨリ成菩提院辞退〈丑歳六十五／戒五十秋〉

彼ら三名の共通点として延暦寺正観院の住職を勤め、僧位僧官は法印大僧正まで昇進した高僧であることが挙げられる。そして、秀算は延宝七年（一六七九）の正観院住職就任に遅れて元禄五年（一六九二）に[115]、玄海と普寂においては正観院住職を継承すると同時に、成菩提院住職を兼帯していることも確認できる。

普寂の次の良詮は伝未詳であるが、彼の時代に西山流灌室が延暦寺西塔に設けられている[116]。次の第三十一世俊静においても、秀算から普寂と同じ傾向を確認できる。

俊静

享保十八年（一七三三）宝薗院探題権僧正俊静／兼泉州槇尾山学頭号海龍王院／子十二月廿七転正勅許／正観院江移転柏原兼帯被仰付三月廿二奉書晦達〈辰歳五十八／戒四十四春〉

同　十九年（一七三四）正観院探題僧正俊静／兼成菩提院〈辰歳五十九／戒四十五春〉

同　二十年（一七三五）同〈辰歳六十／戒四十六春〉

同二十一年（一七三六）同〈辰歳六十一／戒四十七春〉

元文二年（一七三七）同〈辰歳六十二／戒四十八春〉

同　三年（一七三八）同／三月十七日転大勅許三十日参内八月多武峰兼帯被仰付候也〈辰歳六十三／戒四十九春〉

同　四年（一七三九）正観院執行探題大僧正俊静／兼柏原成菩提院和州多武峰学頭〈辰歳六十四／戒五十春〉

同　五年（一七四〇）同／十月二十七日於談山寂〈辰歳六十五／戒五十一春〉

そこで問題となるのは、正観院住職を継承する際に、成菩提院住職を兼帯する理由、つまり当時における必然性である。それについて、正観院の性格から考えてみたい。

比叡山延暦寺の一山組織は、平安時代から三つの僧侶集団（三塔〈東塔・西塔・横川〉）によって構成されてきた伝統がある。三塔間の勢力は同じではなく、近世においても歴史の古い東塔が最も力があり、西塔、横川の順の序列があった[117]。各々の象徴的な中心は東塔が根本中堂、西塔が釈迦堂、横川が横川中堂である。さらに、それぞれの中核となる寺院があり、東塔では正覚院が最も格式が高く学頭を勤めるのが常だった。西塔でそれに当たるのが正観院、横川では恵心院である。

このように、正観院は西塔における最上の寺格を持ち、学僧が出世を重ねた末に住職となる寺であった。したがって、正観院住職は西塔の利益を代表する存在であった。ところで、すでに藤田和敏氏の指摘があるように[118]、元禄五年に延暦寺西塔から東叡山寛永寺執当に対し、成菩提院「永代御寄附」の願いが出されている。そして正徳二年には一転して「召上」の願いが出された。ちょうど秀算の兼帯開始および普寂の兼帯のほぼ終了時点の、西塔側の意向に応じた動向なのである。その理由については、次のように解釈されている。「西塔は、独自に灌頂を行うことと同時に、経済的理由から成菩提院の兼帯を願った。しかし、実際に経営に携わった結果、その当時の成菩提院からは収入が期待できなかったために、実入りのよい他の寺の兼帯を寛永寺に要求したのである」「西塔が灌室（成菩提院）を求めたことには、法流の寺院を獲得することで経営基盤を固めようとする意図も存在したのである」と。

しかしながら、西塔の意図は経済的な部分のみにとどまるのだろうか。藤田氏自身認めるように、密教の灌室である成菩提院は、天台宗内部の位置づけにかかわる由緒や格式を備えていた。また、たとえば西塔の学頭に就くために多くの蔵書にもとづく学識が求められた点など無関係であったのか、多少の疑問が残る。さらに、普寂から一代措いた俊静代に兼帯が復活した事情も気になる。そのように、西山流灌頂道場としての格式や、末寺支配等による経済力をめぐって、正観院住職による成善提院の兼帯が企てられたと考えてみたい。

俊静による東照宮八講の実施

第三十一世の俊静の事績として確認できるのが、東照宮を祀る目的で開催した法華八講（＝東照宮八講）である[119]。法華八講（以下、「八講」）とは、平安時代に始まる、故人の追善儀礼である。法華経全八巻を一日に二巻ずつ（朝座・夕座各一巻）講じて四日間で完結するのが標準型である。基本的な法要形式は、会場を鎮め精神を統一するための「唄」、会場を浄化し荘厳する「散華」の行道、法会の趣旨等を述べ護法諸神の擁護を願う「表白」や「神分」、諸尊を会場に迎える「勧請」、講説される経典の題目を告げる「挙経題」、経典を講説する「経釈」、法要の功徳で意趣達成を願う「祈句」などから形成されるが、とくに講説の内容等に関し質疑応答する「論義（問答）」が中心となっている。

八講で中心となる「論義」を実施するためには、学識ある僧侶を一定数確保する必要があるため、手軽に行える行事ではなかった。したがって忌日に八講を行うことは宗教行事であると同時に、勢力の誇示ともなり、公家や、後には武家の間でも盛大に行う例が見られた。近世の東照宮祭祀においても、しばしば八講が行われたのである。

俊静は、関連史料二点に見えるとおり、享保二十年（一七三五）と元文元年（一七三六）と、二年続けて東照宮八講を実施している（文化財編四–一〇）[120]。ともに、八講の差定（行事における担当者一覧）である。二例とも開催日が七月一日であり、後者（元文元年の記録）に「開山忌」とあることから、貞舜（一三四九～一四二二）の命日[121]にあわせた八講開催であることがわかる。普門山定光院松尾寺（近江国坂田郡）衆徒の正寿院・真教坊、伊富貴山華蔵院観音護国寺（同、観音寺とも称す）衆徒の成就院、恵光山常喜院名超寺（同）、明星山泉明院明星輪寺（同）などの成菩提院末寺の名が見え、末寺僧侶が集っていることが確認できる。

したがって、二年続けて開山忌にあわせ、成菩提院は大々的に八講を執行していたことになる。開催の理由は不明であるが、あるいは将軍の代替わりと関係するのかもしれない。しかしながら、毎年のように実施していたけれども史料が残されたのがこの両年だけなのか、この両年のみ実施されてその史料が残ったのか、現時点では判断が困難である。

この他、文化八年（一八一一）にも、成菩提院では東照宮祭祀の八講を実施していた[122]。この時は四月十七日、徳川家康の忌日にあわせて行われている。ただし、この年が特別な年だったのか、例年東照宮八講が実施されていたが偶然史料が残されていたのか、当面は確認することが難しい。

画期となった栄応

俊静に続き第三十二世となった栄応については「三院」の記事が乏しく、明和二年（一七六五）に「渓広院　栄応／東叡山泉龍院〈六十九歳／臈五十六〉」と見えるのみである。彼が成菩提院住職を勤めた時期については、「東叡」に詳しい。それによると、栄応は享保六年（一七二一）に延暦寺西塔の観樹院、元文三年（一七三八）に江戸の芝の如来寺の住職を歴任した後、寛保元年（一七四一）に成菩提院の住職に転じた。その後、明和元年（一七六四）三月に延暦寺西塔の渓広院に転住、四月には東叡山泉龍院に転住している[123]。以上から、栄応は寛保元年から明和元年三月まで成菩提院の住職であったと考えられる。

第三十三世と伝えられる栄運については、住職としての事績や在任を示す記録があり（成菩提院所蔵近世文書「弔手形之事」など）、実在したことは確実である。一方、善珉という僧侶について、「三院」宝暦十四年（一七六四）に次の記事が見える。

渓広院善珉〈午歳五十一／戒二十九秋〉／三月二十三日柏原成菩提院江移転、渓広院江者是迄之成菩提院転住被仰付候奉書同晦日達ス、御用モ有之由ニテ在府被仰付候旨モ申来、四月四日当渓広院、東叡山泉龍院江移転被仰付候奉書同十六日達ス

一部意味のとりにくい箇所があるが、前述の栄応の事績と照らし合わせると、おおむね次のように解釈できる。「宝暦十四年＝明和元年の三月二十三日に、延暦寺渓広院の住職だった善珉を成菩提院住職に移し、成菩提院住職だった栄応を延暦寺渓広院住職とする。この交替の通知は三月三十日に到達した。さらに栄応については、必要により翌月に東叡山泉龍院に移転させた」。

従来、成菩提院の第三十三世は栄運とされていた（『坂田郡志』など）。しかし上記の記事を見るかぎり、善珉とするべきであろう。『坂田郡志』によると、栄応は「善応」とも名乗ったようである。あるいは、善珉（栄運）が善応（栄応）の後任となって、僧名の一字を継承したのかもしれない。

前述の交替を経て、西塔正観院住職が成菩提院住職を兼任する時代は中断するように見える。その背景を裏付け

る史料が、延享三年（一七四六）に作成されていた。それは、成善提院住職から延暦寺寺家（その代表である三塔各々の執行と滋賀院留守居）に提出された書付で、年代から見て差出人は栄応と考えられる（文化財編四-一二）。その内容は、成善提院は寛永五年（一六二八）までは「弟子相続」し、権僧正まで昇進できる寺格の寺院であったが、天海による兼帯後「先住」（俊静）までは、兼帯寺院となったためか「現住これ無きが故、官位昇進の儀は中絶」した。さらに、寛保元年（一七四一）に栄応が住職を命じられた際に、天台宗のトップである輪王寺門跡からの令旨が出され、成善提院の寺格などが定められ、「移転所」（格式ある寺院の住職が隠居して入る寺）となった。そのため、天海以前のように住職が昇進することは今後無く、弟子を取って後継者を育成することも難しくなった、という。

このように、天海から俊静までが兼帯の時代として、前後の時代と異なることが確認できる。なぜ「日光御門主」（=輪王寺門跡、在任期間から公遵法親王に比定される）が兼帯に終止符を打ったのか、理由はわからない。藤田氏が指摘したような経済的な理由かもしれないが、この時期、出版文化の発展などにより成善提院蔵書を所持することの意義が減少したとも、あるいは考えられるかもしれない。

以後の成善提院は「移転所」となるはずであるが、一方で栄応が「御門主……思召次第」と記すように（文化財編四-一二）、強大な輪王寺門跡の意向（栄応自身は抜擢され東叡山に移っている）によっては、必ずしもそれにとらわれない。実際、時期によっては、輪王寺門跡などとの関係で、様子が変化した事例もあった。

九、六如慈周の活動

安楽騒動との関係

第三十四世の観光について、「三院」では天明二年（一七八二）に「定光院観光〈寅三十七／戒二十四春〉」と記す。観光はその後、寛政八年（一七九六）まで登場し、その間、天明五年（一七八五）には「別勅大僧都／十月五日勅許」、寛政二年（一七九〇）には「四月廿三日御書到来、別当代被仰付」と書き入れがあることから、この期間は、横川・香芳谷の定光院住職であったことが確認できる。寛政八年の箇所に「五月久能山徳王院江転住被仰付」とあることから、その後は久能山（現、静岡県静岡市）の住職に転じたと思われる。結局、どの時期に成菩提院住職であったかは不明であるが、「移転所」期の始まりであることを考えるなら、あるいは久能山の住職を終えた後かもしれない。

第三十五世の慈周（一七三四～一八〇一）は、字を「六如」といい、漢詩人として名高い。彼について「三院」には、定光院住職として宝暦十二年（一七六二）まで登場するが、その後は見当たらない。代わって別人と思われる「乗実院慈周」について、宝暦十三年から安永二年（一七七三）まで「三院」に記事が見える。[124]一方、後世の編纂書ながら『改訂近江国坂田郡志』に詳しい記事があった[125]（句読点の一部を私に改め、カッコ内および西暦を補う、以下同じ）。

柏原村成菩提院三十五世。名は慈周、無著庵、葛原、白楼の別号あり。蒲生郡八幡（現、滋賀県近江八幡市）儒医苗村介洞の子にして、母は駒井氏なり。

延享元年（一七四四）歳十一にして叡山に祝髪す。三年、観国大僧正に従ひ武州の仙波（現、埼玉県川越市）に徒り、宝暦七年（一七五七）善光院（比叡山北谷）に住す。後、准三《（后カ）》宮一品東叡親王の寵顧を承け院事を主管せしが、明和四年（一七六七）東叡山革律の変あり。六如等十四名籍を削らる。（明和）九年、親王再び東叡山に住み給ひ、律制古に復し、六如等召還、恵恩院の号を賜はり、後、叡山正学《（覚カ）》院、京都智恩院、柏原成菩提院に住す。当院在住は短日月なりしも、詩名定論あり。

当院在住の時、亭を堂後の山上に築き、皆山亭と名づけ、法務の傍此の亭に登り、詩賦優遊す。

詩は野公台に就き、江戸に在りては留龍門に学ぶ。一家をなし其の名嘖々、京都に詩社を結び当時の作風を一変せしめたりと言ふ。世に寛政の三詩人と賞す。

享和元年（一八〇一）三月十日没す、年六十八。所著、金剛般若瑞応編、放生功徳集、和歌題四首、葛原詩話、同後編、六如詩鈔《（ママ）》、同遺編等あり

注目したいのは、「准三《（后カ）》宮一品東叡親王の寵顧を承け院事を主管せしが、明和四年東叡山革律の変あり。六如等十四名籍を削らる」という記述である。ここに登場する東叡親王（＝輪王寺門跡）は、在任期間等からみて公遵法親王と思われる。彼は歴代の輪王寺門跡の中でただ一人、門跡に二度就任した人物である。それには同時代の天台

教団が抱える複雑な状況が関係していた。すなわち安楽律をめぐる紛争である[126]。

安楽律とは、近世に霊空光謙（一六五二～一七三九）の一派によって、延暦寺飯室谷の安楽院を拠点として広められた律（僧侶の守るべき規則）を指す。日本天台宗では中世を通じ、『梵網経』にもとづく簡略な律を用いてきたが、霊空一派はそれと異なり、『四分律』などにもとづく厳格な律を主張した。そして第三代輪王寺門跡の公弁法親王（一六六九～一七一六）がそれを認めたことにより、一七〇〇年前後から日本天台宗では、安楽律が公認教学の座を得た。第四代の公寛、第五代の公遵も、その立場を継承していた。公遵法親王の初回の輪王寺門跡在任期間である元文三年（一七三八）～宝暦二年（一七五二）は、この安楽律が公認教学だった時期にあたる。その中で公遵は、先に見たように栄応を抜擢し、また慈周を評価したのである。

ところが、公遵が隠居し第六代輪王寺門跡に公啓法親王が就くと様子が一変する。実は、簡略な律の主張は日本天台宗の祖である最澄（七六七？～八二二）に始まることから、「宗祖の最澄に戻れ」と主張し安楽律廃止を唱える勢力が現れ、公啓はそちらに加担した。そのため安楽律を奉じる一派との間に、教学論争にとどまらない激しい争いが起きた。慈周はその「革律の変」により「籍を削らる」、つまり宗門から除名されるに至ったというのである。

宝暦八年（一七五八）に安楽律廃止が公啓法親王から命じられ、以後の天台教団は反安楽律派が主流となった。ところが、公啓法親王の急逝により、輪王寺門跡が交替することになり、公遵法親王が再び門跡に就任することになった。明和九年（一七七二）の公遵再任以来「律制古に復し」た結果、安楽律派が息を吹き返し、安永二年（一七七三）には安楽律が再度公認された。さらに、輪王寺門跡の命にとどまらず、幕令（将軍の定式および老中式目）として公布された結果、安楽律が正統教学の座を得た。その中で慈周も「召還」され、再び重用されるようになったというのである。現在成菩提院には、安永二年の輪王寺門跡の「定」が残されている（文化財編四-一四）。

『六如庵詩鈔』二編巻一には、「乙巳より己酉に至り、余江州柏原成菩提院を主る」「己酉四月柏原を辞し席を宕山勝地院に主る」（原漢文）の文言がある。そこから慈周は、天明五年（一七八五）から寛政元年（一七八九）まで成菩提院の住職を勤め、その後に愛宕山（現、京都市右京区）白雲寺勝地院の住職となったことが確認できる。成菩提院住職在任は四年程度であったが、しばしば輪王寺門跡の許に伺候し留守がちだったようである。

詩人六如の活動

慈周（六如）の漢詩人としての活動についても一言触れておきたい[127]。近世の漢詩文は、一七〇〇年前後を画期として盛んになったといわれる。荻生徂徠（一六六六～一七二八）が率先して漢魏から盛唐の格調高い詩風を評価し、徂徠門人の服部南郭（一六八三～一七五九）などが続き、盛唐風の典雅な詩が流行した。しかし、あまり盛唐の詩に倣いすぎ、個性に乏しく日本的な情緒にも欠けたマンネリズムに陥った頃、新たな動向が主張された。その首唱者が山本北山（一七五二～一八一二）で、徂徠たちが奉じた格調高い唐詩に代わり、現実的で写実を重んじた宋詞を軌範とした。詩は平易な字句をもって清新な意を詠まなければならないという北山の説は、一七五〇年以降の庶民文化の興隆を背景としていたといわれる。そして、北山の提唱したことを実際の詩作で実現した中心人物が六如であった。その実作をいくつか紹介する[128]。

大偃川上、即事

清流奇石、緑縈湾

隊隊の香魚、往き復た還る
忽ち樵舟の峡を穿って下る有り
軽篙蹙破す水中の山

京都府丹波地域から保津峡を経て京都盆地を流れる大堰川のほとりで詠まれた詩。清い流れに奇岩が点在し、緑水の流れが幾たびか巡り曲がっている中を、隊伍を組んだ鮎が往ったり来たりしている。急に薪を積んだ舟が渓谷を下って来た。船頭の軽くさばいた竹竿が一瞬、水中に映った山影をかき破り皺にしてしまった、という内容。

初夏、重ねて東叡の寒松院閑閑亭に遊ぶ

華筵憶う、昨、芳菲に酔いしを
新樹重ねて来れば、緑、扉に満つ
淡日微風、小軒の下
蒲公英老いて毬と作《な》りて飛ぶ

上野寛永寺の寒松院が舞台。以前、春の盛りに訪れた時に芳しく香って咲いていた花も既に散り、初夏の今、新緑の樹木が鬱蒼と茂っている。庭には薄日が差して、軒の下のタンポポも白い穂をつけており、それが微風にあおられ毬となって飛んでいる、という初夏の情景を詠んでいる。

図9　皆山亭跡

牽牛花
井辺移し種う牽牛花
狂蔓、欄を攀じて横または斜なり
汲綆端無く渠れに奪われ
近来水を乞うて隣家に向う

井戸端に植えた朝顔のつるが、水を汲む釣瓶の全体に巻きついてしまい、水を汲めなくなったため、隣の家に水をもらっている、という大意。六如は何も言わないが、明らかに有名な「朝顔に釣瓶とられてもらひ水」（加賀千代女）を漢詩に翻訳したものと思われる。六如の詩が、俳句の写生的な境地に近いことを示す例として知られている。

一方、人としての六如は、鼻っ柱の強い硬骨漢で、しばしば傲慢と評されたようだ。田能村竹田（一七七七～一八三五）が「六如上人は磊落の人なり」と語ったように、豪放な一面もあり、後代の人々によって、詩の卑俗化の先駆けをなしたと非難されることもあった。それはまた、新しい詩境を大胆に切り開いた先駆的な業績が、やがて菅茶山（一七四八～一八二七）などの出現を準備したことと表裏をなすとも考えられている。

成菩提院で詩人六如の痕跡を残すのが、寺の裏山の尾根に築かれた「皆山亭」の跡（図9）であるが、現在はわずかに場所が記憶される程度である。

十、豪恕・円体の活動

大般若経購入と貞舜顕彰

第三十六世の義本と第三十七世の丞然について、「三院」に記事が見えず、延暦寺僧の転任ではないことが考えられる。義本については、「東叡」の宣典（東叡山常照院第十二世）の記事の中に「愛宕山長床坊義本の弟子となる」[129]（原漢文）とある。この「愛宕山長床坊義本」は、享和二年（一八〇二）の「常燈講世話人連署書状」に見える「御院家様、愛宕山長床坊より御当院え御住職有らせられ候」と記される人物と同一と推測される。大坂の町人たち一一名から成善提院宛の書状の中で義本は、成善提院の末寺である谷汲山華厳寺の本尊（十一面観音像）の出開帳を企画し、成善提院に帰依する大坂の商人たちおよび谷汲山と相談している（文化財編四-一六）。

以上が認められるなら、義本は愛宕山白雲寺勝地院（長床坊）の出身で、享和元年（一八〇一）の慈周逝去に前後して成善提院住職に転じ、その縁を頼りに、末寺である谷汲山華厳寺に大坂での出開帳を働きかけたと推測される。さらに成善提院への転住に際し、権僧正という高い僧官に任ぜられていたことも推測されている（後述）。

第三十八世の豪恕について、「三院」の享和元年（一八〇一）の箇所に「勧学会大学頭正覚院執行探題前大僧正豪恕〈丑（歳脱カ）六十九／戒五十五秋〉」とあり、「十二月二十六日柏原成菩提院兼帯奉書到来」の書き入れがあることから、同年末から兼帯が始まることが確認される（『改訂近江国坂田郡志』は後述のように文化元年から兼帯とするが、「三院」の記事を優先したい）。

豪恕の事績については、後世の編纂物であるが、次の『改訂近江国坂田郡志』の記事が詳しい。

> 柏原成菩提院三十八世の僧なり。初め光賢と名づく。字は虚凝守節と号す。享保十八年（一七三三）十一月、江州愛知郡秦川村大字松尾寺小字平木の草深き巽氏の家に生る。父は佐々木氏の族にして巽忠治といへり。十二歳の八月、同所金剛輪寺学頭明寿院光俊の弟子となり剃髪得度す。十七歳、延暦寺に登り、総持坊真邃に随ひ仏書の研究を為す事八年、宝暦八年（一七五八）に中正院の住持となり、平松時行卿の猶子となれり。宝暦十五（四カ）年師光俊遷化せしより、明寿院を兼任し同院の再興をなす。かくて叡山と湖東を往復し修研すること三十一年、其の傍ら諸典を講説して徒弟の教養に従事せり。其の他、律説法・新礼拝講等研修同族に説聞し、天明六年（一七八六）五十四歳、望擬講となり法華会の已講となり、寛政元年（一七八九）十月、禁中に召され懺法会に加はり、権僧正に任ぜらる。文化元年（一八〇四）、柏原成菩提院を兼任す。偶々、摂津島上郡蓮華寺の所蔵と伝ふる小野篁筆の大般若経六百巻及び仏像・古書幅を発見、購ひ柏原成菩提院に移し、経蔵を新造して自ら般若殿の三字を揮毫し額となし、折本に整美して所蔵せる事、奥書に見ゆ。又、成菩提院の前の部落を小野と称す。此所に閻魔堂存し脇壇に篁の像を安置す。其の堂の側に広さ一尋、深さ丈余の水湛あり。古来此

の水にて病を禱れば即ち癒え、狂を禱れば即ち醒むと称し、近衛丞相・長州太守をはじめ貴顕高官も来り信ずと伝ふ。之れ大僧正の徳望を語るの伝説なり。大僧正、常に口を開けば済世の婆心より円頓菩薩の大戒を説く。貴賤男女の別なく、欣受者百十余万に達すと称す。殊に後桜町上皇は、大僧正を仙洞に召し、円頓戒を受け給ひ、近衛・二条両卿も亦円頓戒を受けたりと言ふ。近世の高僧竹円房宗淵真阿僧都も、共に円戒を授く。其の文に、

扶桑初発祖王弓　貫徹須弥悉達功　千歳長伝雲外礼　一張一馳我家風

やぶるとも　まずうけよとは　御仏の　ふかきめぐみを　おもへ世の人　沙門豪恕述

裏書に「叡山正覚院大僧正豪恕之円頓戒詩歌以御直筆被書之而宗淵伝戒時贈給者也」と以て円頓戒に対する熱意を窺ふに足る。

文化（政カ）四年（一八二一）十一月、八十九歳にして職を辞し京都の遺迎（ママ）院に隠居し、文政七年（一八二四）四月廿四日、年九十二歳にて病を得て他界す。滋賀郡穴太盛安寺に葬れり。時人其の高徳を追慕し、分骨を請ひて塚塔を左の十二ケ所に築けり。

比叡山西塔南尾、比叡山東塔東谷、愛知郡金剛輪寺明寿院、松尾山西光寺、坂田郡柏原成菩提院、坂本来迎寺、下坂（本脱カ）観福寺、下坂本四ツ谷町、普門村曼多羅山、守山慈眼寺、京都遺迎（ママ）院、穴太盛安寺[130]

右の『坂田郡志』の記事によれば、豪恕は成菩提院の近郊で生まれ育ち、延暦寺西塔の中正院や金剛輪寺明寿院の住職を歴任しつつ学識を蓄え、東塔の正覚院に転じて成菩提院を兼帯した。さまざまな活動を経て、八十九歳で隠居し、京都で逝去したという。正覚院住職は前述のとおり、延暦寺一山の頂点とも言うべき実力者の座である。

また、成菩提院兼帯は西塔の正観院住職が恒例であったが、東塔正覚院住職として兼帯するのは異例ともいえる。

豪恕の時代は、特筆されるべき出来事がいくつかある。そのうちの一つとして、大般若経などの購入と経蔵の新造が挙げられる。『坂田郡志』によれば、摂津国の蓮華寺所蔵の小野篁筆と伝えられる大般若経六〇〇巻を購入し、巻子から折本に装丁を変え、経蔵を造り収めたという。現在、成菩提院が所蔵する大般若経がこれである（文化財編一-五）。経帙には、享和二年（一八〇二）秋に豪恕によって納められたことが記されており、文化十三年（一八一六）には折本に改装され、裏打ちや表紙の補修が施された[131]。

その他、祈禱に優れ多くの貴賤が帰依したなど、なかば伝承に近い事績も伝わっている。

『改訂近江国坂田郡志』には記されないが、豪恕の事績として目立つことの一つとして、成菩提院を開基した貞舜（一三四九～一四二二）に、権僧正の僧官を贈るよう働きかけたことが挙げられる。現存する、輪王寺宮（公澄法親王）の意向にもとづき寛永寺執当から出された奉書形式の令旨（写）に、「没後およそ四百年に及び、在世学業の勤功これ有るに付」貞舜の贈官を朝廷に申し入れた史料がある（文化財編四-一七）。同文書は成立年の記載を欠くが、執当二名（長道・長厳[132]）の在任期間が重なるのが享和二年（一八〇二）十二月から文化三年（一八〇六）三月の間であることから[133]、享和三年（一八〇三）十月十三日、贈位の前月の成立と推定できる。

近世の天台宗山門派では、僧位については法印まで、僧官については権僧都までは延暦寺で補任していたといわれる[134]。この例は権大僧都なので、武家伝奏（勧修寺経逸・千種有政）から朝廷を経て補任に至ったと思われる。豪恕は延暦寺でなく、輪王寺宮から寛永寺を通し、朝廷に働きかけて貞舜への贈官を果たしたことになる。

なお右の史料には「勘例」として、実際に発令する場合の書式の例が示されている。実例の中で権僧正を贈られている人物が「愛宕山長床坊十八世慈周」と書かれている。実は『六如庵詩鈔』二編巻二に「己酉四月辞柏原主席宕山勝地院」とあることから、成菩提院第三十五世の慈周は寛政元年（一七八九）に、愛宕山白雲寺勝地院（＝長床坊）に移ったことが確認できる。第三十六世義本が愛宕山長床坊から転任してきた事情について想像するなら、慈周と義本は師弟またはそれに準ずる関係であったのかもしれない。

朝廷では同年の十一月二十七日に令旨が作成され、貞舜への贈官が実現した（文化財編四―一八）。

本堂倒壊と祐円二百回忌

第三十九世の円体は、豪恕が隠居した文政四年（一八二一）に住職に就任したと考えられる（「住職入院等雑簿」成菩提院所蔵近世文書）。彼から第四十三世の義孝までについては、「三院」に記事が見えない。

円体の時期に実施された出来事としては、年中行事を「古格を任じ定式」を定めた（「年中行事控」同前近世文書）、文政六年に本堂などの修営のため勧進を実施（「成菩提院修営勧進帳」同前近世文書）、文政八年に安楽律僧十如の葬儀を執り行った(135)、病気のため寺務を吉祥院に預けた時期がある（「真覚院・覚王院連署書簡」同前近世文書）、天保四年（一八三三）七月二十二日に逝去（「口上書を以御届申上候」同前近世文書）、天保五年の葬式や天保六年の三回忌法要が行われた（「円体法印御本葬末檀回章記」同前近世文書など）等が挙げられる。

そうした中でも目立つ事績として、ここでは二つの出来事を取り上げる。第一に、本堂の倒壊への対処である。文政九年（一八二六）に作成された史料には、「去る酉年十二月中、古今稀なる大雪にて、右客殿押し潰れ、諸堂舎ならびに庫裏ども悉く破損仕り候」と記され、前年（乙酉）十二月の雪害により、成菩提院の堂舎が大きく破損したことがわかる。続く文章「客殿ならびに諸堂社庫裏など再建修復の儀、種々心配仕り候」から、円体が客殿等再建のため尽力している様子がうかがえる（文化財編四-二一）。

円体の顕著な活動の第二として、祐円二百回忌の実施を取り上げることができる。文政十年（一八二七）八月、成善提院第十九世住職であった祐円（?～一六二八）の二百回忌の記録が成善提院に現存する（文化財編四-一二二）。祐円は関ヶ原合戦の際に、天海の兄弟子として東軍勝利のため活動したとも伝えられ、江戸時代の成善提院の基礎を確保したことから「中興」の祖と称された(136)。本史料では、代官の新井主税（「力」と表記）たちの指示に従い、松尾寺以下の末寺僧が逮夜（前夜）八月十四日と忌日同月十五日の各当番に編成され、指定された集合時間、服装などで執行することが記されている。遠方の僧侶の前日宿泊や、当日の食事提供など、行事遂行に関する本寺側の配慮もうかがえる。近世初期の住職の年忌法要が実際に行われ、過去の記憶が再生産されていた様子が確認できる。

十一、幕末・明治初期の動向

幕末の成善提院

成善提院には、明治二年（一八六九）七月に当時の住職であった孝健がまとめた『入院諸記録』という史料が現存する（以下、「入院」。文化財編四‐二七）。同書には第三十八世豪恕以降の歴代住職について、簡略な事績が記録されており、[137] 以下それを基本として幕末の出来事をたどっていきたい。

「入院」によると、天保四年（一八三三）の円体の死後、成菩提院は六カ年、東叡山寛永寺の維摩院と本覚院の「両院預り」となったが、周円が「前両院御預り中御留守居として御勤、御朱印御改に東台下向、山門鶏頭院住職、天保九戌年右院より転住弘化三午年迄、同年十一月二十三日当院において寂す、産江戸御家人出」という経緯で第四十世の任を果たしたという。彼の在任時期では、開帳の記録があり（「周円法印御代開帳礼録」成菩提院所蔵近世文書）しばしば実施されたと考えられる。また弘化二年に巻数を提出（「巻数之事」同前聖教史料）などの事績も確認できる。逝去や百カ日法要、本葬に関する記録も残されている（「周円法印本葬々記」同前近世文書など）。

「入院」によると弘化三年（一八四六）の周円の死後、延暦寺の鶏足院（後に住職となる恵心院真洞）と覚常院の「両院御預り」が七年間続いたという。

第四十一世の亮秀について、「入院」では「嘉永五年（一八五二）山門大慈院より転住、元三州滝山御別当所留守居浄心院住職、嘉永七寅年滝山下向、同山において同年十二月晦日寂、尾州藩産、当山本堂再建金百両寄附」という記述があり、三河国滝山浄心院→延暦寺大慈院→嘉永五～七年成菩提院住職→滝山下向、という経歴が確認できる。彼の在任中に実施された事績として、嘉永五年の宝物調査（「亮秀法印調成菩提院宝物覚書」成菩提院所蔵近世文書）、同六年の『行用抄』書写や整理作業（「諸行用」同前聖教史料など）、『アサバ抄目録』の書写（「阿娑縛抄　縛」同前聖教史料）などが挙げられる。

「入院」によると、亮秀の離任と同年の逝去にともない、成菩提院は延暦寺恵心院の真洞僧正の預りとなった。三年後、真洞が正式に第四十二世となった。「入院」の記述は「安政四巳年より亦跡御預りのところ、当年御朱印を二条御役所において頂戴仰せ付けられ候ところ、無住にては御下げこれ無し、よりて俄かに東台願ひ上げ御聞済、住兼帯仰せ付けられ御朱印滞り無く頂戴、安政七年御預り、文久三亥年四月九日山門において真洞大僧正寂」と続く。当初は正式に住職に就く予定ではなかったのだが、京都町奉行から異論が出て、兼帯であっても正式に住職を継がざるを得なくなったという。それまでの慣例と京都町奉行の異論との関係は未詳である。

第四十三世の義孝について「入院」には、「万延元申年（一八六〇）三月、東台において住職万端相済、文久二壬戌年（一八六二）五月御入院、元治元子年（一八六四）正月東台松林院え転住に相成、もつとも義孝法印住職跡御預り中に当山修処行届候事」とあり、万延元年から元治元年までの五年間成菩提院住職を勤めたこと（ただし実際に在寺していたのは一年間のみ）、前後は東叡山寛永寺の子院住職であったことが確認できる。彼は密教にも長けていたらしく、文久三年に「穴太西山流」を書写している（「金剛界諸会」同前聖教史料）。さらに退任した後も、三年間成菩提院を預かり、「当山玄関再建」を果たしたという。

第四十四世の鳳亮について「入院」には、「慶応二寅年（一八六六）五月、山門南谷安禅院より転住、明治元辰年（一八六八）十二月二十二日当山において寂」とある。ちなみに「三院」の慶応二年の箇所にも「安禅院鳳亮〈三十四歳／臈二十四〉寅正月二十二日柏原江州成菩提院江転住被仰付」とある。延暦寺東塔北谷の安禅院から成菩提院への転住であるが、三十四歳の若さであり、以前の西塔正観院や東塔正覚院住職の兼帯とは大きく扱いが異なる。また住職を三年弱勤めたのち、三十代後半で逝去したというのも不自然な点があるが、事情解明は今後の課題である。

孝健の住職継承

維新の激動を体験した鳳亮が逝去し、翌年に第四十六世として孝健が着任した（第四十五世は義孝が兼任）。「入院」には「山門松寿院明治二巳年七月転住」とあり、延暦寺からの異動である。明治七年までの五年間、成菩提院の住職を勤めたとある。その時期の大きな出来事が、神仏分離である。

明治四年（一八七一）一月五日に、寺社領上知の太政官布告が出された。天領や藩領と同様に、寺社の領地についても政府の所有となったのである。(138)布告の内容は次のとおりであった。

・現在の境内を除き原則政府所有とし、追って相当する米穀を支給する。
・明治三年度分の収納については、従来どおりとする。
・領地以外で幕府や諸藩が寄付してきた米銭は明治三年度分で打ち切る。
・境内以外でも、社寺が直接耕作し、あるいは小作に預けてあっても年貢・諸役を当該小作が上納している分については、従来どおり社寺の所有として認める。

こうした法令に対し同年五月、成菩提院領の小野村の村民一九名から訴えが出された。成菩提院の領域を一つの別村として扱うことを願い出、三月二十七日に許可されていたにもかかわらず、その後一括して柏原村に編入という指令が出たことに対する嘆願である。担当の郡山藩の金堂役所が説得し、いったん要求を取り下げた村民たち（小野村総代四名）は、七月一日に今度は成菩提院の役人の吉村逸平に対し退役を要求した。旧小野村を別村とする件について、吉村が非協力的であったためという。

結局、旧小野村は柏原村に編入された。柏原村は、小野村の二名の出願により、旧小野村の範囲の垣内締年寄職を設置するよう、上級役所である犬上県(139)に願い出て、その結果西村治郎七が年寄役に任じられた。このように、旧成菩提院領は、維新後も一体のまとまりを持って、推移したのである。

こうした社会の大きな動きに対処するため、成菩提院住職の座の重要性が再確認された様子は、「入院」の一連の記述からも読み取れる（文化財編四-二七参照）。同書の冒頭部分は、孝健が自身の成菩提院住職就任の経緯として「入院」に記入した記述である。最初に、成菩提院の末寺と檀家の代表者から孝健（欣浄院家様）に対し出された書簡の写がある。内容は、鳳亮の後任についての相談で、「義孝法印・鳳亮法印」時代の再興を果たすためにも是非とも延暦寺から転住するよう依頼し、手続きとして末寺と檀家で相談し、その代表が延暦寺側（理明房）とも連絡をとり進めていることを述べる。その中で注目されるのは、冒頭近くで、まず「東台（東叡山寛永寺）松林院御院主様え御伺い申し上げ奉り候ところ」孝建が推薦され、「委細松林院様より仰ぎ進め候筈」だから、と依頼する文言である。「松林院」は先々代の義孝を指すので、ここでは義孝が鳳亮の後任を検討する際の中心人物と目され、彼が末寺や檀家の相談相手となり、その結果孝健が後任となったように読み取れる。なぜ義孝が孝健を推薦したのかについて、一つの理由は「御一新の折から」無住の寺では寺領安堵が覚束ないという時代認識が挙げられるだろうが、それだけでは孝健以外の人物を排除する理由にはならない。危機の時代に、信頼できる人物として孝健が選ばれた（義孝および檀家・末寺、ひいては延暦寺寺家から）理由について、次に続く記述からも見ていきたい。

次に前住職の鳳亮から出された隠居願の写がある。宛先は延暦寺の担当者と思われる。「近年病身」のため寺役や法要が勤められなくなったため、延暦寺松寿院の孝健に住職を継がせたいというのだが、すでに見てきたように、明治二年（一八六九）六月時点で鳳亮は逝去しているのではないだろうか。手続きの問題として、まだ存命ということで隠居願の文面を作成したということだろう（孝健が「第四十五世」を公称した理由であろう）。

三番目に出てくるのは、直前の隠居願を根拠として口上書を作成し、関係者の間で手続きを進め、七月には希望のとおり沙汰が出るだろうという経緯のメモである。注目したいのは、なぜ孝健を推すのかについて「厚き因縁も御座候上」と書かれていることである。この「因縁」の内容は明記されないが、義孝が強く推薦していること、彼の僧名と「孝」字が共通することから、あるいは孝健は義孝の門弟、または俗縁の者と推測してみたい。

四番目に出てくるのは、手続きが認められ、延暦寺側から鳳亮の隠居および後任を孝健とする点が公認されたことの通知である。一番目立つのは、延暦寺の三門跡（天台座主に就任する資格を持つ最上の格式の門跡）からの指令となっている点である。徳川将軍家の時代であっても、延暦寺末の成善提院であるから叡山からの指令があったかもしれないが、他に三門跡からの意思が示された例を知らない。「三院」では延暦寺の寺家を通じ「奉書」が到来する様子がしばしば記録されている。冒頭書簡の「御一新の折から旧格とは御模様変はり候義もこれ有るべし」に該当する伝達や書式なのか、他の事例発掘を待って判断したい。また、あくまで鳳亮は隠居の扱いであり、決定の日時が四月にさかのぼっている点にも、書類手続き上の工夫がうかがえる。

孝健の着任

三門跡からの令旨を得て、檀家および末寺によって、新住職受け入れの準備が進められた。以下、引き続き「入院」の記述を追って確認していきたい。

三門跡の決定をうけて、成善提院を管理していた責任者たちから主要末寺に出された書簡の写がある。新住職に決定した孝健が叡山を発ち、七月二十四日に成善提院に到着することを報せ、出迎えのため集合することを命じている。その際に「時節柄」先例と異なったとしても簡略に済ませるべきことが説かれ、「旧格とは御模様変はり候義」の例となっている。

続いて、実際に新住職を迎える様子が記録されている。門前を整え、百姓一同が総出で出迎えたという。ただし、近世の例では中山道沿い柏原宿に隣接した市場寺の前から道を整えたが、明治維新以降は「出格の質素」を旨とするため、柏原宿への依頼通知は控えたとあり、これも「旧格とは御模様変はり候義」である。一方、新住職の孝健は供三名を連れ、二十一日に比叡山麓の坂本を船で出発し、琵琶湖を通行して米原湊の旧本陣北村家に一泊し、翌日は末寺の泉明院に到達した。同寺に成菩提院から役人の吉村逸平が迎えに到着し、翌二十三日は全性院や宮川三左衛門も到来し、孝健に同行して翌日に成菩提院に到達したものと思われる。

続く記述によれば、孝健が成菩提院に入院した二十四日の天候は雨であった。そのため、出迎えは簡略化し、末寺住職や檀家は寺の門前とし、駕籠に乗ったまま玄関に到着したところで全性院と吉村逸平が出迎え、寺の内部を案内した。その後、客殿で旧幕府時代の朱印状や什物が、寺を臨時に管理していた役人から新住職に手渡された。最後に、新住職と関係者（末寺・講中・檀那惣代）の対面があり、住職自ら人々に昆布を手渡し挨拶とした。その後、維摩居士の画像を床の間にかけた「御居士の間」で、成菩提院の構成員（全性院、宮川、吉村など）で宴会が持たれた。

最後に、その宴会の献立の記録がある。「院内計」とあるにもかかわらず、人数七〇名、末山・講中など加わっているのがやや不審ではある。

「入院」によれば、孝健は五年間住職を勤めた。明治六年の五月には、第四十七世良灌が「石寺光善寺」から転住している。良灌の後任として孝健が再任されているように、この後も成菩提院の歴史にはさまざまな試練や出来事があったと考えられるが、ひとまず今回は、明治初期の住職までをたどり、いったん筆を擱くこととしたい。

十二、成菩提院の伝承

成菩提院がその歴史を物語る伝承を少なからず伝えてきたことは、すでに前章まででもふれている。伝承として語られる中で、成菩提院はさまざまな顔をのぞかせる。ここでは、成菩提院に関する伝承を集めることで、人々により語られる成菩提院の姿を浮かび上がらせていきたい。

開創伝承

成菩提院の開創について、近世以降の寺伝では次のように語られている。[140]天平五年（七三三）、聖武天皇（在位七二四〜七四九）は仏教を重んじて近江国栗太郡金勝《こんぜ》に勅願の官寺を建立した。金勝山大菩提寺と号するこの寺の別院が成菩提院だというのである。法相宗の大菩提寺別院として成立した成菩提院は、弘仁六年（八一五）、最澄が東国へおもむく途上、僧俗に説法を行う場として錫を留めたともいう。このときから成菩提院は天台宗となり、また談義所と称されるようになった。さらに嵯峨天皇（在位八〇九〜八二三）の代、成菩提院は勅願所となって寂照山の山号を賜ったという。

また、享保年間に成立した地誌『近江国輿地志略』では、最澄を開基とする点は変わらないものの、桓武天皇（在位七八一〜八〇六）の勅願所であると記している。[141]

事実上、成善提院を開いた貞舜については、元禄年間に成立した『本朝高僧伝』で次の伝承が語られている。[142]貞舜は比叡山の西塔宝園院を拠点に活動したが、後の住持真海がある日、窓のそばで貞舜書写の『七帖見聞』を繙いていたところ、机に蛇がやってきた。蛇は追い払っても戻ってくる。不思議に思い見れば蛇は片目である。真海は貞舜が書写に力を尽くし片目を失ったと伝え聞いていた。貞舜が蛇に姿を変えあらわれたと考えた真海は、あくる日、書を開くと再びあらわれた蛇に「観法雖正、著心同邪」と唱え、梅の枝で打ち払った。蛇は姿を消し、その後あらわれることはなかったという。

戦国大名の宿所として

中山道に沿った交通の要衝に位置する成菩提院は、街道を行き来する戦国大名の宿所となった伝承が残る。とりわけ織田信長が成菩提院を宿所とした逸話は多い。永禄十一年（一五六八）九月二十六日、信長は足利義昭をともなって入京し、同年十月十八日、義昭は将軍に任じられた。この直前、信長は岐阜から近江、京都の間を頻繁に移動している。その途上でしばしば成菩提院に宿を求めたというのである。

八月七日、信長は佐和山城で浅井長政と面会し、浅井氏との協調を確認しているが、寺伝によれば、岐阜から佐和山へ向かう際の宿所は成菩提院であった。[143]また八月三十一日、足利義昭が越前、岐阜を経て上京する際に成菩提院を宿所とし、このとき織田信長に禁制の札を立てるよう命じたという。[144]また、『近江国輿地志略』では、永禄年間に信長が成菩提院に止宿の時、火災に遭ったとも記している。[145]

信長はその後、天正十一年（一五八三）八月に入京した際も成菩提院を宿所とし、禁制を発した。これに先立つ天正六年（一五七八）十一月二十三日、成善提院は兵火により炎上し、諸堂、什器の多くを失ったとされるが、天正十四年（一五八六）十一月には信長が西尾隠岐守を通じて成善提院に寺領一五〇石を寄付し、諸堂の再建に資したともいう[146]。

織田信長が成善提院にたびたび宿を置いたことに関連して、境内の念仏堂に織田信長陣中所用の鍋が伝わっていたという記録がある。『江左三郡録』は宝永年中（一七〇四〜一七一一）の念仏堂開帳で仏像や仏画とともに「信長公陣鍋」が陳列されていたと記す[147]。信長が出陣のたび成善提院に宿したことから、その陣中で使用した鍋が宝物になったというのである。成善提院が信長との関係をどのように語り伝えていたか、端的に示す好例だろう。

信長に続いて京へ上った豊臣秀吉についても、いくつかの伝承が残っている。寺伝では天正十年（一五八二）十二月、岐阜城を攻める丹羽長秀と羽柴秀吉が成善提院に陣を置いて境内禁制の札を立て、天正十八年（一五九〇）小田原攻めの際も秀吉は成善提院に宿営したという。さらに天正十九年（一五九一）四月二十三日、豊臣秀吉は寺領一五〇石を安堵する朱印状を発給した[148]。また文禄五年（一五九六）三月一日、石田三成が成善提院村に宛てて発した一三カ条の掟書も伝わる[149]。現存する古文書と成善提院の寺伝は、いずれの勢力とも一定の関係を保っていた寺のありようをうかがわせる。

関ヶ原合戦と成善提院

慶長五年（一六〇〇）九月十五日、近江国の東端に位置する成善提院のほど近く、美濃国不破郡関ヶ原を舞台に天下分け目の戦いが行われた。関ヶ原合戦である。成善提院には、関ヶ原合戦にまつわる数々の伝承が残されている。

同年九月、合戦を控え多くの陣営が関ヶ原を目指すなか、西軍の将、小早川秀秋は成菩提院に宿所を求めたという。合戦当日、小早川秀秋の動向が戦局を覆したことはよく知られ、現在でも関ヶ原合戦を語る際にしばしばふれられるが、これは近世においても同様だった。合戦直前の九月九日、西尾正義と小西正重が柏原宿の小早川秀秋をたずね、東軍に与するよう密旨を伝えたと言われる[150]。また秀秋自身が宿所の成菩提院で身の振りようを考えたとも語られる。伝承の中で、小早川秀秋、柏原宿、成菩提院は密接な関係として認識されていた。

当時の成菩提院住職、祐円も関ヶ原合戦と徳川家康に関する伝承を持つ[151]。祐円は天海との関係を軸に、東軍方の人物として語られた。祐円は天海と同門で親しい間柄にあり、家康の陣中にいた天海とひそかに通じていたというのである。そのため、成菩提院において小早川秀秋の動静をうかがっていたとも、陣中の天海から書を受けて成菩提院背後の山上で勝軍祈禱の護摩を修したとも言われている。さらに合戦で東軍が勝利を収めると、すぐさま陣中の徳川家康に謁見し、戦勝を祝して牡丹餅を献上したという。成菩提院にはこのとき牡丹餅を盛ったという食籠が伝わる。

また一連の伝承として、慶長六年（一六〇一）、祐円が成菩提院の諸堂を改修するにあたり、徳川家康が合戦の兵糧から二〇〇石を御勝山陣営の古材とともに寄付したと言われる。これは祐円が東軍の勝利を祈禱したことに家康が謝意を示したものという[152]。

宝物の伝承

成菩提院の宝物に関する伝承は、ここまでにふれた例のほかにも存在する。成菩提院に伝わる深沙大将図は、成菩提院と白山の関わりを記した裏書を持つ[153]。それによれば、嘉暦元年（一三二六）、白山社の神宮寺である越前平泉寺の衆徒が五度にわたり成菩提院を襲った。その際、成菩提院は深沙大将の加護によって三度その衆徒を退けたという。

白山衆徒が来襲したことで成菩提院が一時衰退したとする説は、『近江国輿地志略』にも採録されている[154]。また、同書は深沙大将図について、もうひとつ伝承を記している。織田信長が成菩提院を宿所とした折、図らずも御台所が出産するということがあった。この時に護摩堂で火災が起きたが、深沙大将図と慈恵大師像が飛来して蔵の前にあった柿の木にかかり、火を鎮めたという。これによって、人々はこれらの画像に安産を祈り、柿の木を切って安産の護りとしたという[155]。

成菩提院が所蔵する大般若経は、近世の段階で小野篁筆と伝わり、豪恕が購入して成菩提院に納めた寺宝である。この大般若経については、小野篁の伝承とともに子安大般若としての霊験が語られ、安産、子育てなどに利益があるとされた。子安大般若の縁起を記した刷り物の版木も残り、この大般若経が近隣の信仰を集めていたことが知られる。

近世の略寺史

近江国の地誌としてよく知られている書物には、先述の『近江国輿地志略』のほか、『淡海木間攫』などがあるが、近世中期以降の寺史に関する記述は乏しい[156]。地誌に代わるものとして、成菩提院には近世後期に記された略寺史が伝わっている。「当山記録訂正ニ付開起ヨリ当代正事雑事諸用記録之抜書」「一名円成略史」と題するその史料は、正確には略寺史の目次草稿といった体裁をとっている。表題には「抜書」とあるが、元になったと推測される、まとまった形の本文は確認できていない。

この略寺史（以下、「円成略史」）は、内容から天保十四年（一八四三）以降に記されたことが明らかで、近世の成菩提院で起こった特筆すべき出来事、重要とみなされた什宝、古文書、また当時の寺史にまつわる伝承を、およそ網羅していると考えられる。草稿のため誤字や当て字が多いこと、子細がわからない項目もあることが惜しまれるが、貴重な史料である。(157)

「円成略史」を通してみると、なかばまでは成菩提院の歴代と、成菩提院の古文書に名を残す人々との事績を中心に構成されている。たとえば、表紙見返しにある「浅井家より之御添書」は天文三年（一五三四）十二月十六日の浅井亮政書状が該当する。(158)

大沢小次郎売地、日光寺曼荼羅□寄進分、壱段字門田之事、大沢跡給人、御相論之証跡、明鏡に候へ者、御寺納不可有相違候、恐々謹言

天文参十二月十六日　　浅井備前守

亮政　花押

成菩提院御同宿中

成菩提院末寺の日光寺へ寄進する大沢小次郎売地を成菩提院に納める旨の証文である。同様に「川毛三河守之添書」は年不詳の川毛清元・大津秀澄連署書状が該当すると思われる。(159)

柏原西方、落地に色々御理之儀候間、稲蔵之下、しのそひ、壱段分義者両人相心得申候、向後不可有異儀候、為其一筆進候、恐々謹言

十一月七日　　　　　　　　　　　　　　河毛三河守清元　花押
　　　　　　　　　　　　　　　　　　　大津右京亮秀澄　花押

清滝小四郎御宿書

柏原の西方に位置する一段分の落地について、断りの通り異議のない旨を川毛清元と大津秀澄が清滝小四郎に申し入れた連署書状である。こうした例から、寺領に関する古文書が、略寺史をまとめる際にも基礎的な文献と認識され、参照されていたことがわかる。

「円成略史」はおおむね歴代の事績と寺領に関する古文書を軸にまとめられているが、近世後期にさしかかると記述に変化が生じる。寺内の古文書、古記録をもとに構成する方針はそのままに、本堂を再建するための金策に苦心したことが率直に記されるようになるのである。「円成略史」をまとめようとした当代の人々の認識として、伽藍の維持が寺伝と同じ比重を持つ大きな関心事だったことがうかがわれる点は、たいへん興味深い。

成菩提院に関する伝承は、人口に膾炙する著名な人物と寺とのつながりが意識されているのはもちろんのこと、時々の政治情勢のなかで成菩提院がどのように意識され、位置づけられてきたか、また成菩提院が近隣の在所とどのように結びついてきたかをゆたかに語り伝えている。

註

（1）「檀那門跡相承資幷恵心流相承次第」（逢善寺文書）（『茨城県史料』中世編Ⅰ、一九七〇年、所収）には、「日本二三ヶ所ノ竪義、叡山竪義ハ三塔、海道立義ハ柏原、坂東立義ハ長南也」とある。

（2）尾上寛仲「柏原談義所の成立」（『印度学仏教学研究』二三巻二号、一九七五年。のち、同『日本天台史の研究』山喜房佛書林、二〇一四年、再録）に「貞舜、慶舜、春海の三人を室町時代の天台研究者は「柏原三代」と名づけていたのである」と記している。

（3）『続天台宗全書』史伝2所収。貞舜の事績については、曽根原理「貞舜と中世天台教学」（玉懸博之編『日本思想史　その普遍と特殊』ぺりかん社、一九九七年）〔A〕、同「天台寺院における思想の体系――成菩提院貞舜をめぐって――」（『説話文学研究』三六号、二〇〇一年）〔B〕、同「天台宗談義所と相伝――成菩提院貞舜の修学をめぐって――」（『中世文学』五四号、二〇〇九年）〔C〕。以下、貞舜についての記述は注記のない限りはこれらの先行研究による。

（4）龍谷大学大宮図書館蔵『天台宗古記録』所収。

（5）曽根原、註（3）前掲論文C。『天台宗古記録』については、〈科学研究費研究成果報告書〉『日本における本覚思想の展開――中世後期の天台宗談義所寺院を中心に――』（研究課題番号二〇六五二〇〇七、二〇一一年）。

（6）『天台宗全書』第一八所収。金沢文庫本『宗要白光』。

（7）「青龍寺」は「清滝寺」か。『円乗寺開山第一世貞舜法印行状』には、嘉慶元年六月晦日から江州清滝寺に住む、とみえる。

（8）「柏原成菩提院の成立」（山東町史編さん委員会編『山東町史』本編、山東町、一九九一年、四三一～四三七頁）。

（9）曽根原、註（3）前掲論文A。

（10）硲慈弘『天台宗史概説』第六章「日本天台の特質」（大蔵出版、一九六九年）。

（11）『大正新脩大蔵経』（以下、『大正蔵』）七四、所収。

（12）藤平寛田「宗要白光」解題（天台宗典編纂所編『正続天台宗全書　目録解題』春秋社、二〇〇〇年）。

（13）成菩提院の説法史料については、大島薫「成菩提院所蔵の説法資料について」（『佛教文学』三〇号、二〇〇六年）。
（14）大島、註（13）前掲論文。
（15）尾上寛仲「中古天台に於ける談義所」（『印度学仏教学研究』八巻一号、一九五八年。のち、同『日本天台史の研究』再録）。曽根原理「近世国家と仏教」（末木文美士編『新アジア仏教史』一三、日本Ⅲ所収、佼成出版社、二〇一〇年）。
（16）尾上寛仲「談義所と天台教学の流伝」（『叡山学報』一号、通巻二一号、一九六一年。のち、同『日本天台史の研究』再録）。
（17）鎌倉末期から南北朝期ごろには、草津―今須峠―美濃―尾張の道は「海道」＝東海道と呼ばれていた。榎原雅治『中世の東海道をゆく』（中公新書、中央公論新社、二〇〇八年）。
（18）曽根原、註（3）前掲論文C。
（19）尾上、註（15）前掲論文。渡辺麻里子「経典の注釈――談義所における学問の継承と再生産――」（『日本文学』五四巻七号、二〇〇五年）。
（20）中野真麻理「天台宗談義所の説話――『一乗拾玉抄』と諏訪の神文――」（『国文学研究資料館紀要』二二号、一九九六年、のち「『一乗拾玉抄』と曜光山月山寺」と改題し、同『一乗拾玉抄の研究』臨川書店、一九九八年に再録）。
（21）談義・直談については、廣田哲通「談義・直談」（本田義憲ほか編『説話の場――唱導・注釈――』説話の講座、三巻、勉誠社、一九九三年）。
（22）田中貴子『室町お坊さん物語』（講談社現代新書、講談社、一九九九年）。
（23）慶舜の生没年については、尾上寛仲「宗満集及び宗円集について」（『印度学仏教学研究』一八巻二号、一九七〇年、のち、同『日本天台史の研究』再録）。
（24）渡辺麻里子「成菩提院第二世慶舜について」（『佛教文学』三〇号、二〇〇六年）。
（25）『続天台宗全書』口決1、恵心流Ⅰ、所収。
（26）大津市歴史博物館『比叡山――みほとけの山――』（図録、二〇一五年）。

(27) 渡辺麻里子、註(24)前掲論文をもとに若干の修正を加えた。
(28) 註(24)渡辺論文は永徳元年（一三八一）金鑽談義所での活動を挙げるが、ここでは、牧野和夫「中世寺院資料をめぐる二、三の問題――伝領墨署名慶舜・泉涌寺版『四分律含注戒本疏行宗記』の底本――」（『実践国文学』八二号、二〇一二年）に従う。
(29) 渡辺守邦「法華直談私類聚抄――解説と翻刻――」（『国文学研究資料館紀要』七号、一九八一年）。
(30) 尾上寛仲「天台宗に於ける教団護持の諸問題」（『日本仏教』三九号、一九六四年。のち、同『日本天台史の研究』再録）。また、成菩提院における経済的問題については、湯浅治久「戦国期「荘園制」の収取構造と侍・村落――近江国を事例として――」（『国立歴史民俗博物館研究報告』九三集、二〇〇二年）。
(31) 上杉文秀『日本天台史』（国書刊行会、一九七二年初版）。
(32) 尾上寛仲「台密西山流――成菩提院灌室の成立について――」（『印度学仏教学研究』二五巻二号、一九七七年。のち、同『日本天台史の研究』再録）。
(33) 切畑健「阿娑縛抄――その成立と撰者承澄――」（『仏教芸術』七〇号、一九六九年）、宮島新一「阿娑縛抄をめぐる二・三の問題」（『仏教芸術』一一二号、一九七七年）。
(34) 大久保良峻「阿娑縛抄」（日本仏教研究会編『日本仏教の文献ガイド』法藏館、二〇〇一年）。
(35) 松本公一「『阿娑縛抄』の書写奥書について――滋賀成菩提院蔵本にみる教学の伝授と集積――」（河音能平・福田榮次郎編『延暦寺と中世社会』法藏館、二〇〇四年）。
(36) 叡山文庫天海蔵『恒覚要文』巻末に、「於美濃（州）劦山県郡深瀬慈明院談所有人秘蔵ノ本仁以テ書之」とある。尾上、註(15)前掲論文。
(37) 尾上氏は、慈明院は法流末寺であるとする。尾上、註(15)前掲論文。
(38) 尾上寛仲「天台学問寺に見られる法度・条制」（『天台学報』一七号、一九七五年。のち、同『日本天台史の研究』再録）。
(39) 『扶桑台州本末記』（『続天台宗全書』寺誌1天台宗本末帳）。
(40) 久留米市史編さん会編『久留米市史』一巻（久留米市、一九八一年）。

(41) 牧野和夫「枡型折帖本について――中世寺院の活動と「書物」形態――」(『佛教文学』三〇号、二〇〇六年)。
(42) 松本公一「三千院円融蔵『行用抄』について」(科学研究費研究成果報告書『『阿娑縛抄』を中心とした天台密教次第の基礎的研究』課題番号二一五二〇二二二、二〇一二年代表:松本公一)。
(43) 牧野、註(41)前掲論文。
(44) 『金剛輪寺の歴史』(金剛輪寺、二〇一三年)、牧野和夫・松本公一「東京大学史料編纂所蔵『金剛輪寺文書写真帖』について」(科学研究費研究成果報告書『中世談義所寺院の知的交流と言説形成』課題番号一四三一〇一九八、二〇〇六年代表:曽根原理)。
(45) 応仁三年の「法印春海畠地寄進状」に六十七歳とみえる。
(46) 尾上、註(32)前掲論文。
(47) 尾上寛仲「信濃の天台宗談義所」(『信濃』一二巻一一・一二合併号、一九六〇年。のち、同『日本天台史の研究』再録)。木原談義所は現在の熊本県熊本市南区富合町木原長寿寺。
(48) 『恵勇印信』永享三年十一月二十日。
(49) 松本、註(35)前掲論文。
(50) 渡辺守邦、註(29)前掲論文。
(51) ( )で所蔵を記すものは、『昭和現存天台書籍綜合目録』による。以下、歴代も同じ。
(52) 渡辺麻里子、註(19)前掲論文、荒槇純隆「金鑚宮談所の系譜について」(『天台学報』四九号、二〇〇七年)。
(53) 湯浅治久「(史料紹介)成菩提院蔵「年中日記」他の中世帳簿類」(科学研究費研究成果報告書『中世・近世地方寺社史料の収集と史料学的研究』課題番号〇六四五一〇六二、一九九八年代表:福田榮次郎)に全文が翻刻されている。
(54) 尾上、註(30)前掲論文。
(55) 尾上、註(30)前掲論文。
(56) 尾上、註(30)前掲論文。
(57) 「条々」は、『年中雑々』所収。尾上、註(30)前掲論文。

(58) 尾上、註(38)前掲論文。
(59)「院中代々法度之事」は、『年中雑々』に収録されている。
(60)『改訂近江国坂田郡志』八、名著出版、一九七一年。
(61) 松本公一「『阿娑縛抄』を中心にみる中世天台教学（穴太西山流）の伝播について」（吉原浩人・王勇編『海を渡る天台文化』勉誠出版、二〇〇八年）。
(62) 正続天台宗全書解題「阿弥陀経見聞私」。
(63) 渡辺守邦『『法華経直談鈔　古写本集成』解説』（臨川書店、一九八九年）。
(64) 曽根原理「栄心と天台宗談義所」（河音能平・福田榮次郎編、註〈35〉前掲書所収）。
(65) 尾上、註(16)前掲論文。
(66)『昭和現存天台書籍綜合目録』による。
(67) 尾上、註(16)前掲論文。山口興順「武蔵国金鑽談所について」（『天台学報』四〇号、一九九八年）、同「上野国渋川談所について」（『天台学報』四二号、二〇〇〇年）、同「上野国青柳談所について――とくにその成立を中心に――」（『天台学報』四五号、二〇〇三年）、宇高良哲「天台・真言両宗の展開」（埼玉県編『新編埼玉県史』通史編2、埼玉県、一九八八年）九八五〜九八九頁、小柴輝之「信仰の世界　二」（群馬県史編さん委員会編『群馬県史』通史編3、群馬県、一九八九年）八九三〜八九五頁。
(68) 山口興順「伊賀国往生院について――在地との関係を中心に――」（『天台学報』三九号、一九九七年）、同「武蔵国金鑽談所について」（註〈67〉前掲論文）、同「西上州の天台学問寺について」（『天台学報』四七号、二〇〇五年）。
(69) 荒槇純隆「金鑽宮談所の系譜について――泰芸の三重七箇相伝から――」（『天台学報』四九号、二〇〇七年）。
(70) この点については、牧野和夫「延慶本『平家物語』における「東山鷲尾」の注釈的研究――寺院ネットワークということ――」（説話と説話文学の会編『説話論集』第一一集、清文堂出版、二〇〇二年）。
(71) 田中貴子「金山院長老光宗」（『春秋』三一五号、一九九〇年）。
(72) 牧野和夫「日本中世文学における十三世紀後末期東山白毫院・霊山周辺――書物ネットワークの視点から――」

(73)『実践国文学』七九号、二〇一一年)。
(74)牧野和夫「中世天台談義所の典籍受容に関する考察」(河音能平・福田榮次郎編、註〈35〉前掲書所収)。
(75)牧野、註(72)前掲論文。
(76)牧野、註(72)前掲論文。
(77)湖東文化圏については、池上洵一『修験の道 三国伝記の世界』(以文社、一九九九年)。
(78)牧野和夫氏の一連の研究がある。「『三国伝記』周辺の一学僧」(『東横国文学』一六号、一九八四年)、同、註(70)前掲論文、同「補遺三題」(『実践国文学』二七号、二〇〇七年)、同「「思融―良含」周辺のこと・杭州出自の宋人のこと」――「軍記物語と東アジアの佛教世界」補遺――」(『実践国文学』八〇号記念号、二〇一一年)、同「談義所・学問寺と十三世紀中後期の東山白毫院周辺」(科学研究費研究成果報告書『日本における本覚思想の展開――中世後期の天台宗談義所寺院を中心に――』課題番号二〇六五二〇〇七、二〇一二年代表:曽根原理)など。
(79)湯浅、註(30)前掲論文。
(80)「姉川の合戦と浅井氏の滅亡」(山東町史編さん委員会編『山東町史』本編)三三八頁。
(81)「織田政権下の山東」(山東町史編さん委員会編『山東町史』本編)四五〇~四五三頁。
(82)「豊臣時代の近江」(山東町史編さん委員会編『山東町史』本編)四七二~四七四頁。
(83)山東町史編さん委員会編『山東町史』史料編(山東町、一九八六年)成菩提院書状。
(84)註(82)前掲書、六月三日付富田将監書状。
(85)註(82)前掲書、六月三日付賀藤修一書状。
(86)『改訂近江国坂田郡志』二(一九四四年)七二五~七二六頁。
(87)湯浅、註(53)前掲論文。
(88)『山東町史』本編、四八一~四八八頁。
文政九年(一八二六)五月に成菩提院から寺社奉行に提出された文書「乍恐書付を以奉願上候」の冒頭には、「慶長五年関ケ原御陣の節、十九代住持祐円え御陣勝利の御祈禱仰せ付けられ、御勝利御開運の上、寺院再建の儀願い上げ奉り候処、同所御陣小屋御建前残らず下し置かれ、用脚として御米弐百石頂戴、再建仕り候」(原漢文)

と、関ヶ原合戦の際の戦勝祈禱が画期と意識されていた（文化財編四-二一）。
(89)『山東町史』本編、五四三頁。
(90)『改訂近江国坂田郡志』四巻（一九四二年）四三三〜四三四頁。
(91)福田榮次郎「『成菩提院文書』の総合的研究」（『明治大学人文科学研究所紀要』四五号、一九九九年）。
(92)宇高良哲「天台宗触頭寛永寺執当譜年次考」（同『近世関東仏教史の研究』文化書院、一九九九年、初出一九九二年）参照。
(93)『山東町史』本編、五五八頁、八二八頁。
(94)天海の代務者として、乗俊（横川松禅院三世）が成菩提院に法度を発給したことの指摘がある。中川仁喜「天海と法勝寺」（『季刊日本思想史』八二号、二〇一七年）。
(95)「先代の聖教は経蔵に目録あり、ただし代々替わり目にうせ申す由に候、南光房様大略参候」（原漢文）。
(96)『思文閣古書資料目録』二四五号（二〇一五年）資料番号一六〇。
(97)尾上寛仲「叡山天海蔵義科抄類の構成」（初出一九七四年、同『日本天台史の研究』再録）。
(98)「月山寺文書」（東京大学史料編纂所蔵影印）原漢文。
(99)『西塔堂舎並各坊世譜』（『天台宗全書』二四）原漢文。曽根原理「舜慶の研究」（『東北大学附属図書館研究年報』二七号、一九九四年）、および、同「月山寺恵賢　その活動と思想」（『仏教史学研究』三六巻一号、一九九三年）参照。
(100)福吉円鈔「論義要略」（古宇田亮宣編『和訳　天台宗論義二百題』隆文館、一九六六年）。
(101)青柳周一・曽根原理・松金直美・藤田和敏・梅田千尋・朴澤直秀「米原市柏原成菩提院所蔵史料の紹介と解説（二）」（『滋賀大学経済学部附属史料館研究紀要』四五号、二〇一二年）「史料六　末寺法流書物」。本書文化財編四-五所収。
(102)天台宗典編纂所編『續天台宗全書』寺誌一。
(103)その概要は、「安永年間、近江国内の成菩提院末寺一覧表」（青柳周一「米原市柏原成菩提院所蔵の近世史料調査について」『滋賀大学経済学部附属史料館研究紀要』四三号、二〇一〇年）参照。

(104)寺院本末帳研究会編『江戸幕府寺院本末帳集成』上(雄山閣出版、一九八一年)。
(105)曽根原理・朴澤直秀・藤田和敏・松金直美「成菩提院所蔵近世文書の諸相」(『日本仏教綜合研究』一一号、二〇一三年)「史料四　江州成菩提院并末寺人別御改帳」。本書文化財編四−一三所収。
(106)年代比定については、宇高良哲「天台宗寺院本末帳の成立年次考」(『天台学報』三一号、一九八九年)参照。
(107)「徳川家綱継目朱印状写」(「成菩提院要記」所収、成菩提院文書)。
(108)林晃弘「近世前期北近江の寺社――竹生島・成菩提院を中心に――」(近世の宗教と社会研究会報告レジュメ、二〇一六年六月十八日)。
(109)ともに『天台宗全書』二四(第一書房、一九七四年)所収。
(110)『戸隠(二)』(続神道大系神社編)所収。
(111)写本のみで伝わる。叡山文庫・止観院文書一〜三四八。
(112)「東叡」一五四頁。
(113)以下、主に「西塔」一三二頁および「現住」三八五頁による。
(114)実俊の「法弟」として譲渡されたことは「現住」三四二頁。
(115)「西塔」一一四〜一一五頁。
(116)藤田和敏「近世における西塔正観院灌室の形成と展開」(『天台学報』五四号、二〇一二年)。
(117)鍛治宏介「江戸時代中後期天皇追悼儀式の展開」(『仏教史学研究』五〇巻二号、二〇〇八年)、曽根原理「徳川家康年忌行事と延暦寺」(『仏教史学研究』五一巻一号、二〇〇八年)、藤田和敏「近世延暦寺組織構造の基礎的考察」(『天台学報』五三号、二〇一一年)など参照。
(118)以下、藤田、註(116)前掲論文による。
(119)曽根原理「法華八講と東照宮祭祀」(『神道古典研究所紀要』一〇号、二〇〇四年)参照。
(120)成菩提院文書。青柳ほか、註(101)前掲論文、曽根原執筆箇所で翻刻報告済。
(121)『坂田郡志』(滋賀県坂田郡役所、一九一三年)等では応永二十九年正月一日とするが、寺伝では同元年七月一日とする。

(122) 青柳ほか、註(101)前掲論文で同時に翻刻報告済。本書文化財編四-一〇。
(123) 「東叡」一八八頁、二一二頁。
(124) 宝暦十二年（一七六二）の後桜町天皇（諱智子）の即位にあわせ、「智」字を持つ僧侶たち一〇名ほどが改名する中で、乗実院智存が慈周と改名している。改名自体はともかく、なぜ同名の僧侶がいたにもかかわらず「慈周」名を選んだのか、さらに入れ替わるように定光院慈周（後の成菩提院住職）が叡山から姿を消すことに、何らかの事情が感じられる。
(125) 『改訂近江国坂田郡志』三巻下（一九四三年）二六〇～二六一頁。典拠となる『近江人物志』では「後に叡山正覚院に監し」と記すが（典拠は『六如庵詩鈔』）、「三院」には安永二年（一七七三）に乗実院の慈周が正観院（正覚院ではない）に移り、同年十二月に隠居した記事を載せる。
(126) 曽根原理「日本近世天台の時期区分」（吉原ほか、註〈61〉前掲書所収）など参照。
(127) 以下、富士川英郎『江戸後期の詩人たち』〈東洋文庫八一六〉（平凡社、二〇一二年）一一頁以下による。
(128) 『六如庵詩鈔』から順に二編巻三、一編巻六、同巻五（全て原漢文）。解説は、最初は、猪口篤志『日本漢詩』上（明治書院、一九七二年）、後の二つは、富士川、註(127)前掲著書による。
(129) 「東叡」二〇三頁。「現住」三四六頁にも同内容の記事がある。
(130) 『改訂近江国坂田郡志』三巻下、二六一～二六三頁。百万人以上に円頓戒を授け、文化八年（一八一一）に成菩提院でも四千人以上に授戒したことがわかっている。企画展図録『豪恕展』（秦荘町歴史文化資料館、二〇〇一年）など参照。
(131) 『山東町史』史料編、一〇〇七頁。
(132) 長道については「現住」三五〇頁および「東叡」二五一頁、長厳については「現住」三八四頁および「東叡」一〇九・一三五・一八三・二八五～二八六頁など参照。
(133) 宇高、註(92)前掲論文。
(134) 高埜利彦『近世日本の国家権力と宗教』（東京大学出版会、一九八九年）。
(135) 青柳周一・曽根原理・朴澤直秀「米原市柏原成菩提院所蔵史料の紹介と解説」（『滋賀大学経済学部附属史料館研

究紀要』四四号、二〇一一年）で翻刻紹介済。本書文化財編四-二〇。

(136) 章斎文庫本『成菩提院史』には、「翌（慶長）六年祐円法印ノ堂宇ヲ改修スルヤ徳川家康関ケ原兵糧弐百石及ヒ御勝山陣営ノ古材ヲ寄附ス。附記、関ケ原ノ戦僧天海家康ニ随テ陣中ニアリ当院ノ住職祐円法印ト天海僧正ハ法兄弟ノ釈友ナルヲ以テ陣中窃ニ書ヲ寄セテ勝軍ノ祈禱ヲ為サシム祐円堂後ノ山上ニ登リ護摩ヲ焚キ勝軍ヲ祈ル已ニシテ東軍勝利ヲ占メタルヲステニ家康謝意ノ為メ此寄附ヲナセシナリ」と記す（松本公一「章斎文庫のなかの成菩提院関係資料について（覚書）」、註(77)科研費報告書『日本における本覚思想の展開』所収）。

(137) 「入院」によると、豪恕は享和二年（一八〇二）から文政七年（一八二四）まで二二年間住職を勤め、その末の三年間は延暦寺霊山院が「預り」（寺務代行カ）、円体は文政四年（一八二一）から天保四年（一八三三）まで一三年間住職を勤め、天保四年五月十二日に在任のまま逝去した、と記される。

(138) 以下については、『山東町史』本編、九七九～九八〇頁参照。

(139) 現在の滋賀県は、旧幕府領・旗本領から大津県が設置され、廃藩置県の後一八七一年十一月に大津県と長浜県、両県が改称して翌一八七二年二月までに滋賀県と犬上県となり、同年九月に両県が合併し現在の領域の滋賀県が成立した。犬上県は公式には一八七二年二月二十七日から同年九月二十八日に存在した。

(140) 『坂田郡志』下、四七六頁。『坂田郡志』の編者である中川泉三がのちに記した「成菩提院史」も同様の寺伝を採録している（章斎文庫所蔵、前掲註(136)松本論文に翻刻がある）。

(141) 『近江国輿地志略』（大日本地誌大系刊行会、一九一五年）二四三～二四四頁。

(142) 『本朝高僧伝』（仏書刊行会、一九一三年）二六〇頁。

(143) 『坂田郡志』下、四七六頁。中川泉三「成菩提院史」（章斎文庫所蔵）。

(144) 永禄十一年八月「織田信長禁制」は『山東町史』史料編、四九頁。

(145) 『近江国輿地志略』二四四頁。

(146) 中川泉三「成菩提院史」（章斎文庫所蔵）。

(147) 滋賀県立図書館架蔵本『江左三郡録』（一九八七年）。

(148) 『坂田郡志』下、四七七頁。中川泉三「成菩提院史」（章斎文庫所蔵）。天正十年十二月「丹羽長秀羽柴秀吉連署

禁制」、天正十九年四月二十三日「豊臣秀吉宛行状」については『山東町史』史料編、五〇～五一頁。

(149) 文禄五年三月一日「石田三成成菩提院村掟」『山東町史』史料編、五三～五五頁。

(150) 『寛政重修諸家譜』（続群書類従完成会、一九六五年）、二九七～二九八頁。

(151) 『坂田郡志』下、四七七頁。中川泉三「成菩提院史」（章斎文庫所蔵）。

(152) 註(149)に同じ。

(153) 『山東町史』本編、四三三～四三五頁。

(154) 『近江国輿地志略』二四四頁。

(155) 註(149)に同じ。

(156) 『淡海木間攫』一～三（滋賀県立図書館、一九八四～一九九〇年）。

(157) 「円成略史」全文の翻刻は次の通りである。

（表紙）

「当山記録訂正ニ付開起ヨリ
当代正事雑事諸用記録
之抜書
　一名円成略史　」

（表紙見返し）（／は改行、以下同）

「供田寄符(ママ)人証文ニ付／其頃地頭人より証状副書之事／古記古状之名前／一京極家より之御添書／一浅井家より之御添書／一川毛三河守之添書／一大津飛驒守添書／一堀のとの守添書／一箕浦次郎左衛門添書　」

（本文）

一　当山開記之事／一　当山中興貞舜僧正之事／一　当院転山南へ建ル事／一　代々領主之事／付り国人之事／一　当山守護神者大将之事／一　談儀処(ママ)濫觴之事／一　足利義昭上洛当院止宿之事／一　当山炎上之事／一　小田浅井対面之事／一　遠藤喜右衛門か事／一　御高札被下之事／一　御本営陣取之図／一　常楽院憲栄法印之事／一　信長公再御上洛之事／付り当山御止宿之事／一　右府公安土江御引取御止宿之事／付り御陣取御膳部献立之事／一　羽柴秀吉丹羽

長秀本陣之事／付り御高札被下置之／一　当山歴代相続之事／一　関白殿下御領内之事／一　田中久兵衛代官之事／一　当山供田名寄之事／付り寄附人名前之事／一　豊臣家ゟ始而御朱印頂戴之事／一　石田家預り之事／付り院家老五郎大夫不埒始末之事／一　高麗陣御伺使僧下向之事／一　殿下御他界当山ニ而仏事之事／一　徳川家始而御本陣之事／一　祐円法印当住之事／一　境内門再建之事／但浄光院光□（難読）之事／一　関ヶ原陣金吾殿御本陣之事／付り御高札之事／一　開国御祈禱護摩供之事／一　神君天海御本陣事／一　関ヶ原御陣営当山へ被下之事／付り兵粮銭米拝領之事／一　南光坊御在職之事／一　徳川家ゟ御朱印拝領之事／一　供田名寄主証文之事／一　神像画軸之事／一　御尊碑守護之事／一　当山宝物改帳面之事／但慶長二年ノ事也／一　当山納所誰々之事／一　不埒ニ付転宗之人々之事／一　釣鐘再鋳之事／一　義本院下之事／一　弁才天社建立之事／一　正覚院大僧正御兼住之事／一　小野篁大般若御奉納之事／一　御□（難読）殿押潰ニ付取片付之事／一　般若殿之事／一　六如上人之事／一　円体名筆之事／付仕法之事／一　新井氏代官之事／付普代免許之事／一　本堂再建公儀願立之事／付り願書之写之事／一　当山借財初度仕法之事／一　本堂頼母子之始末／一　再度仕法之事／一　仏供田売出しニ付惑乱之始末／一　再三度仕法之事／一　宝物改新帳面書替之事／一　天保十四卯新仕法ニ付諸方かけ合始末／一　世話方山門行之事／付り山門ゟ被仰出有之事／一　周円法印一場寺へ逼塞之事／一　紀州金談一条始末之事

(158)『山東町史』史料編、四七～四八頁。

(159)『山東町史』史料編、四八～四九頁。

第二部　文化財編

はじめに

寂照山円乗寺成菩提院には、数多くの文化財（絵画・彫刻・工芸品・聖教・文書など）が伝存する。現存する文化財を確認しようとすれば、明治十八年（一八八五）に天台座主大杉覚宝に提出するべく編纂された『成菩提院明細帳』（墨付き四〇紙）に、その全容をも伝えるべく、次のようにまとめられている。多少長くなるが、概観のため最初に示しておきたい。

一　本尊　十一面観世音

一　由緒　延暦年中伝教大師草創ヨリ星霜ヲ重テ荒廃セシヲ応永年中貞舜贈権僧正中興

天正年前屢兵火羅リ古書物無之不詳

一　本堂　間口十一間　奥行十間

一　庫裡　間口八間　奥行九間

一　玄関　間口七間　奥行四間

一　鐘楼　方二間
一　表門　間口三間 奥行二間
一　土蔵　間口三間 奥行二間
一　物置　間口四間 奥行二間
一　柴屋　間口六間 奥行三間
一　境内千八百二坪
一　境内立木百五拾八本
内　目通壱尺以上五尺未満　百五十六本
同　五尺以上壱丈未満　無之
同　壱丈以上　無之
一　什器
十一面観世音　壱体
不動明王　同
毘沙門天　同
普賢菩薩　同
東照宮影像　壱幅
玉簾　壱枚
滅金茶湯器　壱器

行事檀　壱具
真鍮五具足　壱具
唐銅三具足　壱具
仏具　五面
磬　壱個
華鬘　廿掛
唐金灯籠　二対
経机　廿脚
大般若経　全部
法華経　二拾部
仁王経　三部
金光明経　同
例時懺法　拾部
不動明王　壱体
薬師如来　壱体
阿弥陀如来　壱体
文殊菩薩　壱体
地蔵菩薩　壱体

釈迦如来　同
山王権現　七体
慈恵大師　壱体
深沙大将　壱幅
伝教大師　壱体
中興贈権僧正貞舜　同
同影像　壱幅
小野篁影像　壱体
山王十禅師真影　壱幅
両界曼陀羅　二幅
真向弥陀如来　壱幅
不動明王　壱幅
妙楽大師　同
毘沙門天　同
大威徳明王　同
五大尊　同
十二天　十二幅
十六善神　壱幅

聖徳太子　同
恵心僧都　同
山王真影　同
浄土曼陀羅　壱幅
普賢菩薩　同
金剛薩埵　同
両界敷曼陀羅　二幅
大檀　壱面
護摩檀　同
同仏具　壱具
枳哩字香炉　明治十八年七月樋口亀治郎寄附　壱具
法華経十軸幷台　同年同月大沢謙三寄附　壱個
天蓋　同年九月樋口九良兵衛寄附　壱蓋
梵鐘　壱口
喚鐘　同
燭台　四本
唐櫃　二合
大釜　二ツ

鍋釜　六ツ

桶類　三十

膾皿　三十人前

膳椀　同

唐銅火鉢　二ツ

宣徳火鉢　壱対

黒塗卓　壱個

唐銅香炉　同

一　古文書乃宝物

五鈷鈴　壱個

唐鈸　壱双

大般若古写経　壱部

縛（ママ）韋多羅葉　壱枚

費長房画　古筆　壱幅

維摩居士画　同　同

十六羅漢像　二幅

揚（ママ）柳観音像　壱幅

黒梅　同

織田豊臣両家賜制札　三枚
豊臣家賜寺領朱印　壱通
徳川家康公賜寺内法度書　同
牡丹孔雀画　壱幅
竹林画　同
一　永続資金　無之
一　境内仏堂　三宇
般若殿
本尊　釈迦如来
由緒　不詳
建物　方三間拝所付
地蔵堂
本尊　地蔵菩薩
由緒　不詳
建物　方二間
弁天堂
本尊　弁財天
由緒　不詳

建物　方三尺

一　境外鎮守

水神社

祭神　御井神

由緒　創立勧請年記不詳

社殿　竪三尺 横二尺

境内拾二坪　官有地第四種

一　境外所有地

（中略）

合計反別二拾九町六反六畝歩

地価金八千九百三十九円二拾四銭

内訳

田反別　十二町七反六畝十六歩

畑反別　壱町九反六畝廿八歩

宅地反別　壱町壱反二畝十八歩

萱生反別　八畝十四歩

草生反別　三反三畝九歩

林反別　九反三畝二十四歩

藪反別　壱反八歩
寺地反別　壱畝拾五歩
山反別　十壱町六反九畝十五歩
墓地反別　二畝九歩
一　檀家　八十六戸
一　管轄　十九里十二町
右之通相違□《虫喰》之候也

なお、本書末には「寂照山成菩提院略図」が加えられ「境内坪数千八百二坪」ともある。この「略図」を参照すれば、建造物については、書院が増築されている（大正年間に大幅に増改築された）など必ずしも同じではないが、所蔵文化財については、現在所蔵されているところと、ほぼ同様である。

さらに明治五年に作成された『成菩提院図』には本堂と庫裏との間取りを詳細に記録する。「中庭」をはさんで「常行堂」の正面に「学問所　七畳」なる一間がある。あるいは談義所として存在していた頃の名残だろうか。

また、現在所蔵されている財産目録のうち、寛永五年（一六二八）八月『常住物日記』には第十九世祐円が隠居するにあたって寄進した聖教を「合貳百十六巻」として、「四十三巻本疏《ママ》」「十巻直談」「六巻往生要集」「十五巻涅槃疏《ママ》」「六巻七帖見聞」「三巻法花科註」「七巻翻訳名義集」「十六巻本疏《ママ》難字抄」「六巻上川宗要集」「二巻廟上下決」「十四巻真海十五帖」「十巻定賢」「七巻夷希抄私」「四巻蔵問要私」「二巻問要私」「八巻問要私」「六巻問要集

私」「廿一巻要文集私」「二巻玄義要文集」「一巻九院仏閣」「六巻倶舎見聞」「七巻談義抄」「八巻問要抄」「二巻阿弥陀経見聞」を掲げる。

そのほか、「院家重宝之覚」として、「不動五幅」「十六番神三幅」「三千仏六幅」「法花曼陀羅一幅」「五大尊二幅」「荒神一幅」「深沙大将一幅」「普賢一幅」「文殊一幅」「馬頭一幅」「地蔵三幅」「慈恵大師一幅」「妙楽大師一幅」「恵心一幅」「慈覚大師一幅」「山王一幅」「十禅師一幅」「十六羅漢二幅」「羅漢二幅」「十三仏一幅」「両界曼陀羅五幅」「両界大曼陀羅二幅」「寒山十徳《（拾得）》二幅」「墨絵ノ釈迦一幅」「涅槃像二幅」「浄土大曼陀羅一幅」「愛染一幅」「天台大師一幅」「伝教大師一幅」「尊円ノ懸字一幅」（合絵数六拾五幅）、「文殊堂に懸て有る本尊之覚」として、「山王一幅」「大威徳一幅」「金輪一幅」「毘沙門一幅」「聖徳太子一幅」「木像文殊一体」「木像慈恵大師一体」「木像薬師一体」「木像阿弥陀」「木像不動」「木像観音一体」「木像毘沙門不動」「仏具（計）四面」「磬台一ツ」「三具足一通有」「灌具一流之分有」「但四面供二通有」「花曼八ツ有」「花籠十三有」「打敷五枚」「法衣一通」を掲げる。また「先代の聖教は経蔵に目録有り。但、代々替目にうせ申由云云、南光房様へ大略参候」（原漢文）とあることから、右記、祐円が寄進した聖教も、その多くが南光房天海に寄進されたものと考えられよう。

成菩提院には、中世以来の由緒を示す多くの文化財が残されている。その流入や流出、変遷などについての詳細な研究は今後の課題であるが、ここでは現存する代表的なものについて、指定文化財、中世文書、中世聖教、近世文書、近世聖教の五つに分けて、現時点で判明している点などを解説し、いくつかについては翻刻や画像も付載して紹介することにしたい。各解説等に担当者名を明記したが、特に記名の無い箇所を含め、全体は大島が編纂した（大島薫）。

一、指定文化財

成菩提院に伝存する文化財のうち、次に掲げる十件が、米原市・滋賀県・国指定文化財に指定されている。

（国指定）

・絵画　絹本著色浄土曼荼羅図（明治三十三年四月指定）
・絵画　絹本著色聖徳太子像（明治三十三年四月指定）
・絵画　絹本著色不動明王二童子像（明治三十三年四月指定）
・工芸品　金銅雲形孔雀文磬（昭和三十四年十二月指定）

（滋賀県指定）

・書跡　大般若経（昭和四十九年十一月指定）
・絵画　絹本著色普賢十羅刹女像（昭和四十九年十一月指定）

・絵画　絹本著色兜率天曼荼羅図（平成十八年三月指定）

（米原市指定）

・彫刻　十一面観音立像（平成二十年二月指定）
・彫刻　不動明王立像（平成二十年二月指定）
・彫刻　毘沙門天立像（平成二十年二月指定）

右記、指定文化財のうち、金銅雲形孔雀文磬は金銅装蓮華文香炉箱（室町時代・天文二十二年銘）とともに大阪市立美術館に寄託され、また指定文化財を含む絵画史料七件（絹本著色浄土曼荼羅図・絹本著色聖徳太子像・不動明王二童子像・絹本著色普賢十羅刹女像・絹本著色兜率天曼荼羅図・絹本著色釈迦曼荼羅図・絹本墨画十八羅漢像）は、滋賀県立琵琶湖文化館に現在寄託されている。

また、成菩提院の本尊として安置される十一面観音立像は秘仏として厨子に納められ、開帳されることはほぼ無い。近年では、成菩提院第六十一世山口智順住職が平成十九年に執り行った授戒会において開帳されたのみである。この折の調査において写真撮影されたところをもって、成菩提院檀家の三和佐賀江氏により写仏が行われている。

以下、主に国指定、県指定の個別史料について解説する。特に指定文化財については、法量等も記載する（単位はセンチメートル）。また、一―一～三、六、七については、上野良信「成菩提院の絵画」（『研究紀要』〈滋賀県立琵琶湖文化館〉二二、二〇〇六年）に全面的に依拠した。転載を御快諾いただいた上野氏に感謝申し上げる。

一一 浄土曼荼羅図 一幅

絹本著色 一八四・二×一七六・一
鎌倉時代 重要文化財

阿弥陀如来の極楽浄土を説く経典のうち、『観無量寿経』の所説にもとづいて、西方極楽浄土の光景を絵画化したものを観経変相図と呼んでいる。また奈良・当麻寺に伝わる八世紀に制作された有名な綴織の曼荼羅を原本とするところから、俗に当麻曼荼羅ともいわれる。

鎌倉時代以降、浄土教の流布とともに盛んに転写本が制作され、国の重要文化財に指定されている当麻曼荼羅は二〇点以上の多きを数えるが、そのほとんどが鎌倉時代制作と考えられているものである。（滋賀）県内では本図のほか、西教寺本（大津市）と常楽寺本（湖南市）が重要文化財で、長寿寺本（湖南市）、芦浦観音寺本（草津市）、松尾寺本（米原市）が県指定文化財となっている。当麻曼荼羅の原本は、四メートル四方という大幅であるが、その原寸大の転写本は少なく、多くは二メートル四方に満たない、四分の一曼荼羅、六分の一曼荼羅と呼ばれる縮小本となっている。

本図もそうした転写本の一例で、大きさは六分の一の縮小本に相当する。図は画面中央、阿弥陀三尊を中心とした、荘厳な極楽浄土世界をあらわしたもので、画面上から順に、虚空段、楼閣段、華座段、宝樹段、宝池段、舞楽会、相迎会の諸図から構成され、画面を囲むように、図の左右および下辺に小図を連ねるのが当麻曼荼羅の一番の特徴である。画面上方は虚空段、天空をあらわすように紺青地に塗られ、ここには飛翔の天人、楽器、宝鳥、来迎

図１－１　浄土曼荼羅図

雲に乗った諸菩薩などが描かれ、画面向かって左に獅子に乗る文殊菩薩と、右に象に乗る普賢菩薩が、それぞれ雲に乗って飛来するのが見られる。その下が楼閣段で、回廊や橋で結ばれた重層、および単層、円堂の各種楼閣が、左右対称に描かれる。楼閣の内外、および橋の上には、多くの仏菩薩が配されている。

また、阿弥陀三尊の頭頂から五彩の雲気が対称的に立ちあがり、その上に多くの化仏を顕現する。画面中央は、阿弥陀三尊と供養菩薩のいる華座段で、池中に浮かぶ舞台を設け、楼閣から渡橋がのびる。高い宝壇上の蓮華座に結跏趺坐する阿弥陀如来を正面に、その左右に宝段上の蓮華座に結跏趺坐する観音・勢至の両菩薩を対置し、その間にさまざまな姿態の供養菩薩を、左右各十七尊ずつ配す。阿弥陀如来は、偏袒右肩で、転法輪印を結び、肉身は金色にあらわされ、茶衣を着し、衣には截金文様が施されている。両脇侍も同様で、阿弥陀三尊の頭上には、それぞれ天蓋が描かれている。阿弥陀の前面にはせり出しが設けられ、合掌する菩薩など四尊が配される。その前方が宝池段である。金色に輝く極楽浄土の池で、池中には開敷や未開敷の蓮華に化生する新生菩薩がおり、龍頭鷁首の船なども描かれる。阿弥陀三尊の前方には、島風に置かれた五つの舞台があり、それぞれ渡橋で結ばれている。正面が舞楽会で、舞踊する菩薩や、楽奏する諸菩薩が描かれる。その左右が相迎会で、五体投地する新生菩薩とこれを迎える立像阿弥陀仏、および諸菩薩を描く。その上左右に宝樹があり、その下では樹下説法をする阿弥陀如来と諸菩薩をあらわす。

こうした阿弥陀の極楽浄土を取り囲むように、左右と下辺に連ねられた小図には、極楽浄土に往生せんがための方法と手段が、説話画として描かれている。向かって左辺には、阿闍世太子の父王幽閉と、これを悲しんだ韋提希夫人の阿弥陀仏への帰依を、下から上へ一〇図にわけて描き、最上段には、本観経が釈迦の霊鷲山説法中に説かれたことであることを述べている。(序文義)向かって右辺には、韋提希夫人の要望により開示された、浄土を観想するための十六の手段(十六観想)のうち、十三図を上から下へ順番に配置する。(定善義)この十三観は、心を静め観想する法といわれており、また、韋提希夫人のために開示されたものであるから、各図にはそれぞれ合掌礼拝の韋提希夫人と侍女を配置する。下辺には、さきの十六観想中の後三観から九品来迎図を向かって右から左へ九図並べる。上品上生から下品下生にいたる善悪行の多少にかかわらず、等しく阿弥陀の来迎にあずかることができることを説明している。(散善義)また下辺中央には、区画してこの曼荼羅が中将姫の願いにより天平宝字七年に織り成されたいわれなどを記入する。

九品来迎図は、皆立像形式にあらわされる。これは、鎌倉時代以降の流布本と共通するものである。原本は坐像形式であるが、転写の過程で、時流にかなった立像形式の来迎図へと変換していったものと思われる。このことは、阿弥陀三尊をはじめ、諸尊の肉身の色や、衣のあらわし方にもいえる。阿弥陀三尊の肉身は、原本では白肉色であるが、本図では金色となり、納衣は彩色で、截金文様で装飾されている。さらに阿弥陀三尊は皆金色像となり、それに応じて囲繞する諸菩薩も皆金色像とする作例がある（芦浦観音寺本など）。

阿弥陀三尊をはじめ、まわりを取り囲む諸尊の描写は、諸尊の肉身を金泥とし、朱細線で形姿を輪郭するなど、伝統的な手法を踏襲し、ていねいに仕上げている。背景となる楼閣や宝樹なども克明に描かれ、極楽浄土の素晴らしさを強調している。あまり金色を多用せず、彩色中心に仕上げられており、落ち着いた画趣を見せている。鎌倉時代後期の制作と思われ、当麻曼荼羅の中では、まとまりのある優品である。

一―二　聖徳太子像　一幅

絹本著色　一〇六・〇×四〇・五
室町時代　重要文化財

聖徳太子（五七四～六二二）は、推古天皇の摂政として、冠位十二階・憲法十七条の制定などに見られる新しい国家体制の整備や、遣隋使の派遣にともなう大陸文化の導入、『天皇記』『国記』の編纂などに尽力したほか、仏教に深く帰依し、四天王寺・法隆寺を建立するなど、古代の政治・文化に対する偉大な業績を残した人物である。そのため太子の死後より、太子の業績を賛嘆する多くの逸話が生まれ、太子に対する追慕がやがて信仰へと移行していくことになる。信仰の高揚につれ、さらなる伝説・俗説が生まれ、荒唐無稽な物語まであらわれてくる。こうした伝説を集大成したのが『聖徳太子伝暦』（九一七年、藤原兼輔撰）である。太子の生涯を綴った『聖徳太子伝暦』から聖徳太子絵伝が生まれ、絵伝の名場面から独立した太子像が描かれるようになり、仏と同格に崇拝されるようになった。独立した太子像としては、二歳の南無仏太子、十六歳の孝養像、二十二歳以降の摂政像、三十五歳の勝鬘経講讃像などがあるが、最も多くあらわされたのは孝養像である。孝養像は、『聖徳太子伝暦』によると、太子十六歳の夏に、父用明天皇が病に臥し、太子は衣帯を解かず、日夜傍らに侍して病気平癒を、香炉を執って祈ったという。この時の太子の姿を写したものを孝養像と称している。髪を美豆良に結い、花先形の沓を履き、袍を着し、その上に袈裟を着け、柄香炉を持つ姿が一般的である。他に、美豆良を結い、朱の袍を着して笏を持つ童子形（執

図１－２　聖徳太子像

笏童子形）の太子像が絵伝などに散見されるが、奈良・唐招提寺の釈迦三尊十六羅漢図（室町時代）中にあらわされるほかは、独立した遺品はない。また童子形のうち、錫杖を持つ像（大阪・四天王寺本、石川・本誓寺本など）があり、『聖徳太子伝暦』などに合致する記載のないものの、寺伝では錫杖太子、旅装太子などと称しているが、最近では太子以外の像とする意見が出されている。本来は神像として制作されたものが、太子信仰の高揚により、美豆良に結った童子形ゆえに、太子の童子形として崇拝されてきたものと考えられる。こうした考え方からすると、成菩提院に伝わる聖徳太子童形像もまた、太子像としては異形であり、元来は神像として制作された可能性を示している。

本図は戸帳を吊った神殿に擬した殿舎内で、右手に朱蓮華と幢幡、左手に火焔宝珠を持って上畳に立つ童子像を描いたもので、童子の髪は美豆良に結った上に残余の髪を長く垂下させ、朱の内衣に緑青地の袍、白地の袴を着し、花先形の沓を履く。聖徳太子の童形像と伝えられてきたものである。図は、姿態や装飾文様には硬さが見られるが、面相の筆致は細かく気品があり、室町初期頃の優品である。

なお、本図と同様の図柄の掛幅が観音寺（滋賀県草津市）に伝わる。「十禅師像」（絹本著色　九四・四×四〇・二　江戸時代）と称される図で、十禅師は、日吉山王上七社のうち第六に位する摂社で、延暦二年（七八三）、日吉社境内に影向したとされ、同四年、最澄がはじめて比叡山に草庵を結んだとき山上に童子形をもってあらわれ、最澄はこれを深く崇敬して、宝殿を建てたと伝える。日吉山王神の中でとりわけ十禅師が尊ばれる所以である。観音寺に伝わる図では所伝に従って、最澄の前にあらわれた童子形の十禅師を描く。十禅師の本地は地蔵菩薩とされるが、左手に宝珠、右手に幢幡を持つ姿は『阿娑縛抄』の地蔵の項の記述と合致する。画面の周囲には二三個の種子を配列するのが本図の大きな特徴で、上部のやや大きめにあらわされる六個の種子は、十禅師を除く山王上七社で、向かって左から右へ、上段に聖真子、大宮、二宮、下段に客人、三宮、八王子をあらわし、画面向かって右端の上から下に八王子、早尾、大行事、王子、牛御子、気比、聖女の中七社、左端の上から下に小禅師、岩瀧、悪王子、新行事、山末、大宮竈殿、二宮竈殿の下七社、下段の三種子は、剣宮、夷宮、吉備津の三社で、全体として、十禅師を中心とする山王曼荼羅となっている。

この観音寺本の出現によって、従来から聖徳太子像とされてきた成菩提院本は、元来は日吉山王上七社の一つ、十禅師像として制作された可能性が大きくなった。

一―三　不動明王二童子像　一幅

絹本著色　一八二・五×一一五・六
鎌倉時代　重要文化財

画面中央に正面を向いて、一重の低い瑟々座に火焔光を負って結跏趺坐する不動明王を画面せましと大きく描いたもので、火焔は台座下にまで及んでいる。このように、一重の低い瑟々座に坐す不動明王で、火焔が台座の下まで広がるのは、京都・神護寺「両界曼荼羅」胎蔵界中の不動明王の形姿であり、高雄曼荼羅様と称されるものである。さらに、高雄曼荼羅様の特徴とされる正面向きの迦楼羅の頭部七個が、火焔光の中に配されている。しかし、不動明王の形姿は、巻毛で弁髪を左耳前に垂れ、左目を細め、口の右端には上向きの牙、左端に下向きの牙をむきだし、右手に剣、左手に羂索を持つという不動明王を観想するための十九観の手順によるなど、様々な様式が取り

図１－３　不動明王二童子像

こまれている。

不動明王の前方左右には跪座する矜羯羅・制吒迦の二童子が配されるが、二童子が跪座する本格的な画幅は類例を見ない。白描図像では、京都・醍醐寺「不動明王図像」(鎌倉時代・重要文化財)中の「定智様不動明王二童子像」と、「良秀様不動明王二童子像」に見ることができる。これら二図は、不動がいずれも立像にあらわされ、定智様では二童子は不動の前面に坐し、矜羯羅童子は蓮華を持ち、制吒迦童子は宝棒を地に立てる姿である。良秀様では、二童子は不動の足下左右に坐し、矜羯羅童子は宝棒を肩にかけ、制吒迦童子は地に立てた宝棒に両手を重ね、その上に顎を置く姿である。

本図の二童子は、向かって右に、独鈷杵を左小腋にはさんで合掌する矜羯羅童子と、向かって左に、右腋から斜めに宝棒を地に立てる制吒迦童子である。本図のような矜羯羅童子の姿は、醍醐寺「不動明王図像」中の、「延円様二童子」と一致するもので、滋賀・園城寺本(鎌倉時代・重要文化財)、兵庫・太山寺本(鎌倉時代・重要文化財)など、比較的作例は多い。

以上のように、不動明王は十九観を基本にしながら、高雄曼荼羅様との折衷様式を見せ、二童子には、定智様、良秀様、延円様などの組み合わせがみられるなど、鎌倉時代以降あらわれてくる不動画の多様化を物語るものとして興味深い作例となっている。なお、不動および二童子をあらわす描線は確かな運筆で、衣に施された金泥による文様や、火炎光は完成された美しさを見せており、技巧の高さを示している。鎌倉時代後期の制作と思われ、しかも大幅であるところは貴重である。

一―四　金銅雲形孔雀文磬　一面

鋳銅鍍金　総高一三・七
縦一〇・三　横二七・一　縁厚〇・八
鎌倉時代　重要文化財

雲形の磬で、表面は撞座の左右に孔雀を表し、裏面は撞座のみで左右を素文とする。撞座八葉複弁で、蕊、果托とも肉取り豊かに大きく鋳出し、体はうすく、子持縁は厚く、大きく素鋳をつくる。精緻な鋳上がり、形姿雄渾、時代の特色が良く表れた典型的な磬。裏に針書銘があるが、二箇所に「民安寺」とあるほかは不明。なお、銘文中の民安寺は美濃国不破郡府中に南北朝時代まで存したと伝えられる寺院。

図１－４　金銅雲形孔雀文磬

一―五　大般若経　六〇〇帖

折本　楮紙打紙　二三・五×九・五
平安時代　滋賀県指定文化財

享和二年（一八〇二）、後に成菩提院第三十八世となる豪恕が成菩提院の什宝として永納したものである。

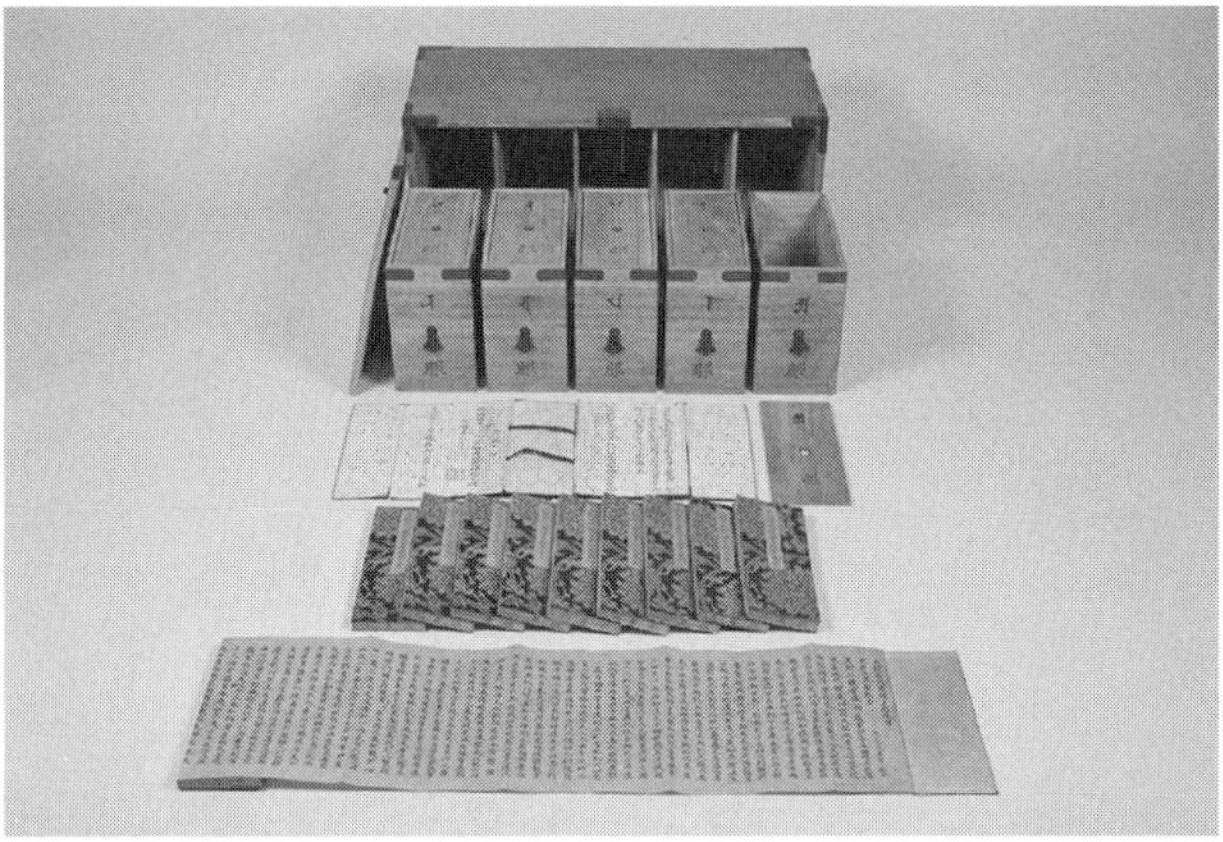

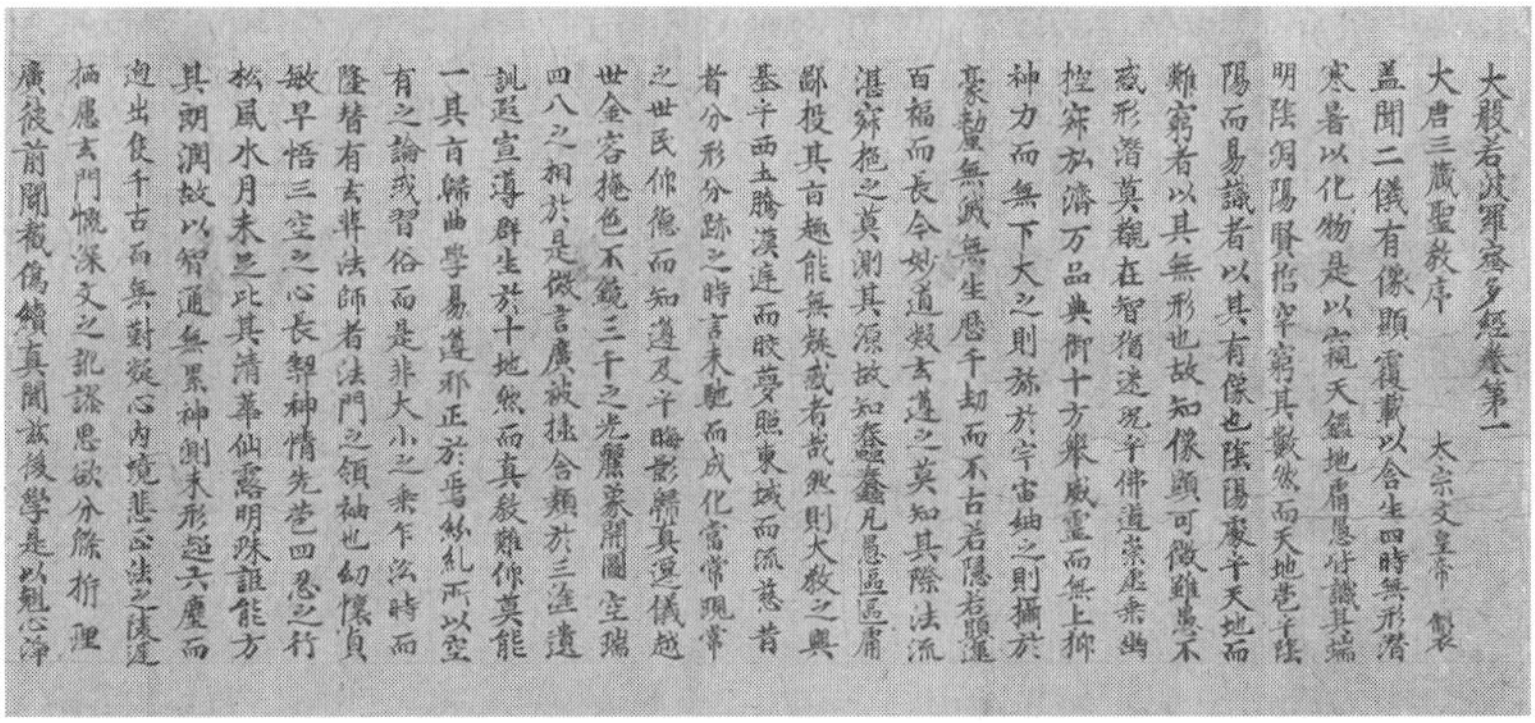

大般若波羅蜜多經卷第一
大唐三藏聖教序　太宗文皇帝　製
蓋聞二儀有像顯覆載以含生四時無形潛
寒暑以化物是以窺天鑑地庸愚皆識其端
明陰洞陽賢哲罕窮其數然而天地苞乎陰
陽而易識者以其有像也陰陽處乎天地而
難窮者以其無形也故知像顯可徵雖愚不
惑形潛莫覩在智猶迷况乎佛道崇虚乘幽
控寂弘濟万品典御十方舉威靈而無上抑
神力而無下大之則彌於宇宙細之則攝於
豪釐無滅無生歷千劫而不古若隱若顯運
百福而長今妙道凝玄遵之莫知其際法流
湛寂挹之莫測其源故知蠢蠢凡愚區區庸
鄙投其旨趣能無疑惑者哉然則大教之興
基乎西土騰漢庭而皎夢照東域而流慈昔
者分形分跡之時言未馳而成化當常現常
之世民仰德而知遵及乎晦影歸真遷儀越
世金容掩色不鏡三千之光麗象開圖空端
四八之相於是微言廣被拯含類於三途遺
訓遐宣導群生於十地然而真教難仰莫能
一其旨歸曲學易遵邪正於焉紛糺所以空
有之論或習俗而是非大小之乘乍沿時而
隆替有玄奘法師者法門之領袖也幼懷貞
敏早悟三空之心長契神情先苞四忍之行
松風水月未足比其清華仙露明珠詎能方
其朗潤故以智通無累神測未形超六塵而
迥出隻千古而無對凝心内境悲正法之陵遅
栖慮玄門慨深文之訛謬思欲分條析理
廣彼前聞截偽續真開茲後學是以翹心淨

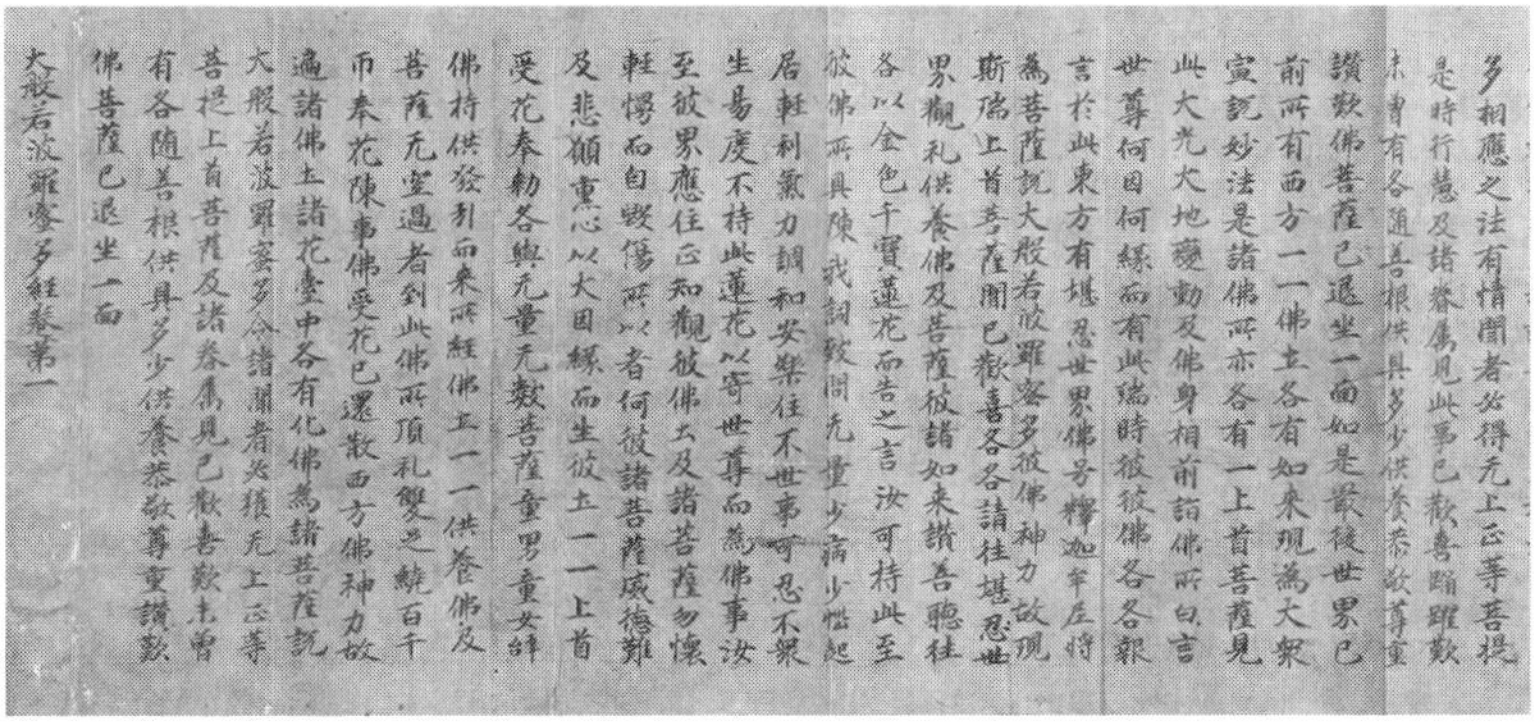

多相應之法有情聞者必得无上正等菩提
是時行慧及諸眷属見此事已歡喜踊躍歎
未曾有各随善根供具多少供養恭敬尊重
讃歎佛菩薩已退坐一面如是最後世界已
前所有西方一一佛土各有如来現為大衆
宣説妙法是諸佛所亦各有一上首菩薩見
此大光大地變動及佛身相前詣佛所白言
世尊何因何縁而有此瑞時彼彼佛各各報
言於此東方有堪忍世界佛号釋迦牟尼將
為菩薩説大般若波羅蜜多彼佛神力故現
斯瑞上首菩薩聞已歡喜各各請往堪忍世
界觀礼供養佛及菩薩彼諸如来讃善聽往
各以金色千寶蓮花而告之言汝可持此至
彼佛所具陳我詞致問无量少病少惱起
居輕利氣力調和安樂住不世事可忍不衆
生易度不持此蓮花以寄世尊而為佛事汝
至彼界應住正知觀彼佛土及諸菩薩勿懐
輕慢而自毀傷所以者何彼諸菩薩威德難
及悲願熏心以大因縁而生彼土一一上首
受花奉勅各與无量无數菩薩童男童女辞
佛持供發引而来所経佛土一一供養佛及
菩薩无空過者到此佛所頂礼雙足繞百千
帀奉花陳事佛受花已還散西方佛神力故
遍諸佛土諸花臺中各有化佛為諸菩薩説
大般若波羅蜜多令諸聞者必獲无上正等
菩提上首菩薩及諸眷属見已歡喜歎未曾
有各随善根供具多少供養恭敬尊重讃歎
佛菩薩已退坐一面
大般若波羅蜜多経巻第一

図1－5　大般若経

現在、一二合の桐箱に収納されている。一〇帖ごとに紺色の布を張った帙に納め、それを引き出し式の桐箱（中箱）に一帙ごとに収納したものを五箱ずつ桐箱（外箱）に納めて保管する。中箱には悉曇、外箱には「眼・耳・鼻・舌・身・意・無・色・触・法・香・味」（大般若経説の趣意）を記して整理されている。

本経典は、本来、巻子本であったものを折本に改装したものであり、改装するにあたって、天地を断裁したとみなされる。また、いくつかの大般若経を取り合わせて六〇〇帖に揃えたと考えられ、筆跡だけでなく界線などの相違から、数種の大般若経を取り合わせて、改装したものであるとみなされる。なお、書写奥書などは無いが、これも、改装するにあたって、切り取られた巻も存在したと推測され、本来存在したであろう巻末部分（軸を有するものであった場合は、その軸付き部分）は著しく切断されている。本経典が「小野篁筆」と言い伝えられてきたことに鑑みれば、実際に書写した人物を明記する奥書を切断することで、新たな伝承が創造されたことを垣間見せる。なお、本経典については、『近江国坂田郡柏原成菩提院子安大般若経略縁起』という「略縁起」が伝存する。

改装するにあたっては、一帖ごとに法衣や仏具の古裂により表紙を加えている。また、改装にあたって作成した帙には墨書があり、文化十三年（一八一六）に檀越を募って本経典を整えたことを伝えている。

一―六　普賢十羅刹女像　一幅

絹本著色　一六〇・〇×九七・二
南北朝時代　滋賀県指定文化財

普賢菩薩を中心に、薬王・勇施の二菩薩、毘沙門・持国の二天、および十羅刹女を描いたもので、普賢十羅刹女像と称している。

普賢菩薩をはじめ、ここに描かれた諸尊は、いずれも『法華経』において、釈迦に法華経信仰者を護持することを誓うものであるが、普賢菩薩にこれらの諸尊が付き従うことについては、いずれの経典にも説かれていない。しかも『法華経』には各尊の具体的な像容に関する記述はなく、それぞれ個別の儀軌に基づいて描かれたものと思われる。

普賢菩薩は、『法華経』の最終章である「普賢菩薩勧発品第二十八」に、『法華経』を読誦、書写、授持する法華経信者を擁護するために、六牙の白象に乗って現れると説き、「勧発品」に続く『法華経』の結経『観普賢経』には、より具体的な普賢菩薩の姿が説かれている。こうしたことをうけ、我が国における法華経信仰の高まりを背景に、平安・鎌倉時代を通じ絵像を中心に数多く普賢菩薩像が作られてきた。さらに女人往生を説く『法華経』は、女性の篤い信仰を集め、現存する普賢菩薩像の多くは、女性を思わせるような慈愛に満ちた姿に描かれており、その制作に女性が深く関わった可能性を示唆している。

薬王・勇施の二菩薩、毘沙門・持国の二天、および十羅刹女は、いずれも『法華経』「陀羅尼品第二十六」において、釈迦に法華経信仰者を護るために陀羅尼を説くことを誓う。陀羅尼は、諸尊が衆生を教化するために説く呪文のことで、陀羅尼には、善行を起こさせ悪行を遮断する力があり、また病を治す力、法を護る力、罪を滅する力などがあるという。

一二世紀後期には、法華経信仰の盛行に伴い、普賢菩薩に十羅刹女を加えて一図としたものが描かれている。両者の結びつきは、ともに法華経およびその信仰者を擁護するものとの立場からかと考えられるが、第四十六世天台

図１－６　普賢十羅刹女像

座主・忠尋（一〇六五～一一三八）が著した『法華文句要義聞書』第一（『大日本仏教全書』）に、「慈覚大師の普賢道場に十羅刹女を勧請し、行者の外護を祈る」とあり、法華三昧の道場の本尊としての普賢菩薩と、行者を護る十羅刹女が結びつく資料として重要である。こうしたことが、普賢十羅刹女像が制作される要因の一つになったことして十分考えられる。

普賢十羅刹女像の現存最古の画幅である京都・廬山寺本（平安時代・重要文化財）をはじめ、東京・根津美術館本（平安時代・重要文化財）、鳥取・常忍寺本（鎌倉時代・重要文化財）など、その多くは十羅刹女が「羯磨衣」等を着す唐風にあらわされている。一方で、十羅刹女を十二単衣姿の和風にあらわすものがある。奈良国立博物館本（鎌倉時代・重要文化財）、静岡・大福寺本（鎌倉時代・重要文化財）、兵庫・福祥寺本（鎌倉時代・重要文化財）などがあり、二種類の図様があることがわかる。

本図は、十羅刹女が唐風にあらわされる遺例である。首を左方に大きく振り曲げた六牙の白象上に合掌して結跏趺坐する普賢菩薩を大きく中央にあらわす。その身部を瓔珞、釧をもって飾り、華やかな色彩の衣を着し、授帯、裙などには細かい截金文を施す。十羅刹女は、普賢の左右に各五尊ずつ配され、さらにその前方向かって左に薬王菩薩と多聞天（毘沙門天）、右に勇施菩薩と持国天をそれぞれ配す。白象の頭上に三化人を小さくあらわすが、雲形を光背風に置くのは特徴的である。普賢をはじめ諸尊は雲に乗り、来迎図的な図様となっている。諸尊の衣文線は肥瘦のある墨線を用い、肉身を朱線で輪郭するなどその表現は宋風の影響がみられ、明快な色彩と効果的な金泥や截金の使い方などからして、南北朝時代の制作と考えられる。

一―七　兜率天曼荼羅図　一幅

絹本著色　一六〇・四×一一三・八
鎌倉時代　滋賀県指定文化財

弥勒菩薩の浄土である兜率天は、『観弥勒上生兜率天経』によれば、須弥山上方の諸天の一つであって、将来仏となることを約束づけられた菩薩の住む世界で、この浄土は、あまたの天人が弥勒菩薩のために多くの宝宮をつくり、宝宮の一つ一つには、七宝で飾られた七重の垣が廻らされ、七宝の一つ一つから光明が発せられ、その光明の中に蓮華が咲き、その葉から放たれる金の光の中より天女が湧出し、楽器を執って競うように歌舞する。摩尼宝珠の光は空中で旋回して、四十九重の宝宮となり、その内院に弥勒菩薩が住し、諸天人に法を説くという。かつて釈迦もこの世に現れる前世にここに住して修行したとされている。

弥勒菩薩は、釈迦の予言によると、釈迦の滅後、五十六億七千万年の時を経て人間世界に出現し、釈迦の教えで救われなかった人々をすべて救済してくれる未来の仏とされている。この弥勒菩薩に対する信仰は、死後兜率天に昇り、弥勒の説法を聞き、未来世の弥勒仏下生のときこれに従い地上に生まれ、その説法に参集したいとするもので、阿弥陀信仰に先行して飛鳥・白鳳より行われたことは、小金銅仏などの遺例からも知られる。また、法隆寺五重塔内には和銅四年（七一一）造立と考えられる塑像の弥勒浄土変がある。『扶桑略記』に「白鳳九年十一月奈良薬師寺西院に弥勒浄土障子絵を安置す。」とあり、画像も早くから存在していたことがわかる。弥勒信仰は、平安後期から隆盛をきわめる阿弥陀浄土信仰にその主役をとられ、やや後退をみせるが、埋経などにより依然として流

図１－７　兜率天曼荼羅図

行し、鎌倉時代には南都を中心に復活する。

弥勒菩薩の浄土である兜率天の荘厳のありさまを描いた図を弥勒浄土変、弥勒天宮観、あるいは兜率天曼荼羅と称している。

本図は、画面中央に高い宝壇上の蓮華座に坐す弥勒菩薩を大きくあらわし、左右に脇侍と眷属を配す。弥勒は、身には瓔珞・臂釧・腕釧を飾り、宝冠を戴く菩薩形で、右手は屈臂し、掌を外に向けて胸前に出し、第一指と第二指を捻じる。左手は臍前に定印のごとく置き、掌を上に第一指を立てる。宝檀上の蓮華座に結跏趺坐し、二重円光を負う。弥勒の頭上から雲気が涌きあがり、その中には三尊仏があらわされる。弥勒の左右には脇侍、諸菩薩、諸天人らが弥勒を囲むように坐す。弥勒の後方に重層の摩尼宝殿があり、これから翼廊がのび、その左右に楼閣が連なる。宝宮の周囲には宝樹が配され、天空には、来迎雲に乗る諸菩薩や、琵琶・琴・太鼓・笛などの楽器が舞う。諸尊の手前には宝池があり、そのまわりでは天人、天女などが奏楽歌舞し浄土の華やかさを演出する。画面下に楼門を配して一区画を表すが、外周は描かれず、弥勒菩薩を中心にクローズアップした構図で、浄土図としては比較的簡略化されたものとなっている。いずれも正面観を重視した構図で、諸尊の描写は謹厳で、彩色を主体に効果的に金泥を用いるなど鎌倉時代後期の特徴がみられる。ただ、画面上方の両翼に描かれる楼閣だけが、下から見上げるようにあらわされているのは、不自然さが感じられる。これは、他の浄土図などから部分的に取り入れたものかもしれない。いずれにしても、類例の少ない兜率天曼荼羅の一例として貴重な存在である。

二、中世文書

概要と特徴

成善提院には貴重な中世文書群が伝来している。ここでは聖教史料以外の中世文書について、基本的な解説を加えておこう。

中世文書は、成菩提院に保管されているものと、他所に流出したものを含め、およそ一八五点にのぼる（無年号ながら中世と推定されるものを含めた数。また一部に近世初頭も含む）。その年代は、最古は延文五年（一三六〇）だが、最新のものをどこに置くかは難しい。一応、石田三成の統治時代をその区切りとすれば、文禄五年（一五九六）ということになる。しかしその後も、連綿として近世文書も伝来・蓄積していることを付け加えておこう。いずれにせよ、中世文書の大半は、中世後期である一四世紀半ばからの伝来・蓄積ということになる。ただし、成菩提院に本来的に帰属する文書ということになると、一五世紀冒頭の応永七年（一四〇〇）からということになろう。

中世の成菩提院は、醍醐寺領柏原庄の領域内に成立した。柏原庄は、応徳二年（一〇八五）に醍醐寺円光寺領として立荘された荘園である。その歴史については「醍醐寺文書」を中心に関連史料も存在しているが、いまのところ、その中には一四世紀末に成立する成菩提院に直接関係する史料は、確認されていない。

しかし後述するように、成菩提院の中世文書の中には、柏原庄の収取制度「名」に関連するものが相当数伝来している。それは成菩提院の寺領の形成に関わる史料であり、土地の売買や譲渡の際に作成される売券や寄進状といった文書だが、現存する中世文書を見る限り、こうした関わりの中で中世文書が蓄積されていったようである。

一般に、中世後期の在地に成立した寺社の所蔵する中世文書は、こうした土地証文類や帳簿の類が基本とされる。とくに中世後期に活発な活動を示す寺社にはこうした傾向が強いが、成菩提院の場合も、その典型的な一事例といえよう。

ところで寄進状や売券などは、土地などの寄進者や売却者の成菩提院に対する信仰や帰依の表現でもある。成菩提院の場合、周辺の寺院の寺僧らによる寄進や売却、在地領主や土豪（侍）の縁者の追善供養や忌日法要のためのものもあった。

そのなかで特筆すべきは、成菩提院の開山貞舜が柏原庄内の清滝寺の子院万徳坊に一時止住していたことから、清滝寺の寺僧らからの寄進・売却がいくつか存在している点である。清滝寺徳源院は、清滝神社とともに醍醐寺の末社・別当であり、本来は醍醐寺の荘園支配の拠点であった。一五世紀以降は、この地を拠点とする佐々木京極氏の氏寺でもあった。醍醐寺側の史料によれば、一三世紀なかばには清滝神社で祈雨の祈禱が行われており、おそらく荘園鎮守としての役割も担っていた。そして醍醐寺領としての柏原庄は一五世紀なかばまでは確認することができる。現地を押さえる京極氏の拠点と荘園政所が隣接していることは興味深く、その様相が追える史料も存在する。個別の文書紹介では、この点に関わる補任状という様式の文書を紹介している。

貞舜と清滝寺の関連を含め、醍醐寺領清滝寺と成菩提院のなりたちの関連の追究は、重要な今後の課題であろう。

また数は多くはないが、『年中雑々』『年中日記』などの帳簿類が伝来していることも特筆される。それは基本的には寺領の実態とその収取に関わるもので、土地証文類と関連するものだが、さらに成菩提院の外部への負担や年中行事、寺院と寺僧の来歴や規式（制戒）に関するものもあり、特色があるものとなっている。

つぎに指摘できるのは、近江国坂田郡に成立した成菩提院にとっては、その軌跡において、荘園制との関連のみならず、その他の守護・在地領主・土豪、あるいは戦国大名といった諸勢力との交渉を余儀なくされており、そうした勢力の発給する安堵状、証状、禁制・制札、書状などの類が蓄積されていることである。たとえば、近江半国守護京極氏とその一族、戦国大名浅井氏、また織田信長、豊臣秀吉、石田三成などの発給する文書群である。成菩提院は中世の東海道の北の台地上に位置し、その膝下には東海道の宿駅・柏原宿がある。柏原宿は東の尾張・美濃から京都へ通じる交通上の要衝に位置している。その結果として、現地近江の武家や、京都に上り天下を目指す武家の文書が発給されるに至っていることも特色の一つといえるであろう。

伝来と調査・研究の経緯

つぎに成菩提院文書の「発見」と調査、および研究について述べたい。この点については、平成十一年（一九九九）の段階で、福田榮次郎がその指揮する調査団の成果を総括する中でふれており、これに依拠しつつ簡略に述べておこう（福田「『成菩提院文書』の総合的研究」『明治大学人文科学研究所紀要』四五、一九九九年を参照）。

「成菩提院文書」の伝来の詳細は不明とせざるをえないが、その紹介は、比較的早くから行われていた。明治二十一年（一八八八）に作製された影写本が東京大学史料編纂所に架蔵されているが、二一点の文書が収録されている。これは明治十九（一八八六）～二十一年に行われた史料編纂所による滋賀県下の古文書採訪に際して作製されたものである。その後、地元である坂田郡役所により編纂された『近江坂田郡志』（大正二年〈一九一三〉刊）、坂田郡教育会編の『改訂近江国坂田郡志』（昭和十六〜十九年〈一九四一〜四四〉刊）の調査が行われたようで、『改訂近江国坂田郡志』第七巻には二六点の文書が収録されている（慶長年間〈一五九六〜一六一五〉＝近世のもの若干を含む）。また第八巻には若干の帳簿類（一部の翻刻）が収録されている。

特筆すべきは、この時点で、成菩提院より流出した文書の追跡がすでになされていることで、東京都の三井文庫が所蔵する文書二三点が収録されている（ただし現在も三井文庫が所蔵しているかについては未確認）。また広島大学にも流出したものとみられる文書一三点が存在するが、これは『坂田郡志』には収録されていない。

このように成菩提院の中世文書は、寺外へ流出したものも含め、明治期に採訪され紹介が始まっており、流出先もその過程で確認されているのである。

その後、滋賀県の山東町（平成十七年〈二〇〇五〉に米原町・伊吹町と合併して米原市）の編纂による『山東町史史料編』（山東町史編さん委員会、一九八六年）において、それまでの成果を参照して二六点の文書が掲載されている。そして平成六年（一九九四）に福田榮次郎を代表とする科学研究費助成事業による史料調査が開始された。

この福田らの調査では、寺蔵の中世文書のほか、近世文書、聖教など宗教関係史料もあわせて実施されたが、この段階で、近世文書に混入された中世文書一〇九点が新たに確認されるにいたり、成菩提院の中世文書は充実の度を加えたのである。また『坂田郡志』では部分的な紹介にとどまっていた『年中日記』『年中雑々』などの帳簿類六点の全貌があらためて確認され、中世の主要な部分（五点）が翻刻されるにいたった（湯浅治久「〈史料紹介〉成菩提院所蔵『年中日記』他の中世帳簿類」研究代表者：福田榮次郎編『中世・近世地方寺社史料の収集と史料学的研究』一九九八年）。

この福田らの一連の調査の結果として、さきの福田「『成菩提院文書』の総合的研究」があるが、そこでは、この時点において確認済みの中世文書（一部の近世文書を含む）の編年目録とその他所蔵・所収別の文書目録などが掲載されており、研究の便に供されている（他に神崎彰利らの手になる近世・近代書冊文書の仮目録が収録されている）。しかし中世文書に関しては、その後新たな翻刻・紹介などは行われていない。

なお、その後、東京大学史料編纂所は成菩提院文書の採訪をさらにすすめ、多数の聖教を含めた写真を撮影し、公開しており、その中には新出の文書・帳簿類も収録されている（請求番号六一七一・六一―一二五）。また、その後の調査で、新たに一〇点の所蔵文書が確認された（年未詳、慶長年間のものを含む）。これは同所に貴重書として架蔵されているもので、流出分の一部と考えてよいだろう。これについては同所ホームページでも写真を公開していることを付記しておく。

以下、個別史料について解説する。中世文書全体の解説と、個別史料二―一〜六・八は湯浅が担当した（湯浅治久）。

二―一　権律師実尊田地譲状　応永七年（一四〇〇）十二月一日

成菩提院開山貞舜と清滝寺万徳坊の関係がわかる文書。文書全体としてもごく初期に属する。権律師実尊は、本文書の端裏書によれば、（清滝寺）「満《（万）》徳坊」の住僧であることが明らかである。内容は、実尊が「円乗寺能化大夫立者貞舜」に柏原庄内の田地二反半を譲ったことが書かれている。この貞舜こそ成菩提院の開山であり、円乗寺は成菩提院の前身寺院または異称ということになろう。万徳坊については、他の史料から清滝寺の坊であることがわかり、貞舜が一時止宿した坊といわれている。ここから、実尊は貞舜と関係がある僧で、貞舜が寺院を開創するにあたり、原資を提供したものであろうか。なお、この文書にさきだって明徳五年（一三九四）、実尊が殿村導一よりこの土地を買得したことを示す売券があり、重書（手継証文）としてこの譲状と同時に貞舜に手渡されたことを示す端裏書もある。また同売券には実尊の裏書きもあり、この譲状にほぼ類似した文言が書かれていることも注目されよう。重書の裏に譲渡文言を付して譲状としたが、買い手が正式な証文の作成を要請したことにより、譲状が作成されたものであろうか。

（翻刻）

（端裏書）「満（万）徳坊実尊律師譲状　応永七庚辰十二月一日　貞舜」

譲進　私領田地之事

　合弐段半者、　在坪者、柏原庄内大谷

　　　　口平太林二段半也、

　　　得分東方斗定三石、

右件田地者、権律師実尊私領也、
仍副本文書、譲進円乗寺能化
大夫立者貞舜也、於向後末代、
不可有違乱煩者也、仍為後日之
亀鏡譲状如件、

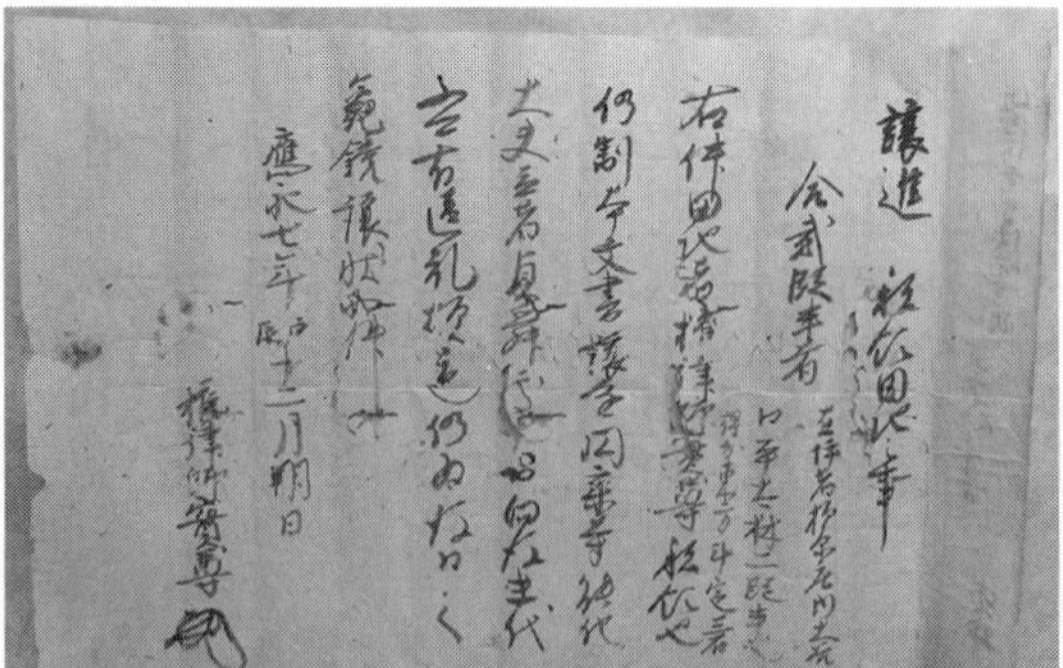

図２－１　権律師実尊田地譲状

応永七年庚辰十二月朔日
権律師実尊（花押）

二―二　清滝寺維那代全盈・監寺全等連署為次名補任状　文明十六年（一四八四）二月十二日

清滝寺の寺僧である維那代全盈と監寺全等が、柏原庄内の為次名の土地の買得行為による所有者の移動を承認したことを示す補任状（証状）。清滝寺は成菩提院開山貞舜が寄宿していた万徳坊を擁しており、関わりが深い。補任状とは、近江・越前などでいくつか確認される、当該期の土地所有の認定のための証文の一つで、大名、荘園政所、あるいは惣村が出す場合がある。両寺僧がこれを出すのは、清滝寺がこの土地を「寺領」として所有しており、また荘園政所を兼ねていたからである。他の文書からは、寛正三年（一四六二）には、「清滝政所之補任状」が売券に副えられている事実があり、この文書もそれに該当すると考えられる。この土地が存在する「為次名」とは、荘園制下における収取の単位である「名」である。柏原庄の「名」については、『醍醐寺文書』に延慶二年（一三〇九）段階での書き上げが存在しており、その中に「為次（名）」の名も確認できる。その後の一五世紀半ばに至っても、荘園制の「名」が確認できることは興味深い。この後も「為次名」は、『年中日記』、永禄七年（一五六四）の『納帳』など成菩提院の帳簿にも散見され、成菩提院の寺領として存在が確認される。

（翻刻）

（端裏書）
「補任　　」

補任
　柏原西方為次名伍段本事
右、為清瀧寺領、毎年々貢
幷諸公事等、無懈怠可有
沙汰之者也、仍補任之状如件、
　文明十六甲辰年二月十二日

清瀧寺維那住持代全盈（花押）
同監寺全等（花押）

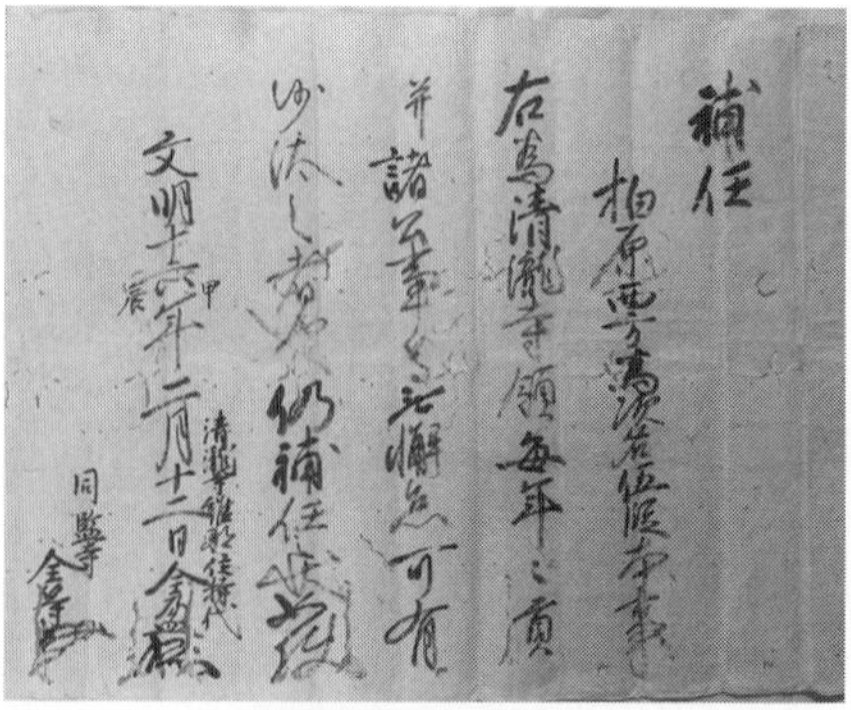

図２－２　清滝寺維那代全盈・監寺全等連署為次名補任状

二―三　年中雑々　天文三年（一五三四）十二月

成善提院にはいくつかの興味深い中世の帳簿類が伝来している。その中には、成善提院の寺領やそこからの年貢収取の実態を示すものが多く、大量の売券・寄進状とあわせ検討されるべきものであるが、この『年中雑々』は、やや趣を異にする。これは、歳末の巻数《かんず》、正月の礼という年末・年始の年中行事の記載から始まって、成善提院の「諸講」、「衆中講説会」の「法度」、開山貞舜の「御託宣」などと「校割道具日記」が合綴されていることを特徴としている。成善提院における寺僧の具体的な行動や生活がうかがえる貴重な記載が豊富である。写真は、貞舜の「御託宣」の冒頭部分である。また、他には以下のような成善提院を取り巻く社会的環境をうかがえる記載がある。

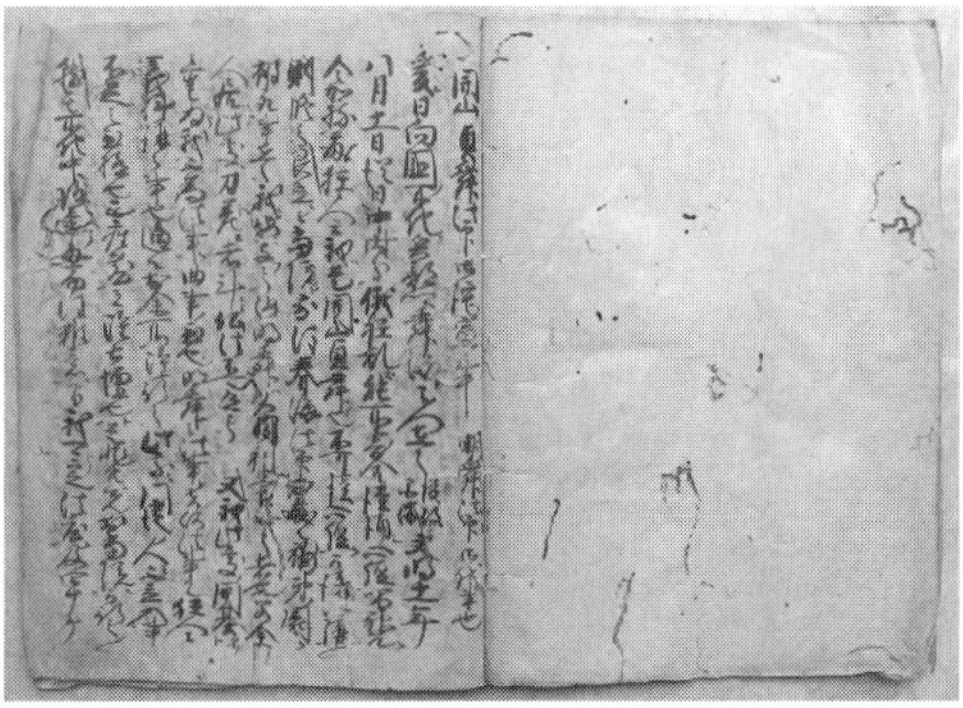

図２－３　年中雑々

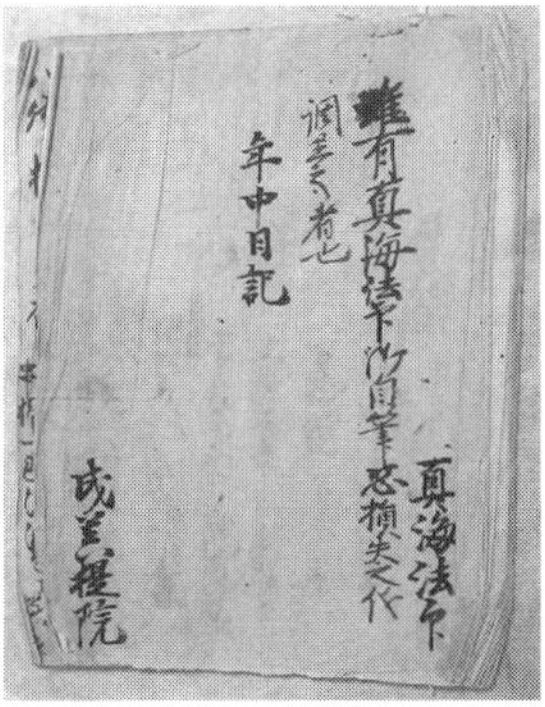

図２－４　年中日記

歳末に巻数を提出する相手として「御屋形」「錦織殿」「大津右京亮殿」「山城殿」らが見えるが、これは近江半国守護京極氏とその一族、および家臣らのことである。その中には、後に戦国大名となる「浅井殿」（浅井氏）も見えており、興味深い。この人物が京極氏らの誰に比定できるのかは、今後の課題である。帳簿の年次は天文三年であるが、帳簿の記載という性格上、若干の幅をみておくことが妥当かもしれない。また正月の礼には、西方の代官といった支配に関わる役職、関原（関ヶ原）・赤坂など、関所へのものと推定される文言、または清滝寺の「万徳房《坊》」、院中の下人五郎大夫などゆかりの人々の名前も散見される。

二―四　年中日記　天文二十一年（一五五二）カ

本帳簿は、ほかの写の記載から成菩提院第十世住持である真海の自筆本であることがわかる帳簿である。一帳の裏の記載に、天文二十一年十二月の年号（ただし見せ消ちされている）があり、この前後のものであることは間違いない。また記述には、元亀二年（一五七一）・天正二年（一五七四）などの年記を持つ第十五世住持である亮運の追筆と認められる記載がある。このことから、天文二十一年以降も折にふれ追記がなされてきた「生ける帳簿」であったことが知られる。内容は、正月からの成菩提院が負担すべき礼銭・樽銭の記載から始まる。この点でさきの『年中雑々』と同様の性格をもっているが、さらに「春成分」「冬成分」「公事銭」「清滝律院へ小公事物」「段銭」「公方年貢米」「大豆公方年貢米」というような、寺領からの詳細な年貢・諸公事の負担数が細かく記載されていることを特徴としている。またその寺領についての詳細な書き上げがつづき、まさに成菩提院の寺院としての存立の基盤の全貌が明らかになるものである点で非常に興味深いものとなっている。

二―五　織田信長禁制　永禄十一年（一五六八）八月

図２－５　織田信長禁制

織田信長が成菩提院に与えた禁制（木札）である。三条からなり、第一条は陣取り・放火の禁止、第二条は乱暴狼藉の禁止、第三条は山林竹木伐採の禁止である。信長の軍勢が付近を通過するにあたって、成菩提院を保護する目的で発給されたものである。通常こうした禁制は、その利益の享受者である側からの申請により代価を払って獲得されるものであり、この禁制の場合もこれに該当すると思われる。以下でこの前後の情勢につき解説を加えてみよう。前年の永禄十年、美濃の攻略に成功した信長は翌永禄十一年七月、後に室町幕府将軍となる足利義昭を擁し、いよいよ上洛の途につく。七月の下旬には美濃立政寺に至る。同八月には上洛の協力を近江六角氏に要請したが、六角氏は応じず、その間に発給されたのが本禁制であり、同様のものがやや南の多賀大社にも残っている。おそらくは信長の上洛を察し、その通路上にある有力寺社が、自らの安全のために発給を要請したものがこの禁制であったことになろう。この後の九月、信長は近江六角氏を没落させ、下旬には京に入る。このように、この禁制は、美濃から京へと通過する東海道が膝下に存在する成善提院の特性をよく示すものといえるだろう。ちなみにこれ以前、信長は尾張守を名乗っていたが、この文書からは弾正忠を名乗るに至る。いよいよ上洛に際して、天下を意識した処置であったとの推測もなされている。

（翻刻）

禁制　　柏原成菩提院

一　陣取放火之事
一　濫妨狼藉之事
一　伐採山林竹木之事
右条々堅令停止訖、若於違犯之輩者、速可処厳科者也、仍執達如件、
永禄十一年八月日　弾正忠（花押）

二―六　豊臣秀吉朱印状　天正十九年（一五九一）四月二十三日

豊臣秀吉が成菩提院に対して「柏原」の内に一五〇石の寺領（朱印地）を認めたもの。

豊臣秀吉は、織田信長が天正元年（一五七三）に近江浅井氏を滅ぼして以降、浅井氏の支配地を受け継ぎ、翌年には長浜に城を築き支配を開始する。この秀吉の朱印状以前からも秀吉と成菩提院の関係を示す史料が散見される。天正十年（一五八二）には丹羽長秀との連署で出された禁制があり、天正十五年（一五八七）には、成菩提院が島津攻めのため九州にあった秀吉に巻数ほかを送ったことに対し、礼を述べる秀吉の朱印状もある。このように、秀吉が近江に入って以降、秀吉と成菩提院は常に良好な関係を築いていたと言える。そしてこの天正十九年の朱印状は、いわゆる太閤検地の結果、定まった成菩提院の寺領に対して秀吉より下された寺領安堵の朱印状としての意味を持つものである。近江国坂田郡の太閤検地は同年三月に行われており、清滝村、柏原村の検地帳が現存している。したがってこの朱印状は、これを受け確定された成菩提院の朱印地を寺に打ち渡した結果、発給されたものとすることができるだろう。

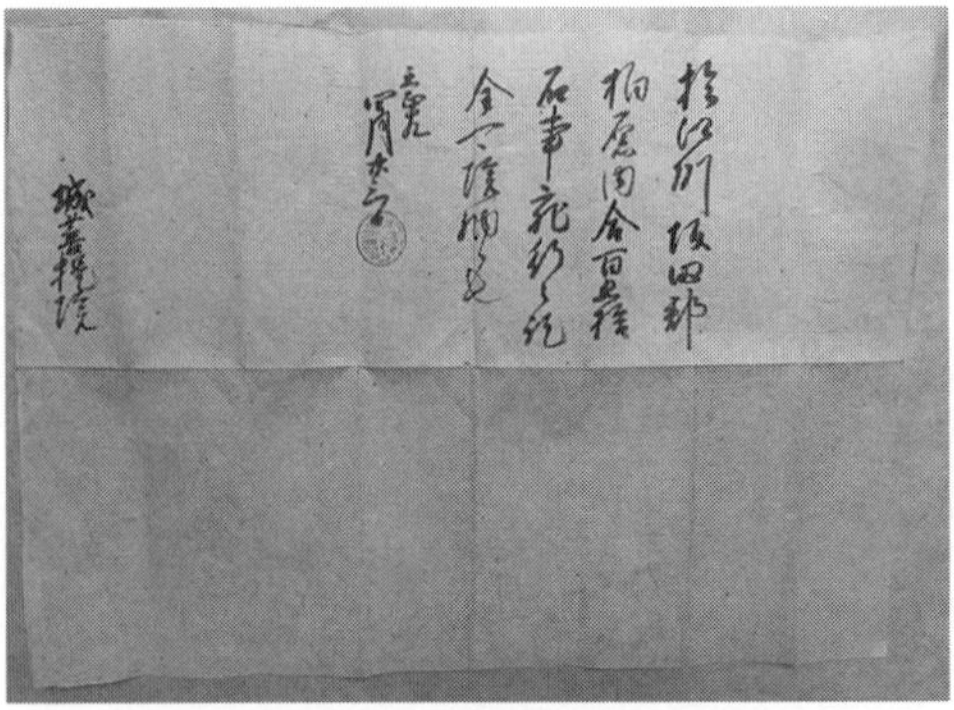

図２－６　豊臣秀吉朱印状

（翻刻）

於江州坂田郡
柏原内合百五拾
石事、宛行之訖、

全可院納候也、

天正十九

四月廿三日　（秀吉朱印）

城（成）菩提院

二―七　田古新帳　天正十九年（一五九一）十二月

成菩提院文書の中に「田古新帳」という帳簿が残されている。竪帳で二八丁の帳簿である。ここでは表紙・冒頭の部分と、奥書のみ翻刻した。

天正十九年、近江国で太閤検地が行われた（高島郡など一部地域は除く）。成菩提院領は一五〇石となり、豊臣秀吉の朱印状も発給された。これが近世の寺領の基礎となる。

同年末、住職澄芸と檀那が寄り合い、検地以前の「古帳」と、検地後の「新帳」を引き合わせたのがこの史料である。太閤検地の前と後で、土地の把握がどのように変化したのかを見て取ることができる。天正十九年の近江検地については、検地帳や関連史料はそれほど残されておらず、史料的価値は高い。

内容を簡単に紹介しよう。上段が「古帳」、下段が「新帳」の記載である。「古帳」の方では一反＝三六〇歩で、「大」（＝二四〇歩）や「小」（＝一二〇歩）といった中世段階の表記が見られる。「新帳」は太閤検地後であるので一反＝三〇〇歩となっているはずである。「上田」「下田」などの等級が付記され、作人の名前も記載される。

成善提院領は、柏原帳田分（「新帳」で七三筆）、岩谷村分（三三筆）、清滝分（一八筆）、大野木分（一六筆）、杉沢分（二筆）、室木分（四筆）、菅川分（二筆）であった。室木は今の村木、菅川は須川である。

成善提院には、室町～戦国期の寄進状・売券が多数残されている。また、関ヶ原合戦後、慶長七年（一六〇二）の近江検地の際の検地帳や、延宝五年（一六七七）の検地帳も現存する。これらを総合的に分析することで、土地制度の中世から近世への展開をたどることができる。

なお、「田古新帳」の全文は、やや手に入りにくい媒体ではあるが、研究成果報告書『中世・近世地方寺社史料の収集と史料学的研究』（研究代表者：福田榮次郎、一九九八年）で、湯浅治久氏により翻刻されている。（林晃弘）

（翻刻）

（表紙）
「　　　天正拾九年辛卯
田古新帳　成善提院
　　極月拾日　　当住澄芸　」

柏原帳田分
　成善提院地帳目録古新帳
シノ、内　　新　シノ、ウチ
壱反壱石五斗　　下田壱反四畝十二歩　　一ノ丁

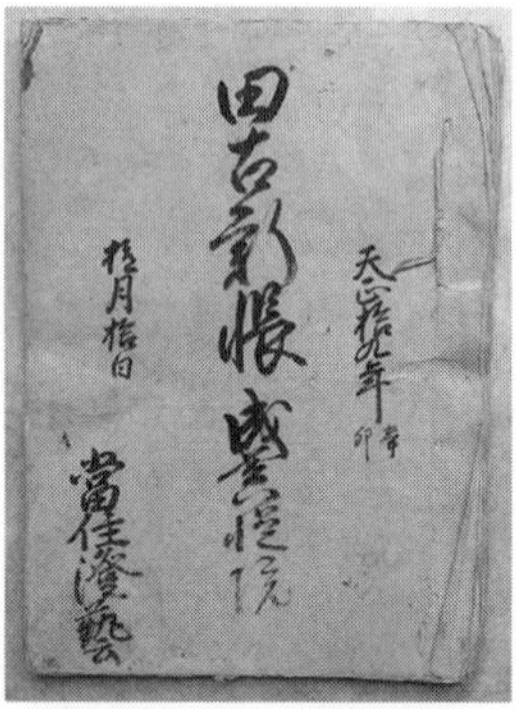

図２－７　田古新帳

分米壱石七斗弐升八合　弥四郎
新　くらの後
上田壱反八畝　一ノ丁
弐石七斗九升　衛門太郎
十玉ノ下
上田壱反四畝廿八歩　一ノ丁
弐石三斗壱升四合六夕六才　左近二郎

くら後
弐反弐石弐斗

壱反小弐石

（中略）
右関白様　被成御検地候故、古帳之表・検地帳之旨引合、師檀相寄□明田地帳相定候、此上者永代如帳面無疑
可有収納者也
天正十九年辛卯極月拾日
法印当住澄芸（花押）
万徳房定信
西川与三兵衛（花押）
小谷孫作（花押）
西川周介（花押）

二―八　石田三成掟書十三条　一通

文禄五年（一五九六）三月一日

石田三成は近江坂田郡の土豪の出身であり、豊臣秀吉に仕え日本史の舞台に登場した。三成は天正十九年（一五九一）、近江における秀吉の蔵入地の代官に任じられて以降、近江の支配に関与するが、文禄四年（一五九五）、豊臣秀次の切腹の直後、代官支配地と長浜・浅井・伊香郡などあわせて一九万四千石を安堵され佐和山城の主となった。この掟はその直後に領内に発せられたものであり、領内の各地に類書が伝来している。それらは大きく二つのものに分けられている。一つは年貢が三成に納入される石田家の蔵入地宛の十三条におよぶもの、もう一つは年貢が石田家の家来に入る給人地に宛てた九条のものである。

成菩提院に伝来しているものは十三条のものであり、ここから成菩提院村が基本的には蔵入地であったことが理解できる。内容は類をみないほど詳細で、耕作権の認定、枡の規定、免相、年貢率など太閤検地以降の農政にわたる全般、また在村給人の規制などが記載されている。三成の民政家としての才覚を余すところなく表現していると同時に、中世から近世へと至る時代の変遷を示しており興味深い。

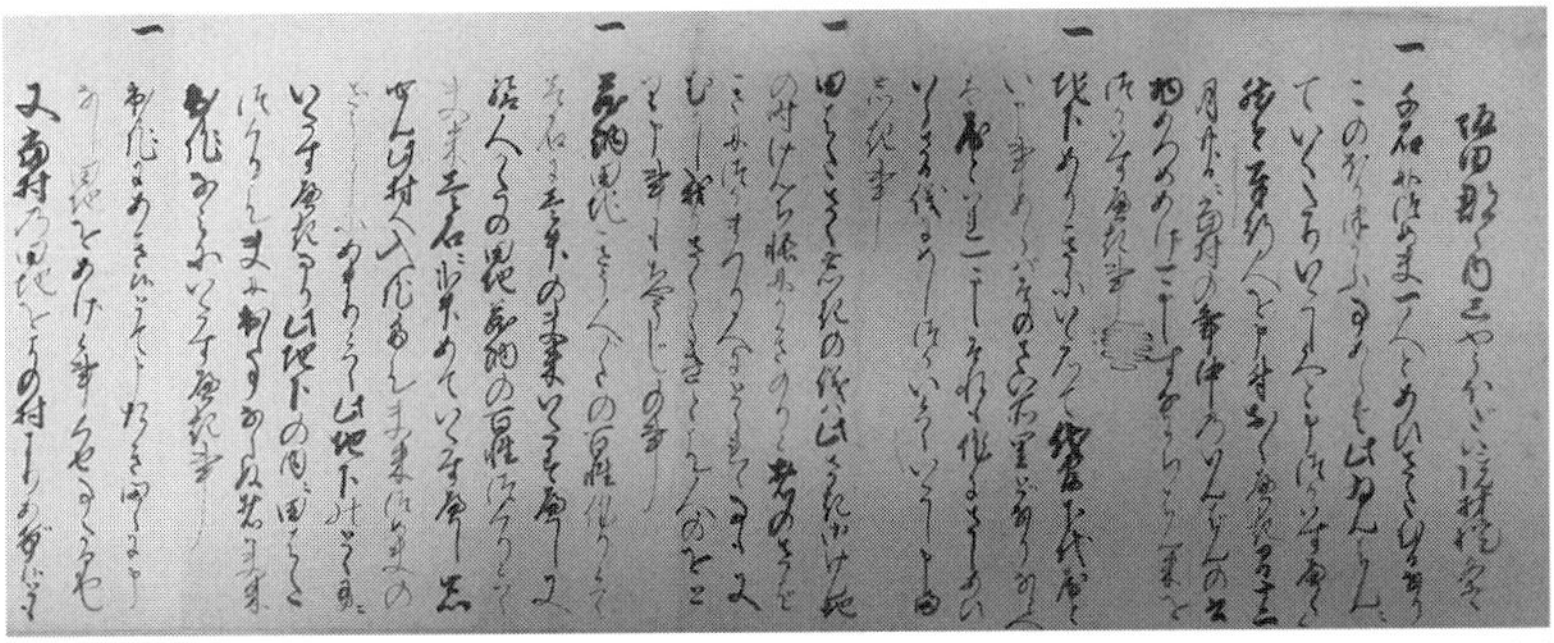

(1)

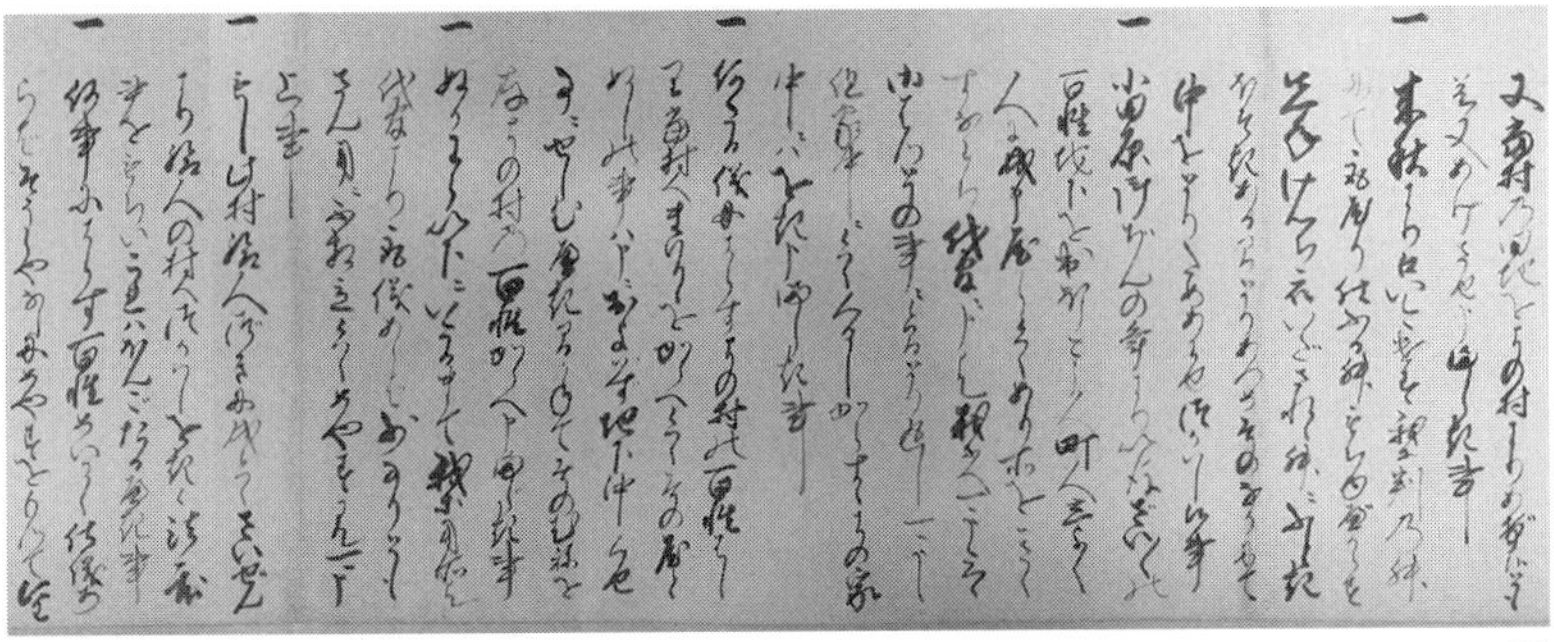

(2)

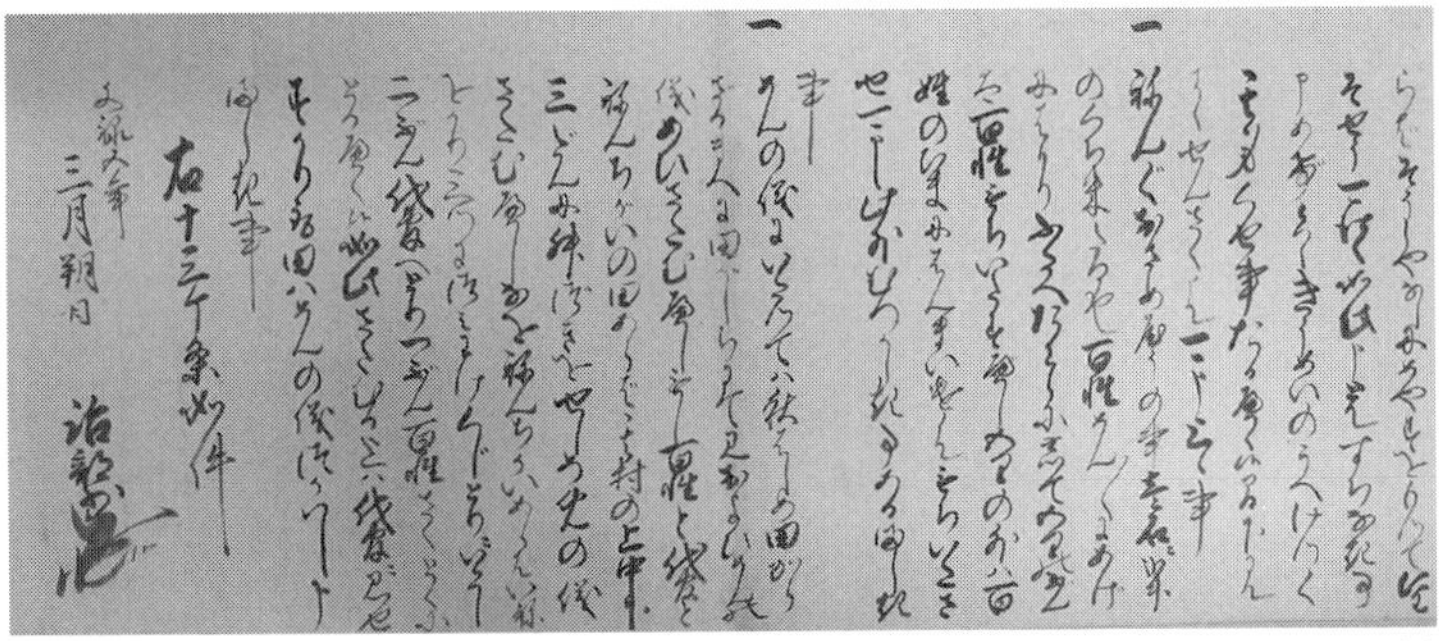

(3)

図2－8　石田三成掟書十三条

三、中世聖教

概要と特徴

日本仏教史の上で、中世後期の特色を示すのが談義所寺院の活動である。古代仏教が主に中央の大寺院で発達したのに対し、中世後期は地方の学問寺院（＝談義所）が重要な役割を担った。また、近世の僧侶集団は宗派ごとに編成されたが、中世後期の談義所では、地域や、時に宗派さえ超えて寺院をわたり歩く僧侶が存在した。そうした活発な交流の中で形成された仏教に、前後の時代と異なる点がないとすれば、むしろ不自然であろう。では、それは何であったのだろうか。その点を考えるため、成菩提院で発見された五点の中世の帳簿類のうち、天文三年（一五三四）の年記を持つ『年中雑々』（『中世・近世地方寺社史料の収集と史料学的研究』科学研究費助成事業研究成果報告書、研究代表・福田榮次郎、一九九八年所収）の内容に注目してみたい。

『年中雑々』所収の寺内法度は、「院中代々法度之事」全一八条、「条々」全四〇条、「明舜法印御代法度条々」全一五条の三種類から成る。とくに第一の「院中代々法度之事」第四条において、住職交代の際に寺の聖教や道具類などの持ち去りを禁止するにあたり、後任者の便宜を弁えて行動することが「無縁の住持」を旨とするためには必要だと説く。もし「有縁」を排し「無縁」を志向するなら、世俗的な関係に代わる価値基準が求められるはずである。そこで第五条以下を見ていくなら、それは仏教を興隆させる志、あるいは談義の稽古など、学問的な基準であることが理解される。

日本中世の寺院は独立した領主であり、寺領や利権を維持するため経済的、時には軍事的活動が重要な関心事であり、学問は二の次といった傾向も見られた。その後一七世紀に入り、統一権力の手によって各種の法令が定められたことで、仏教教団は学問を第一とする方向に変化した。ところが、談義所においては一六世紀前期に、すでにそうした方向性が打ち出されていた。しかも領主などの上位権力からの働きかけによってではなく、仏教教団内部で自発的に、世俗的価値に対する学問第一の立場が打ち出されていたように見えるのである。

もちろん学問重視は、日本一国に限らず仏教本来の姿であるかもしれない。また日本においても、標語として古代から唱えられてきたことであった。しかし、エリートが集う中央の寺院でなく、地方寺院においてそうした方向性が明示されたことには、画期性を認めるべきであろう。そうした方向性がどこまで談義所一般に適用できるのかは、慎重に検討していかねばならない。しかし中世後期に、「談義所」を公称する学問寺院が、まとまった形で広く見られるようになった動向と関わらせるなら、前後の時代とは異なる「学問重視」の方向性に注目すべきと思われる。

貞舜関係史料からわかること

一六世紀前期の成菩提院に見られた「学問重視」の姿勢は、一四世紀末の成菩提院開創（尾上寛仲「柏原談義所の成立」『叡光』三〇、一九七三年）まで遡れるのだろうか。その点について、成菩提院を開いた初世住職の貞舜（一三四九～一四二二）の修学課程をたどることで考えてみたい。

後年成立した貞舜の伝記（「円乗寺開山第一世貞舜法印行状」、『続天台宗全書』史伝2所収）によると、貞舜の父は出羽国の住人で平元慈純、母は美濃国多芸庄を拠点とする万年氏の一族であり、父が足利直義の被官として多芸庄近辺に赴任したことで、夫婦となり貞舜が生まれた。しかし貞舜が六歳の時、父は政争のためか京都で死去した。幼い貞舜は、多芸庄の柏尾寺（現在の岐阜県養老郡養老町にあった天台寺院。中世栄えた「多芸七坊」の一つ）に居住していた母の姉の子（「侍従公」）を頼り、その弟子となった。伝記に「衣装は母の養育たり、食事は師の恩命たり」と記されるように、地方豪族万年一族の庇護をうけて、貞舜は成長した。

十六歳に至り、得度した貞舜は受戒することになり、侍従公に連れられ比叡山に登った。その後、故郷に戻った貞舜は、応安元年（一三六八）二十歳のときに摩尼寺に赴き、「近江公」という僧に弟子入りし、修学することになった。付近の法会で講師などの役をつとめ、また師匠に「類聚を許」されたという。ところが応安八年（一三七五）に、宿所の火災により所持品を失うに至った。失意の貞舜に対し師匠「近江公」が投げかけた言葉は、「自分が所持する聖教を全て汝に与えるので、気を取り直し再び励みなさい」というものであった。立ち直った貞舜は修学を続け、「類聚」を賜り「脱落を整足」した。大恩ある師匠が逝去したのは至徳三年（一三八六）。貞舜が成菩提院を開くのは、その十年近く後のことである。

以上の記述には、すでに後代の談義所の学問を思わせる要素が現れているのではないだろうか。一つは「類聚」である。さまざまな聖教を集め（そのために各地を移動し）、編纂した内容を整えるという営みが、当時の学僧の間で行われていたことを確認できる。そして第二に、聖教の相伝である。この師弟のように、師匠の類聚したものが次代に引き継がれ、さらに類聚と相伝を繰り返すことによって、大部の編纂書の形成されていく様子がうかがえるのである。

同じ相伝でも、古い時代の閉じられた寺院社会での切紙伝授などと異なる、言わば開かれた方向性が感じられるのではないだろうか。上層の特定の人間集団間の授受ではなく、意欲と才能のある者には受法の機会が与えられていたと思われる。そうでなければ、談義所の間を移動し修学する僧侶たちの動向（尾上寛仲「中古天台に於ける談義所」、『印度学仏教学研究』八―一、一九六〇年など談義所関係の諸論考参照）はありえない。それならば貞舜の修学は、地域を超えて活発な交流を行っていた談義所寺院の活動と平仄をあわせたものであった。また、以前からの相伝に類聚の営みが加わったことで、この時代に大部の編纂書が次々成立した。それは、なお強固な世俗関係の一方で、開かれた学問を重視する志向がそれなりに宗教者の間に成立してきた時代状況の産物だったといえるのではないだろうか。

貞舜に聖教を与えた師匠「近江公」について、伝記では割注で「貞祐」と記す。では、この貞祐とはどのような僧侶であったのだろうか。彼に関する記録は少ないが、判明している事実を確認しておきたい。

貞祐には、現在、日光天海蔵にある『表無表章開解抄』の書写をしていたとの記録がある（渋谷亮泰編『昭和現存天台書籍綜合目録』〈以下「渋谷目録」〉上巻、九八頁）。同書は倶舎系統の内容であることから、貞祐は天台宗の中でも（密教でなく）顕教の教えを嗜んでいたことが推測される。実際貞舜の伝記には「近江公」について、「初には四教の名目を習ひ、後には三観の奥旨を極む」と記す。また別の箇所では「今柏尾寺学頭是也」と割注で記し、「侍従公」と同様に柏尾寺との関係が確認できる。

貞祐の修学の痕跡としては、『三諦印信』を書写した記録も付け加えられる。叡山文庫双厳院蔵写本の奥書には、「応安二年（一三六九）五月二十四日……書写了　貞済記」に続いて、「永徳二年（一三八二）六月五日　楞厳院沙門貞祐記」とあり（「渋谷目録」増補索引、七九頁）、貞祐が楞厳院（比叡山横川）にも縁のある学僧であったことがうかがえる（引用文中の西暦は筆者補、以下同）。さらに興味深いのは、ここで貞祐の前に名前の見える貞済との関係である。

貞済については、江戸時代の記録ではあるが『本朝高僧伝』巻一七「貞舜伝」に、「釈貞舜、叡山に登り貞済に親附す」と、貞舜が比叡山登山後に師事した僧として伝えられていた。同時代史料としては、すでに二つの記録で、貞舜との関係が確認されていた（曽根原理「貞舜と中世天台教学」、玉懸博之編『日本思想史――その普遍と特殊――』ぺりかん社、一九九七年）。すなわち、『即位灌頂』の識語には、延文二年（一三五七）に貞済、その後応永八年（一四〇一）に貞舜が同書を書写した記録がある。また『瑜祇秘訣』（三―二）の識語に、延文四年（一三五九）に近江国の延寿寺において貞済、その後応永十四年（一四〇七）に貞舜が同書を書写した記録がある（この二つの史料では、貞済と貞舜の間に円済が介在している。円済について知られることは少ないが、北伊勢に足跡を残し説法資料を作成したことが、大島薫「成菩提院所蔵の説法資料について」『仏教文学』三〇、二〇〇六年で論じられている）。貞舜自身は、直接の師である貞祐に対し、貞済を「先師」として区別しているようである。

成菩提院関係の聖教を見ていくと、実は貞祐の名はほとんど確認できない。それに対し、貞済の名は散見され、彼の学僧としての力量を確認することができる。たとえば、身延文庫所蔵『相伝法門私見聞』下巻には、「貞済抄に云はく」として、「唐の文宋（宗）皇帝の時……天台・法相の諍ひ起れり、惣じて二十八ケ条の諍ひこれ在り、五大院の釈に云はく、一切衆生みなまさに成仏すべし、智法身自性常住、一乗真実・三乗方便……云云」などの引用が示されており、他の書でも貞済説の記述を見つけることができる。

ところで、叡山文庫真如蔵『山王本地供』の奥書には延文四年（一三五九）六月の記事として、「濃州多芸庄柏尾寺談義所令書写畢　金剛仏子貞済記之」とある（『渋谷目録』増補索引、一四八頁）。「侍従公」や貞祐と同様に、貞済もまた多芸庄の柏尾寺と関わりを持つ学僧であった。

なお、龍谷大学所蔵「血脈私見聞」には、貞済と新勧学講（叡山西塔を会場として一三〇〇年前後から行われた法会）との関わり、石峯寺《しゃくぶじ》（現在の兵庫県神戸市北区にある寺院。当時は天台宗だったらしいが、後に真言宗）における貞済から貞海への相伝、岡山談義所（現在の滋賀県近江八幡市牧町付近にあった香仙寺に比定される）における貞祐から貞舜への相伝などの出来事が記されていることも記しておきたい（曽根原理「天台宗談義所と相伝」、『中世文学』五四、二〇〇九年参照）。

前出の伝記によれば、貞舜は永和二年（一三七六）、二十八歳の時に比叡山に登り、「西塔南尾蓮台坊」に居住したという。前出『本朝高僧伝』には貞舜について、「西塔宝園院に居り」英名を響かせたのち、成菩提院を開いたと記されている。近世初期の刊本『天台名目類聚鈔』の序文には、「西塔南尾宝園院々主」と記されている（「渋谷目録」上巻、一九四頁）。また、「栗田講抜書」には、「南尾寂場坊貞舜法印」と記されている（叡山文庫所蔵「生源寺文書」）。

さらに身延文庫所蔵『仏土義案立』の奥書では、貞舜は応永十四年（一四〇七）五十九歳のときに、西塔南尾定泉房において同書の書写を行っている（『身延文庫目録』下巻、五〇一頁下～五〇二頁上）。居所については、寂場坊、宝園院、蓮台坊など記述はまちまちであるものの、貞舜が比叡山の中でも西塔の南尾谷と深く関わっていたことは間違いないだろう。

さて、貞済は比叡山の住侶だったとして（所属未詳、湖東や養老にも足を延ばしたようだ）、直接貞舜が師事した貞祐は、前述のように横川の僧侶とする記録がある。少なくとも、西塔の僧とする記録はないようである。貞祐に導かれて比叡山に登った貞舜が、横川でなく西塔に居住したのは何故か。当時の叡山僧と地方の僧の関係について、なお解明すべき問題があるようである。近世と違い、多芸庄柏尾寺と比叡山某院の本末関係といったものは想定しにくいようである。

また、五十九歳で比叡山西塔南尾において書写活動を行っていたという『仏土義案立』の記事（前出）は、貞舜がどの程度成菩提院に定住していたかという疑問も引き起こす。応永五年（一三九八、貞舜五十歳）以降、堰を切ったように行われた貞舜の書写活動（前掲曽根原「貞舜と中世天台教学」参照）について、その場がどこであったかが考察されたことはなかった。応永九年（一四〇二）、貞舜五十四歳の時に撰述した『天台名目類聚鈔』奥書の肩書きも、「吾建杣宝幢院僧」（＝比叡山西塔僧）であり、成菩提院住持などではなかった（もちろん公的な名乗りとして、実態と異なっても比叡山の住坊を標榜したという可能性もあり得るが）。貞舜の活動の場を、無前提に成菩提院に固定するよりも、比叡山の可能性を考えるべきなのかもしれない。少なくとも現時点では、成菩提院と比叡山を行き来しつつ活動した可能性を、排除しない方が良さそうに思われる。慶舜（一三七二〜一四四一）が成菩提院の第二世を嗣ぐ時期も、貞舜逝去の時まで下らせるべきか、再考が必要かもしれない（以上、曽根原）。

成菩提院に現存する史料には、貞舜周辺の貞祐、貞済、円済などとの関係、さらには湖東や周辺地域のネットワークの影が見え隠れする。貞舜の活動の意義は、そうした諸史料の見直しから再発見されるのかもしれない。

成菩提院には、初世貞舜以下、歴代住職の活動によって蓄積された多くの聖教類が残されている。次に、個別の聖教について解説する。なお以下の解説は基本的に、『仏教文学』三〇（二〇〇六年）所載の「略解説」（共著）をもとに、大島薫が作成した。

三―一　天台名目類聚鈔　全七巻のうち第一・第四・第五　貞舜自筆本

成菩提院初世貞舜が応永二年（一三九五）から応永九年（一四〇二）にかけて執筆撰述した、天台教学顕教の綱要を記した入門書。『七帖見聞』『天台教観時名目私抄』とも称される。元和年中（一六一五～二四）に延暦寺宝幢院において刊行された版本には、「初祖録二諸宗之包用一、次曲筆二五時之壮観一、後広竭二四教之篇条一、大小之綱目鈎レ要無レ余教観之由致」とある。

本書は、貞舜自身が清書しておいたテクストとみなされるが、綴葉装の綴じ紐が失われ、錯簡も甚だしい。第五末に、「右以為勧初学付天台教時之名目、欲集文釈綴義味矣、肆先叙教起之由来、明仏法之伝付、次述諸宗之興起、彰自他之判教、只是粗宣諸宗之宗教宗旨之大猷、述大小弘通利物之方隅、庶嘘後賢求添削而已　応永九年壬午二月廿一日　吾建山中宝幢院僧貞舜　俗数六九歳　法臈三十九夏」とある。

図３－１　天台名目類聚鈔

三―二　瑜祇秘訣　円済署名、貞舜書写本

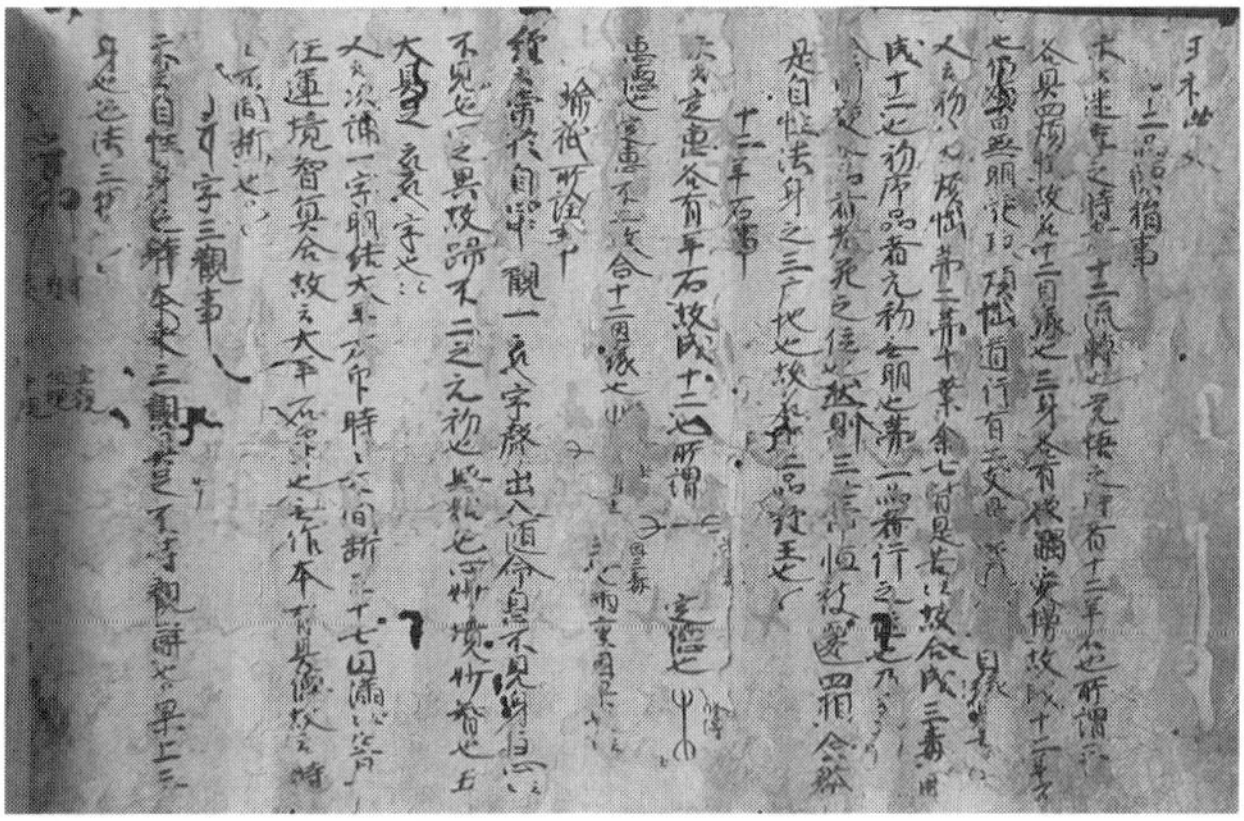

図3－2　瑜祇秘訣

円済から貞舜に伝授された「十二品□指事・十二品羯磨事・瑜祇所詮事・𑖮𑖳𑖽字三観事・如秋八月霧事」の口伝。「光宗遍照金剛記之／元弘三年（一三三三）十月十七日於金山院書写畢　金剛仏子運海記之／延文四年（一三五九）正月廿二日於江州倍山延寿寺令書写畢　金剛仏子貞済記之／応永十四年（一四〇七）丁亥政月廿九日賜円―師御本書写訖　金剛仏子貞舜記之／三部伝法阿闍梨位円済示」と伝授識語が記される。

なお本巻は巻頭の『瑜祇秘訣』ほか、円済が貞舜に伝授した『即位灌頂』や、弘範から慶舜に伝授された金剛界・胎蔵界灌頂印信、喜豪から慶舜に伝授された胎蔵界灌頂印信、豪喜から慶舜に伝授された金剛界・両部灌頂印信、慶舜から春海に伝授された蘇悉地灌頂印信を一巻に紙つぎした改装本であり、改装されたおりに貼付された尾上寛仲氏の筆による題簽を有する。

三―三　仏土義々科見聞　貞舜書写本カ　室町時代初期

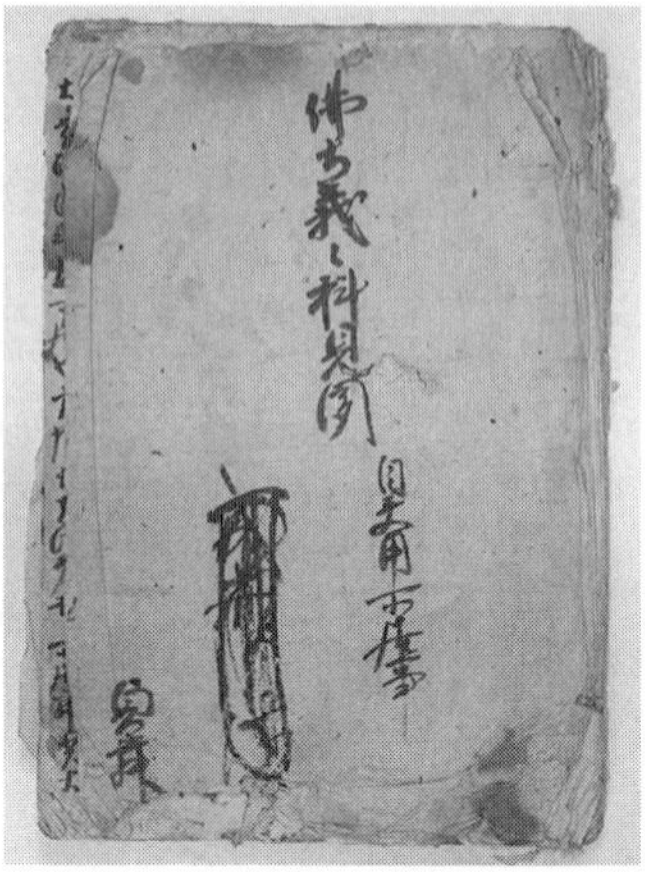
図３－３　仏土義々科見聞

表紙に「貞舜」と署名があり、貞舜書写本かと思われる。外題は「仏土義々科見聞　自受用所居事」と記される。内題は「義科聞書　仏土義」とあり、内題下には「維摩疏一、延慶二年（一三〇九）六月十二日始之」とある。仏土義とは、天台の論義の義科二十の内の一つで、『維摩経文疏』を所依とするものである。本書においては、「文云、因極果満成二妙覚位一居二常寂光一文意如何」という問を立て、自受用身の所居を寂光土とすることを答として論じている。

三―四　断簡　貞舜自筆、慶舜伝領本の奥書

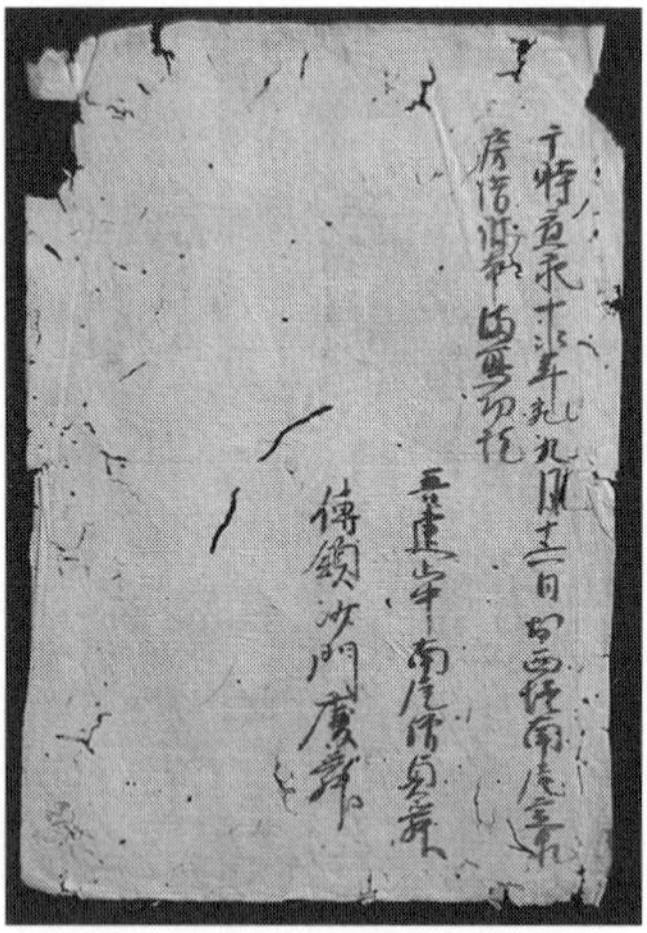
図３－４　断簡

成菩提院初世貞舜および第二世慶舜の署名が残る断簡。前欠のため、本文に何が記されていたかは現在不明。

（翻刻）
「于時応永十四年（一四〇七）丁亥九月十六日於西塔南尾定泉
房借候本満写功訖　吾建山中南尾僧貞舜」（ここまで貞舜自筆）
伝領沙門慶舜（慶舜自筆）

三―五　題未詳　論義抄

恵心流教学書であるが、詳細不明。

三―六　題未詳　灌頂次第書

貞舜の師とされる円済の署名を残しているが、内容は未詳。

（識語翻刻）
延文四年（一三五九）己亥九月五日於江州知足院
令伝授之了即於同山延寿寺令書写之了
金剛仏子円済

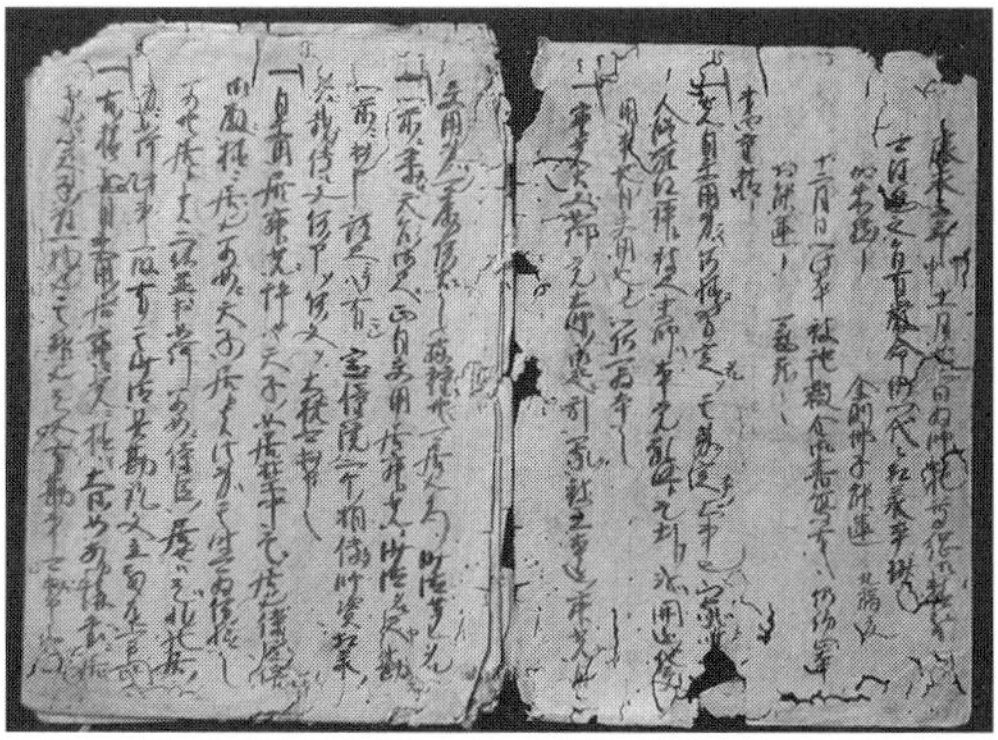

図３－５　題未詳　論義抄

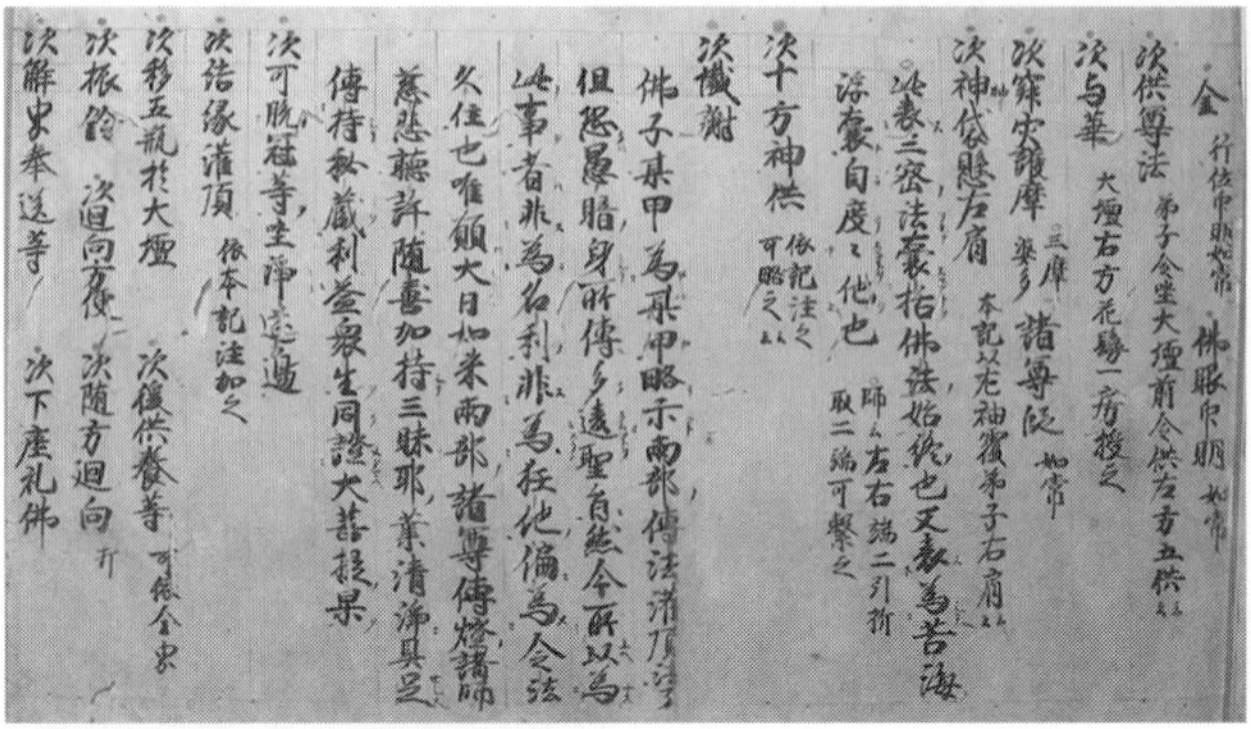

(1)

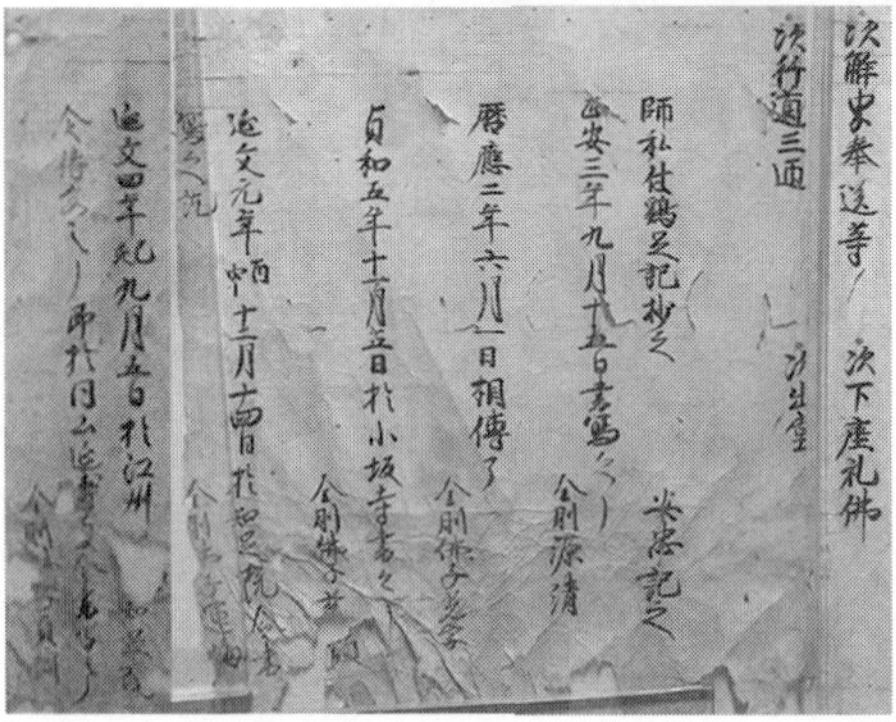

図３－６　題未詳　灌頂次第書

(3)　(2)

図３－７　〔行用抄〕

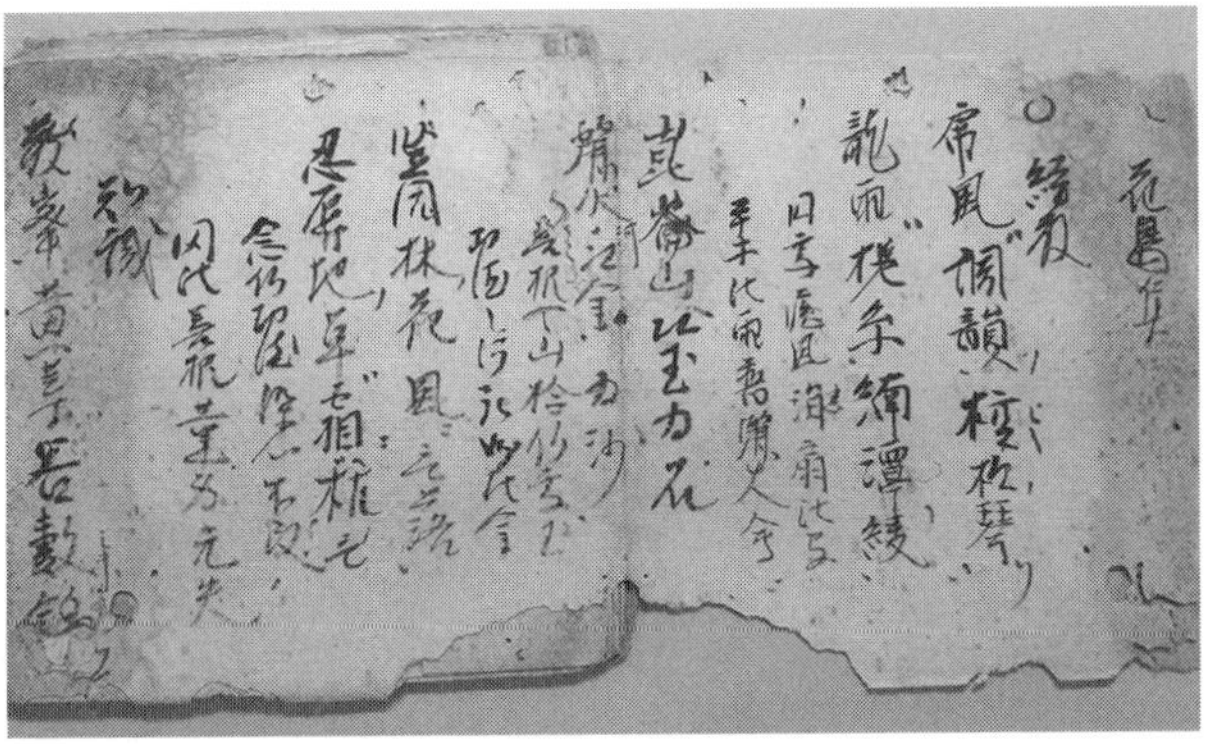

図3－8　花鳥集

三―七　〔行用抄〕　貞舜自筆所持本　室町時代初期

表題は包み紙の後代の墨書「開山御直筆　行用」による仮題。成菩提院初世貞舜の自筆書写伝領にかかる諸尊供養行法の次第。大きさ（縦約一四・八×横一一・七）をほぼ同じくした揃いの内の七帖。現存「降三世法」「白衣完納字法　秘法」「仁王経法」など。第二世慶舜の伝領墨署名をもつ『行用抄』（三―一四）とは内容を異にしており、「澄豪―豪鎮」経由か、と思われる慶舜墨署名所持のものと相違している。

三―八　花鳥集

寛治七年（一〇九三）に仏家によって撰述された対句例文集。本成菩提院本は、天野山金剛寺蔵本（永和二年〈一三七六〉書写本）と、ほぼ同時期の南北朝から室町時代極初期にかけて、成菩提院初世貞舜の師、円済が書写（『聖徳太子講法則』と同筆）の枡形折本一帖である。本来は「発心・勧心・善業・悪業・経教・知識・輪廻・無常・時節・利養・孝養・不孝養」の一二項目に類聚されるが、成菩提院本は、表紙には外題下に割書で「経教・知識・輪廻・無常」とあり、実際には「経教」から「無常」の四項目に「時節」「利益」の二項目を加えた六項目を伝えている。なお、成菩提院本は、他の伝本と異なり「利益」と記すが、これは、この項目に記される対句例文から鑑みるに、「利養」でなく「利益」であったとみなされる。

東大寺図書館に所蔵される本書伝本は、『澄憲作文集』（『褒美集』と題される）と合写されており、『澄憲作文集』同様、本書が「説法詞」を作文するために、実用書として参照されていたことを確認する。

三―九　聖徳太子講法則

本一冊には二種類の「聖徳太子（上宮太子）講法則」が記録されている。表紙に「円済之」とあるため、成菩提院初世貞舜の師である「円済」の手沢本である。なお「円済之」の文字は円済自筆とみなされ、また本文についても同筆をもって書写されているため、本書一冊を円済が書写としたと考える。そのほかにも、本書と同筆の聖教としては『花鳥集』『神分』『安養宮逆修』がある。

本法則には、娑婆世界南瞻部州日域勢州員部郡志礼石庄　鳴谷山正法寺霊場ノ排《ヲシヒラキ》　満山衆徒於毎年不闕之勤修、迎上宮太子之御忌講一乗八軸之妙文、叩十六疑開之論鼓、事有」とあることから、「鳴谷山正法寺（聖宝寺）」の年中行事として営まれていた「聖徳太子講」において表白された詞を記録した一冊であることが理解される。三重県いなべ市の

図３－９　聖徳太子講法則

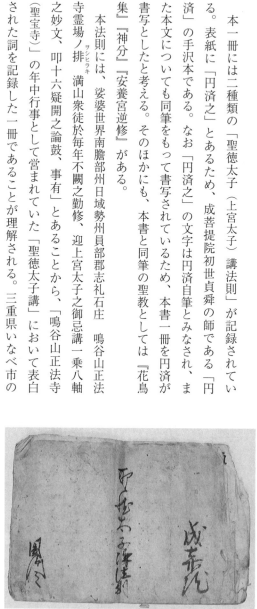

「鳴谷山正法寺（聖宝寺）」は現在、禅宗寺院であるが、水量豊かな滝行の霊場として名高い。

三―一〇　守護国界章　全九巻のうち四巻存　慶舜書写本ヵ　室町時代初期

「上之上」巻の表紙に「慶舜」の署名、「中之中末」「中之下」の尾題の後に「台嶺沙門慶舜」の署名があるため、慶舜書写本かと思われる。本文には、墨書・朱書による注記・校異等が加えられる。

『守護国界章』は、最澄によって弘仁九年（八一八）に成立した書。徳一が天台教学および一乗教学を批判した『中辺義鏡』（逸書）に対する、最澄の批判がまとめられている。最澄と徳一の論争の最大の書である。

三―一一　法華文句輔正記　巻三・九の二巻存　慶舜書写本ヵ　室町時代初期

巻三の表紙に「慶舜」の署名があり、慶舜自筆本かと思われる。紅緋色の表紙の綴葉装、一面九行書きである。返点はないが、墨書の校合が付される。内題には「法華天台文句輔正記巻第三（以下割書）輔妙楽記」とあり「呉興沙門釈道暹述」と記される。『法華文句輔正記』は、道暹による『法華文句』の注釈書で、活字は、『続蔵経』一―四五にある。『法華文句記』をさらに補う書として、中古天台ではしばしば用いられた。

三―一二　慶舜・春海弟子分交名

成菩提院歴代住職のうち、第二世慶舜・第三世春海・第四世明舜それぞれの弟子の交名。九一名の大人数で、

図３－10　守護国界章

図３－11　法華文句輔正記

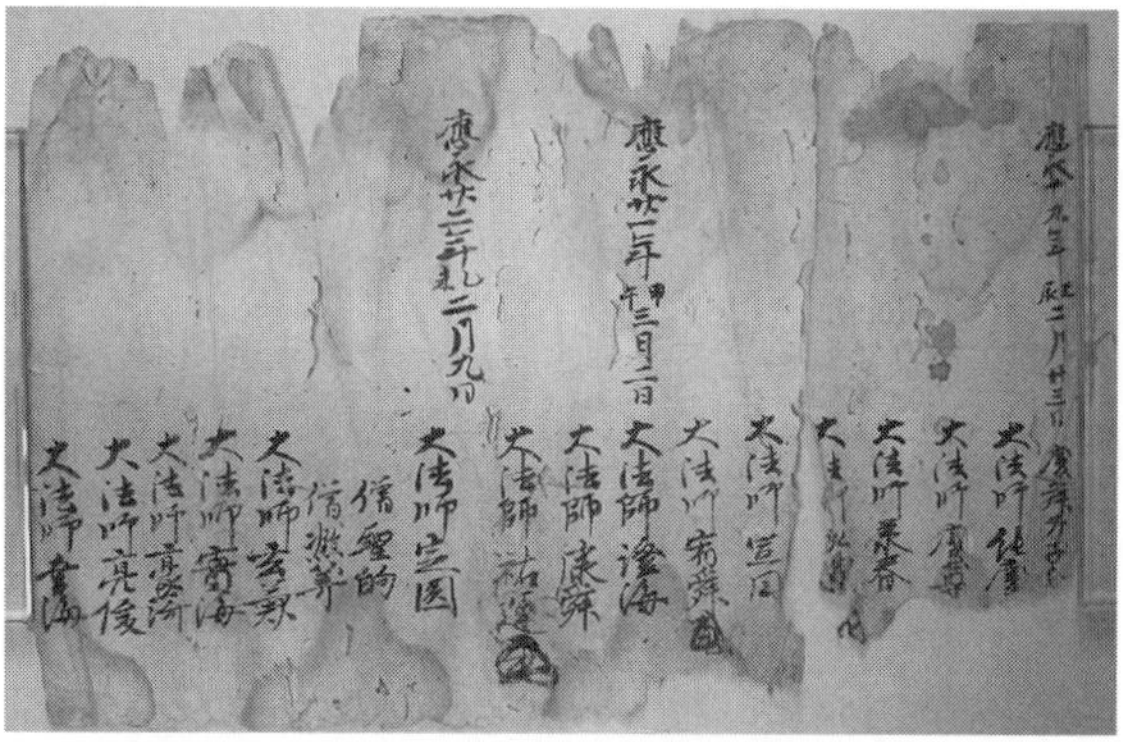

図３－12　慶舜・春海弟子分交名

「大法師」（広学竪義の竪者経験者）と「僧」「大徳」に加え、律僧（「律」と表示される）など多様な人々を含む慶舜、四六名で大法師のみ（日蓮僧を含む）、初重から三重の記載を持つ春海、作成途中のためか大法師七名に留まる明舜、と各々個性的な内容である。年次の記載もあり、各時期の成菩提院の様子を知る手がかりとして、表面的な記述のみにとらわれず、作成主体等を考え記載の意味を分析していく必要がある。

三―一三〔血脈〕　断片一紙

印信の断片か。前欠のため内容不明ながら、源信から貞円に至る血脈部分が残されている。「于時応永十九年（一四一二）九月廿日示之」の年記を持つ。心源から受法し慶舜に授法している心俊については、秋田四天王寺出身の僧の可能性がある等、近年の研究成果をまとめた牧野和夫「中世寺院資料をめぐる二、三の問題」（『実践国文学』八三、二〇一三年）参照。

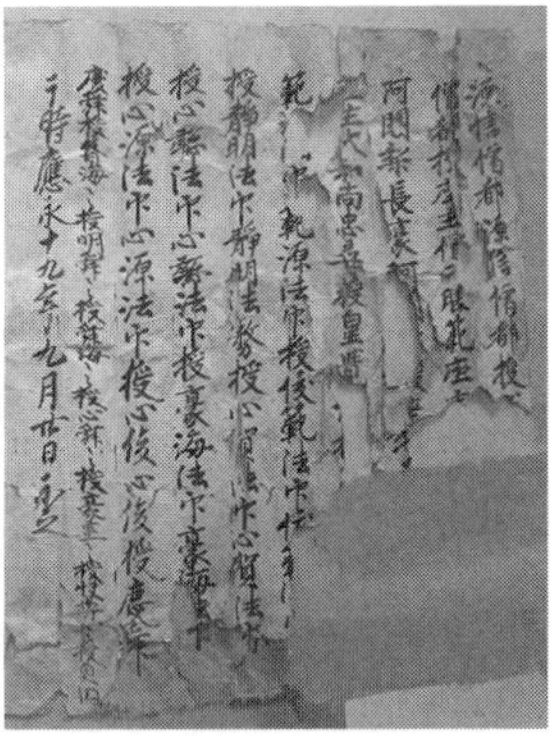

図３―13　〔血脈〕

三―一四　行用抄　慶舜墨署名所持本　室町時代初期

諸尊供養行法の次第。成菩提院第二世慶舜が表紙左下などに墨署名（伝領、多くは慶舜書写か）を施した枡型折本。ただし大きさによって見るに、少なくとも三種類あり、同時期の一括書写と考えることはできない。西山流か、と推定するのは、澄豪（西山宝菩提院第二世）から豪鎮（同三世）への書写伝授を伝える本奥をもつ「夢想成就法」に、慶舜の手で「校了　慶舜」と墨書。また、西山豪鎮の本奥を有する愛知・密蔵院蔵『行用抄』の本文とほぼ同じ。慶舜は応永（一三九四～一四二八）頃に豪宗に『阿娑縛鈔』の書写を依頼（三―一二三）、嘉吉元年（一四四一）に寺戸宝菩提院において豪鎮書写の『阿娑縛鈔』を書写してもいる（三―一二一）。

三―一五　持誦鈔

『行用抄』に近い内容で、利用のされ方も同様と考えられる。「尊勝」「一字金輪」など数点が残されているが、その位置付けについては、なお検討が必要である。

三―一六　悟鈔

成菩提院第二世慶舜が活躍した、室町時代初期に書写された、一三帖の折本からなる説法資料集。書写奥書・伝領識語等なし。

安居院において撰集された『言泉集』『釈門秘鑰』などと同様、〈経釈〉〈仏釈〉〈施主段〉などを記録する。ただし、特定の法会において表白された「説法詞」が記録されているとは考え難く、顕密にわたる種々の法会を営むにあたって参照された、「説法詞」の例文集であったとみなされる。叡山文庫所蔵『法則集』（慶長七年〈一六〇二〉書写）には、安居院澄憲・聖覚に、成菩提院初世貞舜・第二世慶舜ほかが作文した「説法詞」を記録した、七帖のテクストが編纂されていたことを伝えている。〈説法〉の上手として名高い澄憲・聖覚の作文に加えて、貞舜や慶舜が作文したところが記録されていることは興味深くもある。本書が成菩提院に所蔵されるに至った意味をも推定させるのである。

なお追善供養における「説法詞」のうち〈施主段〉の例文を記録した「主君」「為舅」の二帖は、内閣文庫所蔵『金玉要集』第一所収「主君事」「為甥」とほぼ同文である。

翻刻は大島薫『寂照山成菩提院所蔵『悟鈔』影印 翻刻』（関西大学出版部、二〇一七年）参照。

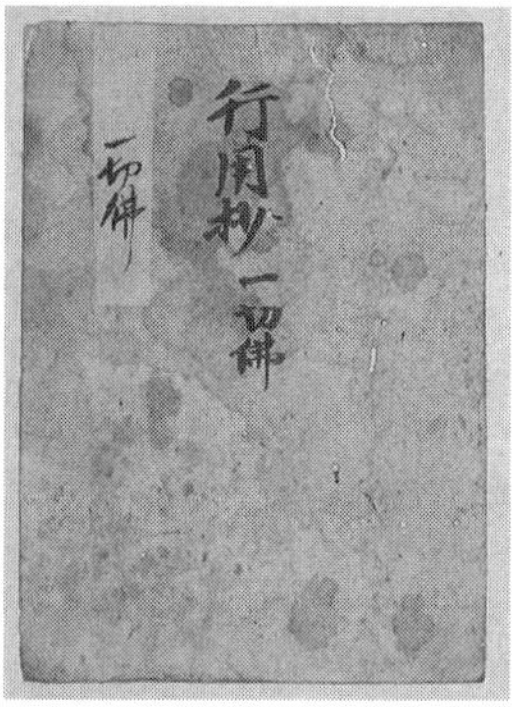

図３－14　行用抄

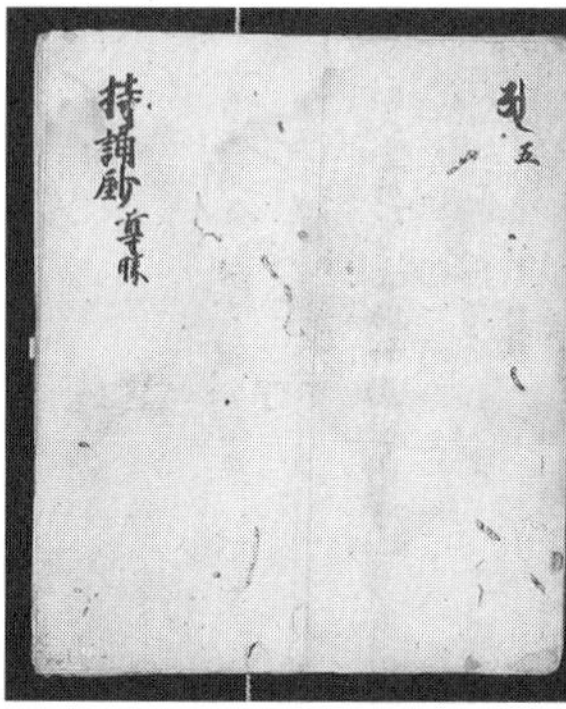

図３－15　持誦鈔

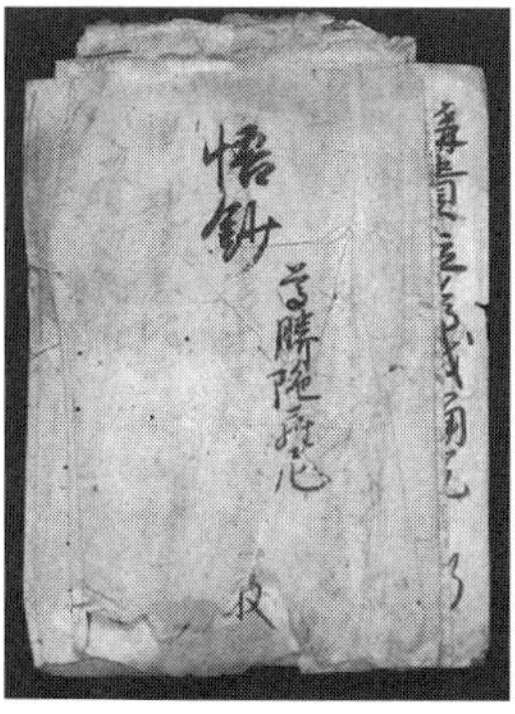

図３－16　悟鈔

三—一七　阿娑縛抄　愛染王　前欠　厳豪書写本

「愛染王」（大蔵経本第一一五）にあたる。巻子一巻（前欠）。下部は焼損。西山宝菩提院第三世豪鎮書写本を永和元年（一三七五）に書写したもの。末尾に朱筆で永和四年（一三七八）に朱点をいれたことを記す。厳豪書写・校合本。書写を行った厳豪は同第四世。主著に『四度授法日記』がある。同第三世豪鎮よりしばしば穴太《あのう》流を受法し、宝菩提院に住し光静房に住む。本巻も豪鎮から厳豪に伝えられたものとも考えられる。

三—一八　阿娑縛抄　香薬　豪鎮書写本

『阿娑縛抄』の一巻である。文字通り香木や薬草に関して、効能や仏典などの出典を記したもの。現在『阿娑縛抄』の活字本である『大日本仏教全書』『大正蔵』ではいずれも欠本とされている。ただし『大正蔵』図像第一一巻には猪熊信男蔵本として「香薬抄」をあげるが（現在は杏雨書屋蔵）、その奥書に弘安元年（一二七八）の承澄（西山宝菩提院初世）の奥書と、それに続き、「建武四年（一三三七）十一月上旬之比以小川殿／御真筆校合之本令書写　同／校点畢　禅澄」とある。成菩提院本は奥書に、「建武四年五月五日書写之、仲賢／同六月十日以小川殿御真筆書之／御本一校了　豪鎮」とある。保存状態はあまり良いとはいえず、糊はずれと焼損による傷みが著しい。

三―一九　阿娑縛抄　許可

「許可略作法」（大蔵経本第二一五）にあたる。奥書によれば、もと嘉暦二年（一三二七）十月に白川元応寺において光宗が書写したもの。これを文安三年（一四四六）八月の盛尊の書写を経て、元和六年（一六二〇）に延暦寺の

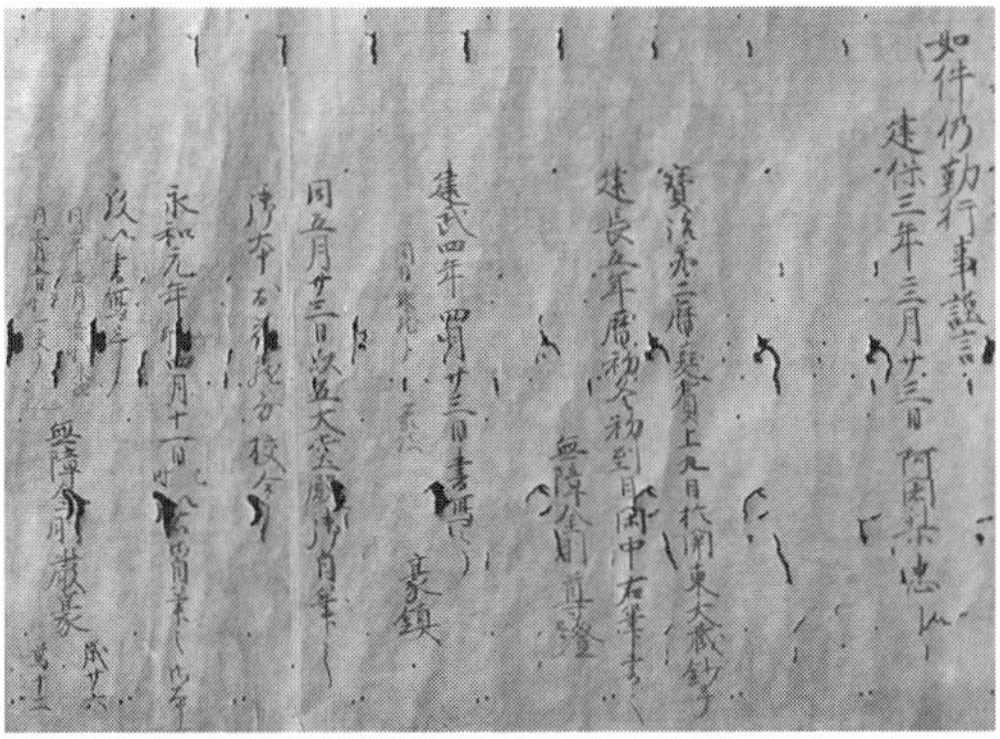

図３－17　阿娑縛抄　愛染王

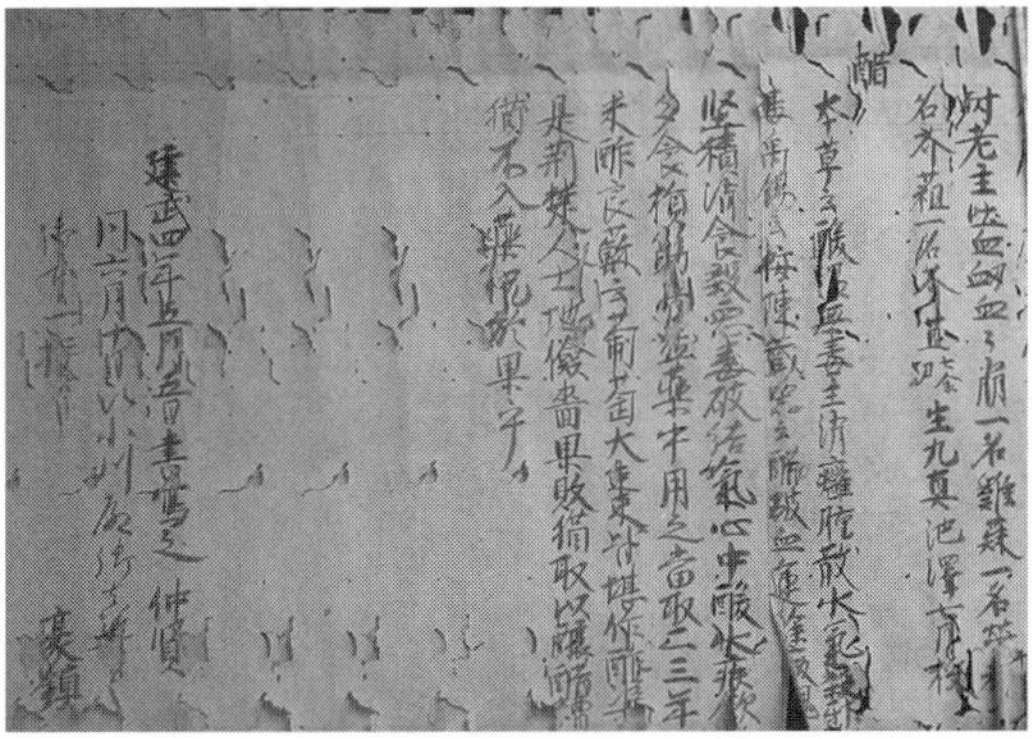

図３－18　阿娑縛抄　香薬

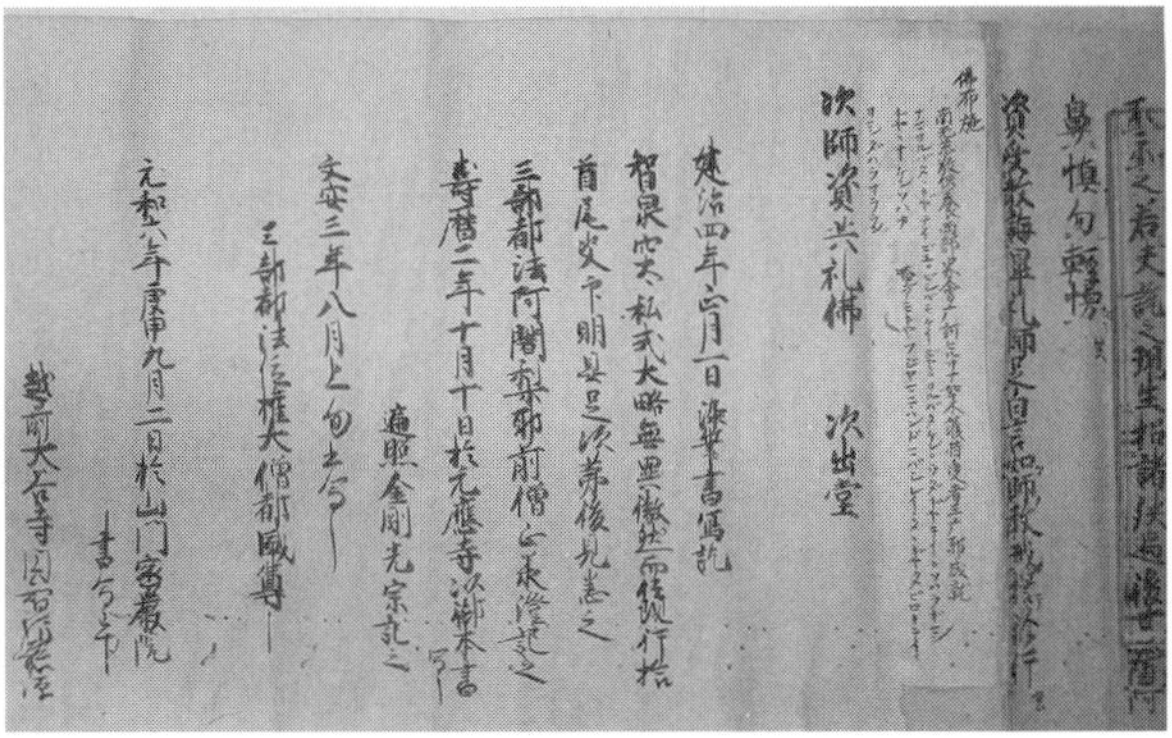

図３－19　阿娑縛抄　許可

東塔西谷の密厳院において、越前大谷寺の聡源が書写したもの。本書は承澄の本奥書の直後に光宗の書写奥書が続き、他本のような西山流の僧の書写奥書を伴わない特色ある一本である。

三―二〇　阿娑縛抄　護摩要　前欠　豪鎮書写本

「護摩要」（大蔵経本第二二）にあたる。巻子一巻（前欠）。豪鎮書写・校合本。奥書によれば延元元年（一三三六）に「長岡旧都寺戸之草庵」（西山宝菩提院）の本を書写したもの。また「元弘之反逆」すなわち鎌倉幕府滅亡時の兵乱で、『阿娑縛抄』のほとんどが炎上してしまったため、これを復興するために書写を企てたものであった。そして建武四年（一三三七）に比叡山東谷仏頂尾花蔵坊で、五大堂殿（永福寺五大堂・尊澄）の自筆本で豪鎮が校合したもの。豪鎮自筆本とみられる。内容は『大正蔵』本の二八八頁から最後までにあたる。

三―二一　阿娑縛抄　請雨ヵ　断簡一紙　室町時代

外題・内題など失われるが、冒頭に朱点を付し「延喜三年（九〇三）」「寛和元年（九八五）」「寛仁二年（一〇一八）」などの東寺側の請雨の修法の例を列挙する。最後に「山門修之例」として延長三年（九二五）七月二十三日の神泉苑における請雨法修法や大原口伝などを付す。これらは正史に見えないものを含む点貴重であり、あるいは『阿娑縛抄』の一部かとも推察される。なお、曼殊院蔵『阿娑縛抄』に「請雨」の巻が存する。

三—二二　阿娑縛抄　文殊一字

慶舜書写本

前欠。奥書によれば、建武四年（一三三七）に豪鎮が書写・校合したものを嘉吉元年（一四四一）三月十一日に

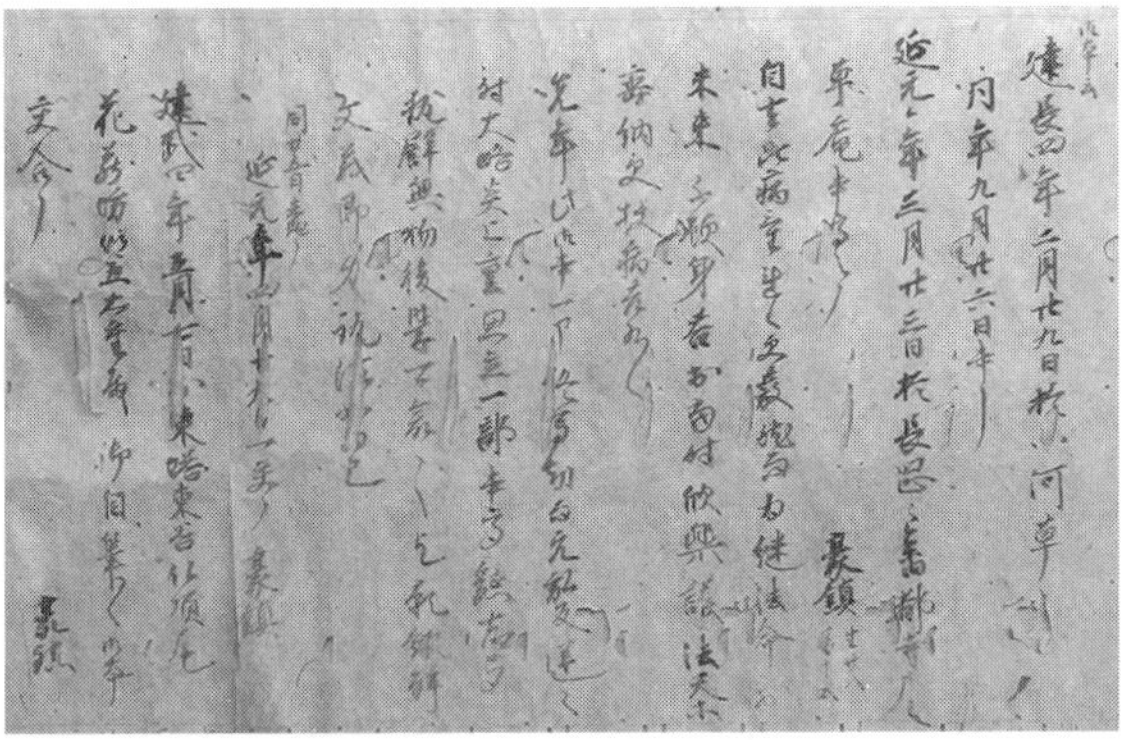

図３－20　阿娑縛抄　護摩要

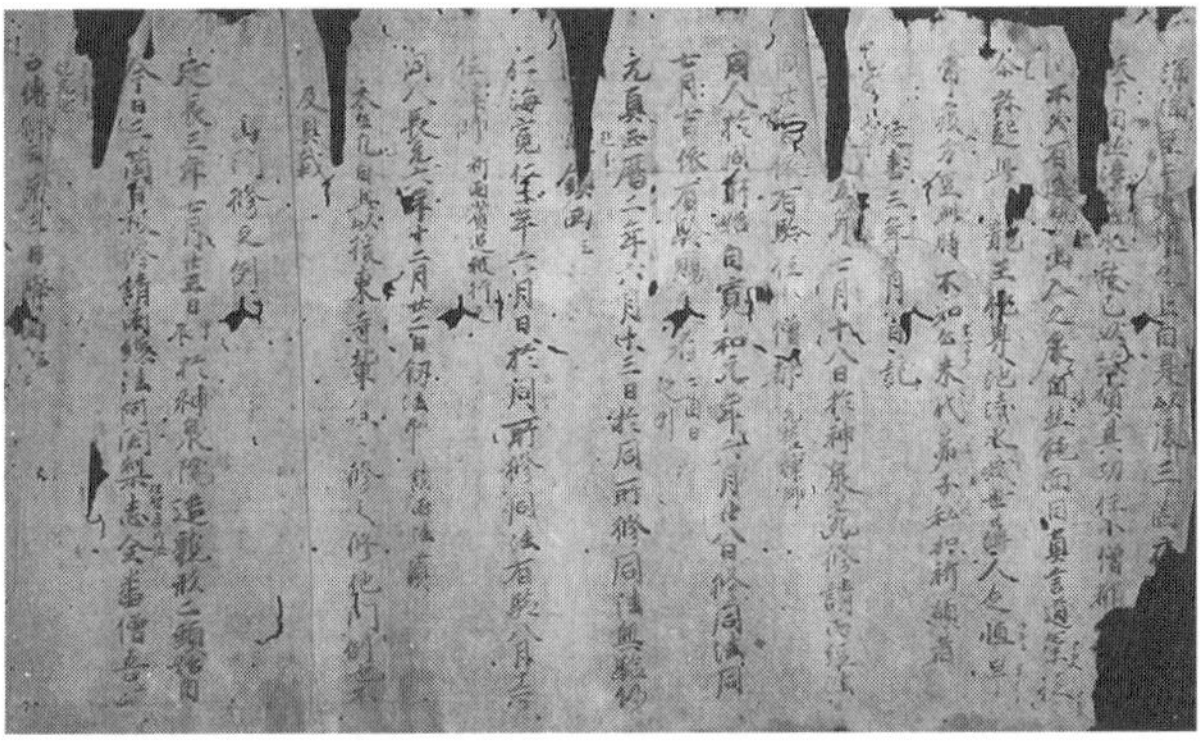

図３－21　阿娑縛抄　請雨カ

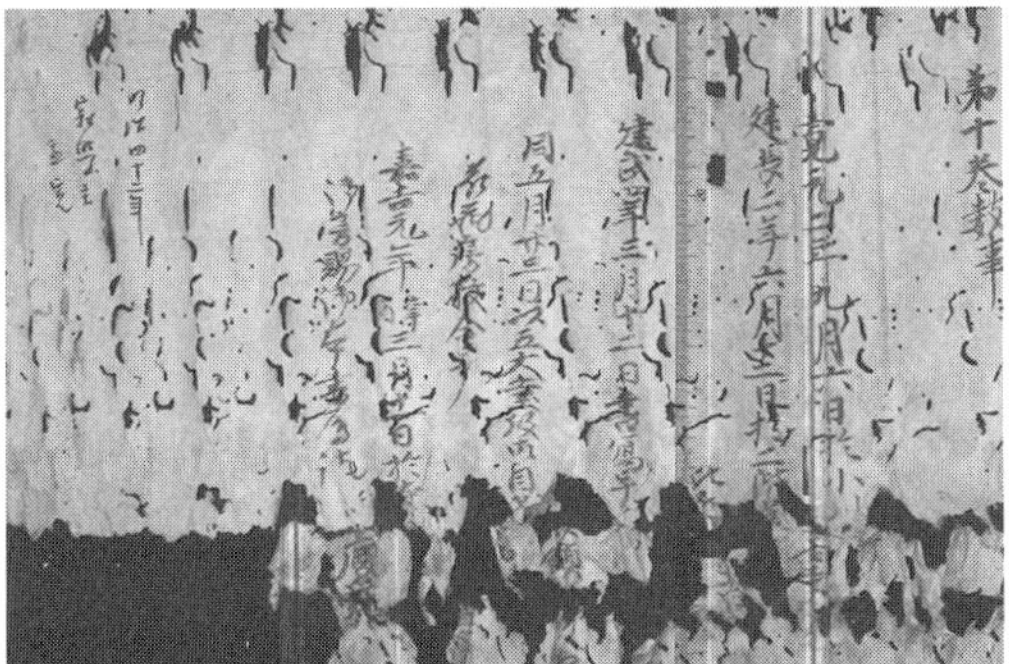

図３－22　阿娑縛抄　文殊一字

慶舜が書写したもの。他に、『阿娑縛抄』「弥勒」一巻も「文殊一字」と同じ嘉吉元年三月十一日に、同「五壇法」は三月十六日に、同「令法久住法」も嘉吉元年に慶舜が書写したものである。「五壇法」は、慶舜の名が記されてはいないが、豪鎮、厳豪、慶舜と書写が継続されたものと考えられる。また、応永二十九年（一四二二）書写奥書を持つ「許可略作法　上」、「胎灌記　末」も、慶舜が所持するなど慶舜に関わる巻である。本書「文殊一字」は、文殊一字についての行法次第などを記したものだが、図像は描かれず、空白となっている。これは、成菩提院本の『阿娑縛抄』の諸尊法には共通して見られる特徴である。なお、紙継に紙片にて「阿抄ノ内一字文殊」と記されるが、これは後世のものであろう。

三―二三　阿娑縛抄目録　享徳元年（一四五二）　豪宗書写本

「阿娑縛抄現在目録」で各巻に合点を付す。奥書には、故慶舜法印（成菩提院第二世）が『阿娑縛抄』の書写を発願したが、亡くなってしまったため実際には春海（成菩提院第三世）に渡された旨が記されている。このとき二〇〇余巻が書写されたようである。書写した豪宗は西山宝菩提院の第六世である。

三―二四　阿娑縛抄　安鎮法日記集　丁　断簡

「安鎮法日記集」（『大正蔵』第二二五巻）の断簡。前後ともに欠。建久二年（一一九一）法住寺殿鎮日記・建久九年（一一九八）二条内裡鎮日記・建仁二年（一二〇二）春日殿鎮日記・元久元年（一二〇四）五辻殿鎮日記までが残

る。内容は『大正蔵』本の九二二頁三段目一四行目から九二九頁二段目までにあたる。

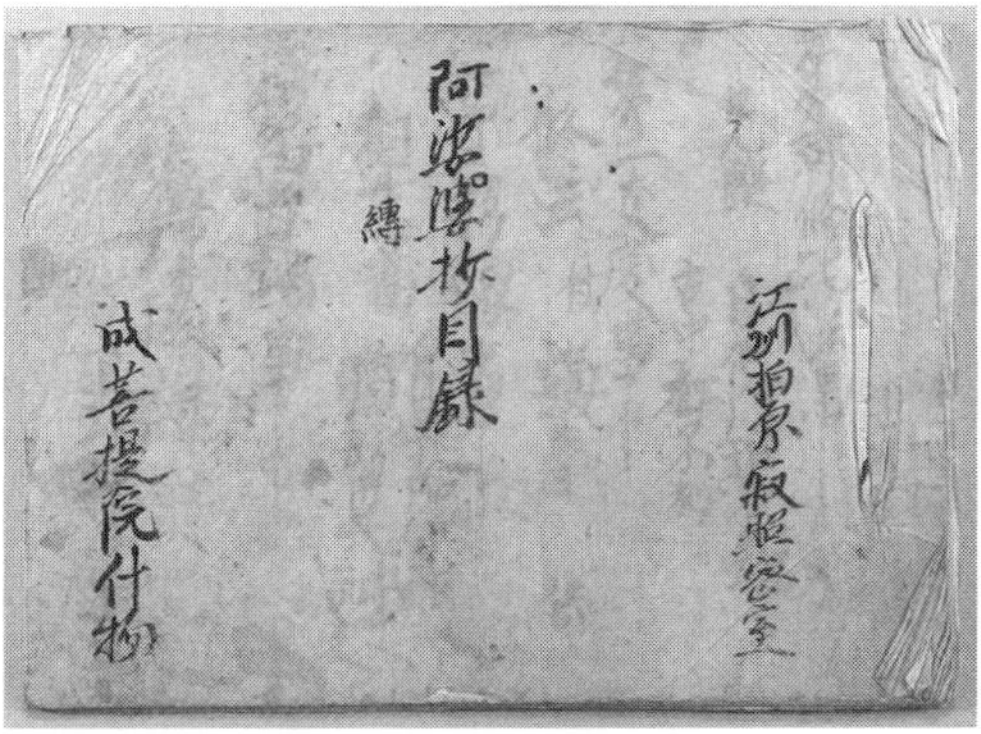

図３－23　阿娑縛抄目録

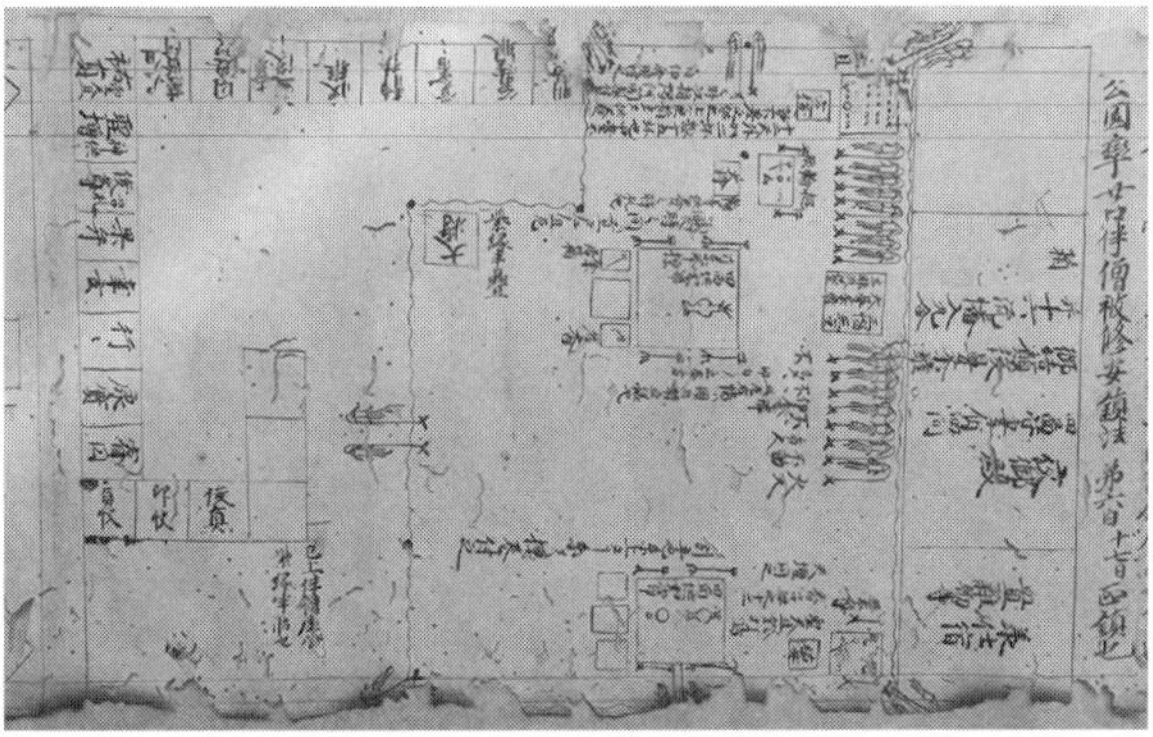

図３－24　阿娑縛抄　安鎮法日記集　丁　断簡

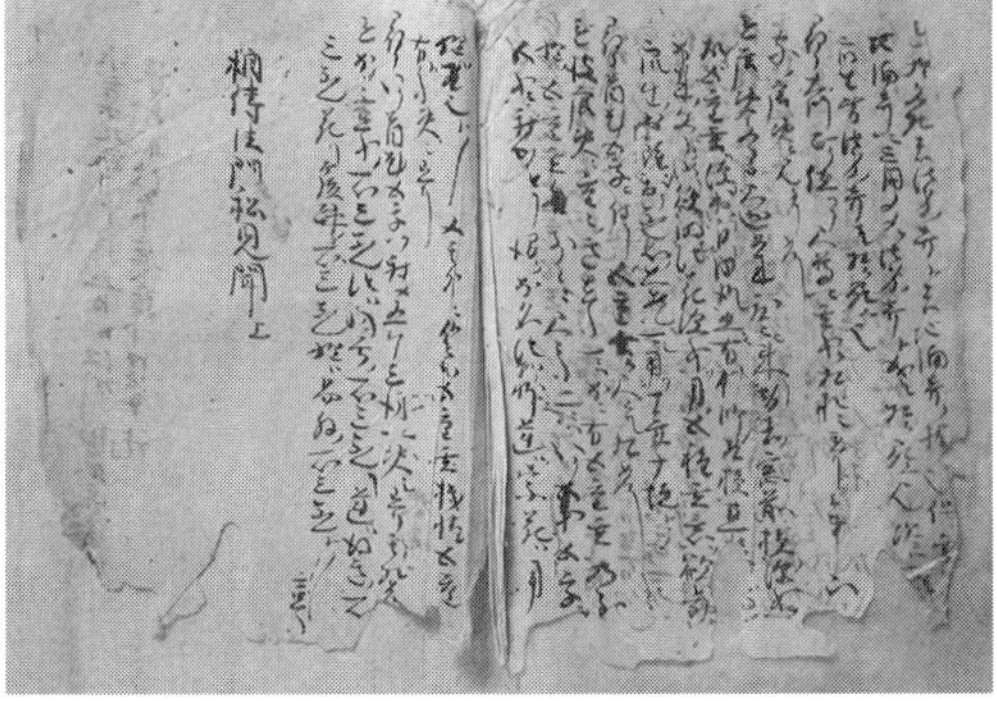

図３－25　相伝法門私見聞　上巻

三―二五　相伝法門私見聞　上巻　春海書写本　室町時代

成菩提院で相伝された天台教学の聞書。前欠だが「心境義事」「止観大旨事」「法華深義事」といった見出しや尾題（「相伝法門私見聞　上」とある）から、『一流相伝法門見聞』（＝『二帖抄見聞』）との関係が疑われ、必ずしも一致しないものの、ごく近い関係であることが推測される。「永享九年（一四三七）十月五日於江州柏原庄円□（乗）□（寺）談義所法印慶舜口筆訖　春海」の奥書を持ち、包紙には「春海御直書　当流談義所證書　嘉永五（一八五二）任子（ママ）年改」の書き入れがある。そこから、本書は第二世住職慶舜の教えを第三世住職となった春海が聞書きしたもので、近世末には談義所の歴史を証明する聖教として認識されていた様子がうかがえる。

三―二六　〔行用抄〕　春海書写　室町時代

成菩提院第三世春海自筆書写の、諸尊供養行法の次第『行用抄』の枡型折本「尊勝法　私」一帖の残簡。春海書写伝領墨署名のある『行用抄』は、他にない。慶舜が豪宗に依頼した『阿娑縛抄目録』（三―一三）も、最終的に「悉以春海僧都」に「奉渡之畢」とあり、西山豪宗との縁をもつ。第二世慶舜の『行用抄』を書写伝領したもの、と考えられようか。

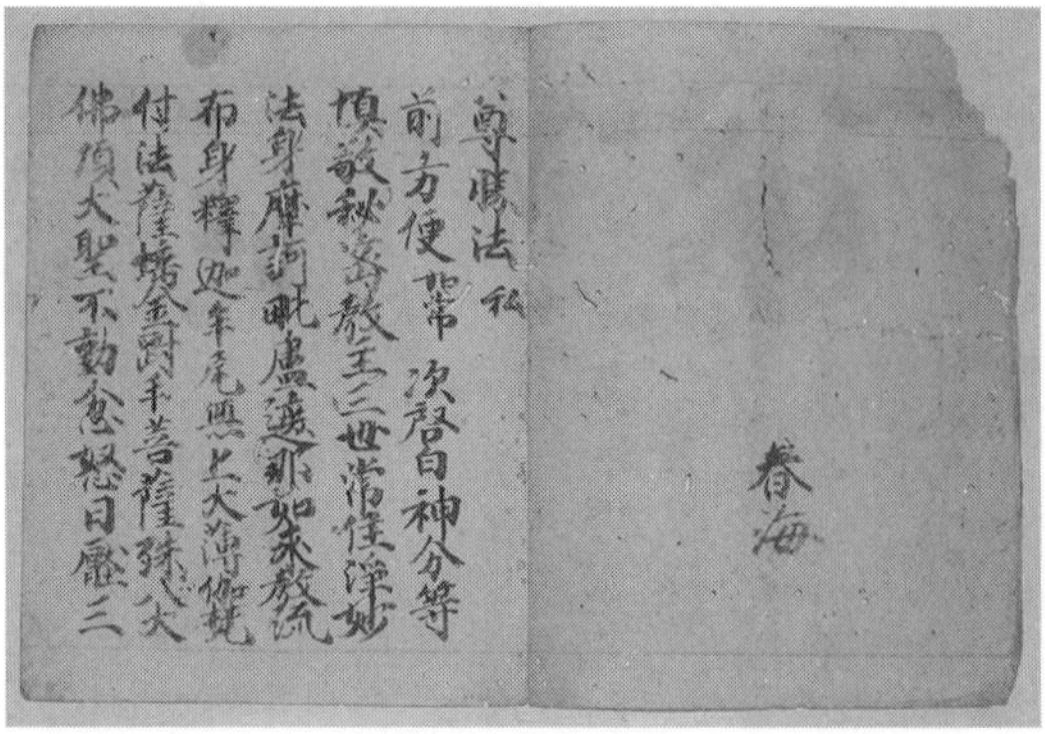

図３－26　〔行用抄〕

三―二七 〔栄心印信断簡〕

天文十五年（一五四六）八月一日に栄心から定舜に授与された印信。巻頭が欠けているため内容など未詳である。天文十五年に授与されることから、『法華経直談鈔』の作者として知られ、菅生寺ゆかりの僧である栄心（一四七五～一五四六）が、死去する八月二十六日の直前に遺したものと推定される。源信以下恵心流の系譜から、『天台直雑』の作者である直海、光栄以下月山寺の歴代を経て、『法華経鷲林拾葉抄』の作者である尊舜に至る、関東天台の相承が含まれている。学僧たちの関係を伝える興味深い史料である。

三―二八 教時義 一帖 前欠 天養元年（一一四四） 教玄書写本

安然作。『真言宗教時義』『教時問答』とも称される。一部に朱点（連続・句切・仮名訓等）あり。本文末に「安然和尚御製作／天養元年六月十九於南円房□□／求法仏子教玄／書本云、保安元年（一一二〇）六月十四日於東谷持／乗房以智泉房本書之云々、書本文字悪云々／一交畢」とある。教玄は興福寺僧に確認される。

三―二九 華厳仏光三昧観秘宝蔵 巻下 巻子装 一巻 貞応二年（一二二三） 証定書写本

高山寺明恵の著作、承久三年（一二二一）成立。二巻。全篇を三科に分かち、仏光三昧観に入る秘要を示したもの。現存巻下、全八紙（第一紙と二紙の間に一紙欠）。貞応二年証定書写か。高山寺明恵の弟子証定は、『禅宗綱目』

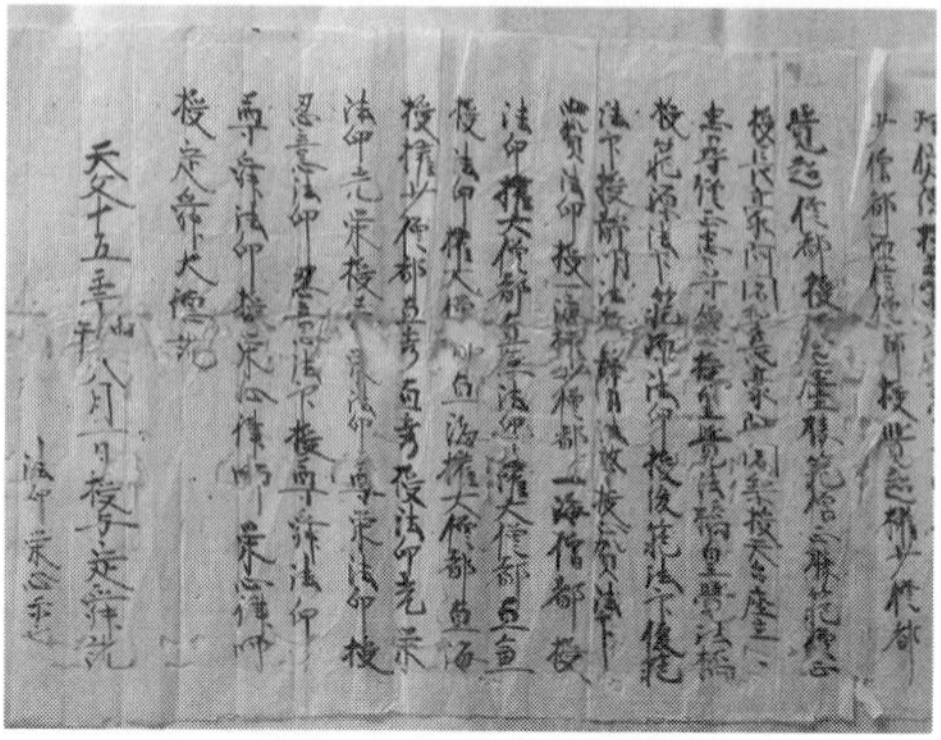

図３－27　〔栄心印信断簡〕

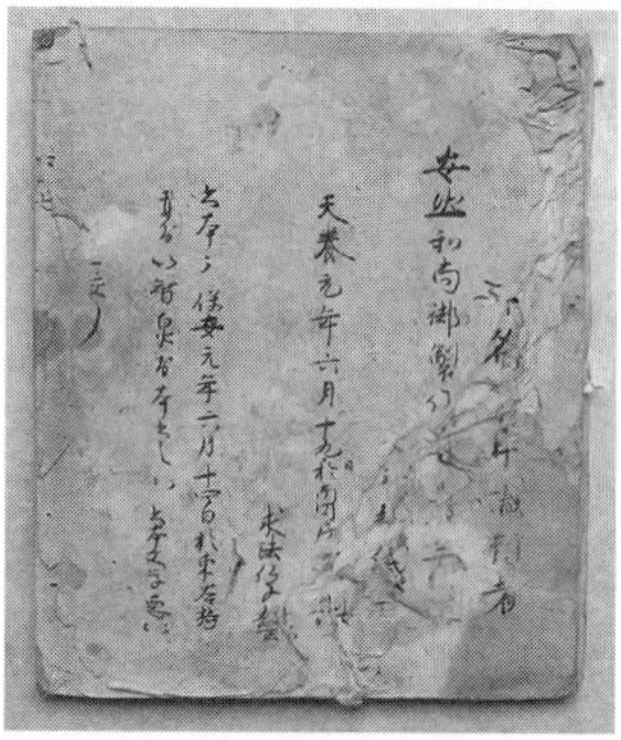

図３－28　教時義

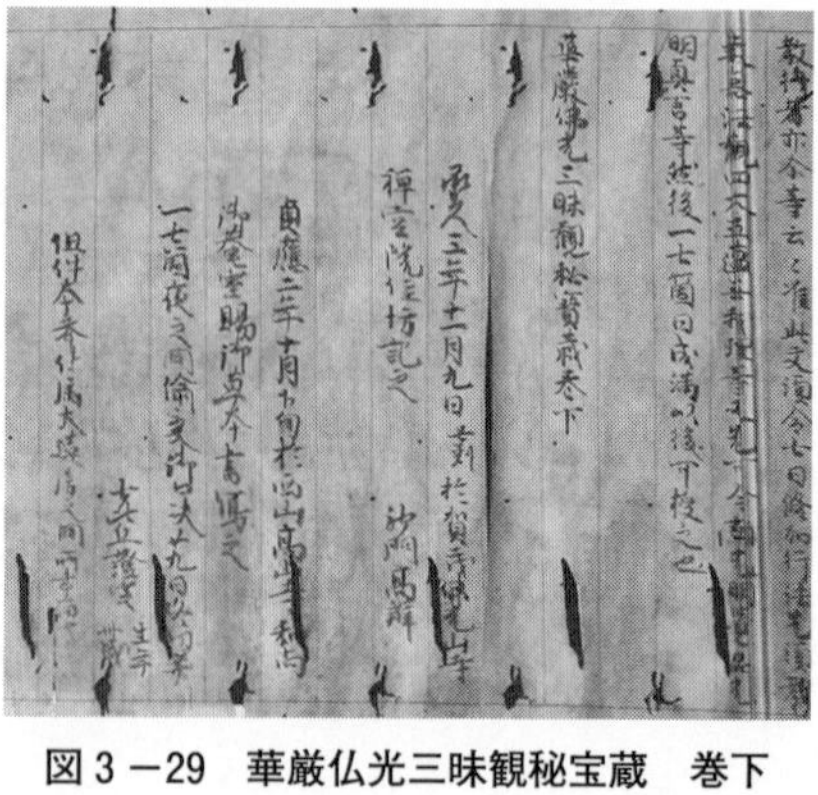

図３－29　華厳仏光三昧観秘宝蔵　巻下

の撰者として知られる。高山寺蔵『大方広仏華厳経』は寄合書のもので、巻第七・一七・二六・三五・三七の六巻分が証定自筆。きわめて個性の強い、筆癖とも言うべき特徴を持ち、当該『華厳仏光三昧観秘宝蔵』巻下の筆癖に合致することから、証定の手であろう、と推定される。金沢文庫蔵『華厳仏光三昧観秘宝蔵』巻上（三〇函六）は証定書写の本奥と、全海書写奥書を有する。全海については、比叡山から極楽寺・称名寺を経て仙波談義所へ移動した、とする見解もあり、仮に「尊海―全海―貞舜」との相承が認められれば、おそらく成善提院現蔵の『秘宝蔵』の持つ意味は重い。なお、貞永・天福の頃（一二三二～三四）、智満寺において書写された台密系の典籍が成善提院に現存する。智満寺とは、静岡県島田市千葉の天台系寺院か。そうであるならば忍空・円珠・思順にゆかりの寺院。

三―三〇　金剛界儀軌　一帖　保安元年（一一二〇）書写

内題「金剛頂蓮華部心念誦儀軌」。不空訳の一帖である。空海・恵運・宗叡が請来した一巻本と、円仁・円珍・宗叡が請来した二巻本があるが、成菩提院本は二巻本にあたる。現在は仮綴されているが、原装は粘葉装。本文末に、本文と同筆をもって「保安元年九月十八日書写畢　賀州江沼郡山代之別処不動寺七覚御房於テ十月五日点了一校了」と記されるほか、この書写奥書とは別筆で「文政七（一八二四）迄凡六百九十年程ニ成　相伝慶淵（花押）」と記される。柿渋をひいた表紙を加えて改装したのは「文政七年」であったか。本文と同時期に加えられた仮名訓にも、院政期における片仮名の字体を確認し得る、現在、成菩提院に所蔵される聖教のうち、もっとも古い時期に書写された一帖である。

三―三一　山家要略記　巻子装（前欠）　元徳二年（一三三〇）書写

中世の比叡山における口決などを集めた書。作者については、院政期の顕真、南北朝期の義源などの関与が論じられている。

成菩提院本は『山家要略記』巻一に相当する。奥書は次の通り。

「本記曰
承安四年（一一七四）歳次甲子（ママ）八月廿七日於蕭寺禅庵
沙門顕真記之
承安四年歳次甲子十月五日以震（ママ）筆御本
□〔於〕龍禅院学窓書写畢

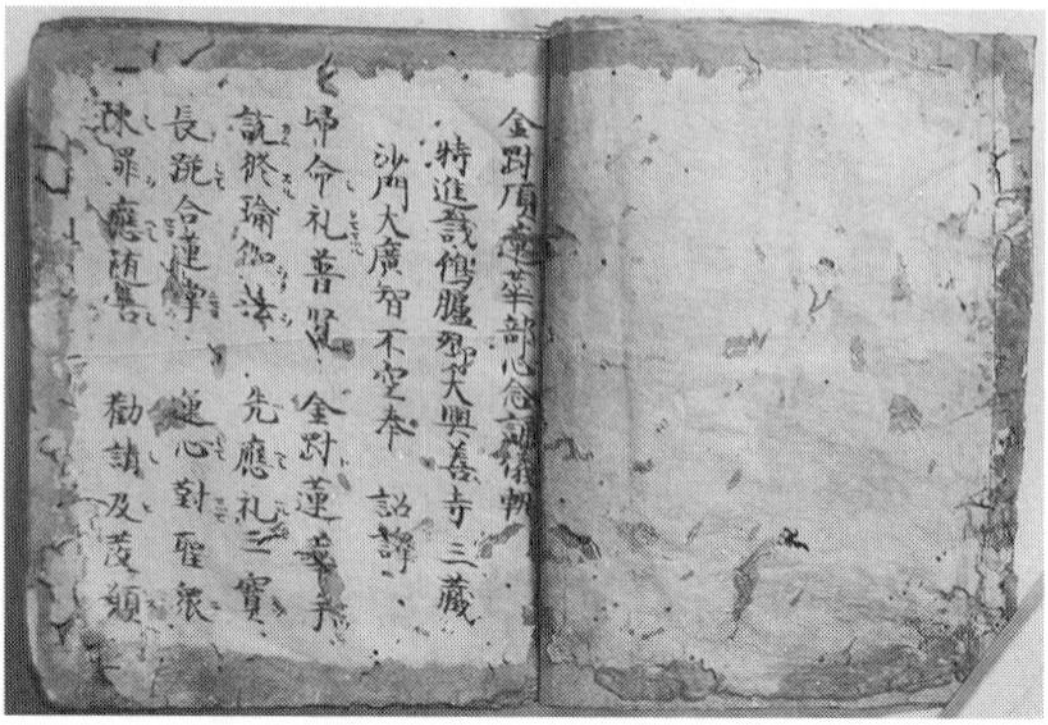

図３－30　金剛界儀軌

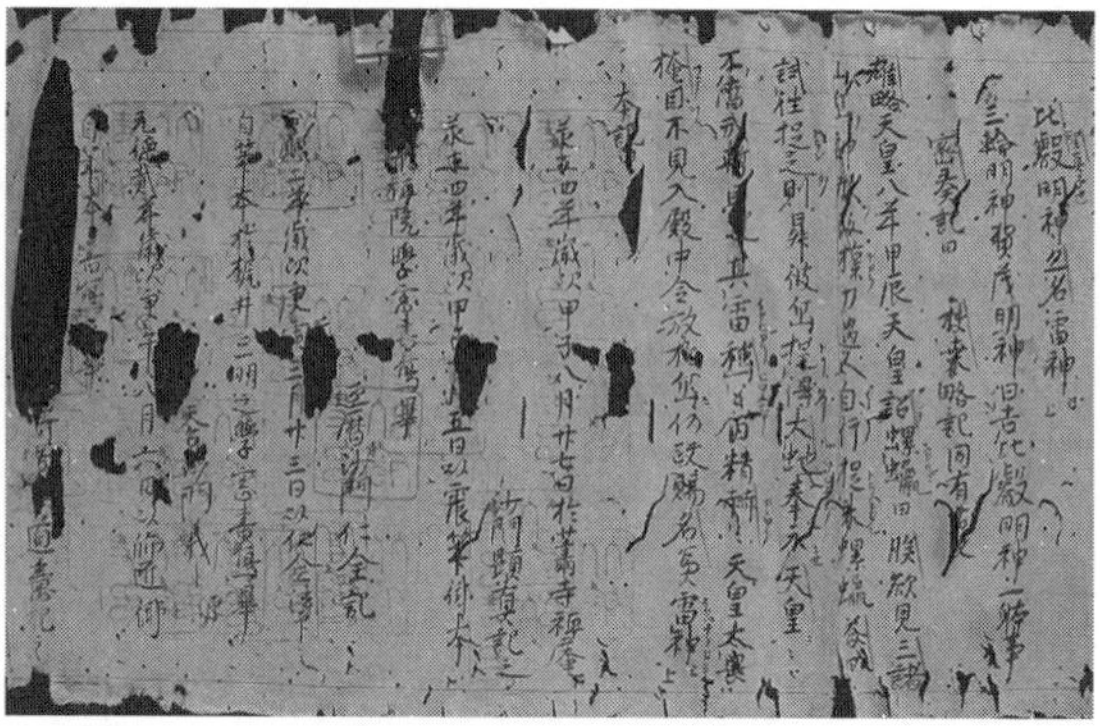
図３－31　山家要略記

延暦寺沙門仁全記
□〔正〕応二〔三カ〕年〔一二九〇〕歳次庚寅三月廿三日以仁全法印
自筆本於梶井三明之学窓書写畢
天台沙門義ー〔源〕
「　」阿闍□〔梨〕道意記之」
元徳弐年〔一三三〇〕歳次庚午八月六日以師匠御
自筆本書写□〔之カ〕畢

この奥書は、正応二年（一二八九）の義源の箇所までは叡山文庫天海蔵写本と一致し、それ以降に系統が分かれたと考えられる。ところで仙岳院本・神宮文庫本には巻一・巻二の奥書に「写本者巻物也、今度依為双紙、裏書等同事並之、付裏書由畢」とあり、冊子体に比べ巻子体（成菩提院本）が古い形態であることが考えられる。

内容的にも、成菩提院本は前欠部分（叡山文庫天海蔵本冒頭の「山王者月氏霊山地主明神」から「日天子出現事」までの十余の事書に相当か）のほか、叡山文庫天海蔵本にある「五方神事」を欠き、「銘事」「神僧事」は裏書に存在する。この三つの事書は同書目録に見えないことから、もとは裏書であったものなどが、後に本文に組み込まれたことが考えられる。そこからも、成菩提院本は冊子体の諸本に比べ古い形態であることが考えられる。

『山家要略記』の写本で現存するものとしては、三千院と南渓蔵の二本が知られる。そのうち三千院本は、成菩提院本と同様に奥書部分に𑖀字角印を多く持つ。大島亮幸氏によると、三千院本は鎌倉末期の成立で、義源の直筆と考えられるという。一方、南渓蔵本は、義源の孫弟子にあたる惟賢の奥書を持つという。そこから成菩提院本は、南渓蔵本と共に三千院本に次ぐ古態を示す写本と考えられる（以上、伊藤聡氏の口頭発表「成菩提院所蔵『山家要略記』について」に多くを拠り成稿した)。

なお、奥書に名の見える「道意」について同時代に同名の僧が存在するが、同一人物か否か、なお検討を要する。

三―三二　算題　室町時代カ

論義の問題を木片(算木)に記したもの。南都の論義では、内明を扱う「業《ごう》」と、因明を扱う「副《そえ》」を組にして用いた。天台も当初はそれに倣い、後に自宗中心の内容となっても、業副二義の形式は伝えられていった。主題である業義は『法華経』そのもの、副題である副義は八教にわたる内容などの基準はあったが、実際は弾力的に行われていたようである。この算題は「副」の第四にあたり、「文云、而不得云所説名経文、意如何」と記す。問題とされているのは、湛然『止観輔行伝弘決』巻一之五の「(ただ思想皆これ先仏経中の所説と云ひて)所説を経と名づくと云ふを得ず」の部分である。

図3－32　算題

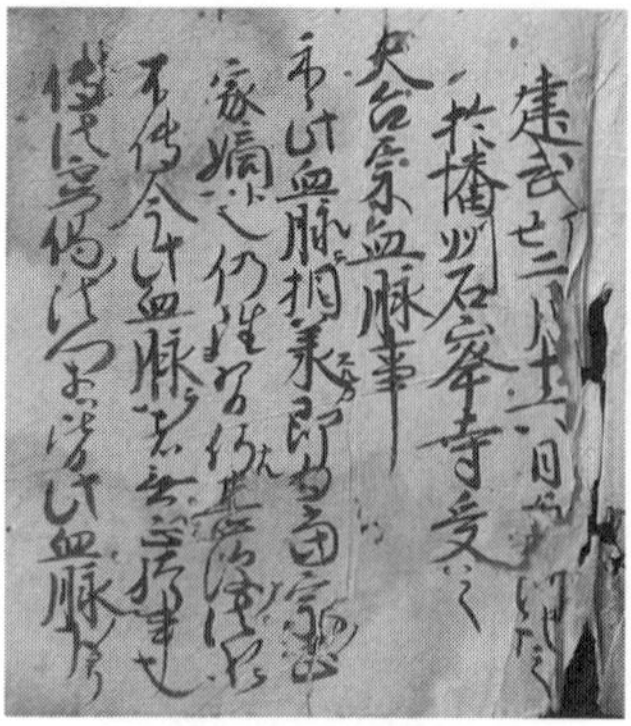

図3－33　相伝口決抄

三―三三　相伝口決抄　明舜書写本　室町時代

天台教義書の断簡で、貞済が建武丁丑(四年、一三三七)二月十六日か

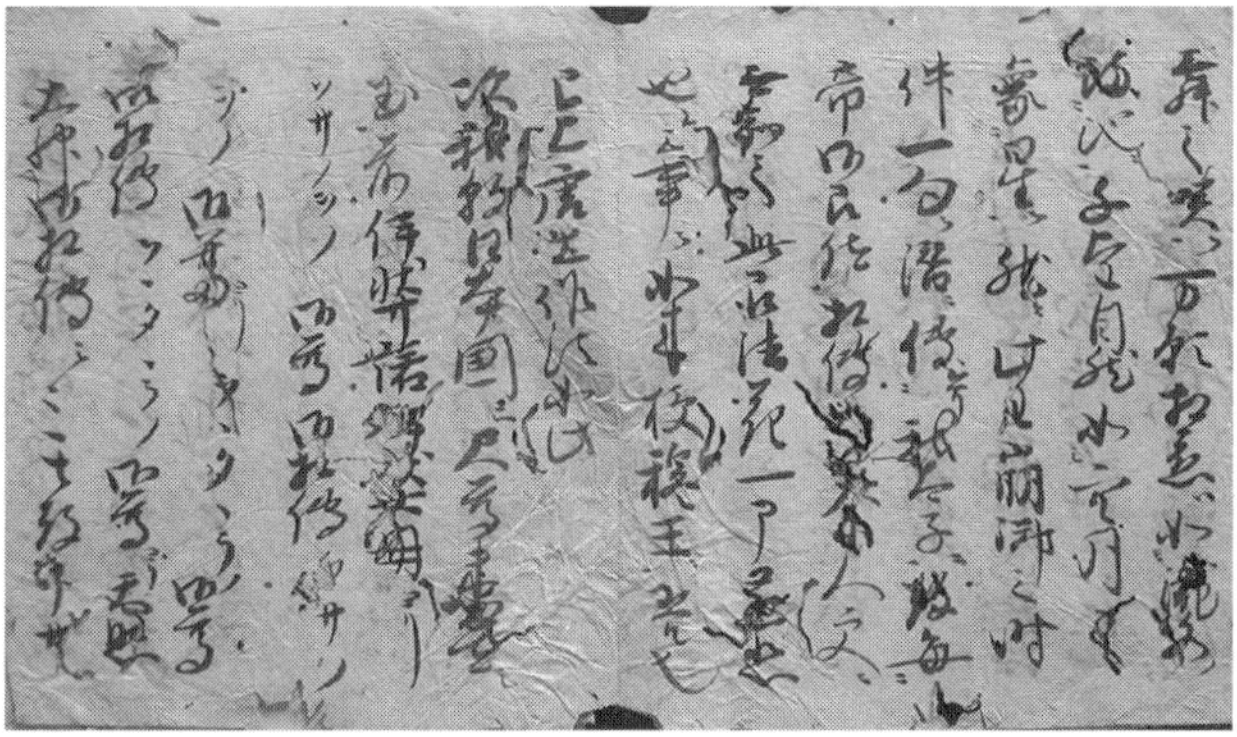

図３－34　即位法門　断簡

ら十九日にかけて談義した旨記される。冒頭の「天台宗血脈事」以下、本門・迹門や三種法華などの概念を用いつつ記述されている。第一丁表に受法の地として見える「播州石峯寺」については、現在の兵庫県神戸市北区淡河町神影にある岩嶺山石峯寺《しゃくぶじ》と推定される。同寺は、高野山真言宗に属すが、ある時期までは天台宗だったとする説がある。表紙に名の見える「明舜」は、成菩提院第四世住職。

三—三四　即位法門　断簡　室町時代前中期

尊海撰『即位法門』の新出断簡、枡型折本（縦一四・〇、横一二・二）の二紙のみ存。表裏連続して書写。成菩提院初世貞舜が、「政海—尊海—」と仙波尊海に連なる相承を受けていたことは、曽根原論考（「貞舜と中世天台教学」）に拠って判明する。成菩提院第三世春海ゆかりの『法花直談私類聚抄』などに天台の即位法が収められているのも、当写本以前、即ち春海以前に、尊海撰『即位法門』が成菩提院へもたらされていたとも考えられる。

三―三五　兒灌頂　文明五年（一四七三）実俊書写本

紙本墨書。文明五年写。冒頭部を欠き、正式な書名は未詳。後世「兒灌頂」と仮題す。巻末に「于時文明五年癸巳八月十三日書写訖／権少僧都法印澄心示／法印実俊〔花押〕」との書写奥書を有する。本書は稚児灌頂の次第書である。稚児灌頂は、師の阿闍梨法師が鍾愛の稚児に授ける灌頂で、そのとき稚児は観音と一体と感得される。本書は三部より成り、まず本文、次いで「兒灌頂式」と題する作法の略次第、最後に「口伝事」と題する伝授切紙を付す。本文最初の部分は闕失が多いが、高座での灌頂作法を説明した箇所である。文中、阿闍梨がこの灌頂によって汝は観音と成ったのだと教え、五大願等を唱えさせる云々と見える。

次いで、稚児灌頂の意義について説明する。まず、この灌頂と帝王の即位灌頂とが、ともに『法華経』「普門品」の相承の大事である故同じものであるとし、天台即位法の由緒たる「慈童説話」に説き及ぶ。いわく、「右此灌頂者帝王職位ノ法ノ時儀式也。此灌頂ヲ受テ後、王トモ又丸トモ云也。其時ノ本尊モ観音也。職位ノ法門ト者普門品ノ相承也。是但慈悲之二字也。此普門品相承者周穆《ホク》王、八疋ノ小馬ニ乗シテ「　　」霊山法花ノ座ニ馳詣ル時、尺尊「　　」自リ全ク普門品ノ中ニ御相承□。是ヲ帝王ト成給時、御相承有ル也。此二句口伝別在。彼穆王者本地観音也。此二句口伝別在。其後代々王位計伝給。其後、漢ノ明帝ノ御時、芳祖仙人幼童ノ御時、是ヲ御帝御□愛有ル也。彼幼童ノ朝恩ホコリ、御帝ノ御枕ヲ越ル時、公卿天上人之沙汰ニテ流罪ニ被行ㇾ時、帝王御悲ヨリ、此普門品「　　」也」云々。他の即位法の由緒と比較するに、穆王の本地を観音とすることや、彭祖（芳祖）仙人の前身たる稚児を寵愛した王を、漢の明帝であるとすることは他書に見られない。続いて、彭祖の本地も観音であり、本邦で稚児灌頂を相承した慈慧大師も十一面観音の再来である等、観音の功徳の偉大さを経文を引きつつ説く。

次に道場荘厳や作法の所作等につき、その一々の意義を説明していく。そして最後に、この灌頂は器根を「能々ヱラヒテ」伝授すべきであると結ぶ。本文の末尾には「御本云、権僧都良賢十八才　白翁守明廿八才／権律師宏海廿五才　皆阿闍梨位ノ人也」という識語が見える。本文に続く「兒灌頂式」は灌頂の流れを簡潔に記す。その後半部分は書写者実俊が私意にて追筆した部分で、「カミイウ《（髪結う）》時ノ事」や「櫛立次第」について触れる（特に後者について委しい）。

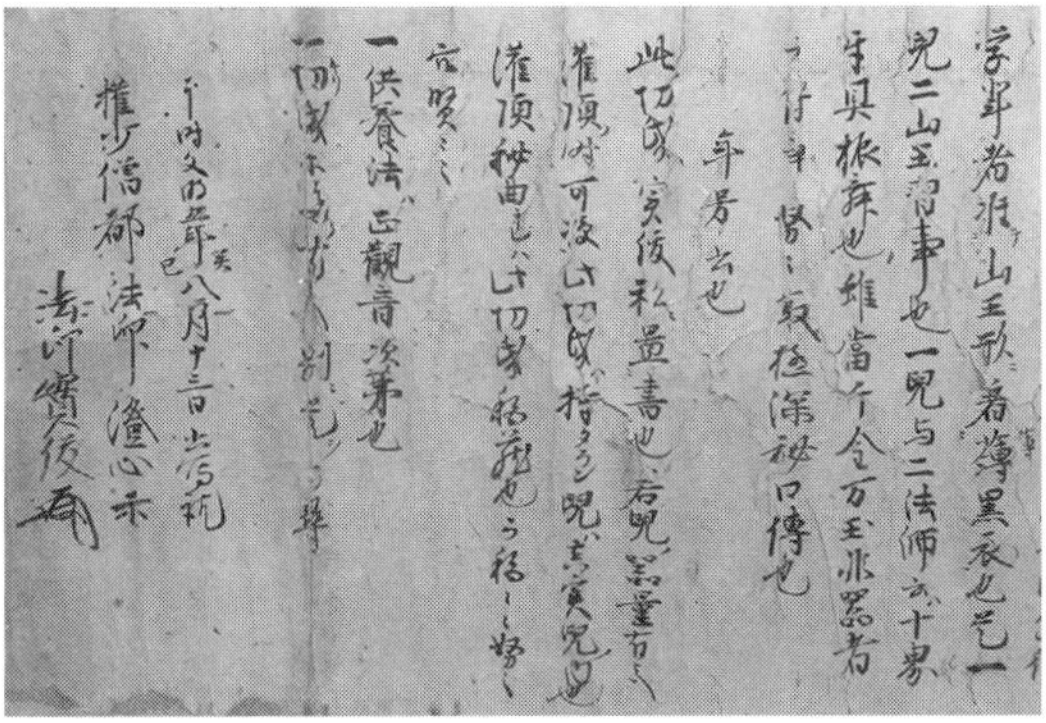

図３－35　兒灌頂

最後の「口伝事」は、比叡山の稚児信仰と山王信仰とをつなぐ「一兒二山王」の秘伝を説いた伝授切紙で、本文は次のごとし。「抑一兒二山王之意如何。／口伝云、此事最大事也。夫一兒二山王者、兒ハ境ノ三諦也。山王ト者智三観也。此境三諦ヨリ智三観縁起スル故、先一兒定・二山王定也。境智互照一兒二山王故、而二不二之振舞也。是境ノ三千・智三観常住ニシテ宛然也。円宗行学輩者、准テ二山王形一ニ著二薄黒衣一也。是一兒二山王習事也。一兒与二法師云ハ十界互具振舞也。雖当千金万玉、非器者不伝事努々。最極深秘口伝也。／年号書也」。この後に追筆して、この切紙は「灌頂秘曲」であり、灌頂のとき、器量ある稚児なれば授けよ、これを持つ稚児は「真実ノ稚兒」である云々、とある。さらにこの後供養法についての一文を付すが、これについての切紙は別紙にありとして、全体を結んでいる。稚児灌頂に関する秘書は、叡山文庫天海蔵の『弘兒聖教秘伝私』『兒灌頂私』、同真如蔵『兒灌頂私記』等があるが、本書もそれらに連なる一本として、貴重である。

三―三六　法華玄義　断簡　文永・弘安頃刊行された古版

一面、一七字×七行。四紙のみの断簡。本文は、『法華玄義』第四上（『大正蔵』三三・七二二頁下）に相当する。朱書の合点・声点がある。『法華玄義』は、天台大師智顗が隋の開皇十三年（五九三）に講説したものを、章安灌頂が記したもの。完成にはさらに、灌頂による整理・修治を経る。内容は、『妙法蓮華経』という題の文字の意味を解説しながら、天台宗の教理体系を解き明かすもの。方法として、五重玄義（釈名・弁体・明宗・論用・判教）を用いる。『法華文句』『摩訶止観』とともに、「天台三大部」と称される一つである。

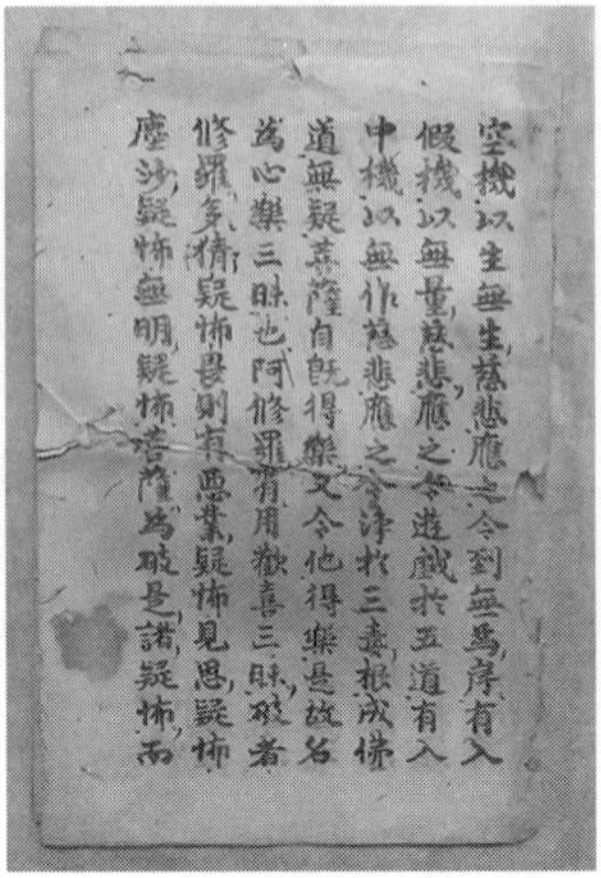

図３－36　法華玄義　断簡

四、近世文書

成菩提院には近世期の多様な史料も所蔵されている。

戦国期には、成菩提院は織田信長・羽柴（豊臣）秀吉・小早川秀秋らによって宿営地として使用されたこともあり、信長や秀秋が下付した禁制なども伝存している。秀吉は成菩提院に対して寺領一五〇石を与えているが、近世に入ると徳川家康によって同じ石高が安堵され、二代将軍秀忠の時期以降は慶長七年（一六〇二）検地を反映した一六〇石が公称された。

また、成菩提院は数多くの末寺を擁しており、そこには西国三十三所のひとつである美濃国の谷汲山華厳寺も含まれている。この点について、『山東町史』本編（一九九一年）に収載された寛永十年（一六三三）の史料によれば、当時の成菩提院の末寺は近江・美濃・伊勢の三国にわたって分布しており、総数二五カ寺にも及んでいた（無主・退転を含む）。

享保十九年（一七三四）に膳所藩士の寒川辰清が編纂した『近江国輿地志略』では、成菩提院は「天台宗海道三箇談林の随一にして穴太流伝法灌頂の密室なり、土俗呼んで寺談義所といふ」と紹介されている。さらに同書中には、最澄の開基伝承や信長・家康らと関わる由緒、また「深砂王」の画像（深沙大将図）をめぐる「往古平泉寺の衆徒当寺に禍せし時、甚奇瑞あり」といった伝承なども記されている。

なお、安永九年（一七八〇）の「江州成菩提院幷末寺人別御改帳」（成菩提院所蔵）によれば、この時期の成菩提院の寺内には僧六八人・俗五人の一一人がおり、その門前には六三人（男三一人・女三二人）が居住していた。

成菩提院には、絹本著色浄土曼荼羅図など四点の国指定文化財や、平安期の大般若経など県指定文化財三点をはじめとする貴重な文化財のほか、数多くの宗教史料（聖教）や中世以降の歴史史料が保管されている。これらの史料については、既に『改訂近江国坂田郡志』や『山東町史』などにおいて取り上げられており、尾上寛仲氏によっても研究が進められてきたが、その悉皆調査には至らなかった。その後、福田栄次郎氏を中心とする調査団によって、中世文書の悉皆調査が実施され、史料集刊行が予定された。その後も、聖教と近世文書の悉皆調査が進められている。

現在、成菩提院における近世史料の保管には、主に専用の桐箱が用いられている。桐箱は五箱あり、それぞれ引き出しの中が三列に区切られていて、ここに明治大学での調査によって大きく時代別に分類された近世史料が数点～数十点ずつ酸性紙封筒に入った状態で、ぎっしりと収納されていたが、現在は史料保存用の中性紙封筒を作製して、酸性紙封筒から入れ替えが完了している（曽根原理）。

以下、成菩提院所蔵の近世史料の中からいくつかを紹介する（すでに『滋賀大学経済学部附属史料館研究紀要』四三～四五号、『日本仏教綜合研究』一一号、および『東京大学史料編纂所研究紀要』二七号に掲載された内容で、許可を得て転載したものを含む）。

四―一　禁制　一点　慶長五年（一六〇〇）九月

小早川秀秋が関ヶ原合戦の際に、成菩提院境内に立てた制札。木製で三カ条が墨書されており、合戦前後の治安維持のために作成されたものと思われる。

小早川秀秋が当初西軍に属し、合戦中に東軍に寝返ったことと当時の成菩提院住職などとの関係については、いくつかの伝承が存在し『坂田郡志』などに詳しいが、史実として確認するのは困難である。（曽根原）

（翻刻）

禁制　　柏原成菩提院

一　当手軍勢濫妨狼藉之事

一　伐採山林竹木之事

一　陣取放火之事

右条々堅令停止畢、若違犯之輩有之者、速可処厳科者也、仍如件、

慶長五年九月日　　秀秋（花押）

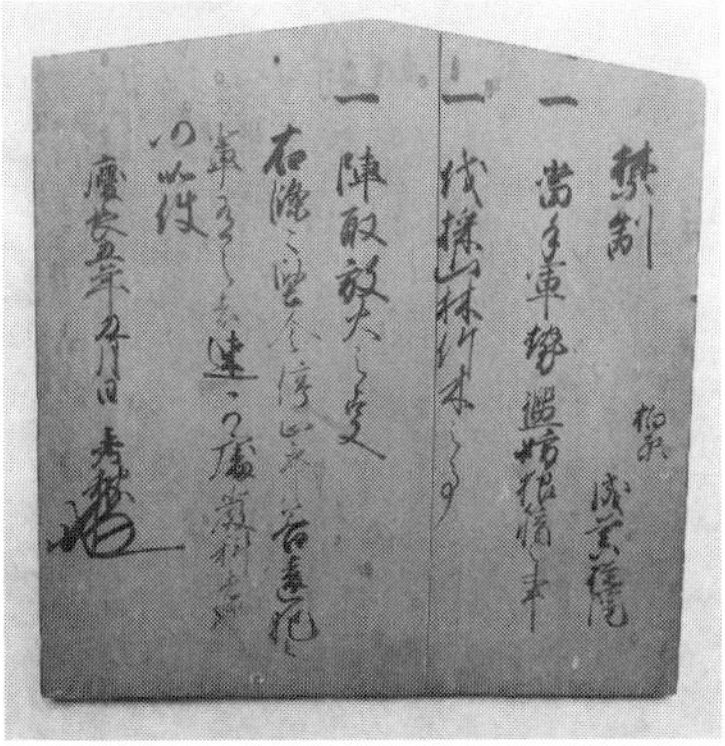

図４－１　禁制

四―二　成善提院宛行状写　慶長十三年（一六〇八）十月四日

徳川家康が成善提院領を安堵した黒印状の写し。すでに豊臣政権の時代に寺領一五〇石が安堵されており、それを追認している。実はこれに先立つ慶長七年（一六〇二）の近江一国検地で成善提院領は一六〇石とされており、二代将軍秀忠期以降は寺領一六〇石が定着した。

慶長年間に個別寺院に宛行状を与えることは珍しく、なぜこの時期に成善提院宛に発給されたかは不明。家康は同日付で、この頃重用していた大山寺実雄（高野山遍照光院頼慶の弟子）に碩学料五七石を与えており、あるいは学問寺院を別格扱いにしたということかもしれない。一方、寺伝（『成善提院要記』）では、秀忠夫人（浅井江）の帰依により「慶長十三年駿府の御城に於いて御朱印成し下され候」（原漢文）と記す。（曽根原）

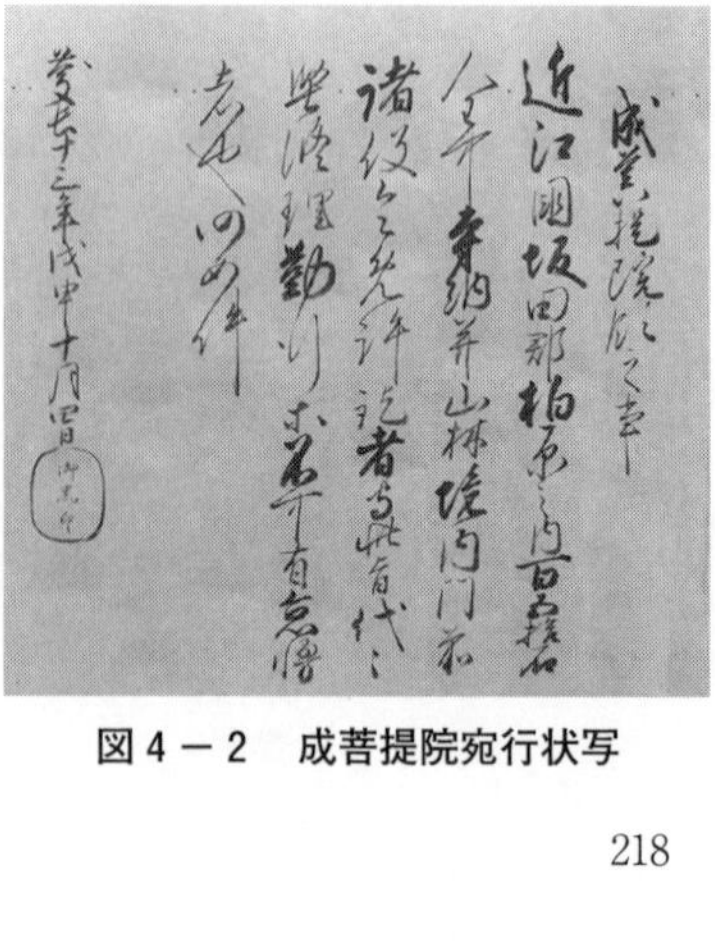

図４－２　成善提院宛行状写

（翻刻）

成善提院領之事

近江国坂田郡柏原之内百五拾石、全可寺納幷山林境内門前諸役令免許訖者、守此旨代々堅修理勤行等不可有怠
慢者也、仍如件

慶長十三年戊申十月四日　（御黒印）

四―三　成菩提院法度　慶長十三年（一六〇八）十月四日

徳川家康が成菩提院に対して発給した寺院法度。祈禱に励むべきこと、顕教と密教の両方を重んじること、寺領に対する住職以外の干渉の排除、寺領の売買の禁止、学問を基準として相続すべきこと、規則を破る僧侶は追放すべきこと、住職の門前の者に対する成敗権を保証、などを内容とする。前の史料と同様、この時期に個別寺院への法度発給は珍しい。（曽根原）

（翻刻）

成菩提院法度之事

一　天下安全御祈念、長日護摩不可有油断事

一　専教観二道、可被執行仏法事

一　院領之儀、其住持外、不可有他競望事

一　院領之売買質券等、可被禁止事

一　為顕密之名室故、以学匠可被相続事

一　任先例之旨、悪行所化連可被追放事

一　門前之者於成不儀者、如先規従住持可被申付事

右条々堅可相守者也、仍如件

慶長十三年戊申十月四日　（家康黒印）

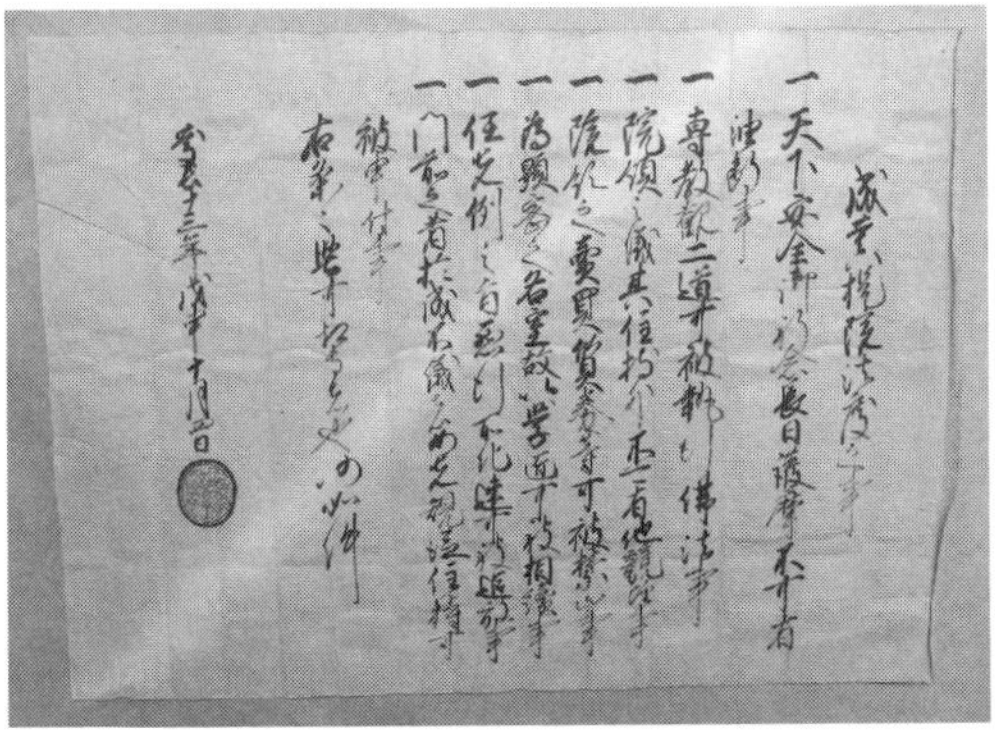

図４－３　成菩提院法度

四―四　宗門檀那請合之掟　伝慶長十八年（一六一三）

本史料は、近世において諸寺院に広く流布した、「宗門檀那請合之掟」（以下「請合之掟」と略記）などといった名で知られる偽法令と、それによく付随して流布したいわゆる「諸寺院条目」という偽法令とがセットになったものである。これらの偽法令について朴澤直秀はごく限られた事例からではあるが、その流布過程をめぐって考察を加えたことがある。[1]「請合之掟」は、一般に慶長十八年付のものとして流布し、徳川家康の制定に仮託されている。しかし文中に登場する不受不施・悲田宗（「非田宗」と表記されるケースが多い）はそれ以後に禁止されたものであり、悲田宗の禁止は元禄四年（一六九一）であることから、それ以降に成立したものであると考えられる。流布状況をみると、管見の限りでは成立についてははっきりしないが、明和年間には既に存在しており、寛政年間以降、広汎な書写・流布の事例がみられる。

「請合之掟」は、流布の過程においていくつかの系統に分化しているが、大きくいえば三系統がみられ、朴澤は前稿でそれをA・B・Cとし、Aをもとの形態と考えた。本史料前半の「請合之掟」は、そのうちCの系統に相当する。また、「諸寺院条目」も大きく二系統みられ、前稿でそれらをア・イとしたが、本史料後半は、そのアの系統に属する。ただし管見の限りにおいて、アの日付は単に「寅四月」となっているのが一般的であり、本史料に見られる「寛永三年寅四月」というのは珍しいと思われる。冒頭の「寛永二年丑……」の影響をうけたものであろうか。それと関連して、アの系統で最後から二条目は「寛文年中……」となる例が多いが、本史料では「慶長年中……」となっており、日付と整合が取れたかたちになっている。さらに冒頭、「寛永二年丑四月従　公儀被　仰出候御条目写」が表題のごとく書かれているが、これは本来第一条の冒頭であったと思われ（「御条目写」という文言は本来無かったと思われる）、書写過程において改変・整形されたものと考えられる。

本史料の「請合之掟」の特徴として、C形式でなおかつ、後ろから二条目の最後に、独立していた条文として伝わる例の多い「相果る時ハ一切宗門寺之差図にて執行ひ可申事」の一文が組み込まれていることが挙げられる。こういった特徴に照らして、管見の限り最も似ているテクスト（かついわゆる「諸寺院条目」を伴うもの）として、浄土宗西山派本山光明寺（現、京都府長岡京市）に由来する京都西山短期大学図書館所蔵の「東照大権現御垂」(2)を挙げることができる。ただし、こちらに付随したいわゆる「諸寺院条目」は、より原型に近いと考えられる形態である。なお「東照大権現御垂」の冊子の奥書に「右者信州松本龍沢寺ニ而寺檀之出入有之候ニ付、右出入之裁許能州惣持寺江尋ニ遣候処、此御定書参候也」とあるが、松本近辺で曹洞宗の「龍沢寺」なる寺を見出すことができず、この由来の事実性については疑わしく思われる。

ともあれ、他のC系統の「請合之掟」の流布状況や、天台宗寺院に伝播した「請合之掟」の事例に鑑みても、本史料の成菩提院への伝来に関しては、宗派に関わらない、地域的な伝播などを想定したほうがよいものと考えられる。なお、現存する「請合之掟」写本の中には一部、檀那に提示される機会があったことがわかる例もあるが、本史料については、収集・利用目的が不詳である。（朴澤）

註

（1）朴澤直秀「いわゆる「宗門檀那請合之掟」――近世の寺院関係偽法令（一）――」「いわゆる「諸寺院条目」――近世の寺院関係偽法令（二）――」（同『近世仏教の制度と情報』吉川弘文館、二〇一五年、初出二〇一〇年・二〇一二年）。

（2）京都西山短期大学図書館所蔵、文書番号・浄二五―三二一。

（翻刻）

（表紙）「慶長十八年
寛永三年　御条目写」

（内表紙）「東照宮御垂範十五箇条
厳有院殿再御掟十三箇条」

宗門檀那請合之掟

一　切支丹之法者死を不レ顧《かへりミす》、入レ火不レ焼、入レ水不レ溺《をほれす》、身より血を出して死するを成仏遂と立る故、天下之法度厳蜜《けんミつ》也、誠に邪《じゃ》宗邪法也、依之死を軽《かろ》んするもの可レ遂《とぐ》吟味事

一　切支丹に本《もとつく》く者ハ、韃単《たつたん》国より毎日金七厘《りん》をあたえ、天下を切支丹に成し神国を妨《さまた》く邪法也、此宗に本くものハ釈迦の法を不用故に、檀那寺の檀役を妨け仏法之建立を嫌ふ、依之可遂吟味事

一　頭檀那たりとも其宗門之祖師忌、其寺之仏忌・祖師忌、盆・正月・両彼岸、其担那両親ハ勿論先祖之命日絶て参詣不仕者有之ハ、引二判形一《はんぎやうをひき》、宗旨役所江相断、急度可遂吟味事

一　切支丹・不受不施ハ先祖両親之年忌ニ寺僧の弔を不請、当日宗門寺江者一通り之志を述《のべ》、内証ニ而俗人一類打寄、弔僧之来る時不興にして不用、依之可遂吟味事

一　担那役を不勤、我意に任セ宗門請合之住持人を不用、宗門寺之用事身上相応ニ不勤もの、内心に邪法を抱き不受不施を立る底意也、能々可相心得事

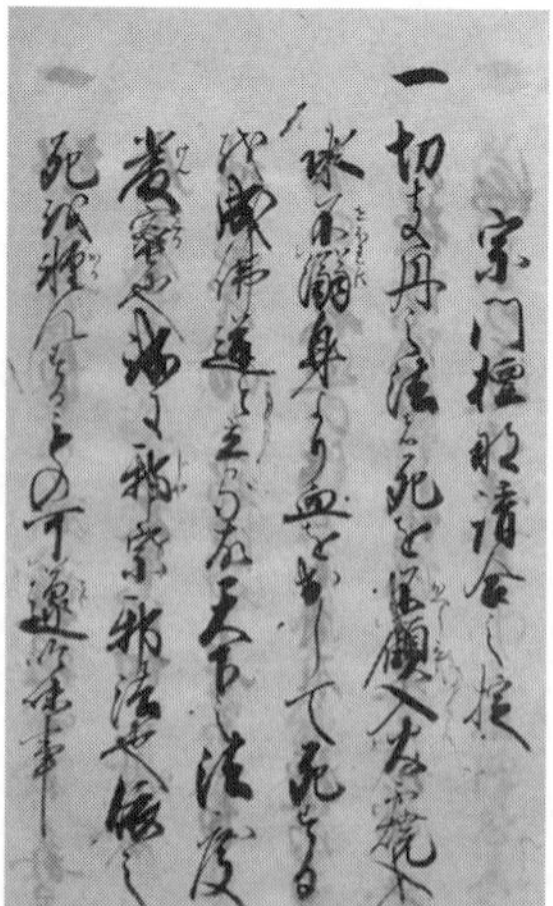

図４－４　宗門檀那請合之掟

一　不受不施之法ハ、何ニ而も宗門寺ゟ申事を不請合、其宗門之祖師本尊の寺用ニ不施、将亦他人他宗之物を不受我物を他宗に不施、是邪法也、人間ハ天の恩を受て人に施、親の恩を受て子に施し、仏の恩を受て僧に施す、是正法也、依之可遂吟味事

一　切支丹・非田宗・不受不施三宗共同也、彼等か尊所の本尊ハ牛頭丁頭と云、大丁頭仏ともいふ、故丁頭大うすと名乗也、此仏を願へは鏡に仏面と見へ、願ハさる人は犬と見ゆ、是邪法之鏡、邪宗之証拠也、一度此鏡を見るものは深く牛頭切支丹丁頭を信仰し、日本を魔国に成す、雖然正法の宗門吟味の神国故に、一通りハ宗門に本き今日人交《ましハ》りし、内心には不受不施にて宗門寺に出入せす、依之住持相考時々無由断可遂吟味事

一　親代々より宗門に本き八宗九宗之内何之宗旨無紛とも、其子如何様成勤によりて心底邪法に組し居候とも難知、宗門寺ハ此段可遂吟味為役寺事

一　勧《スヽメ》ニ仏法一、談義講経を成して為致参詣、担那役を以夫々江仏用修理建立可為勤、邪宗邪法に組し候輩者寺之事一切不用、世間交り一通りニ而、内心にハ仏法を破し僧の勧を用いす候者相考、其訳ニより可遂吟味事

一　死後死骸之頭に剃刀をあたへ戒名を授る事ハ、是宗門寺死相吟味之役寺たり、住僧死相能々見届、邪宗にて無之段、又者死骸に疵あるやなきや能々見届合点之上ニ而可致引導也、能々可遂吟味事、寺院堅可相用事

一　宗門寺を差置、外寺之僧を頼弔事、何事によらす宗門寺之住持人を避《さけ》ケ申事、別而邪宗邪法を致詮議、能々可遂吟味事

一　天下一統正法に紛れ無之者ハ頭に剃刀を加へ宗門請合可申遣候、武士者其寺之請状ニ印証を加へ差上、其外血判成かたき者有之証人請合を以証文可差出事

一　先祖之仏足を他之寺江致持参法事勤申事堅禁制也、雖然他国ニ而死去する時ハ格別ニ候、能々可吟味事

一　先祖之命日或者年忌仏事ニ、歩行《ほこう》達者成もの参詣不致、無沙汰ニ修行せし者邪宗に似寄候也、住持人急度咎之、不用者ハ宗門役所江可相断事、勿論担家を年に一度宛相廻り、序《ついで》菩提に事寄、其家之持仏堂を致吟味、仏像幷備物等に至迄能々見届、怪《あやしき》き事ハ早速宗門役所へ可申出、其国を治め其家を斉《さい》するの役寺たるによつて能々邪宗邪法を可遂吟味事、相果る時ハ一切宗門寺之差図にて執行ひ可申事

一　天下之敵《てき》、万民之怨《うらミ》者切支丹・不受不施・非田宗也、馬転連之類族相果候節者、寺社役所江相断、検使を請其上ニ而宗門之住僧弔可申事、役所江不断弔申時者住僧之可為越度事、勿論無理なる担那役等其者分限不相応之儀者宗門寺より容捨《やうしや》可有之事、将又信心をもつて仏法を尊ミ王法を敬ふ事、是を正法の人と云ふもの也

右十五ヶ条之趣、少茂於相背者、上者梵天・帝釈・四大天王・五道之冥官・日本伊勢天照太神・八幡大菩薩・春日明神・其外氏神・日本六十余州之神祇可蒙神罰者也

慶長十八年癸《ミツノト》丑五月　　奉行血判

日本国中宗門請合之諸寺院、此内一ヶ条も欠候ハヽ、急度越度可被　仰付候、堅可相守者也

慶長十八年癸丑五月　　奉行血判連判

右之通被　仰出候、得其意堅相守可被申候、以上　　諸宗役寺血判

寛永二年丑四月従
公儀被　仰出候御条目写

一切支丹・馬転連・入満・耶蘇宗門之儀、堅御停止ニ候、諸宗各寺檀那者、門前・召抱共ニ急度可遂吟味、若不穿鑿《せんさく》ニ而脇より訴人於有之者、急度可為曲事

一諸宗共御綸旨頂戴之三ツ之字者国家安静之依為御祈願所、寺中ニ而喧嘩口論清僧之寺院雖為寺家肉食妻帯いたす事、其外乱《みだれ》ケ間敷事無之様可為守護、殊ニ奉戴擔《さいたん》ニ 御勅宣《ちょくせん》之御綸旨《りんし》一宝祚《そ》長久之御祈願朝暮無怠慢可相勤事

一寺院住持移転交代《いてんかうたい》之砌、先住持後住持檀那之者立合、諸校割《かう》相改猶又寺境内別而 御朱印地御除地之儀ハ格別之事ニ候、其外新古寄附之境内畑山林野谷《のやつ》共相改、重而争論不申候様帳札を以其本寺江可差出事

一諸宗独住法地之住持後住相続之儀、其伽藍之書物証印を相定可申事、大小檀那相対之上寺相応之住持可有契約《けいやく》、其上ニ而其寺之本寺又者其国之触頭江可遂吟味候、仮令《たとい》後日何方ゟ相支《さゝはり》り候共依為印証之契約双方相対之外可為無沙汰事

一担那之儀大小となく滅罪《めつさい》一通りにて無之候者、従 公儀御法度之邪蘇宗門御改依為役寺、其担那血脈《けちみやく》相続之儀急度相改可申候、別而近年於遠国切支丹類族 公儀江敵対有之、当六月諸国之国主地頭官料江御条目御触出可奉承知旨幷紛敷担那之者江申渡、此上ニ而も疑敷隠密《うたかわしくおんみつ》ニ寄合仕族《やから》族有之者、急度相改宗旨御役所江相断可申事

一檀那之内及困窮候もの相続難成、村役人親類計之存寄ニ而仮令《たとへ》役所江出、若其者共押領も有之哉与従担那寺可詮議事、猶又他之血脈《けちみやく》より致相続候者江担那寺より遂詮儀立合相対を以了簡可申付事

一王法仏法御兼帯大切之御掟法ニ候間、人々銘肝《きもにめいし》仏法不帰依之輩無之様可申付、其上ニ而も不相用敵当《てきたう》輩有之者、御役所江可訴出急度可為曲事

一　檀那之内為出火之本人者、罪科糺明之内ハ担那寺江引取置、御役所江可為裁断《さいたん》事

一　殿堂建立等者不申及、修覆之儀も住持微力ニ而及破却候事、住持者勿論担那共仏法不帰依之類同し平生守護之志無之不心得之至也、自今不及破却内担那とも分限相応之割府を以加修復、及大破不申様に急度可為守護、其砌少茂及違背者有之者、其趣を以其者とも所持之高石を書付候而御役所江可訴出急度可申付事

一　住僧官位《くわんい》之儀、偏為宗旨之印証担那之者共相応之助成有へく候、其外諸本山ゟ之勧化等者担那共分限を割渡可申事、違背之族者宗旨印形之節其奉行江可相断私領ニ而不聞入候ハ、御役所江相断可申事

一　住僧困窮ニ付担那共預助成度候ハ、、双方相対を以可致相談、違背之もの担那仲間ニ而可詮儀不及御役所之裁断、勿論不心得之もの江無理ニ申付候而者住持之可為越度事

一　慶長年中御条目ニ被　仰出候通、檀那之もの病死之砌疑敷《うたかハしき》体之もの者勿論、悪敷風聞等有之候ハ、、其家内親類共ニ急度遂吟味、子細有之者早速御役所江訴出詮議申請候而御役所之差図次第可致葬礼遣候、若隠置或者住持時之了簡《けん》ニ而執計ひ後日於露顕者、担那寺僧急度越度可申付候事、勿論担那之もの先祖年忌当月を《ば》忘却《うきやく》之族《やから》於有之ハ、担那寺より致差図供養之軽重者住持之了簡にて可計ひ遣事

一　雖為四邪宗門之外、其宗旨外法邪法修行仕者風聞於有之者、急度相断、法行之次第を以御役所江相訴可申候、若寺担不和合成儀を相嫌於見捨聞捨いたす者、担那寺之住持急度可申付事、勿論訴之節見違聞違之儀者不苦候事

右十三ヶ条之御条目堅可相守候、若違犯之輩於有之ハ、可為曲事者也

寛永三年寅四月　　奉行

四―五　末寺法流書物　寛文五年（一六六五）五月

成善提院の末寺・法流に関する寛文五年の二六通の書上である。便宜的に（一）～（二六）までの小番号を振った。

（一）～（一六）までは、仮綴の冊子が残されており、表紙に「末寺法流書物／江州柏原／成善提院」とある。この一冊分については、「米原市成善提院所蔵史料の紹介と解説（二）」において松金直美氏が翻刻し、解説を付している。その後、寛保元年（一七四一）成立の『成善提院要記』にも書写されており、右の冊子分の続きに（一七）～（二六）の一〇カ寺分の記載があることが判明した。再録にあたって、後半部分も加えて全体を紹介する。

（一）（二）は、成善提院から上野寛永寺の執当である住心院・円覚院へ提出された書類である。まず（一）には成善提院について、次のような内容が記されている。（1）宝菩提院の法流で、田舎における本寺に位置する。（2）寺領は一六〇石で山林境内は諸役免除されている。（3）宗門改の役務を行い、末寺や檀家からキリシタンでない旨の手形を取る。

（二）からは、寛文五年五月時点において、寺数六四軒と僧侶が一〇三人、檀家数が一三七件で九七四人、つまり成善提院配下に僧俗合わせて一〇七七人いたことがわかる。

（三）以降は、一点を除き、末寺・法流末寺から成善提院へ届け出された文書である。（三）～（一八）は近江の末寺と美濃今須の徳蔵坊で、いずれも五月吉日付である。主な記載内容は、寺院の由緒、寺領・堂舎、宗門改の実施、領主・代官についてである。一部のものは印が押されている。（一九）～（二五）は美濃の末寺・法流末寺からのもの。日付は六月二十日から七月十二日のものがあり、形式もまちまちである。最後の（二六）玄要寺は山門直末で、法流は成菩提院の流れであるという。

おそらくこの段階において、成菩提院の末寺・法流として実態のあるものは網羅されているものと思われる。末寺とその時期的な変遷は「第一部通史・伝承編」を参照されたい。

さて、「末寺法流書物」の作成の事情を知ることができるものとして、次の史料がある。


【関連史料】「斑鳩寺文書」（東京大学史料編纂所架蔵写真帳、ⅰ～ⅴは筆者による）

ⅰ　今度日本国寺社方江御朱印可被成下之旨被仰出、此書立之通従寺社御奉行衆被仰渡候之間、被得其意、御朱印有之其国天台宗之分、当夏六月中ニ、尤自身持参可有之候、代僧者堅御法度之事候、
ⅱ一、御朱印訴訟ニ参府候ハヽ、雖無申迄候、東叡山へ案内有之而、其後指図次第ニ御奉行所へ可被罷出事、
ⅲ一、今度吉利支丹之宗門御改ニ候、就夫天台宗之寺領・門前相改候様ニと此書立之通、従寺社御奉行衆被仰渡候間、是亦急度可被相改事、
ⅳ一、其国天台宗之分、本寺幷末寺・門徒・法流迄書立、本末共ニ加判候て、銘々ニ書付可被差上候、付、末寺・門徒ニ自然ニ御朱印所候ハヽ、其段寺号之上ニ可被書付候、縦御朱印無之候共、寺領又ハ境内斗ニ而も於在之者、厥品可被書載事、但、此寺領従公儀被下候歟、地頭方ゟ自分之寄進ニ候哉、左候ハヽ、公儀御代官衆幷地頭之名書付可被申事、
ⅴ一、其国ニ天台宗何箇寺有之事ニ候哉、此方にてハ委細不知事ニ候之間、国中一宗之分へ、此廻文不残被相廻、右条々書立、当六月中御朱印訴訟ニ被罷下候衆ニ頼候て、書立可被差越候、若又国中ニ御朱印所無之候而、御朱印訴訟ニ参衆於無之者、地頭方へ憑候而成共、右之書立可被差越候、惣而一国々々之天台宗之本寺・末

寺・法流迄相改置候様ニと寺社御奉行衆被仰候間、如此候、今般書立不被指出候者、以来於其寺ニ公儀へ御訴訟、又ハ異論出来之時、天台宗之由難申可有之候条、委細可有承知者也、

三月二日　　住心院（実俊）在判
「寛文五年乙巳ノ三月也」　　円覚院（諶泰）在判
「住心院・円覚院ハ武州東叡山ノ両役者也」

播磨国中
　天台宗

寛永寺の住心院・円覚院から播磨国中天台宗に充てられた触書の写である。カギ括弧内は触れを受けた斑鳩寺側で記入されたもので、寛文五年のものであることが記されている。ほとんど同文のものが成菩提院末寺の観音寺の所蔵文書のうちにも残されている（『山東町史』史料編「観音寺文書」近世編一三号）。こちらは三月五日付で、宛所は「近江国中天台宗」である。内容から、これら以外の諸国にも出されたものと考えられる。

この触書は、江戸幕府の領知宛行制のなかでも重要な画期とされる寛文印知に関わるものである。江戸時代、諸領主は将軍からの領知宛行状（領知判物・朱印状）によって領知の支配を認められていた（成菩提院のものは、近世文書四―一など）。そして、将軍が死去すると、次の将軍が朱印改を行い、自らの領知宛行状を発給する。

慶安四年（一六五一）四月に三代将軍徳川家光が死去すると、世子の家綱が将軍となるが、この時まだ幼少であった。そのため、代替わりの領知宛行状の発給は、ようやく寛文四年に諸大名分が、翌五年に公家・門跡・諸寺社分が行われる(1)。寺社には、同時に諸宗寺院法度・諸社禰宜神主法度という包括的な法令も出されており、江戸幕府の寺社政策において重要な時期であると評価されている。

寺社についての代替わりの領知宛行状発給を実施する旨は、寛文五年三月一日に発令される。【関連史料】は、それを受け寛永寺が諸国の天台寺院へ送ったものである。おおまかな内容は以下のとおりである。

ⅰ寺社に対する領知宛行状発給が行われることを伝え、該当する寺院の住職の江戸下向を指示し、ⅱ下向したならば寛永寺に届け出、その指図に従うことを命じる。

ⅲ寺社奉行の命を受け、各寺院の寺領・門前でのキリシタン改の実施を要請する。

ⅳ各国の本寺と末寺・門徒・法流および寺領についての書上を命じる。そして、ⅴこの触を国中へ廻達することと、提出方法について指示する。最後の部分では、寺社奉行の命で一国ごとの天台宗の本末・法流を改めるのだと述べ、また、この書立はそれぞれの寺院が天台宗に属することを証明する際に役立てられるものでもあることが付言されている。

「末寺法流書物」は、右の触書のⅳ・ⅴの指示を受けて作成・提出されたものの控えである。キリシタン改についての記載がみられるのは、ⅲの項目があるためと考えられる。

このように寛永寺は、代替わりの領知宛行状発給の実施とキリシタン禁制の徹底を意図する幕府の方針をもとに、寺社奉行からの指示にもより、全国的な末寺の存立状況を把握しようとする。ここでは国ごとの把握が志向されている。「末寺法流書物」の近江分と美濃分の日付の違いが生じたのはそのためかもしれない。

調査の指示を受けた成菩提院などの地方の本寺も、この政策により自らの末寺の把握を実現している。そして、おそらく諸末寺のうち朱印地でないものは、この機会に幕府から新たに領知宛行状が発給されることを期待したのであろう。

なお、このときの末寺調査に関する史料としては、近江蒲生郡の東南寺の寛文五年五月十三日付「東南寺及末寺十五ケ寺連判状写」（東京大学史料編纂所影写本「東南寺文書」）がある。また、甲賀郡の矢川寺も寛永寺に「寛文五年之帳面」を提出したことが知られている。(2) 同様の事例は、さらに見いだされるものと思われる。

ところで、このような書上作成の指示は、他の宗派にはなされなかったのであろうか。天台宗の本末帳の完成は他宗に比べて遅れていたとする指摘もあり、(3) ここで寺院調査を行っているのはかかる事情によるものである可能性も考えられる。同時代の史料を集め、さらに検討する必要がある。

いずれにせよ、本史料は末寺に関する豊かな情報を得ることができるだけでなく、寛文期における幕府の寺院行政や天台宗の末寺支配を考える上でも重要な史料である。（林・松金）

註

（1）国立史料館編『寛文朱印留』上・下、東京大学出版会、一九八〇年。
（2）藤田和敏「近世前期郷鎮守における神宮寺と本末関係の形成」（同『近世郷村の研究』吉川弘文館、二〇一三年、初出二〇〇七年）。
（3）宇高良哲「天台宗寺院本末帳の成立年次考」（同『近世関東仏教教団史の研究』文化書院、一九九九年、初出一九八九年）。

（翻刻）

「（表紙）

末寺法流書物　　江州柏原

成菩提院」

（一）

成菩提院ゟ上申書出之事

一　近江国坂田郡柏原成菩提院者天台宗宝菩提院之法流、於田舎本寺ニ而御座候、開山者貞舜法印、本尊者十一面観音、不動明王・文殊院内安置仕候、天下安全御祈禱如御朱印御座候長日護摩供無懈怠勤修仕候、正五九月大般若経、其外昕哺修法仕候事

一　当院之寺領百六拾石余、山林境内諸役御免許之御朱印御三代之御座候事

一　吉利支丹宗門御改之儀被仰下候、能々吟味仕、末寺末山檀方以下改、銘々ニ手形取置申候事

成菩提院

寛文五乙巳年五月吉日

住心院

円覚院

（二）

図4－5　末寺法流書物

成善提院末寺幷檀方書出之事

一　寺数六拾四軒、坊主之数百三人
師弟子共之事

一　寺々ゟ指上申書出十七通、其外当院ゟ二通、吉利支丹宗門改之帳者当院ニ納置候事

一　俗檀方之家数弐百三十七軒、人数九百七十四人、老若男女下々迄僧俗合千七拾七人御座候事

成善提院

寛文五乙巳年五月吉日

住心院

円覚院

（三）

指上申書立之事

一　江州坂田郡清滝寺者天台宗柏原成善提院之末寺ニ而御座候、先規者十二坊之所ニ而少宛寺領田御座候、然所ニ信長公御代寺領悉落申候、其後御検地之奉行徳長左馬助殿へ御理申上、十二坊之屋敷幷山林等御除被成被下候、十二坊之内四房者于今寺御座候、残八坊者退転仕、屋敷計御座候而屋敷御除之分ニ而御座候、御除之寺之明屋敷今般他所ゟ裁許仕候而寺中迷惑仕候事

一　当寺者天智天皇之御願所ニ而御座候由申伝候、本尊者千手観音・如意輪・大威徳、三尊本堂安置仕候、鎮守者清滝権現ニ而御座候、縁起等も一乱之時紛失仕、無御座候事

一　吉利支丹宗門改可申之由被仰下候御下知之通、能々吟味仕候而加判形書付指上ヶ申候、御公儀之御蔵所ニ而御代官者市岡理右衛門殿ニ而御座候事

万徳坊
金輪坊
勧学坊
井清坊

寛文五乙巳年五月吉日
成善提院

（四）

指上申書立之事

一　江州浅井郡大吉寺天台宗山門末寺、本尊者聖観音ト七社山王、先代者七堂伽藍之処、本尊之元来天智天皇御宇天平勝宝七年江州愛智郡愛智河之川末海ゟ涌出之尊体ト則縁起ニ御座候事

一　桓武天皇御宇ニ帝江有夢告、以参議兼兵部卿正四位下橘朝臣奈良丸遣彼津被見之、号寂寥山大吉寺給刻、浅井治家本願ニ而比叡山第四座主安恵和尚開基、就中慈恵大師従当寺出世ニ候、猶又恵心僧都坊御座候事

一　頼朝殿為天下之御祈禱所之由御判形被下候、一度本堂炎焼（類）之後、義経公御奉行ニ而七堂伽藍御建立被為成被下候事

一　浅井殿落城之節迄者寺領有之、坊数四十九坊之処、別而崇源院《(浅井江)》殿御氏寺ニ而御座候事

一　御検地衆江右之通由緒理申候へハ、寺跡山被成御赦免被下候へ共、墨付ニ而も無御座候、如先例之正五九月之長日御祈禱申上、護摩大般若経於于今無懈怠相勤申候条、哀末代為御興隆御朱印被仰下候様ニと願所ニ御座候事

一　吉利支丹御改被仰下候、当寺者先年者山門末寺ニ紛無之、近年柏原成菩提院末寺天台宗ニ而御座候、能寺中吟味仕加判形書付指上ヶ申候事

勝専院
宝城坊
円意坊
松本坊
宝覚坊
定泉
平等
円宗
今蔵
福聚院

寛文五乙巳年五月吉日

成菩提院

（五）

指上申書立之事

一　近江国坂田郡之内伊吹山観音護国寺者三朱沙門御開基、天智・仁明天皇御願所、伊吹四箇寺随一ニ而御座候、本堂往古者七間四面、七堂伽藍、本堂本尊者千手観音、行基菩薩一刀三拝之所造云云、本堂・鐘楼・鎮守山王権現于今造立仕置候事

一　天台宗柏原成菩提院末寺ニ而御座候、初当者雖有寺領、信長公之時本堂横山掛城ニ上り申候、其刻大閤（太）公御折紙御座候へ共、浅井殿御方之由依中絶《忠節》ニ寺領落申候、其後　権現様（徳川家康）御検地之砌、板倉伊賀守（勝重）殿・榎田清右衛門（米津親勝）殿・権田小三郎（権太之親）殿三奉行御吟味被成候而、大閤（太）公長浜ニ御住所之時、則山林境内御免之折紙被下候故、如此御除被成被下候、往古者寺数廿三坊之処ニ而御座候へ共、只今者十四軒御座候、佐和山井伊掃部守（直澄）殿御知行所高八拾石壱斗三合御座候、惣寺中ゟ御年貢納所仕候事

一　吉利支丹宗門吟味可仕候由被仰下候、御下知之通寺中改申候、則銘々加判形書付指上ヶ申候事

普門坊
勝林坊
一乗坊
常泉坊
浄光坊
教林坊
宗泉坊

玉泉坊
梅本坊
密蔵坊
宝生坊
正住坊
池之坊
法輪坊

寛文五乙巳年五月吉日
成菩提院

（六）

指上申書立之事

一　江州坂田之郡普門山松之尾寺往古者山門之末寺ニ而御座候へ共、今程者同国柏原成菩提院末寺ニ而、則成菩提院之請法流寺僧不残別行灌頂分々ニ開壇迄致執行申候事

一　当寺領之内ニ井伊掃部（直澄）守殿御知行分高六拾石壱斗三升五合御座候事

一　当寺則　崇峻天皇之叡願役行者之開基、本尊者雲中飛行之霊像十一面聖観音之御尊形、鎮守者六社権現、山門尊意僧正之古山也、依件之地従往古御赦免被為成候、仏供燈明領御座候ニ付而書立指上ヶ申候

当寺ニ観音徳領之覚

一　壱ヶ所ハ　観音堂屋敷

一　壱ヶ所ハ　但寺有定光院学頭屋敷

一　四十九房　寺家坊屋敷

内廿一房者只今房御座候

残而廿八房者年々ニ退転仕候

一　八反余　田方

一　七町余　畠方

一　山之分　皆共竹木共ニ

一　諸役等之事

右之領地従往古至于今迄代々之御地頭ゟも御違乱無御座候、証拠ニハ折紙も数通御座候、則　権現様（徳川家康）御検地被為成候時之奉行林伝右衛門殿先規数通之折紙御覧被成、如前々右之地無相違竿御除被成被下置候故ニ、二十一之衆徒房不数候へ共、観音仏供燈明朝暮無懈怠相勤申候、毎年正五九月節分経等四季共ニ寺僧不残本堂江集会仕候而、天下安全之為御祈禱般若心経一千巻読誦仕候、井伊掃部守殿佐和山ニ被成御座候時者正月四日ニ御祈禱札指上ヶ申候、江戸ニ被成御座候内者御家老計へ札上ヶ申候事

一　吉利支丹宗旨吟味可仕之由被仰下候御下知之通寺中改申候、則銘々ニ判形仕指上ヶ申候事

一　観音堂往古者七堂伽藍ニ而御座候由申伝候へ共、百五十年計以前ゟも観音堂斗相残候て修理仕候へ共、及大破申候ニ付而七年以前亥之正月十八日ゟ七月二日迄ニ堂出来仕候、人足者井伊掃部守殿ゟ作事之間御奉行被付、人足入次第被下候、堂之入用者金子三百両余入申候、此金子観音山立毛を売、又者国中致奉加造立仕

候事

一　件《往古ゟ》之御赦免之地被為下置候へ共、先々ゟ寺僧劣申候故、今迄御朱印頂戴不仕候、末代迄之儀御座候間、右御赦免之地之御朱印頂戴仕度奉存候、寺僧近年者文盲成者共集居申候間、無左候ハ、寺共可及退転と朝暮悲申儀御座候事

定光院
新蔵坊
岸本坊
勝学坊
密蔵坊
宝蔵坊
藤本坊
尾崎坊
奥之坊
実蔵坊
岩本坊
大乗坊
惣円坊
不動坊

物持坊
教実坊
蓮乗坊
実相坊
一楽坊
勧学坊
室乗坊

寛文五乙巳年五月吉日
成菩提院

（七）

指上申書立之事

一　近州坂田郡恵光山名超寺常喜院者天台宗柏原成菩提院之末寺ニ而御座候、当寺者　天武天皇之御宇白鳳年中三朱沙門之開基、名超童子旧跡開闢之昔者堂塔伽藍並甍寺院門戸研玉、既勅免之霊地、霊験繁多之地御座候事

一　御本尊者太子刻彫之聖観音之霊像ニ而御座候、并天子御祈願所ニ而御座候故、御代々御綸旨八通御座候、其後高氏将軍公ゟ寺内地領等乱（妨）望狼藉無之様ニと制札御座候事

一　後鳥羽院様御影、則御持経之紺紙金泥之法花経壱部御座候、又菅丞相一夜白髪之御自筆之画像御座候事

一　名超寺之寺領者名超村・常喜村・本庄村三ヶ村之処、壱職進廻(退)ニ山林共ニ高五百石余之処被下候処、信長公御代寺領落申候、屋敷方・観音・役行者之仏供領大閤(太)公御代迄御免許ニ而御座候へ共、其後御検地御奉行林伝右衛門殿へ御理申上候へ共、御朱印経蔵へ籠置本堂寺中煙焼仕御朱印無之故、仏供領六反二畝之所四拾九坊之其跡屋敷方迄御年貢御付被成候、観音堂・役行者之堂・屋敷計当御検地之御免許ニ而御座候、観音・役行者之山廿町余御座候、山林御免許之処ニ近年門前ゟ立込、今程本堂寺中及退転迷惑仕候、当御代御検地ニ六反二畝之処、高八石八斗三升御年貢井伊掃部守(直澄)殿へ毎年納所仕候、右観音・役行者仏供領山林境内御赦免之御朱印頂戴仕度存、右之趣申上候事

一　吉利支丹之宗門改可申之由被仰下候御下知之通、能々吟味仕候而判形仕書付指上ヶ申候事

平等院

千蔵坊

舜鏡坊

寛文五乙巳五月吉日

成菩提院

(八)

指上申書立之事

一　近州坂田郡赤星山明性寺者天台宗柏原成菩提院之末寺ニ而御座候事

一　本堂三間四面御本尊薬師如来者伝教大師一刀三拝之御作之由申伝候、比叡山根本中堂薬師御尊木之以末之

木於田舎ニ仏之薬師造立被遊候、其中之一仏之薬師ニ而御座候由、従往古申伝候事

一　初当者七堂伽藍御座候而寺領御座候へ共、御検地之節落申候、縁起等も一乱之時紛失仕候而無御座候、境内七堂之跡も分散仕候而、残而高弐石壱斗七升四合御座候所ニ、御公儀へ御年貢納所仕候、鎮守王子権現之田地高四石四斗御座候、是者村人裁許仕候而御公儀へ御年貢納所仕候、其外堂寺之居敷山少御除被下候、則御公儀之御蔵所ニ而市岡理（清次）右衛門殿御代官ニ而御座候事

赤星山
明性寺（印）

寛文五乙巳年五月吉日

成菩提院

（九）

指上申書立之事

一　江州坂田郡河内村常福寺者天台宗柏原成菩提院之末寺ニ而御座候、御公儀御蔵所にて御座候、代官者市岡理（清次）右衛門殿ニ而御座候事

河内村
常福寺（印）

寛文五乙巳年五月吉日

成菩提院

（一〇）

指上申書立之事

一　濃州不破郡今洲（須）村徳蔵坊者天台宗江州柏原成菩提院之末寺ニ而御座候、御公儀御蔵所ニ而代官者名取半左（長和）衛門殿ニ而御座候事

寛文五乙巳年五月吉日

徳蔵坊（印）

宝蔵（印）

成菩提院

（一一）

指上申書立之事

一　江州坂田郡柏原村来蔵坊者天台宗則成菩提院之末寺ニ而御座候、御公方之御蔵所、代官者市岡理（清次）右衛門殿ニ而御座候事

寛文五乙巳年五月吉日

柏原村

来蔵坊

成菩提院

（一二）

指上申書立之事

一　江州坂田郡清滝村智蔵坊者天台宗柏原成菩提院之末寺ニ而御座候、御公儀之御蔵所、代官者市岡理右衛門（清次）
殿ニ而御座候事

寛文五乙巳年五月吉日

清滝村
智蔵坊

成菩提院

（一三）

指上申書立之事

一　江州坂田郡之内長岡村安野寺者天台宗柏原成菩提院之末寺ニ而御座候、則井伊掃部守（直次）殿御知行所之内ニ而
御座候事

寛文五乙巳年五月吉日

長岡村
安野寺（印）

成菩提院

（一四）

指上申書立之事

一　江州坂田郡之内菅川村菅生寺者天台宗柏原成菩提院之末寺ニ而御座候、本尊者聖観音ニ而御座候、則井伊掃部守殿御知行之内ニ而御座候事（直次）

菅川村
菅生寺（印）

寛文五乙巳年五月吉日

成菩提院

（一五）

指上申書立之事

一　江州坂田郡黒田之郷山室村小倉寺者天台宗柏原成菩提院之末寺ニ而御座候、開基者名超童子、本尊者毘沙門石仏石堂ニ而御座候、往古者寺数十五坊之処、退転仕候而、今程者一坊御座候、則御公方御蔵所ニ而高七石余之処御年貢納所仕候、毘沙門御座候山寺之居敷も御除ニ而者無御座候、御代官者市岡理右衛門殿ニ而御座候事（清次）

山室村
小倉寺

寛文五乙巳年五月吉日

成善提院

（一六）

指上申書立之事

一　江州浅井郡三河村之繫光山玉泉寺者天台宗、今程者大吉寺之末寺ニ而御座候、本堂者山門横川元三大師御誕生所ニ而御座候、則大師者御自作ニ而御座候事

一　往古者大師之寺領三百石余御座候由申伝候、彼寺領御検地之砌落申候、其後残而六坊御座候、坊屋敷ニも御年貢付申候、大師堂之屋敷御除ニ而御座候事

一　吉利支丹之宗門御改付而吟味仕加判形書付指上ヶ申候、御公儀之御蔵所ニ而代官者大野（小野貞久カ）物左衛門殿ニ而御座候事

別当
教順坊（印）

斎諦
西蔵（印）

斎諦
金蔵（印）

寛文五乙巳年五月吉日

成善提院

（一七）

指上申書立之事

一　江州坂田郡大野木村妙楽寺者、天台宗柏原成卉(菩提)院之末寺ニ而御座候、当寺之開山者成卉(菩提)院二代目慶舜法印ニ而御座候、本尊者聖観音、行基之御作之由申伝候、往古者寺領山林御座候得共、惣御検地之砌落申候、今程者境内五石余御座候処、御公儀へ御年貢納所仕候、則御蔵所ニ而代官者市岡理右衛門(清次)殿ニ而御座候事

大野木村
妙楽寺

寛文五乙巳年五月吉日

成菩提院

（一八）

指上申書立之事

一　江州坂田郡尾鼻山日光寺者、天台宗柏原成卉(菩提)院末寺ニ而御座候事

一　当寺者三朱沙門之御弟子名越童子之御開基、天武天皇之御願所也、伝聞初当者七堂伽藍寺家四拾九坊之処、寺領多雖有之、信長公御代寺領悉落申候、其後太閤(豊臣秀吉)公御検地之刻、本堂屋布山少、岩本坊山林境内之分者御奉行衆へ御理り申候而御除被成被下候、相残四拾八坊之寺屋敷之分ハ御年貢被付被成候事

一　只今者草堂一宇、本尊観音・薬師二尊奉安置、幷岩本坊一坊御座候事

一　醍醐天皇御宇寺領三拾貫文被成下候口宣御座候事

一　後小松院御祈願令勤修依為感応、当寺之院主一口大僧都法印永補任之　御綸旨被為下置候而、拙僧之寺于今御座候事
一　先規者観音山御座候而、寺ゟ裁判仕、本堂之修理等仕候処、近年在家ゟ立込ニ罷成候而、一坊御座候寺も退転仕候義ニ御座候事
一　吉利支丹之宗門御改付而吟味仕加判形書付指上申候、佐和山井伊掃部頭（直澄）殿御知行所ニ而高九石六斗壱升岩本坊ゟ御年貢納所申候事

日光寺
岩本坊

寛文五乙巳年五月吉日

成菩提院

（一九）

成菩提院法流末寺目録写

大猷院（徳川家光）殿御朱印所濃州山県郡深瀬村

神宮山

天台興国大円禅寺

慈明院

右之通勅号之由ニ而御座候

開山者真海贈僧正椙生坊皇覚九代之末弟円頓坊尊海四世之法孫也
蜜(密)教者穴太流柏原成菩提院法流也
末寺者昔者御座候へ共、今程者一ケ寺も無御座候間、書付不申候
七月四日　　慈明院判
覚林坊様

(二一〇)

濃州多芸郡野口村
宝光院
仏道山
成願寺

一　成菩提院末寺法流也
一　寺領高拾石之事
大猷院(徳川家光)様御朱印有之
寛文五年巳ノ六月廿八日　　宝光院判
拝上
成菩提院

（二一）

成菩提院末寺法流之事

濃州多芸郡大塚村

妙徳院

時立山

神供寺

境内高弐石三斗也

御地頭戸田采女（氏信）正殿、数代折紙有之

寛文五年巳ノ七月十二日

拝上　　妙徳院判

成菩提院

（二二）

指上申書立之事

一　美濃国大野郡谷汲山花厳寺者、天台宗江州柏原成菩提院末寺ニ而御座候事

一　当寺観音西国三拾三所順礼成就之所

観音堂領四拾石境内山林者

大猷（徳川家光）院様御朱印頂戴仕候事

一　吉利支丹宗門改可申之由被仰下候御下知之通、能々吟味仕候而、寺内・門前・寺領之百性（ママ）中判形仕書付指上候事

寛文五年巳ノ七月三日　観音寺中

谷汲

五ケ寺判

成菩提院

（二一三）

指上申書立之事

一　美濃国山県郡大森村三光院ハ、天台宗江州柏原成菩提院之末寺ニ御座候事

一　高三石、境内往古ゟ御除之寺地ニ而御座候事

一　吉利支丹宗門改可申之由被仰下候御下知之通、能々吟味仕候而判形仕書付指上候事

寛文五年巳ノ七月三日　大森村

三光院判

成菩提院

（二一四）

江州柏原成菩提院末寺法流事

美濃国多芸郡金屋村
玉泉院
仏照山
金性寺

田畠
高弐石弐斗
右無主
玉泉院
寛文五年六月廿日　檀那中
十三人連判
拝上
成菩提院

（二五）
指上ヶ申書立之事
一　美濃国大野郡坂本村両界山横蔵寺、天台宗、則江州柏原成菩提院末寺ニ而御座候
一　薬師堂領山林境内高四石余之所
大猷院（徳川家光）様御朱印頂戴仕候、台徳院（徳川秀忠）様御代ニハ坂（板）倉伊賀守（勝重）殿御上意之判形頂戴仕候

一　右之外他領ニおゐて引取分之山、神原村ニ而坂本谷・同樫原谷、水鳥村ニて円蔵坊谷、右三ケ所ハ従往古横蔵寺へ引取来り申候

一　当山者伝教大師御開基之所、往古ハ千石千貫之寺領、七堂伽藍之古跡ニ而御座候へ共、太閤様（豊臣秀吉）御代ニ寺領悉没落仕、其以後　権現様（徳川家康）御代ニ御検地之刻、坂本村寺領ニ被下置候、伝教大師御作之薬師者天正十三年ニ比叡山へ御登山被成、今之中堂御本尊ニ而御座候

一　吉利支丹宗門改可申由被仰下候御下知之通、能々吟味仕候て、寺内・門前下々迄判形取、書付指上申候事

横蔵寺
実相院

寛文五年七月二日

成菩提院法印様

（二六）

一　江州坂田郡清滝村玄要寺者、山門直末、法流者柏原成菩提院ニ而相続仕候、寺者京極百助（高豊）代々之塔頭、山林御赦免ニて御座候事

寛文五乙巳年五月十七日

徳源院判

成菩提院

四―六　地蔵院一件　二点　延宝二年（一六七四）十二月十八日　ほか

（一）（二）は谷汲山華厳寺の正覚院が地蔵院を訴えた一件に関する一連の史料と考えられる。美濃国揖斐郡谷汲村の華厳寺（現、岐阜県揖斐郡揖斐川町谷汲徳積）は、西国三十三所の満願所として有名な寺院であるが、成善提院の末寺にもなっていた。（一）の日付は「寅ノ六月廿一日」とあるが、（二）との内容的な関連性からして延宝二年（一六七四）六月とみることができる。（一）では正覚院が地蔵院を訴えているが、その争論が内済に至ったことから、同年十二月に地蔵院が成善提院へ提出した済口証文が（二）である。

（一）によれば、正覚院と地蔵院とは「谷汲山観音堂山林竹木奉行・仁王門奉加金・十王之かき《（鍵）》」といった事柄をめぐって対立しており、「金子之儀ニ付一色不埒明」という状態であった（第一条）。この「金子之儀」とは、主に十王堂での散銭徴収のことを指していたようで、地蔵院は一二年にわたって十王堂の鍵、つまり堂舎の管理権とともに、その場で参詣者から散銭を収得する権利を掌握していた。地蔵院は正覚院に対して、金四両二分と引き換えに鍵を返還すると持ちかけたようであるが、正覚院は承知しなかった（第二条）。十王堂の散銭は仁王門の修復費用の一部として用いるものでもあったため、正覚院はその詳細な勘定も地蔵院へ要求している（第三条）。

この訴訟は成善提院に持ち込まれ、奥之坊と西村長太夫が内済の取り扱い人となっているのであるが、これは谷汲山華厳寺が成善提院の末寺の一つであったことによる。（二）によれば、そもそも十王堂については正覚院（先代カ）が自力で修復できなかったため、「極楽寺村細野玄正」という人物が奉加を行って費用を工面したのであるが、それでも八両二分が不足した。その金額と引き換えに、正覚院先代から十王堂の鍵を受け取ったのが地蔵院であったとされている。

内済条件は、（1）来年から三年間は鍵を地蔵院で預かり、その後に正覚院へ渡すこと（「来卯ノ年ゟ辰巳三年之間、かぎ才判仕、巳ノ極月晦日ニ正覚へかぎ相渡し可申候」）、（2）またこの三年間のうちに十王堂の観音像の開帳をするならば、「其年ハ一年かぎを正覚へ相渡し、次の年其替ニ一年かきを請取、拙僧才判可仕候」と、開帳の一年目は正覚院、二年目は地蔵院が鍵を預かって執行することになったようで、これに従って開帳での散銭も正覚院・地蔵院の間で分割したと考えられる。

近世の早い時期での地方寺院における散銭の収得と堂舎修理料としての使用状況、および散銭争論をめぐる本寺・末寺の関係がうかがわれる史料として紹介した。（青柳）

（翻刻）

（一）

乍恐謹而御訴訟申上候　　美濃谷汲山願人正覚坊

一　谷汲山観音堂山林竹木奉行・仁王門奉加金・十王之かき（鍵）、右三色御訴訟申上候処、先規之通御順路ニ被為仰付、地蔵院得道被成有難奉存候、最早金子之儀ニ付一色不埒明、乍憚重而御訴訟申上候

一　十王散銭、十弐年之間地蔵院取込被申、其勘定も不被成、剰金四両弐分余出候へ、十王之かき私方へ返弁可有之由、地蔵院被申懸、何共迷惑仕候、私金子出シ申子細無御座候、此段寺僧衆ニ御尋可被為下候御事

一　右散銭、十弐年之間ニ十六貫文余有之と地蔵院被申候、右堂建立之其年之壱ヶ月ニも十六貫・廿貫文か有之事ニ御座候、仁王門修理之助成ニ仕候条、明細ニ勘定被為仰付可被為下候御事

右之通偽無御座候、寺僧衆被為召出御尋之上ニ被為聞召分被為下候者、有難可奉存候、以上

寅ノ六月廿一日　　　　　美濃谷汲山願人　正覚坊（印）

仏乗坊法印様

千寿院様

御披露

（二）

一札之事

一　谷汲山十王堂、正覚修理仕儀成不申候ニ付、十三年以前寅年、極楽寺村細野玄正方々奉加被仕、建立幷尊像迄再興被致候時、不足金八両弐分御座候を、先住取替申ニ付、其以後十王堂かぎ請取置、散銭を取申ニ付、今度正覚　成善提院様江御訴訟申上候処ニ、御両人御噯被成候故、無其儀相済申候、然上ハ来卯ノ年ゟ辰巳三年之間、かぎ才判仕、巳ノ極月晦日ニ正覚へかぎ相渡し可申候、若此三年の内ニ観音之御開帳仕候者、其年ハ一年かぎを正覚へ相渡し、次の年其替ニ一年かきを請取、拙僧才判可仕候、前後ニ三年散銭取候、其かぎ正覚へ相渡し可申候、為後日仍如件

延宝二年　　　　　　　　谷汲山

寅十二月十八日　　　　　地蔵院（印）

成善提院様御内

奥之坊法印

西村長太夫殿

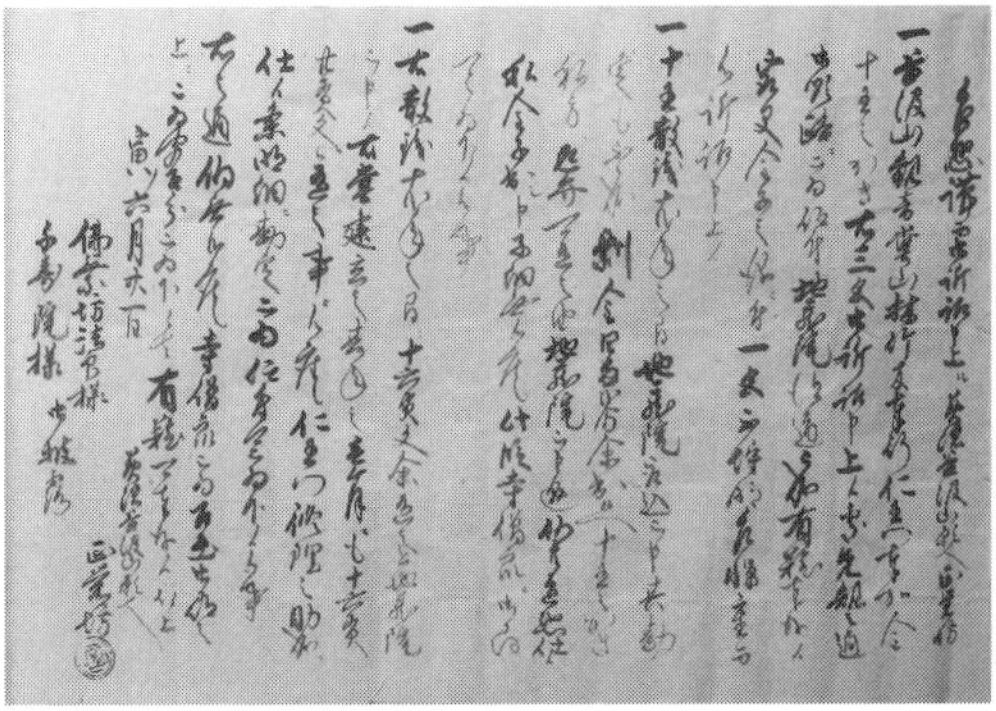

図４－６－１　地蔵院一件（一）

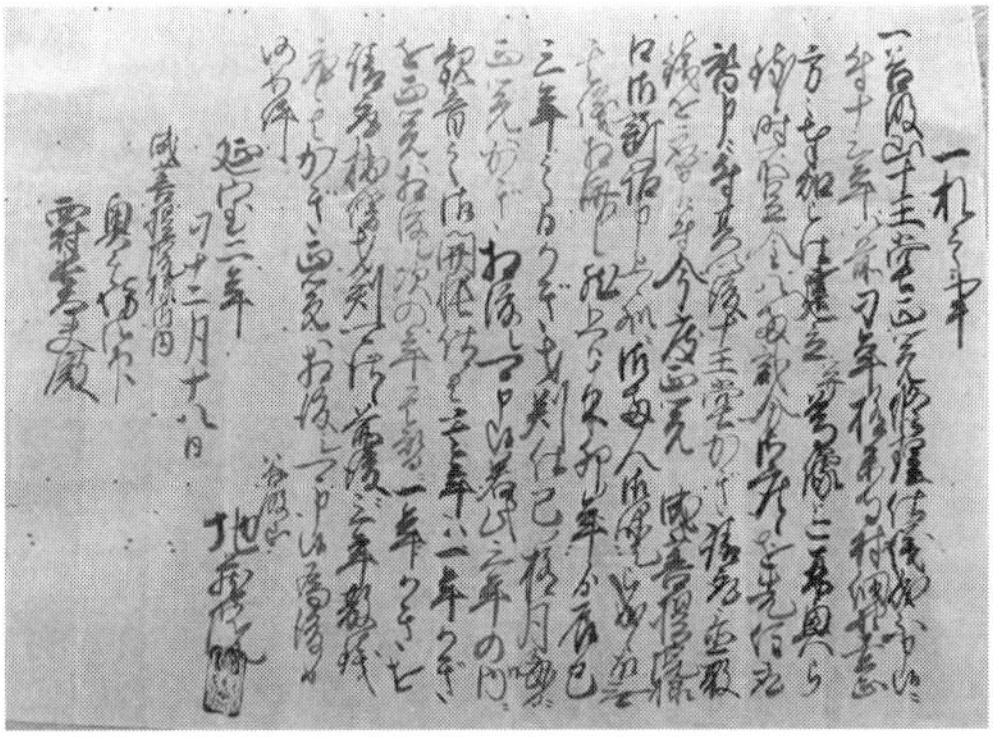

図４－６－２　同上（二）

四―七　前田安芸守用状　延宝四年（一六七六）六月六日

京都町奉行の前田直勝から成菩提院に対して出された書状。幕領代官（市岡）の支配地の一つであった柏原村において、成菩提院領と他領が混在しているため、私領地であっても年貢に関する報告を求めている内容。すでに『山東町史』本編（一九九一年）五七〇頁前後で紹介されている。（曽根原）

（翻刻）

市岡理右衛門御代官所、江州之内入組近在其表寺領当辰年取ケ究り次第、書付并去丑寅卯三年之取付をも書添、当十月廿日前相認、我等方へ可有御越候、若勝手悪ハ封之儘此方へ相届候様ニ右御代官迄可被差越候、此段御用ニ付御老中へ得御内意如斯候、以上

六月六日　　　　前田安芸守（印）

成菩提院

四―八　御検地ニ付指上申手形ノ事　延宝五年（一六七七）五月

本史料は、畿内近国の幕領を対象として、幕府が最寄りの大名に担当させて実施された延宝検地に付随して行われた、成菩提院領の検地に関するものである。延宝検地は幕領を対象とするものであるが、成菩提院の朱印寺領は幕領（のち大和・郡山藩領となる）と入り組みになっていた。

本史料の文面には、成菩提院から彦根藩に、検地の「ついで」に成菩提院領にも竿入れしてほしい、と願い出たことが記されている。ただし、入り組みの場所での検地は不可避だったのではないだろうか。なお、延宝検地についての幕府から担当諸藩への指令(1)では、あらかじめ「寺社領入組之村検地出高之儀、

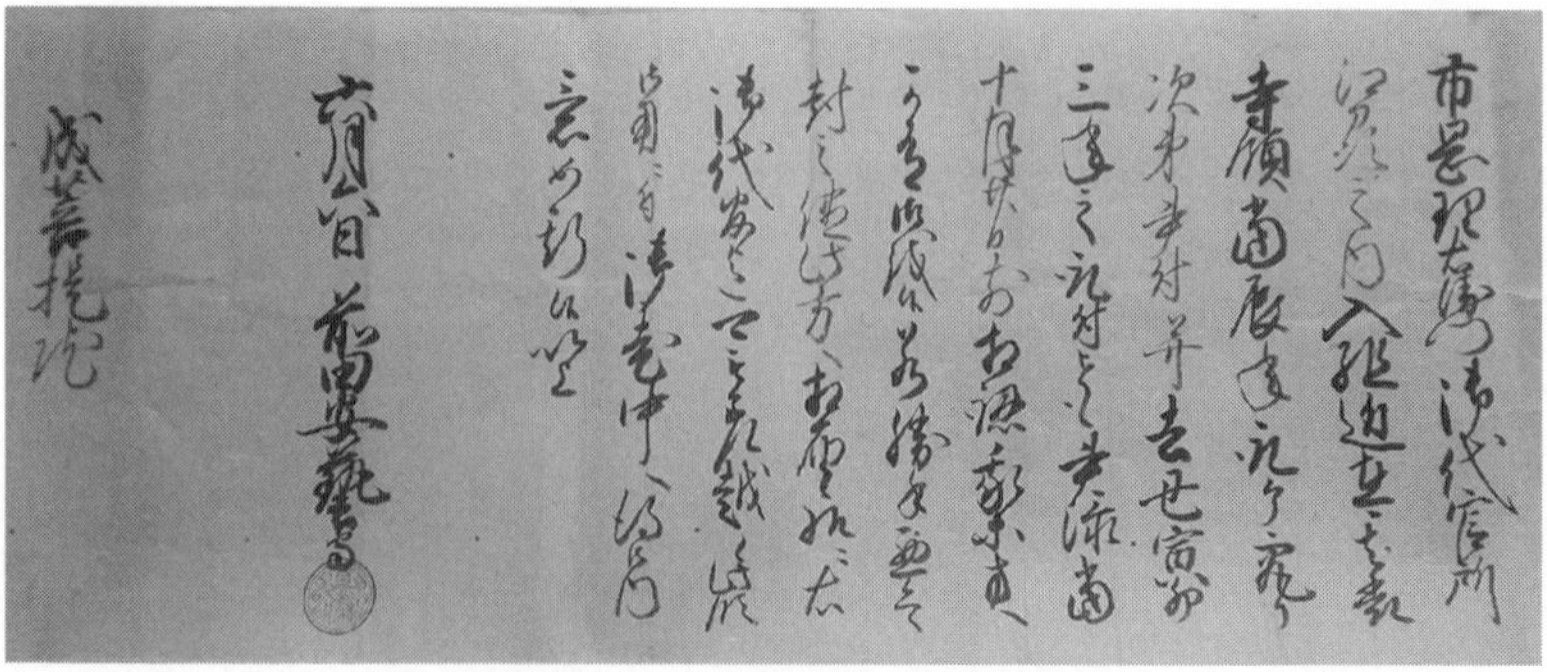

図４－７　前田安芸守用状

御蔵入と寺社領と多少在之候共、有来通りニ而可指置事」「御料幷私領・寺社領入組之所ハ双方の百姓立合検地可仕」などとされている。いずれにせよ、中小規模の寺社領主、ないし寺社領の特質を考えていくうえでの、一つの素材となる事例であろう。（朴澤）

註

（1）彦根藩への指令については写しが、大久保治男「近世法制史料集成　○延宝五年巳三月 公儀御検地御書附之写留――彦根藩・大久保家所蔵文書――　○文久三癸亥年 御登京御在坂御道中日記――彦根藩・大久保家所蔵文書――」（『法学論集』四六号、一九九三年）に収載されている。

（翻刻）

（表紙）
「延宝五年
検地奉行衆宿手形以上五通有
巳ノ五月日　成菩提院　」

御検地ニ付指上申手形ノ事

一　坂田郡柏原之庄成菩提院　御朱印地高百六拾石五斗之内、
御料柏原村・岩ヶ谷村両所へ田畑入組在之ニ付、今度御検地
之以御次手、成菩提院領へも御竿御入被下候様にと御検地御奉行中へ成菩提院ゟ御断申上候ニ付、則御検地
被仰付候、就其地引帳引仕候田畑・屋敷・山林・藪・荒川原・池沼等迄無相違明細ニ壱畝壱歩之所も有体正

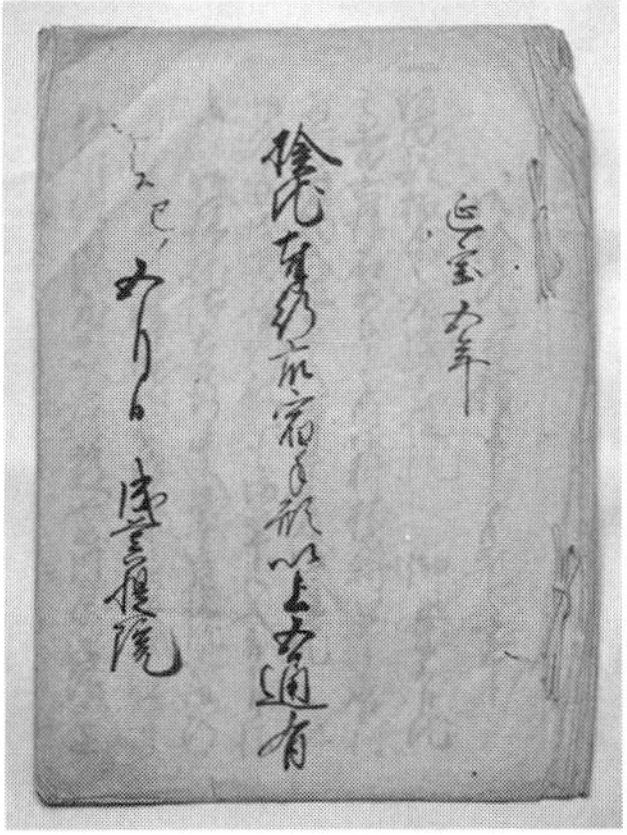

図4－8　御検地ニ付指上申手形ノ事

直ニ可申上候、勿論地替隠田仕間敷候、自然相違之儀有之、訴人罷出候ハヽ、如何様之曲事ニも可被仰付候、
為後日手形仍如件

成菩提院内

延宝五年　　　　　　　　長太夫

巳ノ五月十二日　　　　百姓

荒居治太夫殿

林田加左衛門殿

指上申手形之事

此度御　公儀御検地以御次手、柏原成菩提院御朱印も御検地被遊被下候様にと頼上候所、御検地被遊被下忝奉
存候

一　今度御検地之義（ママ）、苗植付候時分なとハ見合候様にと江戸御勘定御奉行様ゟ御書付出申候ニ付、只今本田麦跡地植付之最中ニ候間、植付相済候迄御竿御上ヶ可被成候哉、何分《時分》にも百姓望次第ニ可被成由、頭百姓小百姓等迄被仰聞忝奉存候、何も百姓中ハ御検地はやく相済申候様ニと願ニ奉存候間、植付之無御構御検地被成可被下候、若時分も御考も無之御検地被遊候を脇々ニ而申族御座候ハヽ、拙者共罷出急度申分可仕候、為後日手形仍如件

庄屋

長太夫

肝入
勘左衛門
百姓
久左衛門
次郎助
久太夫

延宝五年巳ノ五月十一日
林田加左衛門殿
荒居次太夫殿

指上申手形之事

江州坂田郡之内柏原村此度　御公儀様ゟ御検地被仰付候、就其当院　御朱印之地御検地望被申候所ニ、万事正路ニ御検地被成被下相済申忝奉存候、御検地御奉行衆不及申、竿打竿切諸役人御奉行衆召仕以下迄非儀猥ヶ間敷儀毛頭無御座、并木銭宿銭御公儀御定通御検地日数五月十二日之晩ゟ同十七日朝迄日数無相違無御座、慥ニ請取申候、諸道具以下至迄少も申分無御座候、後日誰人何様ニ申候共、諸事順路ニ被仰付候ニ付、毛頭申分無御座旨、急度可申分為後日手形指上申所実正也、仍而如件

延宝五年
巳ノ五月十七日

成菩提院内
馬場次郎平(宿欠)
奥之坊
荒居次太夫宿
教学坊

井伊玄蕃頭様御内
戸塚万太夫殿
内山太左衛門殿
林田加左衛門宿
西村長太夫

宿手形之事

合三百三拾弐文上下三人　上ハ三拾弐文壱泊りニ付　下ハ拾六文壱泊りニ付

右者今度御検地之次手ヲ以成菩提院住寺　御朱印地御検地望被申候ニ付、巳ノ五月十二日ゟ同十七日朝迄日数五泊り御宿仕候木銭、右之通慥ニ請取相済申候、其外諸道具欠損シなく諸事毛頭申分無御座候、為後日手形仍如件

江州坂田郡柏原成菩提院内
納所
奥之坊

延宝五年巳ノ五月十七日

井伊玄蕃頭様御内
御目付
馬場治郎平殿

此度御検地御次手ヲ以当寺　御朱印地領検地被成被下候様ニ御断申達候所ニ御聞届竿御入被下田畑明細ニ正

直ニ検地被成被下忝存候、向後入組之領分ゟ万一如何様之儀申出候共、拙僧申分ヶ可致候、為其手形如件

成菩提院

延宝五年

巳ノ五月十七日

秀仙法印

一老

奥之坊

家来

西村長太夫

井伊玄蕃頭様御内

林田加左衛門殿

荒居治太夫殿

四―九　天真法親王令旨　延宝八年（一六八〇）九月二日

成菩提院住職の公憲に対し、寛永寺執当二名の連署で発給された奉書形式の令旨。延宝八年は、五月に初代輪王寺門跡の守澄法親王が逝去し、本史料は天真法親王が二代目を継承した後の文書。先例に任せて木蘭色の衣の着用を許可する内容。（曽根原）

（翻刻）

江州坂田郡寂照山円乗寺成菩提院者、台宗弘通之地而異他寺院也、依之任先例公憲一代於美濃一国幷東近江中

被聴木蘭之衣訖、者弥仏法興隆之懇志専要之旨、依輪王寺宮二品親王之仰執達仍如件、

延宝八年九月二日　　観理院　舜盛（花押）

信解院　行海（花押）

成菩提院　公憲

四―一〇　法華八講関係　四点　享保二十年（一七三五）以降

（一）～（四）の法華八講および東照宮関係の史料四点を紹介する。法華八講（以下「八講」と略記）とは、平安時代に始まる、故人の追善儀礼である。『法華経』全八巻を一日に二巻ずつ（朝座・夕座各一巻）講じて四日間で完結するのが標準型である。基本的な法要形式は、会場を鎮め精神を統一するための「唄」、会場を浄化し荘厳する「散華」の行道、法会の趣旨等を述べ護法諸神の擁護を願う「表白」や「神分」、諸尊を会場に迎える「勧請」、講説される経典の題目を告げる「挙経題」、経典を講説する「経釈」、法要の功徳で意趣達成を願う「祈句」などから形成されるが、とくに講説の内容等に関し質疑応答する「論義（問答）」が中心となっている。

八講で中心となる「論義」を実施するためには、学識ある僧侶を一定数確保する必要があるため、手軽に行える行事ではなかった。したがって忌日に八講を行うことは宗教行事であると同時に、勢力の誇示ともなり、公家や、

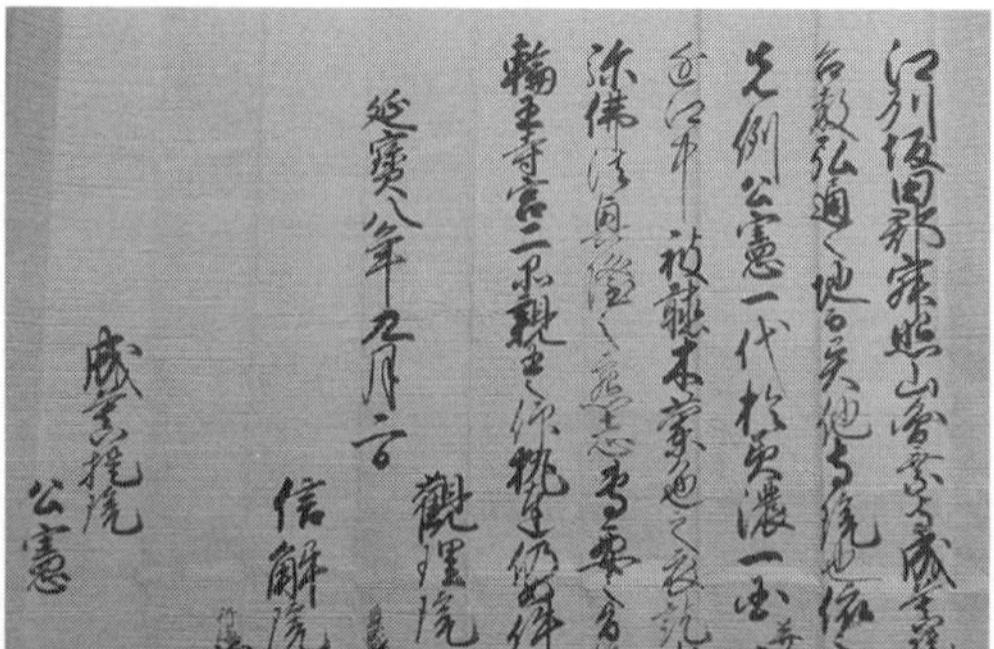

図４－９　天真法親王令旨

後には武家の間でも盛大に行う例が見られた。近世の東照宮祭祀においても、しばしば八講が行われたのである。

（一）（二）は法華八講の差定（行事における担当者一覧）である。ともに開催日が七月一日であり、（二）に「開山忌」とあることから、貞舜（一三四九～一四二二）の命日にあわせた法華八講開催であることがわかる（通説では応永二十九年正月一日とするが、寺伝では同元年七月一日とする）。近世後期に編纂された『扶桑台宗本末記』（『続天台宗全書』所収）を参照すると、普門山定光院松尾寺（近江国坂田郡。現、滋賀県米原市）衆徒の正寿院・真教坊、伊富貴山華蔵院観音護国寺（同、観音寺とも称す）衆徒の成就院、恵光山常喜院名超寺（同）、明星山泉明院明星輪寺（同）などの成菩提院末寺の名が見える。それ以外のうち、「弁公」「治部卿」などは住職就任前の僧侶名（公名）と思われるが、他は不明である。享保二十年（一七三五）と元文元年（一七三六）の二回の開山忌において、成菩提院は末寺僧その他を集めて八講を執行していたことが確認できる。毎年のように実施していたが史料が残されたのがこの両年なのか、この両年のみ実施され史料が残ったのか、現時点では判断が困難である。

（三）は文化八年（一八一一）の四月十七日、徳川家康の忌日にあわせて行われた東照宮八講である。成菩提院末寺のうち、普門山定光院松尾寺（前出）衆徒の正寿院、伊富貴山華蔵院観音護国寺（同）衆徒の福寿院と宝聚院が諸役（問者）を勤めているが、他は未詳。前の例と異なり八座を分けず、講師が一人のみで八名の問者と論義を行うということは、あるいは一日で終わる簡略化された形式だったとも推定される。史料（一）（二）の開山忌八講と同様、この年が特別な年だったのか、例年東照宮八講が実施されていたが偶然史料が残されていたのか、当面は確認することが難しい。

（一）～（三）は、一枚の封筒に同封され保管されていた（他に一点あり）。封筒の表には「法華八講差定　三通／成菩提院円乗蔵」（／は改行。以下同）、裏には「昭和四十九年九月二十八日調査補修／第五十九世寛仲記之」と記されていた。そこから以上四点は、昭和四十八年（一九七三）九月九日に第五十九世成菩提院住職に就任した尾上寛仲（一九一二～一九八四）が、翌年秋に整理したものであることを確認できる。さらに、その時点では三点のみ残存していた状況が推定できる。

（四）は上記とは別に保管されていた東照宮八講などの記録である（紙背文書あり、難読）。断簡のため年代は不明であるが、登場する寺院は全て成菩提院の末寺であることから（常福寺・石堂寺・安能寺・市場寺は近江国坂田郡、勝光寺・光明寺・大吉寺は同浅井郡、妙徳院は美濃国多芸郡。詳細は第一部「七、近世の末寺」参照）。あるいはやや改まった機会のものとも思われる。

東照宮祭祀の実態については、城下町などの格式の高い寺社の事例調査が大半で、それすら多くはない。成菩提院のような在地寺院の事例を集めていくことで、近世社会の中で宗教が果たした役割について、より多面的な考察が可能になると考えている。（曽根原）

（翻刻）

（一）

（端裏帖紙）「享保廿年七月朔日法華八講御差状（ママ）／成菩提院円乗蔵」

一座　有重難／講師　本覚院／問者　弁公

二座　／講師　成就院／問者　治部卿

三座　／講師　正寿院／問者　真教坊

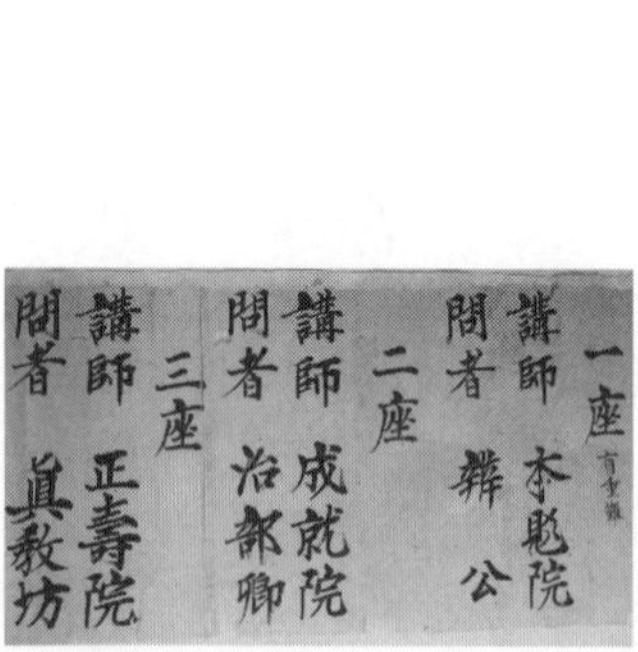

四座　　　／講師　平等院／問者　法雲房
五座　有重難／講師　本覚院／問者　円禅坊
六座　　　／講師　得泉坊／問者　常福寺
七座　　　／講師　観行坊／問者　弁公
八座　有重難／講師　泉明院／問者　法雲房／回向　本覚院
　　具在前
享保二十年七月朔日

（二）
（端裏）
「元文元年七月朔日開山忌法華八講差定／成菩提院円乗蔵」

開山忌八講差定
証義　探題僧正
　　一五八　有精義
唄匿
散華
一座　有重難／講師　本覚院／問者　弁公
二座　　　／講師　正教坊／問者　慧命坊

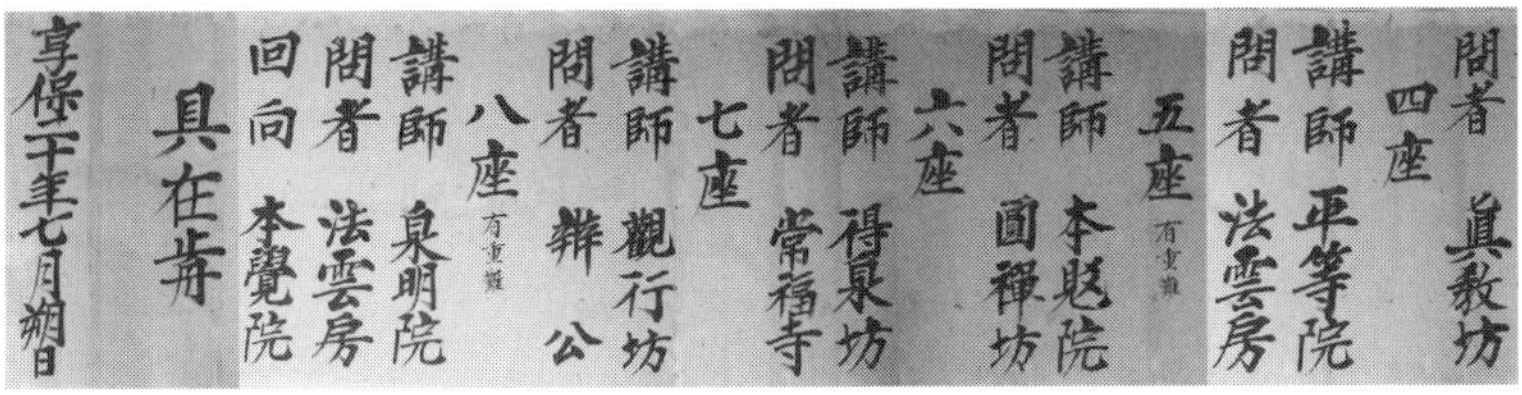

図４－10　法華八講関係

三座　　　／講師　智妙坊／問者　治部卿
四座　　　／講師　平等院／問者　真教坊
五座　有重難／講師　本覚院／問者　玄妙房
六座　　　／講師　平等院／問者　弁公
七座　　　／講師　本覚院／問者　左京
八座　有重難／講師　泉明院／問者　円禅坊／回向　本覚院
　　具在前
元文元年七月朔日

（三）
（端裏）「文化八年未四月十七日東照宮御法楽法華八講差定／成菩提院　円乗蔵」
東照宮御法楽／法華八講之所／差定
唄　　真如院
散華　心浄院
読師　真如院
講師　心浄院
一ノ問　福寿院

二ノ間　宝聚院
三ノ間　円住
四ノ間　至誠
五ノ間　遍照院
六ノ間　正寿院
七ノ間　浄土院
八ノ間　泉龍院
　具在前
于時文化八年／未四月十七日
　当山知事

（四）

四月十七日法華八講／東照宮御祭礼
　松尾寺二口／観音寺二口／日光寺／常福寺／石堂寺／妙徳院／勝光寺／光明寺
六月四日胎曼荼羅供伝教会
　松尾寺二口／観音寺二口／大吉寺／名超寺／石堂寺／常福寺／泉明院／安能寺／日光寺／市場寺

四―一一　谷汲山観音三十三年開帳覚　寛保二年（一七四二）カ

近世後期の成善提院と末寺との関係を示す史料。成善提院の末寺の一つである谷汲山華厳寺は広く世間に知られた寺院であり、本尊の観世音菩薩については開帳なども行われていた。こうした開帳には、成善提院も本寺としての立場から関与していたようである。

寛保二年の「夏彼岸ゟ秋彼岸迄」の期間に行われた開帳にあたっては、「二月十九日御戸帳開キ法用」では成善提院の「方丈様」が、「九月朔日閉帳」では「御院代円智院」が、それぞれ導師として谷汲山へ招かれている。この時の「方丈様」の一行は上下二三人、「円智院」の一行は一三人という人数であった。

こうした親密な関係も、近世後期には史料四―一五のような状態に立ち至っていたようである。あわせてご覧頂きたい。（青柳）

（翻刻）

（表紙）
「谷汲山観音三十三年開帳覚」

三十三年開帳

寛保二壬戌年春彼岸ゟ秋彼岸迄開帳

二月十九日御戸帳開キ法用、前々御本山御兼帯時者御院代御勤被下候、今年ハ御本山現住故方丈様御勤被為下候、御人数上下弐拾三人、前日赤坂はね屋加右衛門方ニ而御弁当上候、同所迄普門院看坊・中将御迎ニ参候、

常照院・明王院念仏池迄御迎、幷大垣領百姓弥平次・丈助・林内・小兵衛・源次郎・庄吉・喜八・利右衛門・
長助、寺領百姓清次郎・直右衛門・和合院・甚内御迎、地蔵院・一乗院、二王門迄御迎出候、御上中通迄御宿
地蔵院御供之内拾壱人、下宿門前清次郎、廿日御見立念仏池迄一乗院・明王院、二王門迄地蔵院・常照院御弁
当赤坂加右衛門ニ而上候、惣代中将同所迄御見立
廿一日常照院惣代御礼ニ参、御施物者閉帳後差上候
閉帳九月朔日
八月晦日御院代円智院上下拾三人御越被下候、赤坂はね屋加右衛門ニ而御弁当上候、惣中二王門迄御迎御人数
拾三人御上中通迄御宿地蔵院、残御供八人下宿普門院
同朔日開帳御符印相済、御院代上下五人横蔵寺江御越、御院代御駕ニ而送御案内民部
残り御供八人、二日朝揖斐江出相待候様ニ被仰付候、同赤坂はね屋ニ而御弁当上候
二月十九日御戸開キ辰刻法事法花三昧
差定
法華三昧之所
御導師
成善提院方丈
回向
積善院
三光院
地蔵院
常照院

惣礼

石所唱如伴　　　座並﨟次

寛保二年二月十九日

九月朔日閉帳未刻法華三昧

差定

法華三昧之所

導師

回向

惣礼

宝光院
一乗院
明王院
中将

円智院
三光院
地蔵院
常照院
一乗院
久成坊
明王院
中将
掃部

石所唱如件
　　　　座並臈次
寛保二年九月朔日
　　　　谷汲山
　　　　　　　民部
　　　　　　地蔵院（印）
　　　　　　常照院（印）
　　　　　　一乗院（印）
　　　　　　明王院（印）
　　　　　　中将（印）

四―一二　成菩提院栄応書付（写）　延享三年（一七四六）三月

成菩提院住職の栄応から、本寺である延暦寺の執行部（三塔の代表と滋賀院留守居）に対して出された書付。寛永五年（一六二八）の天海による兼帯を境にして、自立した寺院から叡山の出先機関的な寺院に変質した歴史を嘆く内容。（曽根原）

（翻刻）

一　住持官位昇進之事、寛永年中以前之院室ニ而弟子相続仕故大徳権律師・権少僧都・権大僧都・大僧都・権僧正迄昇進仕候、然ルニ寛永五年慈眼大師当院御住職以来、先住迄百三拾年来他寺之兼住寺計ニ而、現住無之故官位昇進之儀中絶ニ仕候、依而去ル寛保元年　日光御門主、当院住職拙僧江現住被仰付候節　御令旨を以寺格定色衣ニ被仰済候故、今ゟ已後者他山之移転所ニ成候ニ付、如古来昇進仕候儀者有御座間敷与奉存候、併　御門主思召を以如古来、時之住持江院家僧正被仰付候者思召次第御座候、

一　公方様江継目御礼等相勤申候儀者如何様共　日光御門主御下知有之候得者参府仕、何角品々之御礼相勤申候儀ニ御座候、何角御門主御指図次第ニ御座候、

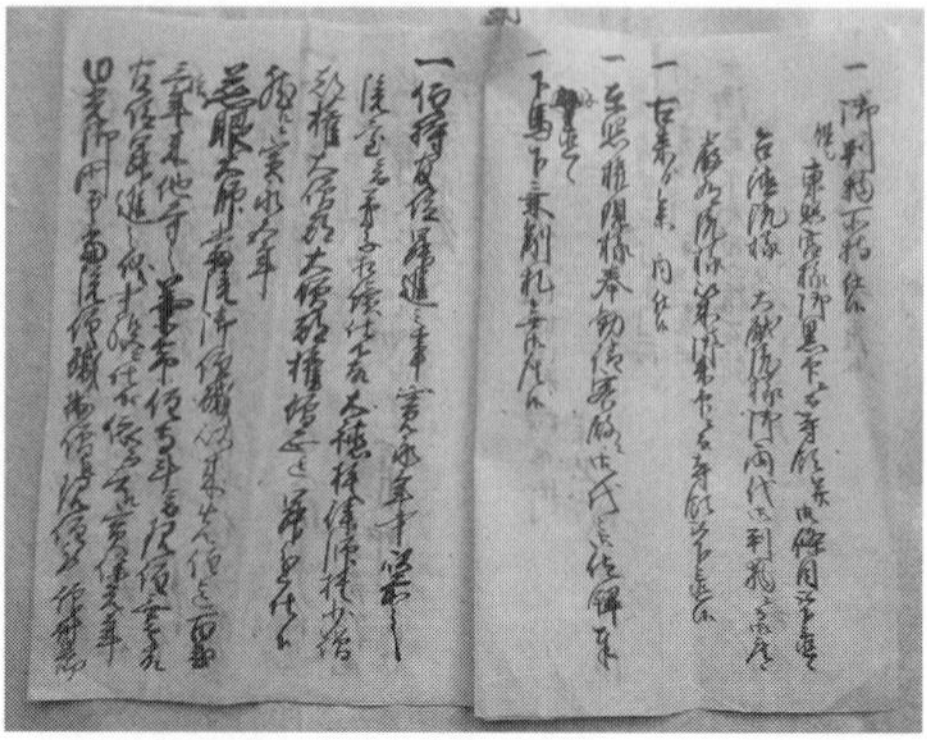
(1)

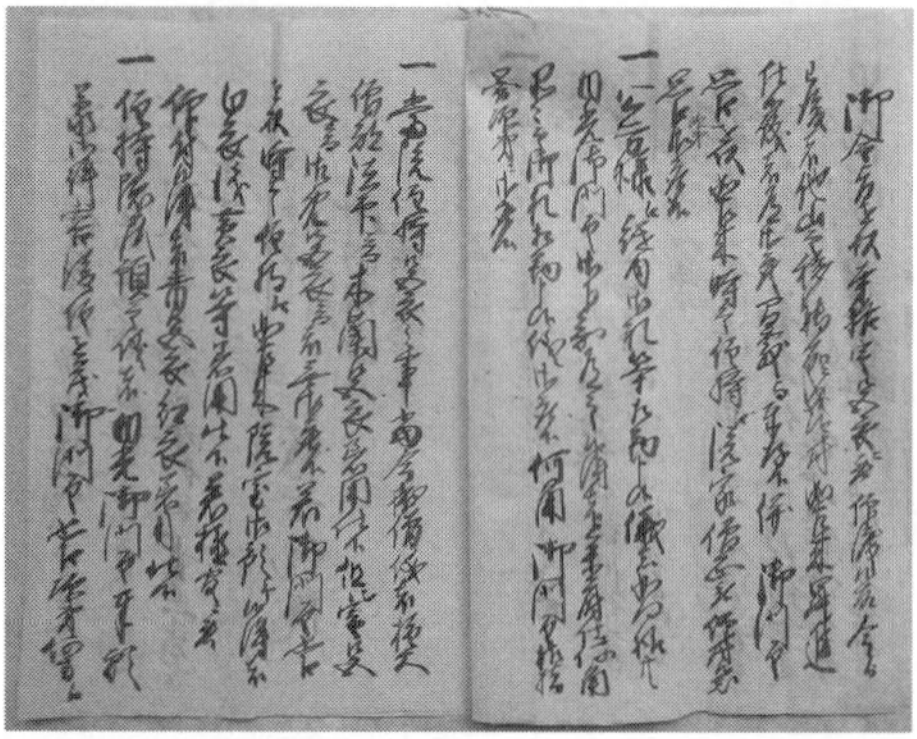
(2)

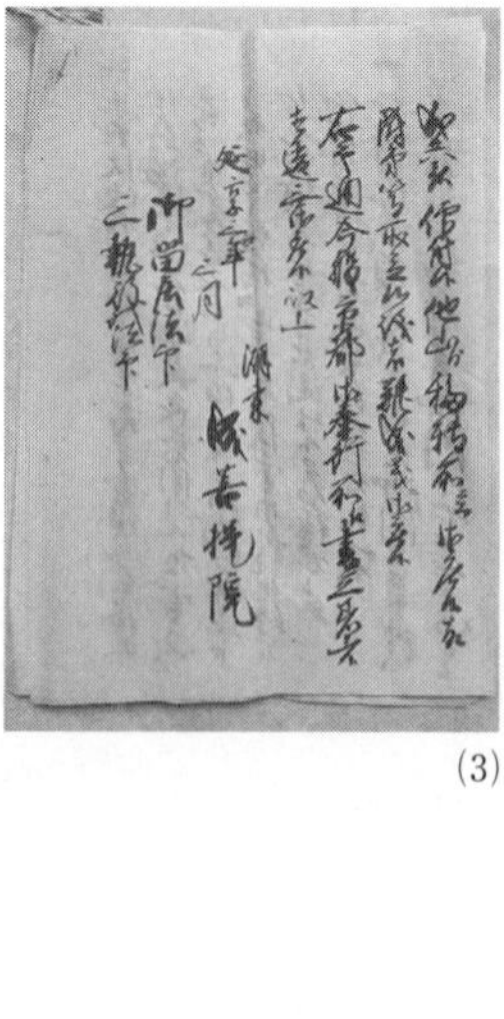
(3)

図４－12
成菩提院栄応書付(写)

一　当院住持色衣之事、当今拙僧儀者権大僧都法印ニ而木蘭色衣着用仕候、但シ定色衣ニ而御免色衣ニ而者無御座候、若御門主思召を以時之住持江院室御預ヶ候得者白衣・浅黄衣等着用仕候、若極官ニ被仰付候得者青色衣・紅衣着用仕候、

一　住持隠居預之儀者　日光御門主奉願蒙御許容、後住をも御門主思召次第何方江成共被仰付候、他山ゟ移転所ニ而御座候故附弟等取立候儀者難成義《ママ》ニ御座候、

右之通今般京都御奉行所江書上差上候、相違無御座候、

延享三年三月　　　湖東　成菩提院

御留守居法印

三執役法印

四―一三　青木大梵天王一件　宝暦二年（一七五二）以降

宝暦二年に発生した近江国坂田郡能登瀬村に鎮座した青木大梵天王（現、山津照神社）の祭祀執行に関わる一件の史料である。長文であるため省略を行ったうえで、便宜的に史料を（一）から（四）まで区切った。以下、順を追って説明していきたい。

（一）は、延暦寺の滋賀院留守居である惣持坊が、坂田郡松尾寺村の松尾寺に出した書状である。滋賀院は、輪王寺門跡の学問修行所・隠居所であると同時に、延暦寺における末寺統制機関としての役割を果たしていた(1)。松尾寺は、成菩提院の末寺である（四―二四など参照）。青木大梵天王の「社頭之儀」、すなわち社頭における祭祀を、

能登瀬村善性寺の依頼により松尾寺が執行していたことについて尋問したいので、滋賀院への出頭を求める内容である。

滋賀院留守居の御用留である宝暦二年の「書簡往復留」には、同年六月に善性寺が惣持坊に出した「乍恐奉願口上之覚」が記載されており、次のように述べられている。すなわち、①青木大梵天王は箕浦庄二七カ村の惣鎮守であり、数百年来別当職は善性寺が勤めてきた、②善性寺は現在の宗旨が浄土真宗であるので、神事祭礼等の執行については松尾寺に依頼していた、③輪王寺門跡の末寺には宮寺が多く、そのための御法式があるように承知しているので、滋賀院の支配に加えていただくようにお願いする、④本山である仏光寺の許可も得ている、である。[2]

善性寺は、元来は天台宗に属する箕浦庄の荘鎮守神宮寺であったが、浄土真宗の教線が近江国に延びてきたことに伴い、仏光寺の末寺に組み込まれたのであろう。神祇不拝を原則とする浄土真宗寺院としては、青木大梵天王の祭祀に関与することができないために、松尾寺が神事の代行をしていたのである。

(二)は、善性寺が松尾寺に差し出したものであり、青木大梵天王の輪王寺門跡による支配が認められたこと、これまで通りの社法執行とともに、「四月・九月両度之祭礼」と「本地供御修行」についても依頼すること、料物として三貫文を毎年暮れに進上することなどが述べられている。

そして、(三)によって、松尾寺が再度滋賀院に呼び出され、輪王寺門跡の令旨である(四)が発給された。(四)では青木大梵天王の社法が定められており、①本地仏である聖観音の供養、②四月五日の青木大梵天王祭礼、九月十一日の青木大明神祭礼、③正外遷宮、④社内規則等の指揮の四点について松尾寺が行うこと、⑤「社頭之儀」について臨時のことがあったならば善性寺が費用を負担することとされている。

本史料にみられるような、輪王寺門跡や滋賀院留守居による神社支配のあり方は、これまで実態が明らかにされ

てこなかった。今後も事例を集積し、研究を深めていかなければならないと考えている。（藤田）

註

（1）杣田善雄『幕藩権力と寺院・門跡』（思文閣出版、二〇〇三年）、藤田和敏『近世郷村の研究』（吉川弘文館、二〇一三年）。

（2）宝暦二年「書簡往復留」（叡山文庫滋賀院門跡文書・往六四）。

（翻刻）

（表紙）
「　　　松尾寺
能登瀬村
青木社頭明細帳　　」

（中略）

（一）

御指紙之写

一簡令啓達候、然者、能登瀬村青木大梵天王社頭之儀ニ付、其山前々ゟ由緒在之、正外遷宮等之節、善性寺ゟ依頼寺僧中被致参勤候由、右ニ付相尋度儀在之候間、勝手次第当　御殿江寺僧中之内壱人可被参候、委細者善性寺演説可在之候、不宣

滋賀院御留主居

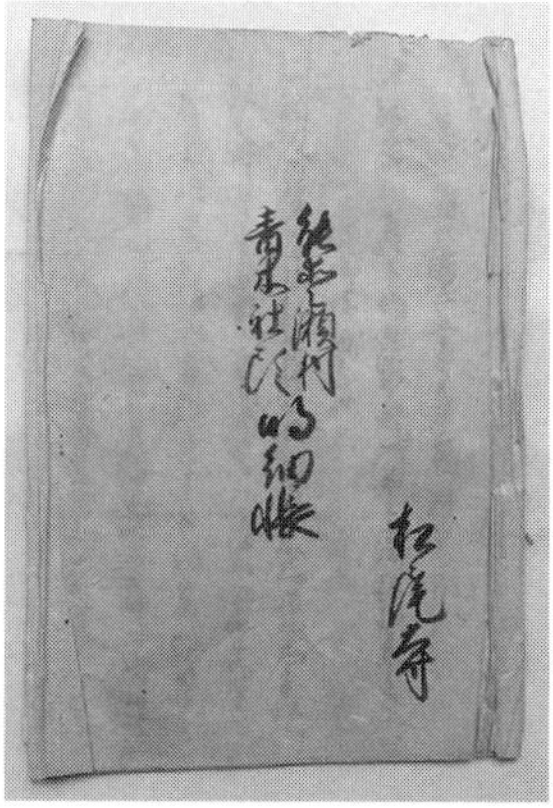

図4－13　青木大梵天王一件

十一月四日　　　　　　　　物持坊智川判

松尾寺惣中

（中略）

（二）

善性寺ゟ証語写

一　青木社頭之儀、今般

宮様御支配ニ被　仰付候ハヽ、右社頭之儀ハ古来ゟ由緒在之、正外遷宮幷毎年祭礼等之節、其御山衆中拙寺ゟ致請待、社法修行仕候、此已後是迄之通弥々御頼申、且又四月・九月両度之祭礼、毎月本地供御修行之儀御頼申候、然上者、右御供物幷御施物等之為料物鳥目三貫文宛毎暮為持進上可仕候

一　宮様幷何れ之公辺ニ而も、右社頭之儀ニ付御一山衆中御往来之路用者、此方ゟ相賄可申候、為後証仍而如件

宝暦二壬申年霜月十四日　　　　青木社別当本願房

松尾寺御衆徒中　　　　　　善性寺印

（中略）

（三）

御状写

以飛札令啓達候、然者、能登瀬村青木社先達而善性寺願之通、今般当　御殿御支配ニ被仰付候、右ニ付、申渡

儀在之候間、衆徒之内壱人善性寺同道参殿可在之候、右為可申達如此ニ候、不宣

三月廿三日　　　惣持坊

松尾寺衆徒中　　　智川判

追而本寺成菩提院江も本紙之趣可被申入候

（中略）

（四）

御奉書写

近江州坂田郡箕浦庄青木大梵天王社法等之定

一　毎月十八日於社内本地聖観音供修行可有之事

一　毎歳四月五日青木大梵天王祭礼、九月十一日青木大明神祭礼、両度共依善性寺願祭礼可相勤事

但、右為献供物幷布施物料、毎年従善性寺鳥目三貫文宛可相贈事

一　社頭修復等之節、正外遷宮有之節者、従善性寺可相頼条、正外遷宮共宜取計可相勤事

但、従善性寺相応之布施物可相贈事

一　神事祭礼等者勿論、平日社内規則等之儀、無猥雑様善性寺江可致指揮事

一　社頭之儀ニ付、若向後臨時之取扱有之節者、費用従別当可着出事（差）

右今般依本寺仏光寺門跡之特頼幷善性寺懇願、青木大梵天王社頭滋賀院御支配被　仰付条、依之右件々従其山可令勤務之段、達

高聴治定訖、永代不可相違者也

宝暦三癸酉年三月

深信解院

深海判

大覚王院

覚深判

江州松尾寺

衆徒

（後略）

四―一四　公遵法親王令旨写　安永二年（一七七三）五月一日

近世天台宗における戒律をめぐる論争（「安楽騒動」）の決着にあたり、輪王寺門跡の公遵法親王から宗内に布達された直状形式の令旨の写し。（曽根原）

（翻刻）

定

安楽律院者、元禄六年創建以来大小兼学之道場ニ而、雖一紀籠山之僧亦

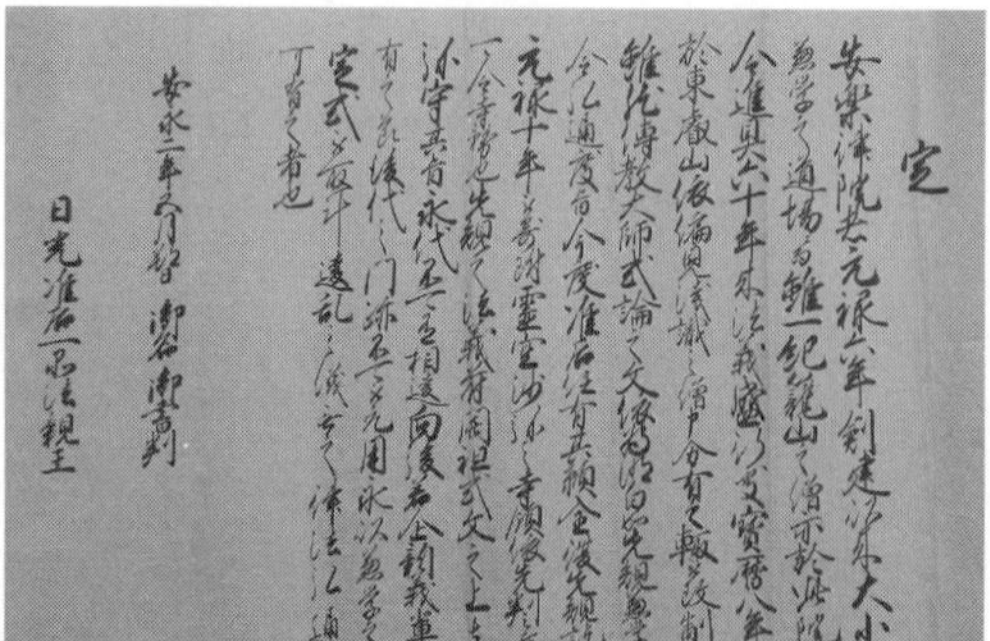

図４－14　公遵法親王令旨写

於此院令進具、六十年来法義盛行処、宝暦八年於東叡山依偏見浅識之僧申分有之輙被改制、雖然伝教大師式論之文依為明白、以先規兼学令弘通度旨、今度准后任有其願全復先規訖、元禄十年被寄附霊空沙弥之寺領、依先判之旨可令寺務也、先規之法義幷開祖之式文之上者弥守其旨、永代不可有相違、向後若企新義輩有之節、後代之門跡不可被取用、永以兼学之定式被取計、違乱之儀無之仏法弘通可有之者也、

安永二年五月朔日　　御名御書判

日光准后一品親王

四―一五　下知状　寛政三年（一七九一）七月

寛政三年に寛永寺執当である海龍王院円伝と大恵恩院鈴然から成菩提院に下された下知状である。史料の冒頭では、成菩提院の末寺の風儀が近年乱れており、とくに谷汲山については「一国之名場、世人之渇仰する所」でもあり、そこでの「所行不浄之振舞」が世間の耳目に触れるのは「法門之瑕瑾、一宗之汚穢」であって好ましくないと述べられている。

以下の条々では、「惣末寺・谷汲一山」が弟子を取り立てる際には「本寺」（成菩提院）に届け出て許可を受けることや、身持ちがよくない末寺の住持や弟子は厳重に取り締り、真偽が不明でも「風説」が甚だしい場合には隠居させるべきことなどが定められている。総じてこの時期には、成菩提院による末寺に対するチェック機能の強化を図る必要が生じていたと見なしてよいだろう。（青柳）

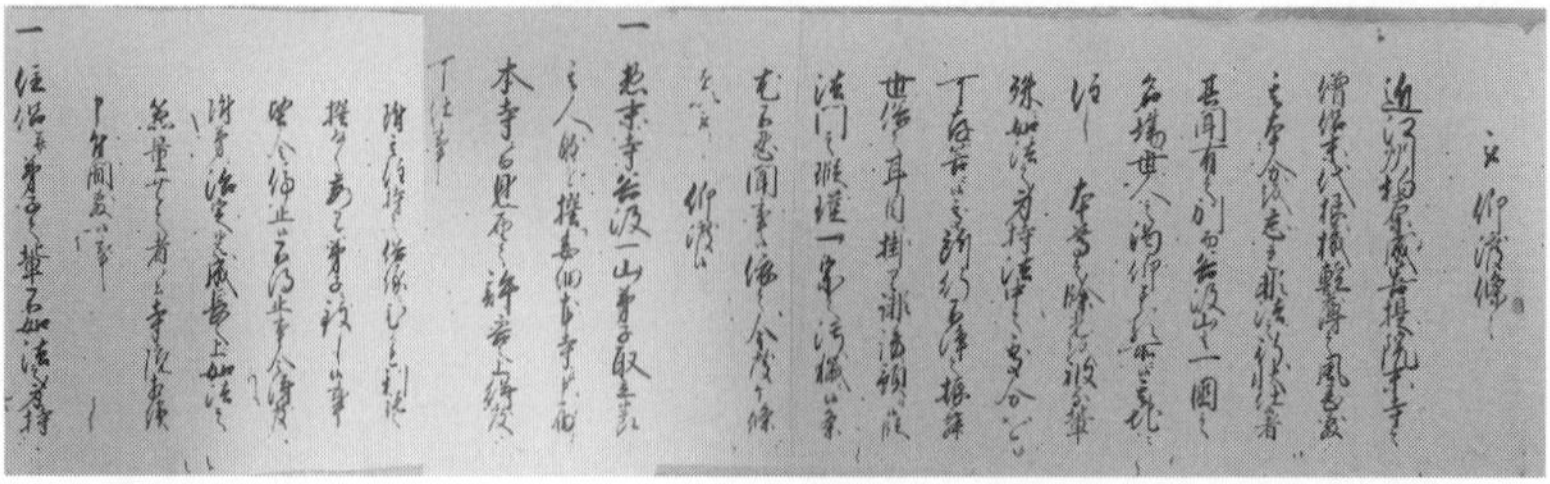

(1)

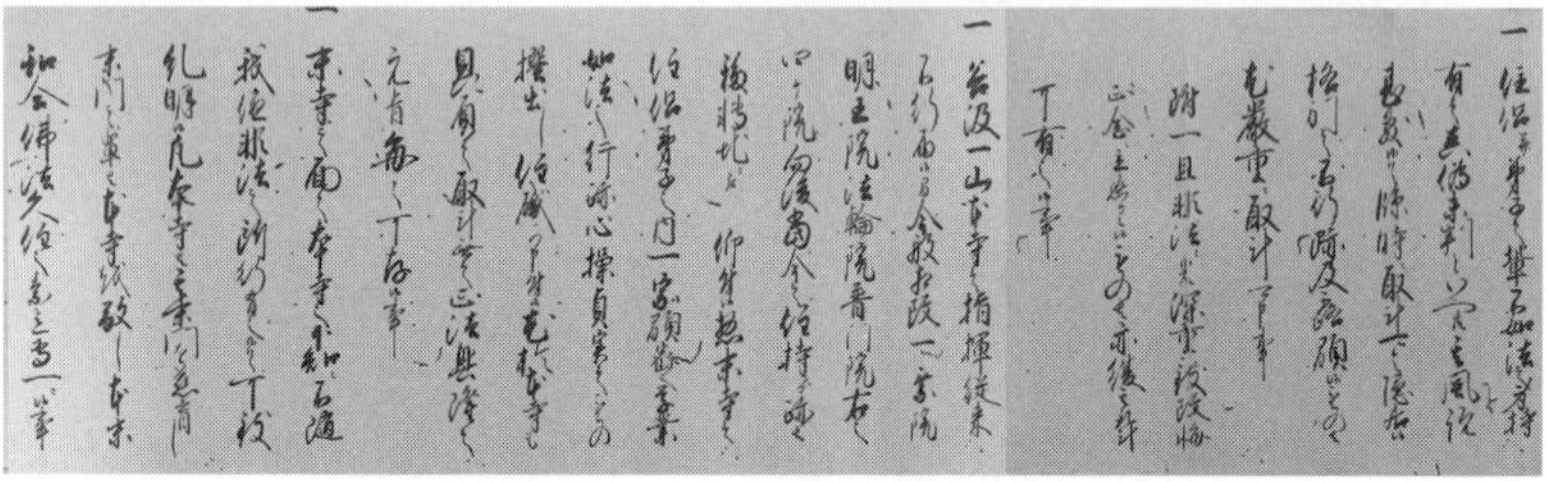

(2)

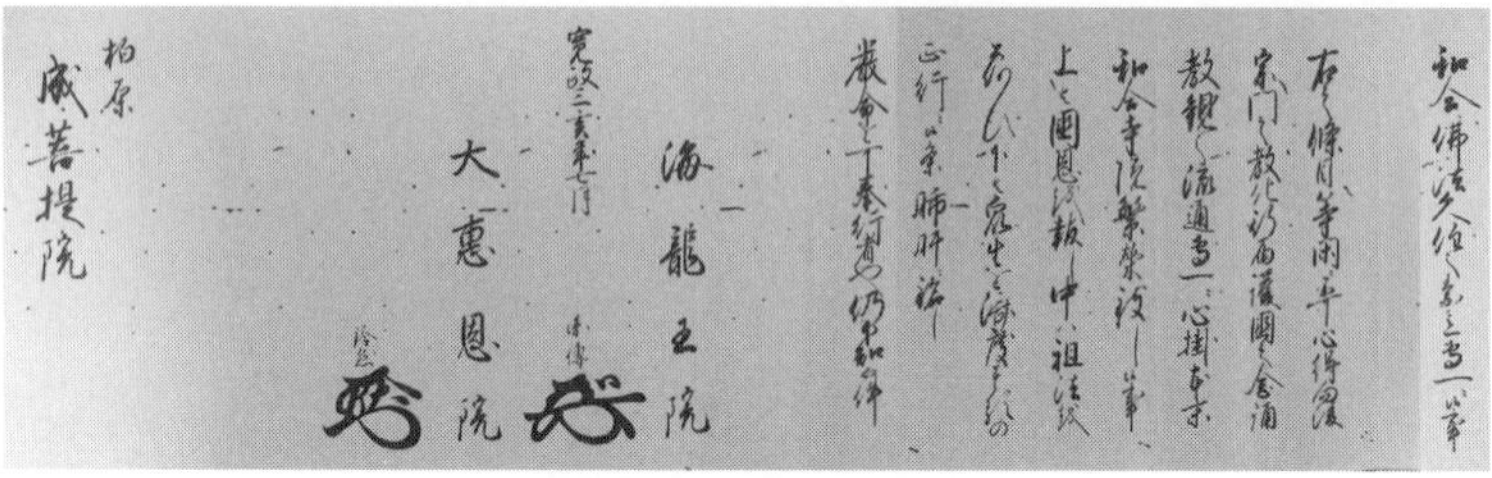

(3)

図４－15　下知状

（翻刻）
（包紙）
「近江州柏原成菩提院　」

被　仰渡条々

近江州柏原成菩提院末寺之僧侶、末代根機転薄之風甚敷、其本分を忘れ、非法之行状仕候者其聞有之、別而谷汲山者一国之名場、世人之渇仰する所ニ候、其地ニ住し　本尊之余光を被る輩、殊ニ如法之身持、法中之処分を可存筈ニ候処、所行不浄之振舞、世俗之耳目ニ掛り、誹謗ニ預り候段、法門之瑕瑾、一宗之汚穢ニ候条、尤不忍聞事候、依之今度ヶ条を以被　仰渡候、

一　惣末寺・谷汲一山弟子取立候節、其人体を選、委細本寺江申届、本寺ニ而見届之許容之上、得度可仕事
附、其住持之俗縁ニひかれ、利鈍之選なく、妄りニ弟子ニ致し候事堅令停止候、不得止事、令得度、附弟ニ治定候共、成長之上如法之器量無之者ニ者、寺院相続申付間敷候事
一　住侶幷弟子之輩、不如法之身持有之、真偽未判といへ共、其風説甚敷候ハヽ、臨時ニ取計、可令隠居候、格別之不行跡及露顕候もの者、尤厳重ニ取計可申事
附、一旦非法ニ候共、深重致改悔、正念ニ立返り候もの者、亦復其取計可有之候事
一　谷汲一山、本寺之指揮、従来不行届候間、今般相改、一乗院・明王院・法輪院・普門院、右之四ヶ院、向後当今之住持ゟ跡者移転地ニ被　仰付候、惣末寺之住侶・弟子之内、一宗顕密之学業、如法之行跡、心操貞実之もの選出し、住職可申付候、尤於本寺も贔屓之取計無之、正法興隆之元旨毎々可存候事
一　末寺之面々、本寺之下知ニ不随、我儘非法之所行有之候ハヽ、可致糺明候、凡本寺者其末門を慈育し、末門

之輩者本寺を敬し、本末和合、仏法久住之素意専一ニ候事
右之条目等閑ニ不可心得、向後宗門之教化行届、護国之念誦、教観之流通専一ニ心掛、本末和合、寺院繁栄致し候事、上者国恩を報し、中ハ祖法を荷ひ、下者衆生を済度するの正行ニ候条、肺肝ニ銘し厳命を可奉行者也、
仍下知如件
寛政三亥年七月
海龍王院　円伝（花押）
大恵恩院　鈴然（花押）
柏原　成菩提院

四―一六　谷汲山十一面観世音菩薩像出開帳関連　享和二年（一八〇二）以前

ここで紹介するのは、成菩提院の末寺の一つであった美濃の谷汲山華厳寺の本尊である十一面観世音菩薩像について、大坂で出開帳を行う計画に関する史料である。

史料（一）によれば、「大坂講中」から出開帳を持ちかけられた華厳寺は、以前に行った江戸での出開帳が失敗に終わり、大きな負債を抱えてしまい、それがまだ片付いていないことを理由に難色を示している。比留間尚「江戸開帳年表」[1]によれば、華厳寺は天明二年（一七八二）に浅草念仏堂で出開帳を行っており、失敗した出開帳とはこれのことを指すと思われる。

「大坂講中」の顔触れは、史料（二）において判明する。この講中は、成菩提院に帰依する商人たちによって結成されたものであったようで、ここでは成菩提院の護摩堂を新築することを申し出ている。

史料（三）は、包紙（①）に一括されていた史料五点のうち、書状三通（②〜④）を翻刻した（ただし包紙と一括史料とは、本来は別個のもののようである）。②では、成善提院の役者と思われる新井作之丞らが、出開帳は困窮に苦しむ華厳寺自身のためになるはずである、大坂人は「男気」であるので出開帳で損を生じさせるようなことはないなどと、言葉を尽くして華厳寺を説得している。③でも「大坂講中ハ成善提院常燈明講中ニ而、於大坂表相応之家柄」などと、大坂講中（常燈明講中）は信用できると請け合っている。

④は、享和二年（一八〇二）に常燈（明）講が成善提院に宛てて提出した書付であり、この講中の申し出を受けて成善提院が華厳寺に送ったのが②・③であったと推測される。成善提院が講中の意図を汲んで動いている背景には、講中による史料（二）のような経済的援助があったと見てよいであろう。

（二）（寛政九年段階）での講中は七名であったが、④ではそれと重複する者も含めて一一人に増えている。ここに名を連ねる商人たちは、成善提院が京都の愛宕山（白雲寺）の長床坊（勝地院）から住職を迎えたことにより、成善提院との関係が生じたようである。

なお、鴻池義一「大坂の開帳」[2]によれば、華厳寺は大坂において享保十年（一七二五）と、文化元年（一八〇四）に開帳を行っており、文化の開帳は二回であり、太融寺（現、大阪市北区）と和泉の大寺（開口神社。現、大阪府堺市堺区）がそれぞれ開帳場所となった。（青柳）

註

（1）西山松之助編『江戸町人の研究』二（吉川弘文館、一九七三年）。
（2）『大阪の歴史』二三一（大阪市史編纂所、一九八七年）。

〔翻刻〕

（一）

（包紙）
「口上書　谷汲山中」

口上之覚

一　此度大坂講中ゟ、当山　観世音諸人結縁出開帳仕度心願之趣願出候由、然上者当山助成ニも可相成哉之趣御上ニも御憐愍之思召被　下置候段、冥加至極難有仕合奉存候、然処先年江戸開帳之節、色々入組差支之事共多端之儀、中々難尽筆紙委曲御噺申上候趣、左之通

一　右江戸開帳ニ付、於諸辺金子借用申候処、右開帳仕損し、其上　本尊還御入用差支、又々借用候処、右返弁之儀下地困窮故、自然と及延引、返済相滞候ニ付、別紙ノ通金主方へ券文相渡し置候得者、今又出開帳願ヶ間鋪儀有之候而者、却而乱雑之程も難計奉存罷有候事

一　天明年中寅之十一月、寺社御奉行牧野豊前守様ニおゐて被　仰渡候者、享保（以下後欠）

（二）

乍恐以書付奉願上候

一　護摩堂三間四面新造作仕差上度候儀、従去卯冬御願奉申上候処、是迄従古来内護摩堂ニ而相済来り候ニ付、別新造作不及候儀被　仰下、承知仕候、然ル処講中之銘々御帰依申上候ニ付、新造作之護摩堂建立仕度候、依之又候当春奉御願申上候、何卒願之通被為　仰付被下置候ハヽ、難有奉存候、以上

大坂講中

寛政九丁巳年正月

湊屋彦兵衛（印）
中屋長左衛門（印）
綿屋利右衛門（印）
河内屋忠蔵（印）
吹田屋佐右衛門（印）
湊屋右八（印）
丸屋三郎右衛門（印）

成菩提院様
御役者衆中

（三）

①「（袋上書）
寛政八年辰歟不定何年之内也

谷汲山本尊
青御門主御拝　被為　有度ニ付
輪御門主へ御頼被　仰入御下知之御奉書
幷谷汲ゟ願書入　附御拝御延引之義願書

諸書付入」

②

以飛札得御意候、秋冷之節、其御地弥無御別条可被成候、入　珍
重之至ニ存候、然者先達而[redacted]（墨抹消）作之丞《を以》申入候開帳之事、大僧正江委
中上候処、何分大坂講中志之願筋ニ而、貴山之為ニ可相成儀と被
存候、就夫関東表江御内意之事、随分安キ事ニ候間、窺可申候得
共、先ツ谷汲山ゟ此方へ内意之趣、具ニ願書を以被申出候上ニ而
宮様表江相窺可遣候間、本堂諸堂社大破ニ及、殊更近年ハ諸国ゟ
之参詣も薄相成、自力ニ者迚も難及、幸大坂表信心之檀家より万
事引請致世話、本堂修覆等も致出来候様ニ取計可申との願書迄差
出候上者、別状も有之[redacted]《間敷》元来大坂人ハ男気ニ候故、損亡
なとハ決而有之間敷、幸之時節ニ御座候間、何卒大坂出開帳仕度
由を以、此表へ書附御差出し可被成候、其上ニ無之候而ハ大僧正
ゟ関東へ之御窺ハ難被成旨被　仰下候、右之趣得御意度如此ニ候、
恐々謹言

九月晦日　　新井作之丞

戒定院

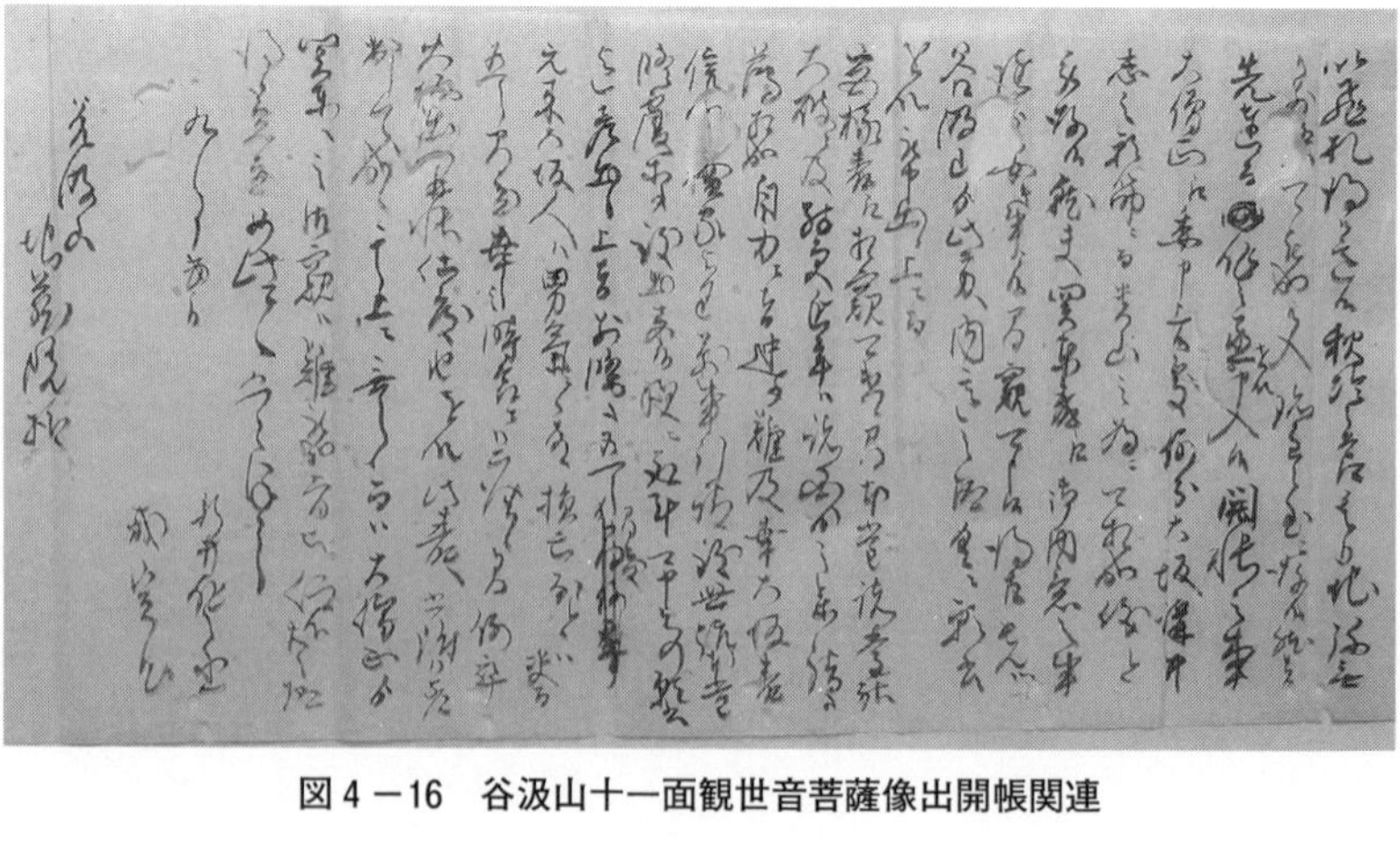

図４－16　谷汲山十一面観世音菩薩像出開帳関連

谷汲山　地蔵院様

追而申入候、此度弥開帳候儀相極り候ハヽ、万端従此方御手出しハ無之候間、其旨御承知可被成候、其元ゟ御願ニ而之儀ハ兎も角も、品能事ニ候ハヽ、御聞済も可有之候間、為御心得申入置候、畢竟本堂修復、一山借物等形付之為ニ候得ハ、無此上も筋合能々御勘弁、早々書附を以関東へ之御内慮御窺被下置候様ニと御願可被成候、為其飛札を以申進候、以上

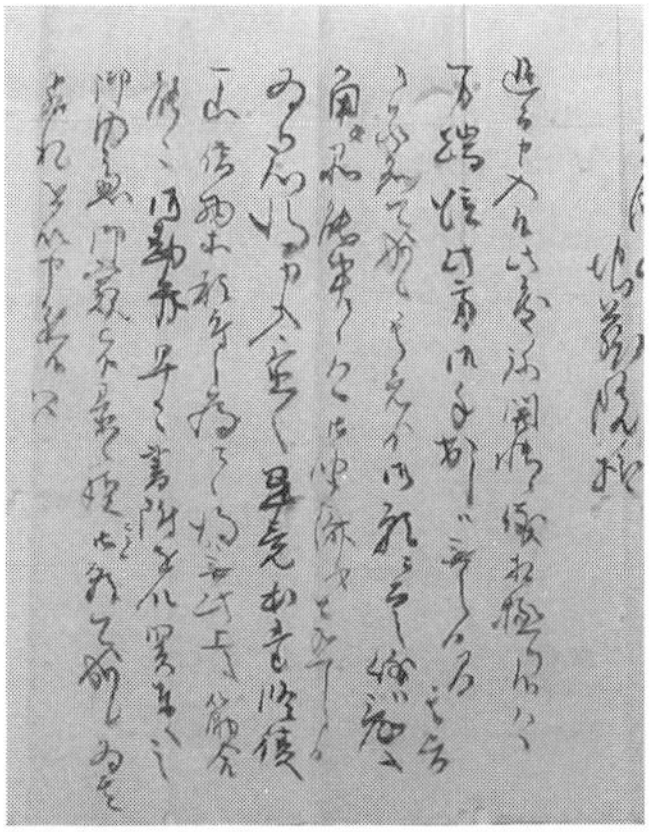

同右

③

今般成菩提院江要用有之、作之丞罷下り候ニ付、一筆令啓達候、秋冷之節、其山弥無御障珍重之事候、然者先達而作之丞ヲ以申入候開帳一件、一山相談之上云々被申越令承知、則大僧正江も申上候処、其山指支之筋一通り尤御聞請御座候得とも、以前江戸開帳之節他借致し、金主共無筋相成候而者不本意之至り、且又即心院家代出開帳ニ付、其山難渋ニも相成候趣申立（承）られ（候）候得とも、其儀者大僧正始野院共不審ニ、定而其節者行届さる事も可有之哉と致扼(カ)案候■■(抹消)此度致発起、大坂講中ハ成菩提院常燈明講中ニ而、於大坂表相応之家柄、勿論内々ニ而人体等も及吟味候処、令レ有之輩ニ而、不都合之事共無之様子ニ相聞へ候間、何分一山中得と熟談被致、右大坂講中願之通出開帳相調候様致置、■(抹消)尤江戸表願之儀者　大僧正ゟ被　仰立候ハヽ、御別状有之間敷(ト存)候間、幸之時節、有心之者とも願之通相調へ候得者、其山末々繁栄ニも相成、勿論■(抹消)今般開帳ニ付損亡など、中儀ハ、

決而有之間敷哉ニ存候条、能々御勘弁可有之候、尤内談等之儀者、其山より右講中へ得と引合被申候も可然存
候、尚委細訳合者作之丞へ申含候、恐々謹言
八月十日
追而相談相調候得者、早々願書被差出候、可然存候
戒定院
地蔵院

④

乍恐書付ヲ以奉願上候

一　前々　御院家様、愛宕山長床坊より　御当院江御住職被為有候、素々長床坊被為有候砌幸依仕、其手続ヲ
以　御当院江相従ひ、常燈講と唱罷有候処、御支配之御本院谷汲山
御本尊観世音菩薩御儀者、遠境ニおゐて難有　御霊■(破損)者兼々聴聞仕なから、未拝礼も仕候者も無之、猶諸人
順拝登山仕候迚、容易ニ拝礼も難仕候趣共、兼而承知仕罷有候、旁以何卒為結縁於大坂表ニ、日数五十日程
御開帳被為有之候得者、寔広大無辺之御慈悲、且者自前之御寄特、諸人江礼拝為致度、此段先年　御当院御
支配被為　成下候段、奉願上候処、其段御賢含被為　成下候処、御故障之筋有之、右一件暫御延引之趣被為
仰聞奉畏候、乍併其砌より年暦も相定《立》、最早宜敷時節柄と奉存候、乍恐右之趣再願奉申上候、何卒御差配ヲ
以御赦免被為　成下候得者、谷汲山御助成共相成、且者衆生御済度、平等之御利益と難有可奉存候、以上

享和二年　常燈講世話人

戌六月

吹《スイ》田屋佐右衛門　印
河内屋忠蔵　同
大津屋長兵衛　同
中屋長左衛門　同
中島屋喜兵衛　同
島屋利右衛門　同
河内屋文右衛門　同
池田善七　同
近江屋八十八　同
湊屋彦兵衛　同
志賀屋次右衛門　同

成菩提院様
御役人中様

大坂講中
願書写

四―一七　令旨写　享和三年（一八〇三）十月十三日

輪王寺宮（公澄法親王）の意向にもとづき寛永寺執当から出された奉書形式の令旨（写）で、成菩提院開基の貞舜（一三四九〜一四二二）に権僧正を贈るように朝廷に申し入れたもの。「勘例」以下は、実際に発令する場合の書式の例にあたる。

近世の天台宗山門派では、僧位については法印まで、僧官については権僧都までは延暦寺で補任していたといわれるが[1]、この例は権大僧都なので武家伝奏（勧修寺経逸・千種有政）から朝廷を経て補任に至ったと思われる。延暦寺でなく、輪王寺宮から寛永寺を通した例である。

貞舜には享和三年十一月二十七日に権僧正が贈られており[2]、執当二名（長道・長厳）の在任期間が重なるのが享和二年（一八〇二）十二月から文化三年（一八〇六）三月の間であることから[3]、本史料は享和三年の十月十三日、贈官の前月の成立と推定できる。（曽根原）

註

（1）高埜利彦『近世日本の国家権力と宗教』（東京大学出版会、一九八九年）一四八頁。

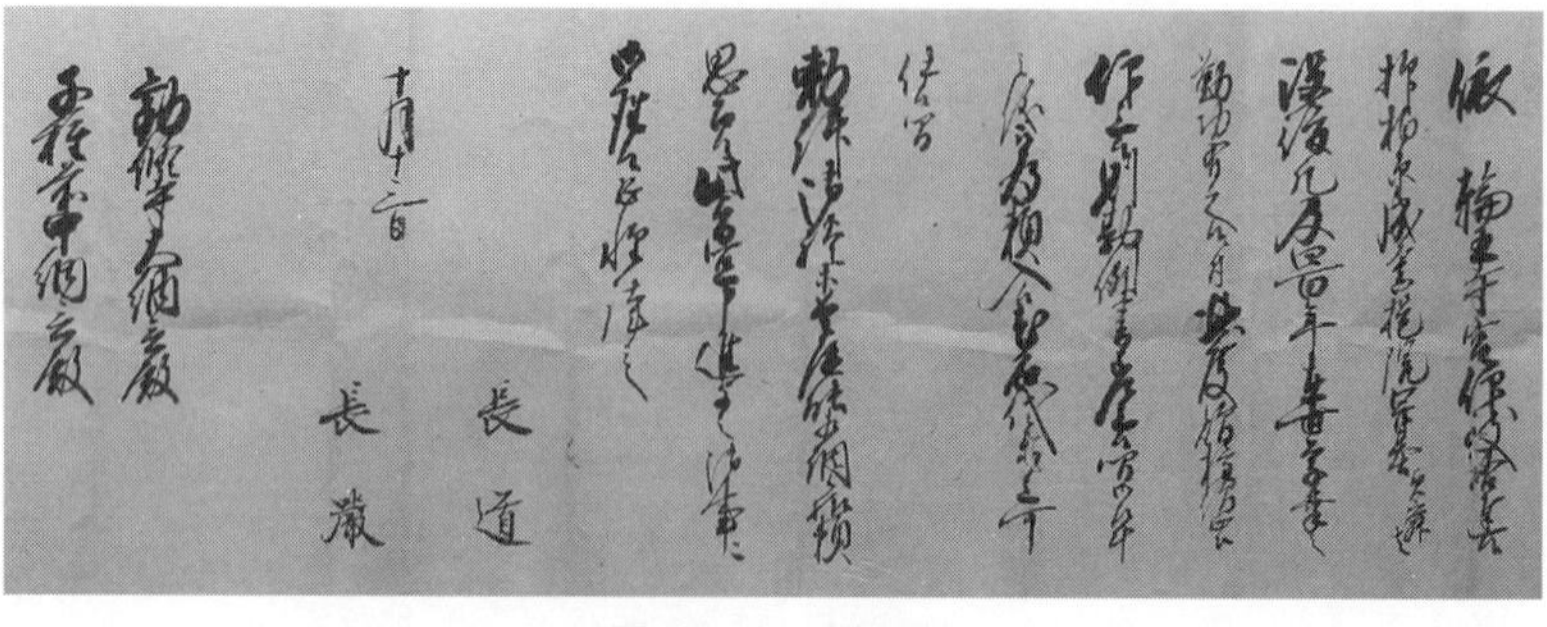

図４－17　令旨写

（2）『改訂近江国坂田郡志』第三巻上（一九四三年）四一四頁。
（3）長道については『天台宗全書』三五〇頁、および『戸隠（二）』〈続神道大系〉（二〇〇一年）二五一頁、長厳については同じく『天台宗全書』三八四頁、および『戸隠（二）』一〇九・一三五・一八三・二八五〜二八六頁など参照。

（翻刻）

（包紙上書）
「令旨之写」

依輪王寺宮仰、致啓達候、抑柏原成菩提院開基貞舜者、没後凡及四百年、
在世学業之勤功有之候ニ付、此度贈権僧正江仰上候、則勘例書差上候間、御
取計之儀被為頼入候、尤名代参上可仕候間、
勅許御礼等首尾能相調候様頼思召候、此旨宜申進与之御事ニ御座候、恐惶謹
言

十月十三日　長道
長厳

勧修寺大納言殿

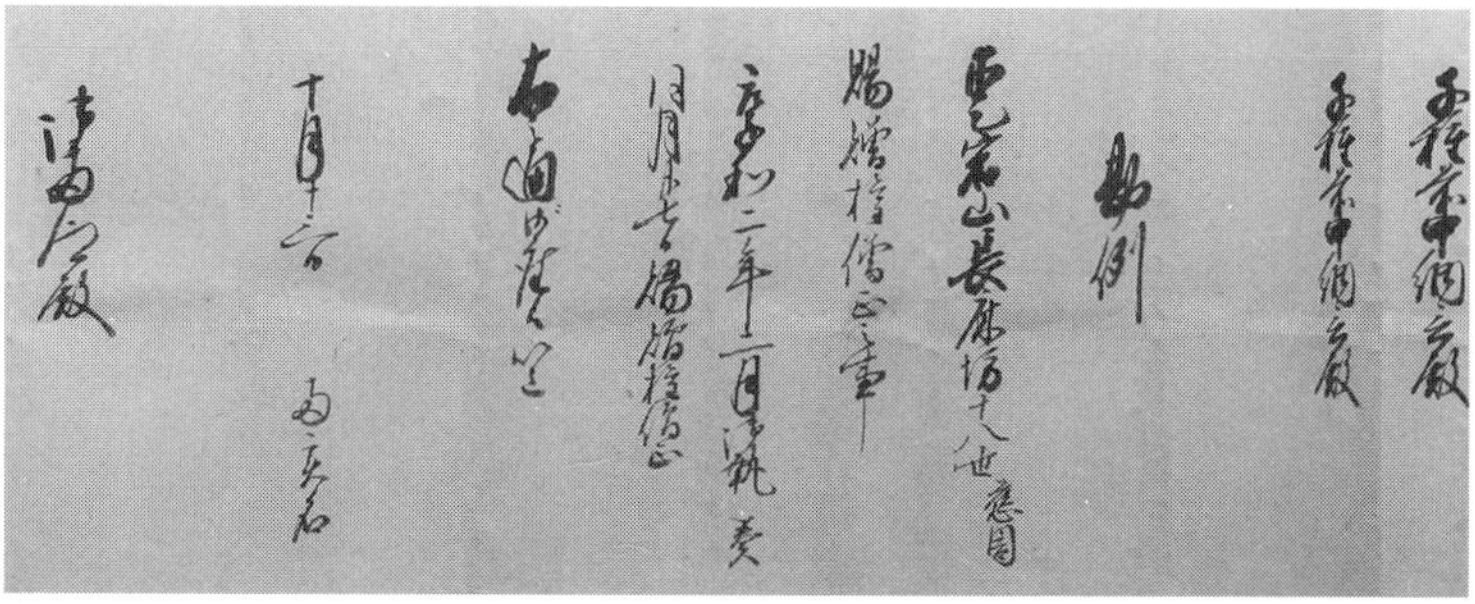

同右

千種前中納言殿

勘例

愛宕山長床坊十八世慈周賜贈権僧正之事

享和二年二月御執奏、同月廿七日賜贈権僧正

右之通ニ御座候、以上

十月十三日　　両実名

御両卿殿

四―一八　口宣案　享和三年（一八〇三）十一月二十七日

成菩提院を開いた南北朝時代の僧である貞舜に、権僧正の僧官を贈る書類。本来口頭で伝達される性質のため、そのためのメモ（案文）が実際には正式な書類となる。したがって「案」といっても、写しや控えとは性格が異なる。（曽根原）

（翻刻）

口宣案

四辻大納言　享和三年十一月二十七日宣旨
故大僧都貞舜
宜贈賜権僧正
　蔵人左少弁兼中宮権大進藤原明光（印）

四―一九　書付　文化六年（一八〇九）三月

この文化六年の史料は、成菩提院があった柏原の北東に接する須川村の甚六に、柏原の西に接する清滝村の茂左衛門が連署して、成菩提院の代官である新井主税に宛てられた書付である。

これによると、清滝村の茂左衛門の娘が、須川村の甚六の家に縁付いた。甚六の家は、二、三代に亘って「女壱人願家」の状態が続いていた。これは、家内の女性が一人だけ、家の他の構成員と別の檀那寺の檀那になる、あるいは婚入してきた嫁が実家の寺檀関係を引き継ぐ、ということであろうか。それをこの際、先祖に対する忠義となるので「御寺丸旦家」、すなわち成菩提院を檀那寺とする一家一寺にすることとなった。このことにつき、成菩提院側から、成菩提院の末寺の、清滝村の石堂寺に対し、「内慮」があった。後段の送り状の件も考えあわせると、茂左衛門の娘は石堂寺の檀那であったということであろうか。

ところが、甚六の老母が、どう説得してもそのことを肯んじなかった。そのためこのことにつき成菩提院側の了解を得た上で、老母についてはそのまま（石堂寺の檀那として）差し置き、茂左衛門の娘については石堂寺から送

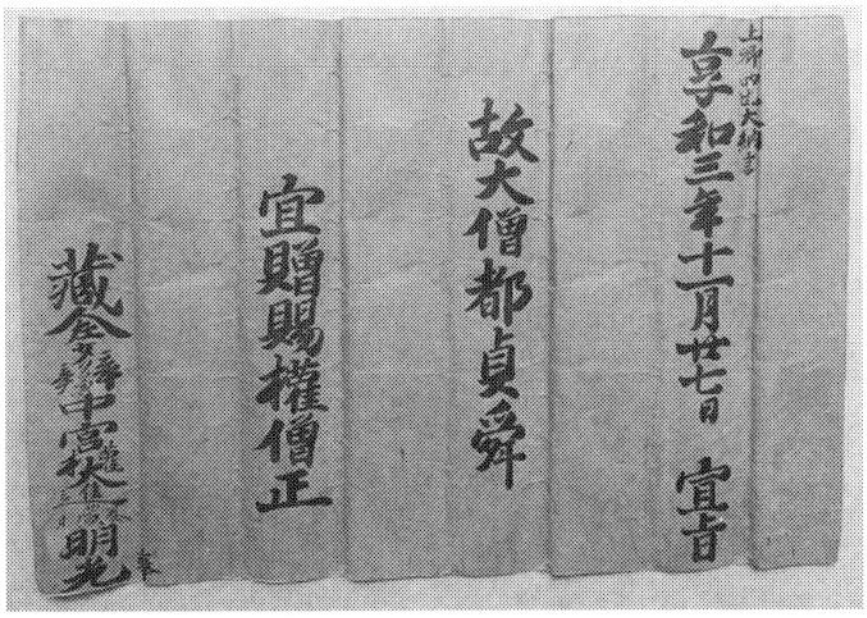

図４－18　口宣案

り状が出された、ということになろうか。

本史料では、丸檀家にすることが「先祖に対し忠義」だというレトリックが使われていることが注目されよう。ただ、具体的な寺檀関係がどのようなものであったかという点には留意が必要か。また甚六の母は、どういった意識で丸檀家とすることを拒んだのであろうか。ここでは、二、三代も続けて「女壱人願家」だったからだと書かれており、素直に読めばそれを替えたくないからだということになるが、興味深い。（朴澤）

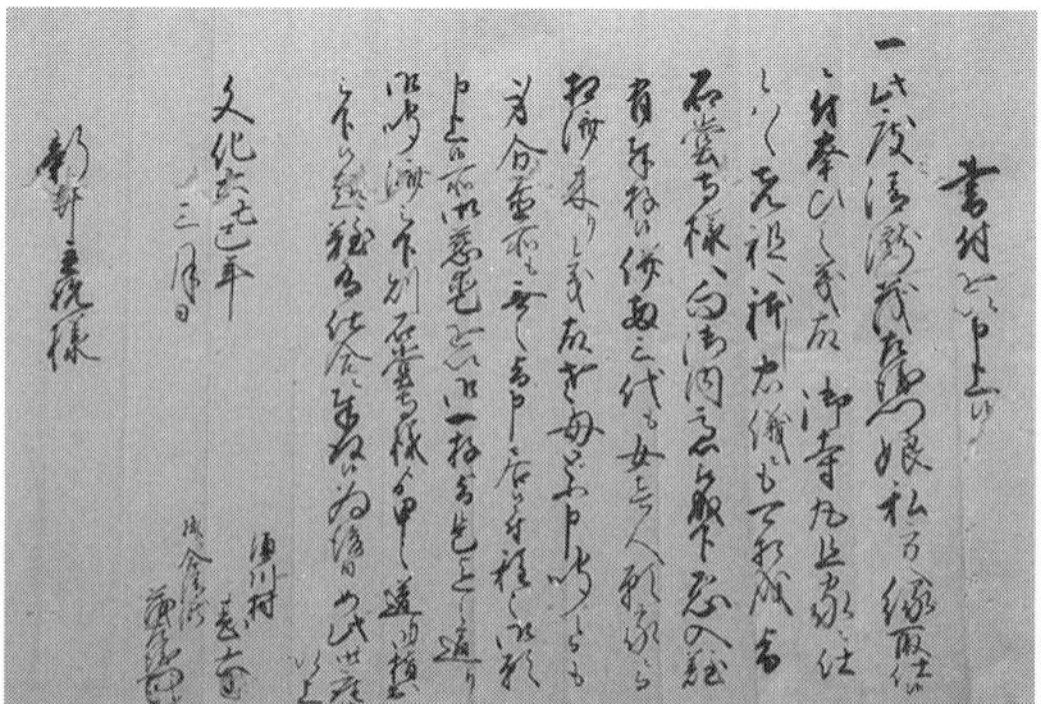

図4－19　書付

（翻刻）

書付を以申上候

一　此度清瀧茂左衛門娘私方へ縁取仕候ニ付、幸ひの義故、御寺丸旦家ニ仕候ハヽ、先祖へ体（対）し忠儀（ママ）ニも可相成旨、石堂寺様へ向御内慮被成下恐入難有奉存候、併両三代も女壱人願家ニ而相済来り候義（ママ）故、老母どふ申聞候而も身分置所も無之旨申居候ニ付、種々御願申上候所、御慈愛を以御一存之旨、是迄之通り御聞済被下、則石堂寺様ゟ早々送り御指出被下候趣、難有仕合ニ奉存候、為後日如此御座候、以上

文化六丑己年

三月日

須川村

甚　六　（印）

掛り合清瀧

新井主税様

茂左衛門　（印）

四―二〇　弔手形事　文政八年（一八二五）二月

文政八年に成菩提院第三十九世の円体[1]から公儀に提出された届けで、天台僧の十如が安楽院で逝去した際に、成菩提院から弔手形を発行したという内容。文化七年（一八一〇）に春性院徳隣に梵網重戒を授けた十如という僧がおり同一人物と見られること、[2]本史料にも天台宗の普門山定光院松尾寺（現、滋賀県米原市）の律院に所属したとあることから、十如は天台律僧と推定される。逝去の地が天台安楽律の中心である叡山飯室谷安楽律院であることも、それを補強するように思われるが、成菩提院との関係については未詳。（曽根原）

註

（1）天保四年（一八三三）五月十日逝去。『改訂近江国坂田郡志』第四巻（一九四二年）四六五頁。

（2）『戸隠（二）』〈続神道大系〉（二〇〇一年）二七頁。

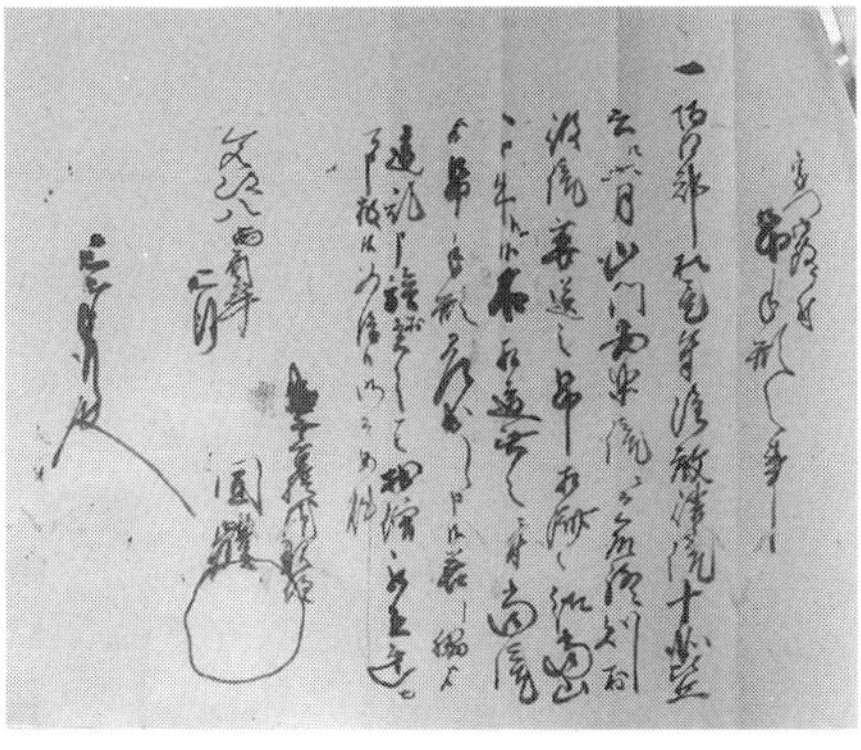

図4－20　弔手形事

（翻刻）

宗門御改ニ付吊（ママ）手形之事

一　坂田郡松尾寺浄教律院十如比丘、去ル六月山門安楽院ニ而命終、則於彼院葬送之吊相済候趣、当山可申来ル候、右相違無之ニ付当院ゟ吊手形差出し申候、若し脇ゟ違乱申族於有之者拙僧罷立速ニ可申披候、為後日仍而如件

文政八丙酉年二月

成菩提院現住　円体〇

三奉行殿

四―二一　修復願書付　文政九年（一八二六）五月

文政期の豪雪によって成菩提院の堂社が破損し、とくに客殿が大破したことをうけて、その修理について成菩提院から幕府寺社奉行へ願い出た際の史料である。近世の成菩提院が、徳川幕府との関係をめぐる由緒に自ら言及しているものの一つ。

まず冒頭で、成菩提院は「慶長五年関ケ原　御陣之節、十九代住持祐円江御陣御勝利之御祈禱被　仰付、御勝利御開運之上、寺院再建之儀奉願上候処、同所御陣小屋御建建（衍）前不残被下置、為用脚御米弐百石頂戴之、再建仕候御由緒之寺跡」と、関ヶ原での戦勝祈禱によって家康から直々に下された「用脚御米」で再建された寺院であることを強調している。

しかも成菩提院によれば、客殿には「権現様御尊像」が安置されていたようである。史料中で成菩提院は、その客殿が今回の雪で大破してしまい、尊像自体は無事であるものの、現在は「軽率之　御別殿」に置いておかざるを得ない状態であると嘆いている。

そして、このままでは「天下泰平　御武運御長久之長日護摩供御祈禱、定例本末出席修行之儀」に差し支えるので、「御陣小屋御建前幷用脚米等被下置候御先縦を以」、客殿修理に関する要求を聞き入れてほしいというのが、この史料の大意である。近世における成菩提院の自己認識の一端がうかがわれて興味深い。（青柳）

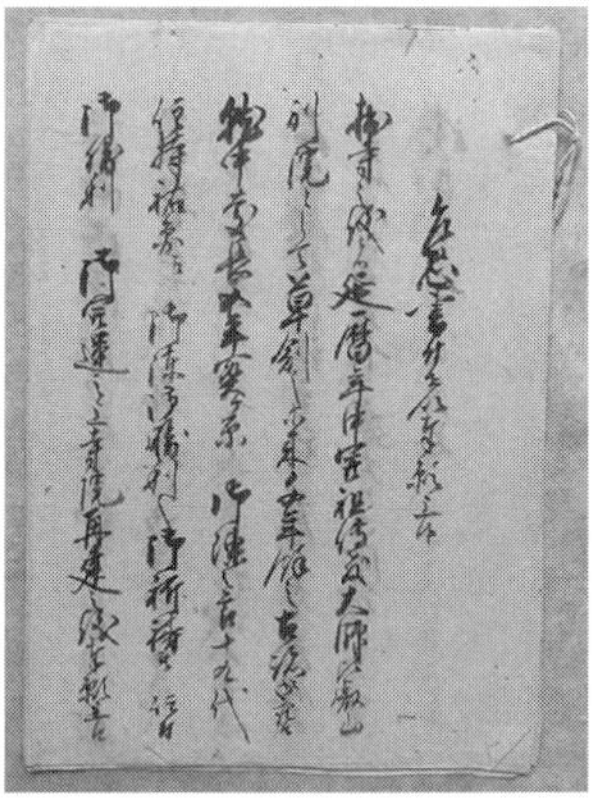

図４－21　修復願書付

（翻刻）

乍恐書付を以奉願上候

拙寺之儀者、延暦年中開祖伝教大師比叡山別院として草創之、爾来千年余之古跡ニ御座候、就中慶長五年関ケ原　御陣之節、十九代住持祐円江御陣御勝利之御祈禱被　仰付、御勝利
御開運之上、寺院再建之儀奉願上候処、同所御陣小屋御建（行）建前不残被下
置、為用脚御米弐百石頂戴之、再建仕候御由緒之寺跡ニ御座候処、去酉
年十二月中古今稀成大雪ニ而、右客殿押潰諸堂社幷庫裏共悉破損仕候、
右様物而年古キ建前、御修補等差加相続罷在候次第ニ付、乍恐
権現様御尊像及本尊迄兼而危相見候ニ付、御宮殿之儘奉移別殿江、幸御
別条不被為　在難有仕合奉存候、依之右客殿幷諸堂社庫裏等再建修復之
儀、種々心配仕候得共、元来薄縁之寺院、尤

権現様御代百五拾石之　御朱印頂戴仕、其後
台徳院様御代百六拾石余ニ被成下難有仕合奉存候、然ル処、右　御朱印地所、往古者相応之収納も有之候由ニ候得共、追々土砂入木荒等ニ而、近年之収納方多分減少仕候故、年中暮方幷寺院向少々宛之取繕ニ差向候而已ニ而、再建修復等之手当、種々勘考心配仕候得共、何分難及自力、剰末寺担方共助力之儀も精々及示談候得とも、平生困窮者共之上、去秋凶作殊ニ存外之高書(カ)ニ而、末寺担方共一同破損所夥敷、必至難渋之時節ニ候得者、再建之示談等迚茂難相叶、当惑至極仕候、此儘ニ而年月相移り、御尊像長ク軽率之　御別殿ニ奉安置候儀、何共御不敬且不本意筋、重々恐入奉存候、殊権現様御黒印之表、御箇像を以被為　仰付置候　天下泰平　御武運御長久之長日護摩供御祈禱、定例本末出席修行之儀も、前書申上候通仮殿之儀ニ付、至而手狭ニ有之、其上例年四月十七日御祭礼之御式等茂相勤兼候程之儀ニ而差支多、旁以難渋至極之仕合ニ奉存候、依之乍恐此度奉願上候者、其先関ケ原　御陣御勝利已後奉願、御建前用脚共被下置、造立置仕候御由緒之殿堂、殊ニ御条制を以被為　仰付候、長日護摩供御祈禱之道場、別而拙寺之儀者往古ゟ灌頂修行之密室ニ而、末寺幷法流之寺院灌頂相勤職住ニ相進候事故、客殿再建之儀長捨置候儀も難相成候得者　御吉兆御吉例之御先縦とも被思召被下置、何卒此度格別之御慈愍を以、右客殿再建之儀、従
公儀被為　仰付被下置候様偏ニ奉願上候、右願之通被為　仰付被下置候ハヽ、乍恐必先規御尊像御安置之於道場、先古不易之長日護摩供御祈禱無怠慢修行仕、弥以可奉行、天下泰平　御武運長久と難有仕合奉存候、若又御時節柄旁右願之通被仰付難被下置御儀ニ茂御座候ハヽ、先古　御陣小屋御建前幷用脚米等被下置候御先縦を以、別紙ニ奉願上候箇条書之内、何れ成共一ヶ条　御許容被仰付被下置
御尊像御崇敬筋相立、随而拙寺本末之寺務、長日御祈禱之寺役、永無差支相勤候様被　仰付被下置候ハヽ、

重々難有仕合奉存候、此段何分宜御沙汰被成下候様、奉願上候以上

江州柏原郷

文政九戌《いぬ》年五月

十亥

天台宗

成菩提院（印）

寺社

御奉行所

四—二二　祐円法印弐百回忌諸記　文政十年（一八二七）八月

文政十年八月、成菩提院第十九世住職であった祐円（?～一六二八）の二百回忌の記録である。祐円は関ヶ原合戦の際に、天海の兄弟子として東軍勝利のため活動したとも伝えられ、江戸時代の成菩提院の基礎を確保したことから「中興」の祖と称された。本史料では、代官の新井主税（「力」で表記）たちの指示に従い、松尾寺以下の末寺僧が逮夜（前夜）八月十四日と忌日同月十五日の各当番に編成され、指定された集合時間、服装などで執行することが記されている。裏表紙にも記載があるように、別に「回章」が廻されて実際に機能するのに対し、本史料は代官用の控である。遠方の僧侶の前日宿泊や、当日の食事提供など、行事遂行に関する本寺側の配慮もうかがえる。近世初期の住職の年忌法要が実際に行われ、過去の記憶が再生産されていた様子を確認できる史料といえる。（曽根原）

(翻刻)

「(表紙)文政十歳次丁亥
当院中興祐円法印弐百回忌諸記
八月十五日　　」

「(裏表紙)寂照山役所　新井力控」

就当院中興祐円法印弐百年御忌当来ル十四日御逮夜、十五日御当日御
法会御執行御座候間、各出勤可有之候、
御逮夜十四日未ノ刻、御当日十五日巳ノ刻
右之通可被相心得候、
八月七日　　　新井力
　　　　　　　鑑　院

松尾寺　観音寺　名超寺　大吉寺
石堂寺　泉明院　常福寺　日光寺
安能寺　華厳寺　三光院

御逮夜
石堂寺　泉明院　常福寺　日光寺不来、代大吉寺出勤

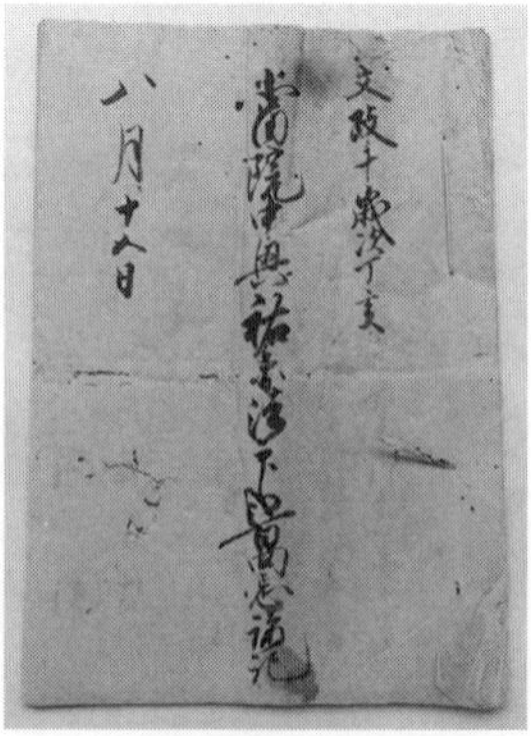

図4－22　祐円法印弐百回忌諸記

安能寺　　三光院弟子
御当日
松尾寺三口 観音寺三口 名超寺壱口
大吉寺　石堂寺　　泉明院
常福寺　日光寺不来 安能寺
右之通承知可有之候、
追而　一御逮夜　例時光明供／襲小五条（／は改行。以下同）
一御当日　胎曼供／素絹大五条
一遠路之方ハ十四日夜当山ニ而乍不自由一宿勿論之儀候、
一松尾寺、観音寺、名超寺、御当日出勤無之寺院者逾進之御年回ニ候間、於自坊御回向可被申様致度候、
一谷汲山、三光院之儀ハ別書を以相達候間、此回章相廻し候ニ不及候事、
此回章無遅滞被相廻、済候処より返戻可有之候、以上
就当院中興祐円法印弐百年御忌当来ル十四日御逮夜十五日御当日御法会御執行御座候間、御信心之銘々ニ而御参詣可有之候、至御当日御参詣之衆中江者麁菜之御斎進申度候、以上
八月七日
新井力
鑑　院

四―二三　人別改帳　文政十一年（一八二八）六月

文政十一年六月に、成菩提院と近江国に所在する同寺の末寺九カ寺が、各領主へ寺内・門前の人別を届け出た覚書を、一冊にまとめた人別改帳である。

本史料によって、当該期の同寺ならびに末寺の寺内・門前に所在した人々の数と構成を把握できる。その記載内容によれば、成菩提院寺内には一二人の僧俗がいた。また代官の新井主税の家族が八人居住していた。そして門前には八〇人が居住する集落が形成されていた。成菩提院には一六カ寺の末寺がある。最も多く寺内に居住する人がいた末寺は松尾寺で二三人である。僧侶のみならず俗人も含めて運営していた寺院も多いことが確かめられる。ただし無住の寺院も七カ寺あり、末寺の変動からも、寺院経営は決して安定的でなかったと考えられる。（松金）

（翻刻）

「（表紙）
文政十一年
江州成菩提院幷末寺
人別御改帳
戊子六月　」

近江国坂田郡柏原郷
御朱印地　成菩提院

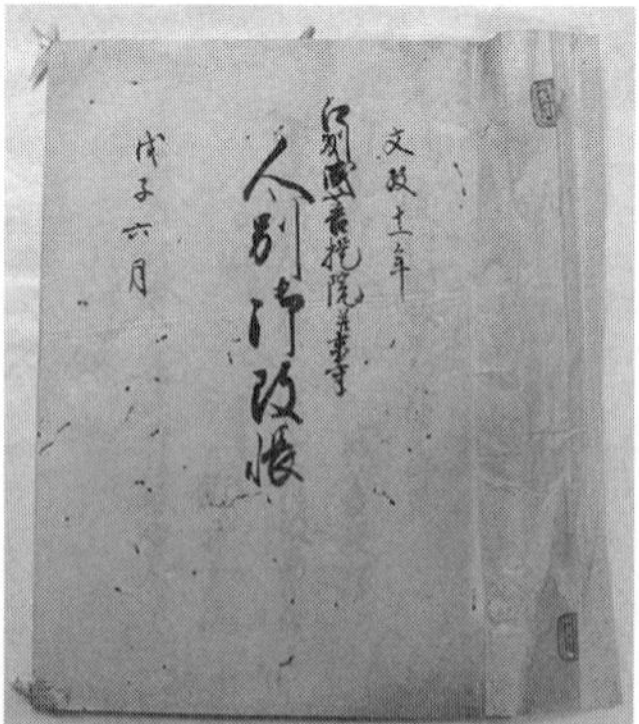

図4－23　人別改帳

当寺内人数合拾弐人当子五月改当歳以上
　内　出家　六人
　　　俗　　六人
　　　　　　当寺代官
　　　　　　　　新井主税
家内人数合八人当子五月改当歳以上
　内　男　弐人
　　　女　六人
門前人数合八拾人当子五月改当歳以上
　内　男　四拾弐人
　　　女　三拾八人
右者寺内境内門前之人数相改候処書面之通相違無御座候、以上
文政十一戊子年六月　　成善提院（印）
右之通京都二条御奉行所書上候

覚

成善提院末
一　松尾寺

寺内惣人数〆弐拾三人
内　出家　拾四人
俗　九人
右之通人数相改候処相違無御座候、以上
坂田郡
文政十一戊子年六月　松尾寺（印）
右之通井伊掃部頭殿御役所江指出申候

覚
成菩提院末
観音寺
一　寺内惣人数〆八人
但シ出家斗
門前人数合七人
内　男　三人
女　四人
右之通人別相改候処相違無御座候、以上
坂田郡

文政十一戊子年六月　　観音寺（印）
右之通井伊掃部頭殿御役所江指出申候

覚

成菩提院末
名超寺

一　寺内惣人数〆弐人
但シ出家斗
右之通人別相改候処相違無御座候、以上
坂田郡名越村
文政十一戊子年六月　　名超寺（印）
右之通井伊掃部頭殿御役所江指出申候

覚

成菩提院末
大吉寺

一　寺内惣人数〆弐人
内　出家　壱人

俗　　壱人

右之通人別相改候処相違無御座候、以上

浅井郡

文政十一戊子年六月　　大吉寺（印）

右之通石原庄三郎殿御役所江指出申候

覚

成菩提院末

石堂寺

一　寺内惣人数〆三人

内　出家　弐人

俗　　壱人

右之通人別相改候処相違無御座候、以上

坂田郡清滝村

文政十一戊子年六月　　石堂寺（印）

右之通京極長門守殿御役所江指出申候

覚

成菩提院末
常福寺

一　寺内惣人数〆弐人
但シ出家斗
右之通人別相改候処相違無御座候、以上
坂田郡河内村
文政十一戊子年六月　　常福寺（印）
右之通西郷筑前守殿御役所江指出申候

覚

成菩提院末
安能寺

一　寺内惣人数〆弐人
但シ出家斗
右之通人別相改候処相違無御座候、以上
坂田郡長岡村
文政十一戊子年六月　　安能寺（印）
右之通井伊掃部頭殿御役所江指出申候

覚

成善提院末

日光寺

一　寺内惣人数〆壱人

右之通人別相改候処相違無御座候、以上

坂田郡日光寺村

文政十一戊子年六月

日光寺（印）

右之通井伊掃部頭殿御役所江指出申候

覚

成善提院末

泉明院

一　寺内惣人数〆四人

内　出家　弐人

俗　弐人

右之通人別相改候処相違無御座候、以上

坂田郡柏原村

文政十一戊子年六月

泉明院（印）

右之通松平甲斐守殿御役所江指出申候

覚

成菩提院末
坂田郡柏原村

一　無住　　　　　　市場寺

右壱ヶ寺領主松平甲斐守殿

覚

成菩提院末
坂田郡山室村

一　無住　　　　　　小倉寺

右壱ヶ寺領主加藤佐渡守殿

覚

成菩提院末
浅井郡小室村

一　無住　　　　　　弥勒寺

右壱ヶ寺御代官石原庄三郎殿

覚

成菩提院末
浅井郡三川村

一　無住　光明寺

右壱ヶ寺領主稲垣長門守殿

覚

成菩提院末
坂田郡大野木村

一　無住　妙楽寺

同

一　無住　神宮寺

右二ヶ寺領主堀田豊前守殿

覚

成菩提院末

坂田郡須川村
一　無住　菅生寺
右壱ヶ寺領主井伊掃部頭殿
合七ヶ寺無住ニ而御座候、以上
江州坂田郡柏原
文政十一戊子年　成菩提院（印）
六月

四―二四　請書草案　二点　弘化三年（一八四六）頃カ

（一）は下書であり、差出人の記載が省略されているが、成菩提院の住僧によるものと考えられる。宛先の鶏足・覚常は、延暦寺横川の僧坊鶏足院・覚常院である。内容は、①成菩提院は、文政期の大雪[1]によって諸堂が破損したが、財政難で再建が困難な状況にあったために、両僧坊に「御預リ」、すなわち寺の管理を委ねた、②その結果、借金が減り、諸堂再建にも着手できたので、「従来御因縁」をもって、延暦寺東塔の僧坊正覚院に「御預リ」を願いたい、である。

近世において、延暦寺僧坊住持は地方の天台宗寺院の住持職兼帯を行っており[2]、寛政十三年（一八〇一）から文政四年（一八二一）まで正覚院は成菩提院を兼帯していた[3]。「従来御因縁」はそのことを指している。正覚院は、歴代住持が探題・東塔執行を勤める延暦寺衆徒の最高実力者であった[4]。成菩提院は正覚院の管理を受けることで、

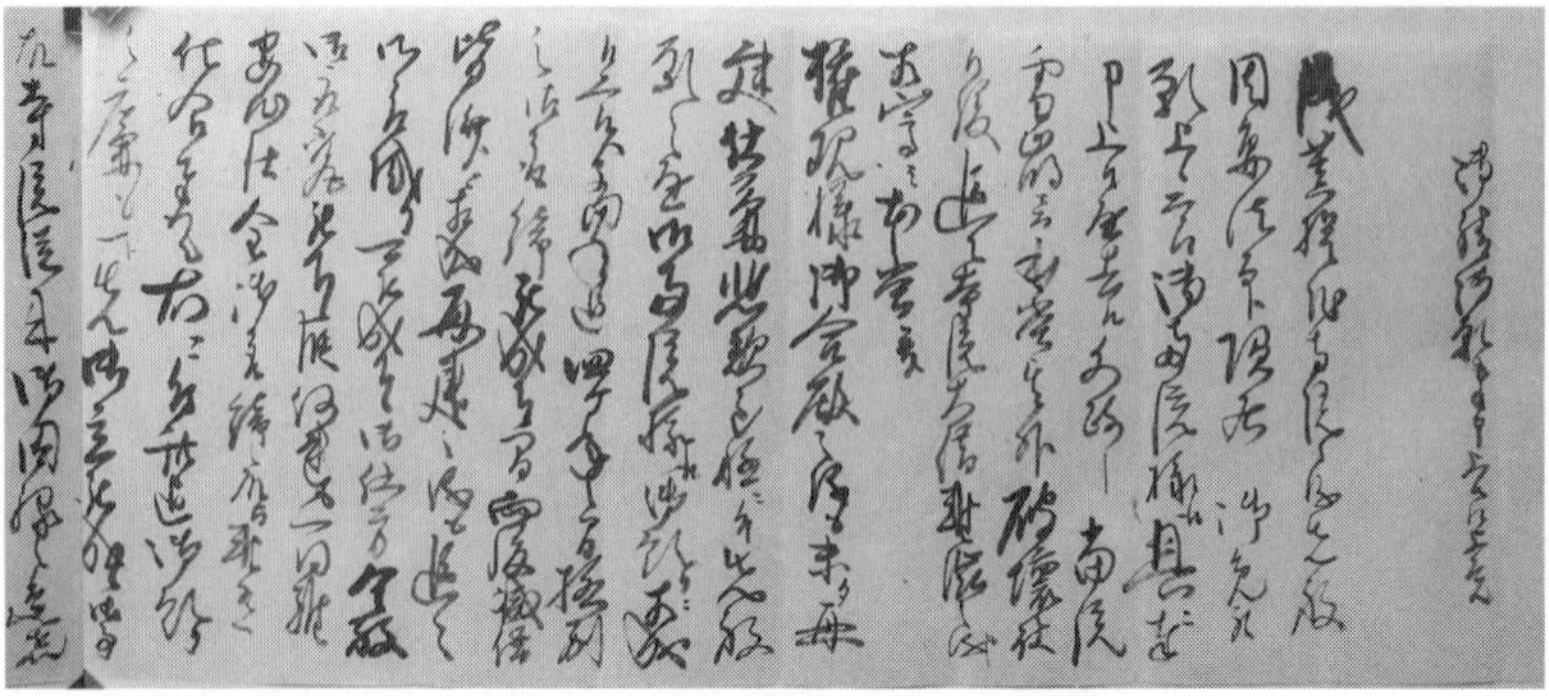

(1)

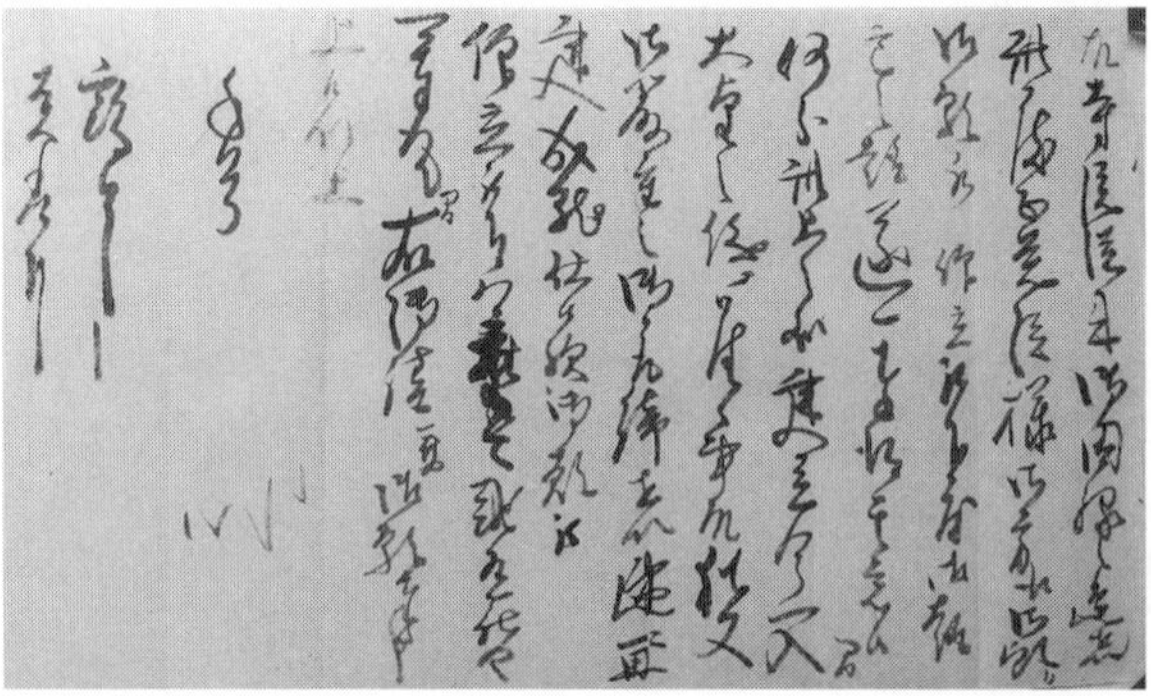

(2)

図４－24－１
請書草案（一）

すみやかな諸堂の再建完了を目指したのであろう。

（二）は、延暦寺西塔執行正観院の監院（役割は不明）・教授（教授阿闍梨のこと、灌頂の導師である大阿闍梨の補助をする）を勤める西塔僧坊の本覚院・等覚院が、成善提院に対して、末寺中で灌頂と法華大会の竪《りっ》者《しゃ》を希望する者がいたならば、申し出ることを伝えたものである。正観院には享保三年（一七一八）に灌室が置かれているが、法流は成善提院と同じ西山流であり、正観院灌室設置にあたっては西塔と成善提院との間で交渉が持たれた(5)。そのような経緯を背景に、正観院が灌頂・法華大会についての通達を成善提院に対して行ったと考えられる。（藤田）

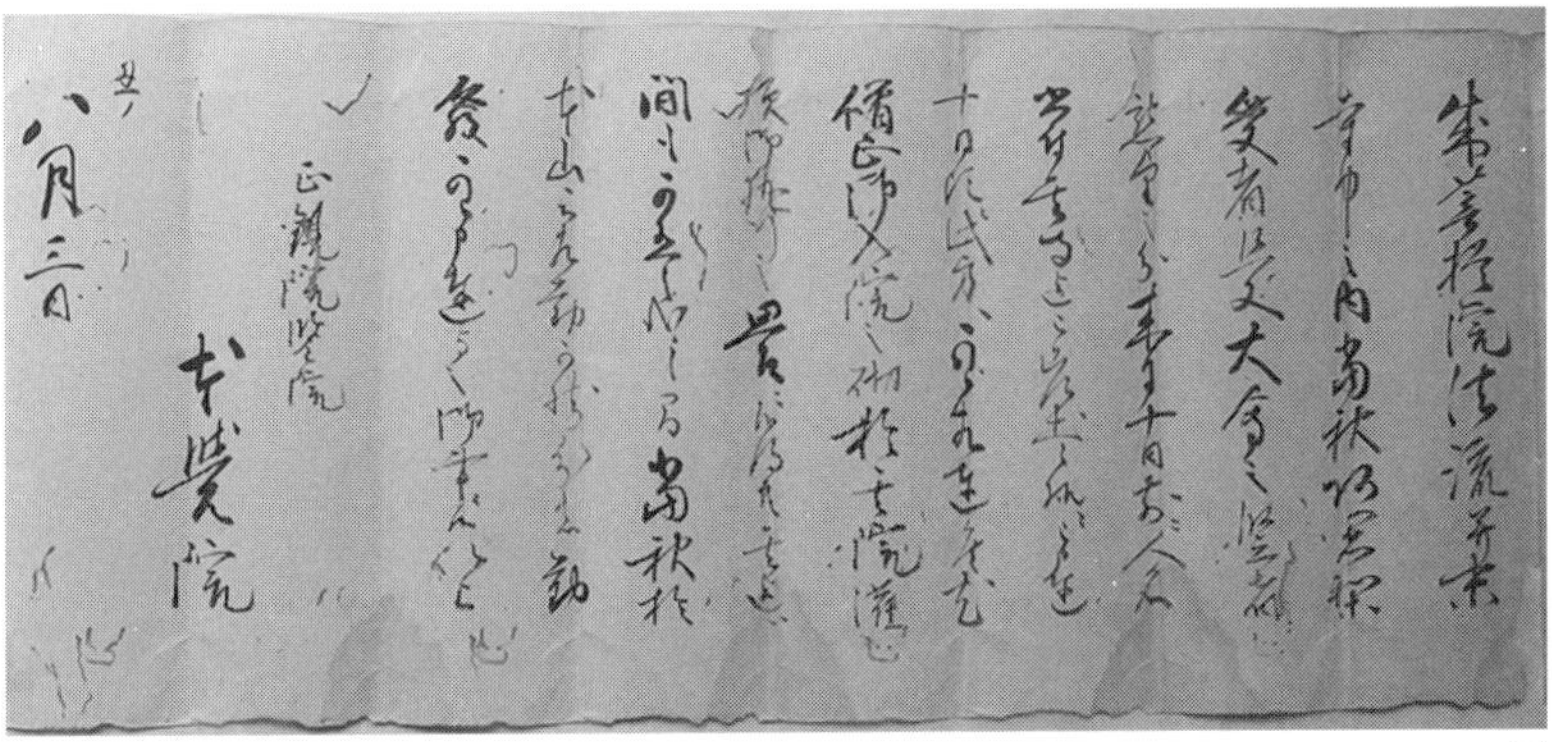

(1)

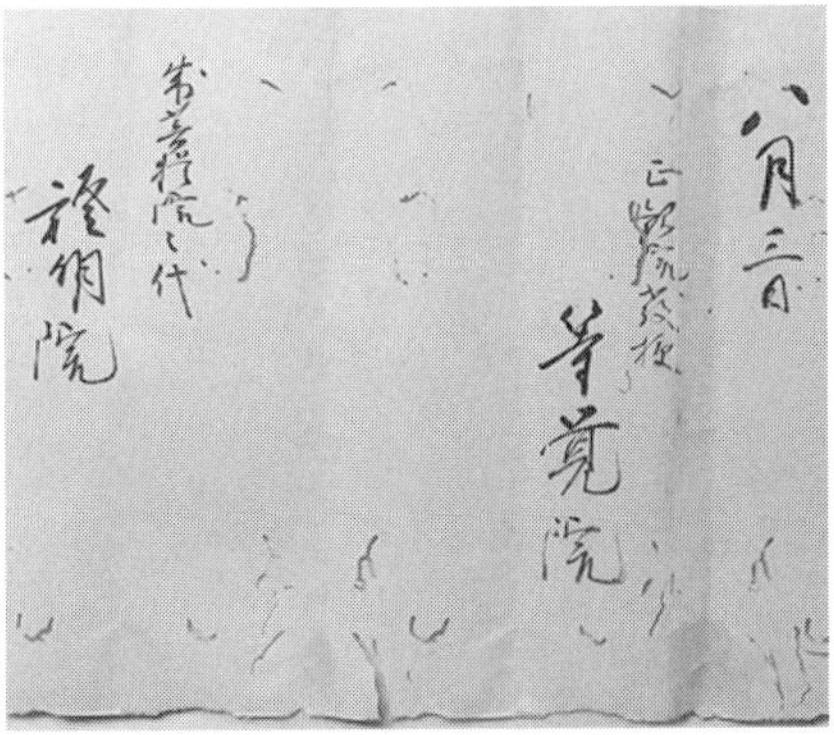

(2)

図４－24－２
請書草案（二）

註

（１）文政十年（一八二七）「乍恐書付を以奉願上候」（四―二二）から、大雪による諸堂の破損は文政八年（一八二五）に起きたことがわかる。

（２）藤田和敏「近世における西塔正観院灌室の形成と展開――近江国柏原成菩提院との関係を中心に――」（『天台学報』五四号、二〇一二年）。

（３）寛政十三年「延暦寺三院僧徒臈次」（叡山文庫止観院文書僧臈一二一五）、文政四年「延暦寺三院僧徒臈次」（叡山文庫止観院文書僧臈一二五五）。

（４）藤田和敏「近世延暦寺組織構造の基礎的考察」（『天台学報』五三号、二〇一一年）。

（５）藤田、註（２）前掲論文。

（翻刻）

（一）

（二）（二）包紙上書）「請書草案」

御請御願奉申上候口上覚

成菩提院寺院之儀、先般周円法印隠居　御免被願上候節、御両院様江具ニ奉申上候通、去ル文政——当院雪崩ニ而、本堂其外破壊仕候後、追々寺院大借難渋之儀相嵩ミ、本堂幷権現様御合殿之儀も未タ再建仕兼、悲歎至極ニ付、先般願之通御両院様江御預リニ相成候節ゟ当年迄四ヶ年之間格別之御取締被成下候間、向後減借皆済ニ相成、再建之儀も追々御取掛リ可被成下候、御仕方今般御取究被下候段何れも一同（有脱）難安心仕、全御取締之故与難有仕合奉存候、右ニ付、此迄御預リ之廉も一ト先御立被成候御事故、寺院従来御因縁之辺を以、此度正覚院様御方江御預リ御願被　仰立被下度御趣意之趣逐一奉得其意候間、何分此上之処建立今一入大望之儀ニ御座候事故、猶又御厳重之御取締を以、速ニ再建成就仕候様御願被仰立被下候ハヽ、難有《重々》難有仕合可奉存候、《間》右御請幷御願奉申上候、以上

年号

鶏足——

覚常――

（二）

成菩提院法流幷末寺中之内、当秋阿闍梨受者、且又大会之竪者懇望之分、来月十日前ニ人名書付、其寺迄被差出候様ニ被申達、十日頃ニ此方へ可被相達候、尤僧正御入院之砌、於其院灌頂御執行之思召ニ候得共、其迄ハ間も可有之哉ニ候間、当秋於本山被相勤可然分者勧発可被申達与之御事ニ候、以上

正観院監院

丑ノ

本覚院

八月三日

正観院教授

等覚院

成菩提院々代

証明院

四―二五　成菩提院寺領代官掟　嘉永二年（一八四九）十一月

仮綴の冊子。その内容は、成菩提院の寺領代官の守るべき掟として、天明六年（一七八六）に輪王寺宮（公遵法

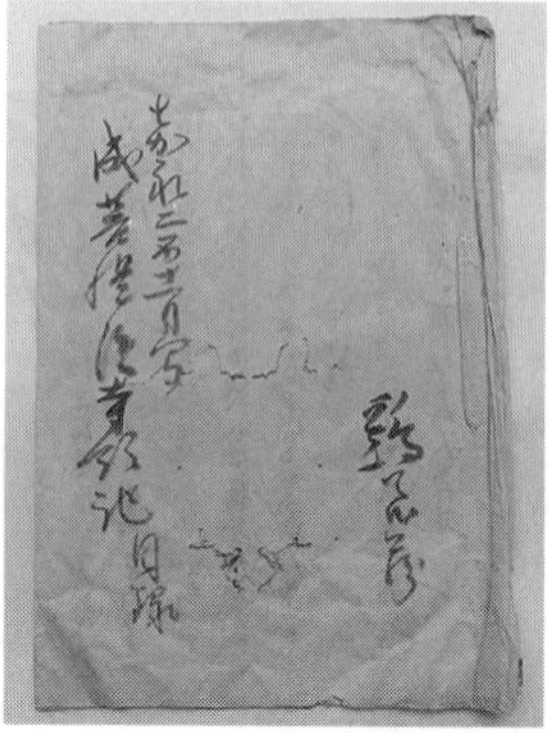

図４－25　成善提院寺領代官掟

親王）から出され、寛永寺執当二名（仏頂院覚謙と真覚院守寂）から成善提院住職を経て、寺領代官である新井主税に伝えられた指令と思われる。近世の天台宗では、日光山輪王寺（東照宮別当）の住職である輪王寺門跡が、東叡山寛永寺の住職を兼ね、一宗を支配した。そのもとで実務を担当したのが、寛永寺の子院の住職から選ばれた「執当」である。(1)

本冊子はそれを、嘉永二年（一八四九）に改めて写したものである。内容は、寺院の宝物等の十分な管理、寺領百姓に対する公正な対応、日頃から末寺や檀那方と親しむことなどを命じたものである。また、役料を定め、家督相続時の心得などにも言及している。（曽根原）

註

（1）覚謙の事跡は『天台宗全書』二四（第一書房、一九七四年）三二〇〜三二一頁、守寂については『戸隠（二）』〈続神道大系〉（二〇〇一年）一六七頁など参照。歴代の執当については、宇高良哲「上野寛永寺執当譜年次考」（初出一九九二年、同『近世関東仏教教団史の研究』文化書院、一九九九年）など参照。

（翻刻）

（表紙）
「

嘉永二酉十一月写

鶏飛蔵

成菩提院寺領記　目録　　一

柏原成菩提院寺領代官掟

当院代官為寺院相続助、先規之通リ譜代ニ申付候様、今般従
輪門様被　仰付候付、即其方譜代ニ申付姓名迄御届申上候、右ニ付自今為心得申渡条々如左

一　院領地方鑑陣之義者(ママ)不申及、往古仕来之寺諸寺付宝物什具新寄附之品等、能々存寄居候而相違紛失等無之様可心懸事

一　門前百姓専加憐愍、若之(不カ)埒之者出来候ハヽ、糺明之上相伺候而夫々軽重治罰可有之候、贔屓偏頗之沙汰毛頭無之様可為第一事

一　院代両山末寺檀方平日和合熟談専要之事ニ候、仮令ニ茂威光ヶ間敷儀我儘私欲等之挙動無之様可相慎事

一　役料者元文四年□□(俊静カ)大僧正被相定候通リ、米納舛九石五斗俵ニ而拾九俵弐斗可遣之事

一　柴薪者寺領之山林ニ而落葉下苅等年中相用候事令　免許候、若普請等ニ付竹木等入用之節者其訳相願候而許容之上伐取可申事

一　家督相続者実子養子ニかきらす人品見立候而許容之上、名跡ニ可相定事

右之条々今度
東叡山江申上候而相定候、永代無違背可相守者也

天明六年丙午八月　□□(恩忍カ)院印

新井主税

本文之趣及御沙汰之間堅可相守旨申渡者也
午八月
大仏頂院
覚謙書判
大真覚院
守寂書判

四―二六　口上覚　慶応四年（一八六八）

本史料は、慶応四年（明治元年）、成菩提院が新政府宛に作成した開基以来の沿革・寺領の概要である。江戸時代に作成された由緒書では、関ヶ原合戦後の徳川家康への戦勝祝いや、家康の寄進材による堂宇修造が強調されることが多かったが、ここでは省かれている。

嘉暦元年（一三二六）の平泉寺衆徒による焼き討ち、応永二年（一三九五）の貞舜による再興以降の将軍・統一政権による制札発行や寺領獲得の経過が記述の中心となっている。とくに織豊期の諸将による法度については詳細で、丹羽長秀・豊臣秀吉による禁制など、現存の有無について確認が必要な史料もみられる。

この史料が作成された慶応四年三月は、神祇官の設置が定められ、神仏分離令が発令された時期にあたるが、宗教行政に関わる命令系統は確立されておらず、史料の作成経緯など不明な点も多い。成菩提院文書には、明治初期の神仏分離・寺領の返上に関わる史料も残存しており、幕末維新期の天台宗寺院の動向を知る貴重な手がかりとな

ろう。（梅田）

（翻刻）

奉願上口上覚

近江国
天台宗触頭
同国坂田郡柏原郷
成菩提院

寺領百六拾石余、
其外坊舎門前山林
境内諸役御免除幷
除地高九斗壱升弐合

右当院之儀者依
桓武天皇勅願延暦八己巳年、開基伝教大師柏原郷ニ草創、則比叡山之別所七堂伽藍之霊場ニ而、宝祚御長久・天下泰平之御祈禱所ニ御座候処、嘉暦元丙寅年越前国平泉寺之凶徒乱入、右堂宇幷三百余之坊舎・七百有余之所化焼亡分散仕、其後中絶ニ相成候処、応永元甲戌年足利義満公任相国之明年乙亥年、将軍義持公ヨリ寺領幷堂宇為造立料米金若干被下候ニ付、比叡山西塔宝園院法印貞舜再興仕、其後連綿罷在候処、永禄十一年八月織田弾正忠信長朝臣、将軍義昭公供奉御入京之節当院御宿陣ニ相成、則其節弾正忠殿ヨリ寺門之制札被下之、尚亦天正八年内府信長公御入京之節、前同様当院御宿院ニ相成候処、不慮之出火ニ依而寺院堂宇・書物等僅ニ弾正忠殿御制札耳相残其余不残焼失仕候、天正十年信長公薨去光秀誅戮之後幼主三法師君御代替、同年十二月丹

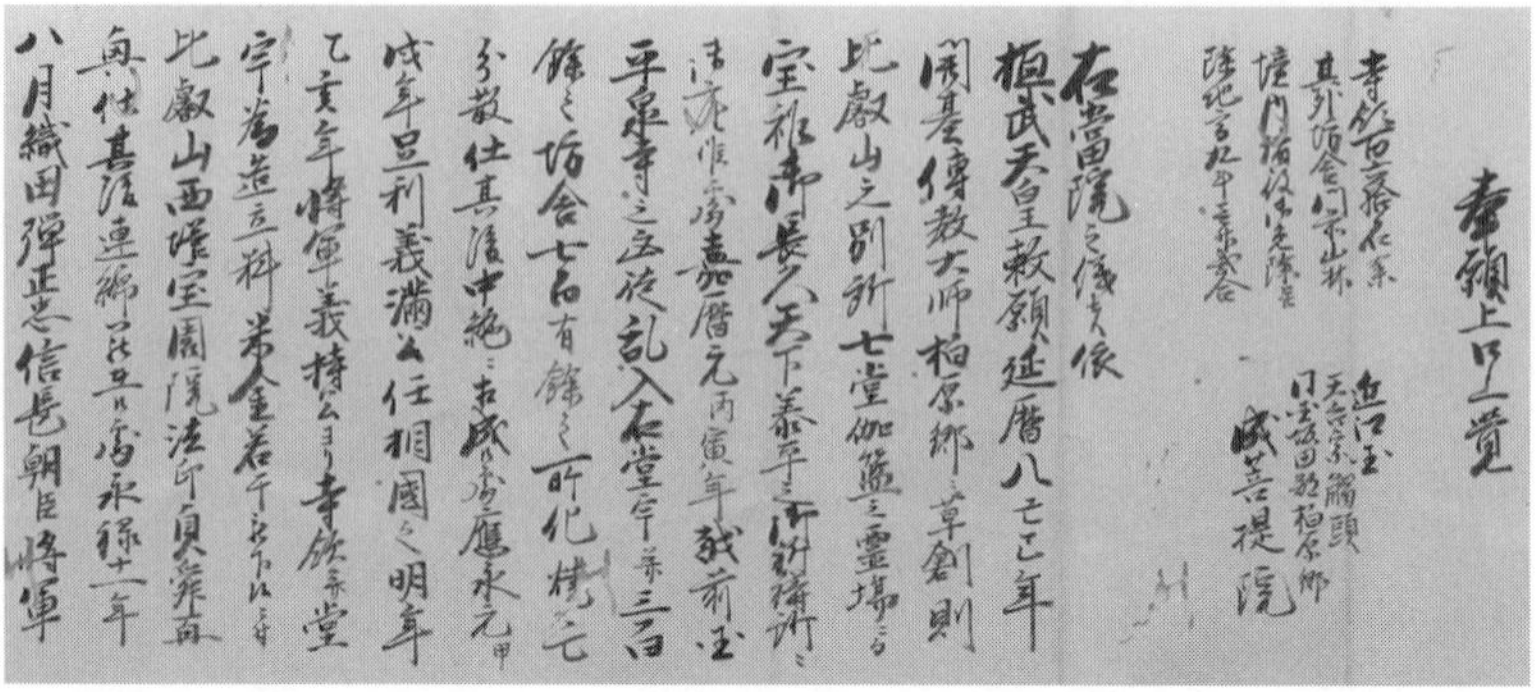

(1)

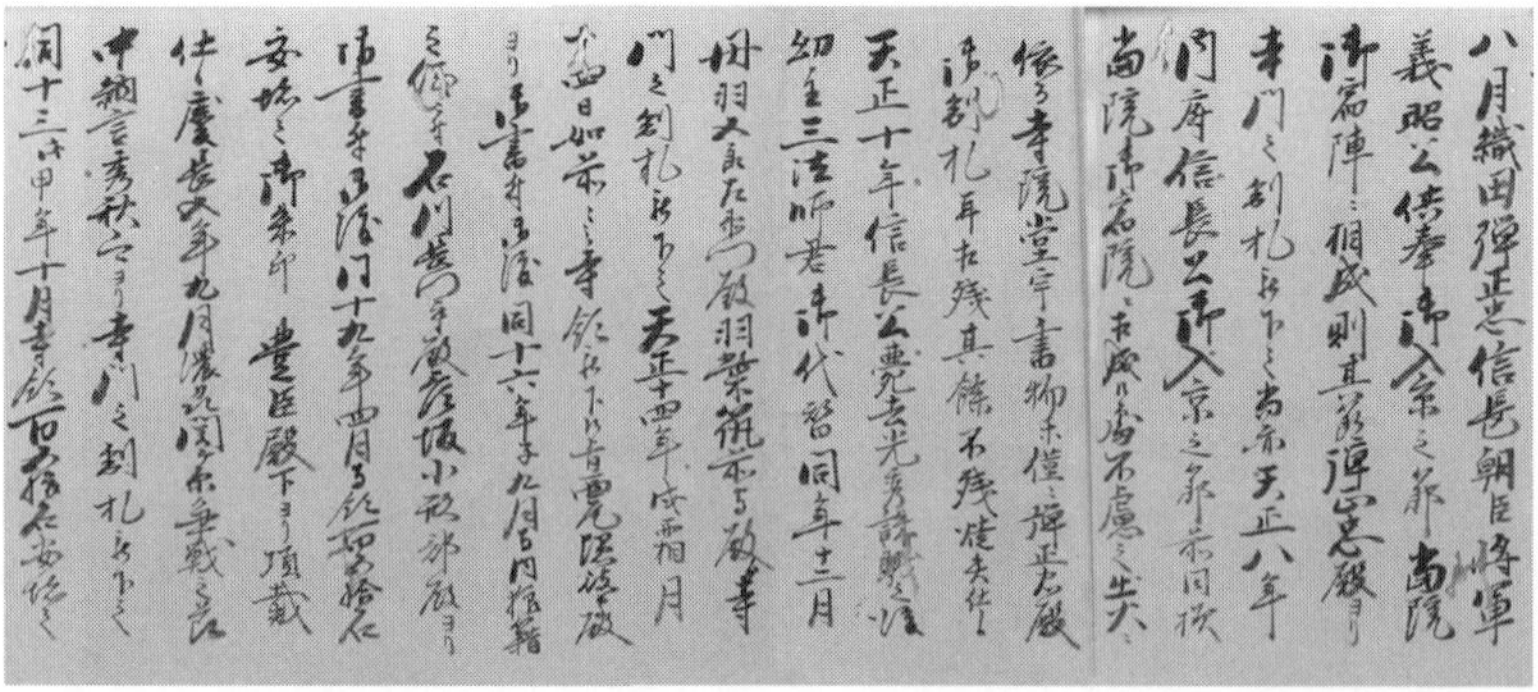

(2)

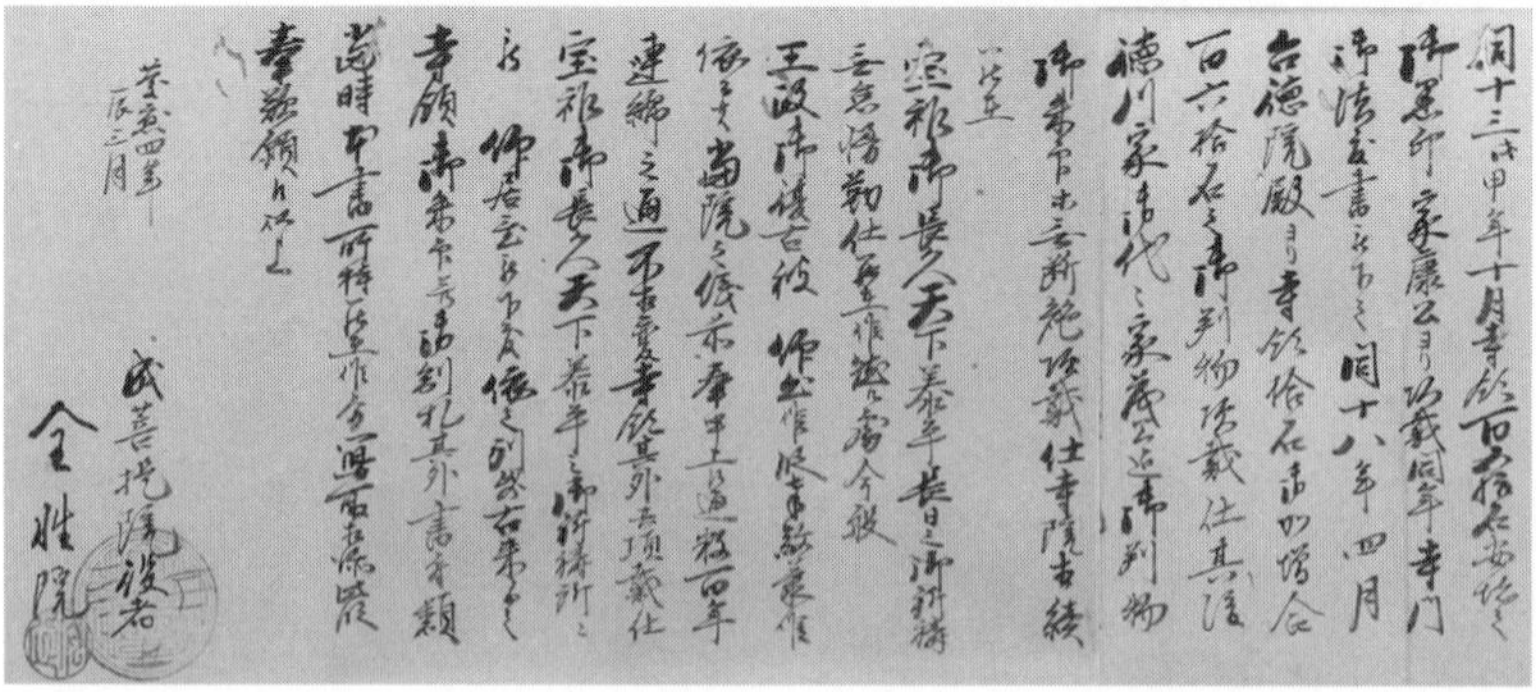

(3)

図4－26　口上覚

羽五郎（長秀）左衛門殿・羽柴筑前（秀吉）守殿ゟ寺門之制札被下之、天正十四年戌霜月十四日如前々之寺領被下候旨西尾
隠岐（吉次）守殿ヨリ御書付御渡、同十六年子九月寺内狼藉之儀ニ付、石川長門（泰通）守殿・彦坂小刑部（元正）殿ヨリ御書付御渡、
同十九年四月寺領百五拾石安堵之御朱印　豊臣殿下ヨリ頂戴仕候、慶長五年九月濃州関ヶ原争戦（マヽ）之節、中納言（小早川）
秀秋卿ヨリ寺門之制札被下之、同十三年戊申年十月寺領百五拾石安堵之御黒印家康公ヨリ頂戴、同年寺門御法
度書被下之、同十八年四月台徳院殿ヨリ寺領拾石御加増、合百六拾石之御判物頂戴仕、其後徳川家御代々家茂
公迄御判物・御朱印等無断絶頂戴仕寺院相続罷在
宝祚御長久・天下泰平長日之御祈禱無怠務勤仕罷在候、然ル処今般
王政御復古被　仰出候段奉敬承候、依而者当院之儀前奉申上候通、数百年連綿之通不相変寺領其外共頂戴仕、
宝祚御長久・天下泰平之御祈禱所ニ被　仰居置被下度、依之別紙古来ゟ之寺領・御朱印幷御制札其外書付類当
時本書所持罷在候分写取相添、此段奉歎願候、以上

慶応四年辰三月　成菩提院役者（印）

全性院（印）

四―二七　入院諸記録　明治二年（一八六九）

中世史研究の重要な要素として寺院史があったことと比較すれば、近世の寺院についての研究は長く低調であった。近世の天台宗については、天海（一五三六〜一六四三）により関東の上方に対する優位が確立したことを除け

ば、解明されたことは多くなかった。また、各地域における寺院活動の実態についても、研究の蓄積は乏しかったが、近年は変化が見られる。[1]成菩提院の場合も、歴代住職の一部（漢詩人として知られる慈周や、国指定重要文化財の大般若経を納入した豪恕など）について、近代に成立した地誌類で取り上げられる程度であったが、[2]尾上寛仲（一九一二〜一九八四）の先駆的研究以来、調査が進展しつつある。[3]ただし、成菩提院自体は多くの文書類を所蔵しており、その悉皆調査によって、研究蓄積の薄い近世天台教団の歴史などをさらに解明することが可能である。ここではその中から、近代初期の史料について若干の紹介を行いたい。

成菩提院が所蔵する簿冊は、中世後期から近代まで、少なくとも六〇〇点程度が残存している。[4]本史料はその中で、主に第四十四世鳳亮の引退と逝去、後継住職として孝健の就任という、近代初期の住職交替を扱った写本である（縦二四・六×横一六・六、楮紙袋綴）。具体的な書類のやりとり、末寺・檀那・地域への周知、着任時の儀礼など、他ではなかなか見られない詳細な様子が記述されている。また後述のように、近世から近代に移り変わる転換期の特色も読み取ることができるように思われる点からも貴重な史料といえる。以下、後掲の翻刻に便宜的に付した①〜⑱の番号に従って概要を説明する。

①は鳳亮・孝健を含む歴代住職の一覧で、第三十八世豪恕（享和二年就任）から第四十六世良灌（明治六年就任）[七]までの記事を含む。とくに、住職が着任しない「御兼帯」や「御預り」の期間が明示され、当時の状況が確認できる点は、他の史料（近代以降成立の歴代住職一覧など）と異なる価値を持つ。ただし、現在は歴代の数え方に一部変更があるが（第四十五世を義孝の兼帯とする）、[六]以下は史料に即して記述する。

②以下は、第四十四世鳳亮から第四十五世孝健への住職交替をめぐる書類の控である。鳳亮は慶応二年（一八六六）に比叡山延暦寺の安禅院住職から成菩提院住職に転じた。その約二年後、彼の逝去という事態をうけ、成菩提

院の運営の中核となる「院代」の全性院（「鑑代」とも称す）と役人（宮川・吉村など）および檀那と末寺の代表者らが、先々代住職で東叡山松林院住職に転じていた義孝に相談し、その「差図」に沿って、明治二年三月に孝健[5]に対し、連名で住職就任の嘆願書を送った（②）。そこで了解が得られたらしく、住職鳳亮名義（実際はこの時点で逝去）の書簡で教団の上位者に対し、病気による隠居および孝健への代替わりを願い出た（③）。延暦寺一山の善光院（後見役か）からの「添状」も出された（④）。その後の経緯をまとめた記述が⑤に見られる。

鳳亮の隠居と孝健への交替は認められ、天台宗を代表する三門跡（妙法院・青蓮院・梶井）の院家の連名で、四月にさかのぼって承認書が作成された（⑥）。それを受け取った経緯の記録（⑦）、成菩提院の役人から有力な末寺（松尾寺と観音寺）への通知（⑧）が記されている。

七月時点の通知として、成菩提院宛（⑨）、善光院宛（⑩）が作成された。それに対し、成菩提院の役人・末寺および檀家の代表から請状が出されている（⑪）。

次に末寺や檀方に対し、院家を通じ三門跡の意思（「寺院相続専要」）が伝えられた（⑫）。それをうけて、成菩提院の寺家から関係者（末寺・檀家・講中）に回状が回覧された（⑬）。⑫⑬からは、末寺や檀方だけでなく「大師講中」も住職交替の関係者であったことがうかがえるが、彼ら相互の関係の内実については、なお今後の調査を要する。

⑭〜⑱は新住職孝健の入院を扱う。まず⑭は、成菩提院の寺家から、有力な末寺の一つである谷汲山華厳寺（現、岐阜県揖斐郡揖斐川町谷汲徳積）に送られた通知で、後任が無事孝健に決定したことを報せ、一山内に周知するよう指示している。⑮は新住職を迎える準備として、寺家から門前百姓たちに、道路整備や掃除など命じられたことが記されている。⑯ではいよいよ、新住職が叡山の麓の坂本を船で出発し、米原湊に到着し一泊した後、末寺の泉明

院（現、滋賀県米原市柏原、成菩提院から三キロメートル弱）に入り一泊し、関係者の挨拶をうけ準備を整える様子が記録されている。⑰はその後の入院の儀式の記録である。玄関に駕籠を横付けし、本堂で本尊参詣、護摩堂や常行堂を回り、その後に周囲の諸堂社に参り、客殿に入って什物等の引き渡しを行い、末寺や檀那などの代表と対面する様子が細かく書かれている。最後に、対面後の宴会の献立が記録されている（⑱）。

第四十四世鳳亮は、維新の混乱の中で明治元年（一八六八）に逝去した。翌二年に新住職となった孝健は、同四年（一八七一）の寺社領上知[6]に対応するなど、困難な時期の寺院経営を担当した。そうした時代背景は、「御一新の折から」無住の寺では寺領確保が危ういという檀家たちの意識（②）や、「時節柄に付き先例に拘らず格別手軽にセレモニーを進めたいという寺側の意識（⑬）に表れている。

明治維新期は、日光の輪王寺門跡が廃止され、叡山の三門跡も時代の波に洗われたが、末寺レベルを含む動向についてはなお未解明の点も少なくない。成菩提院の代替わりに際し延暦寺が関与する様子（⑥⑫）も、そうした観点から徳川時代の事例との比較を促す興味深い事例ではないだろうか。近世の天台宗教団は、輪王寺門跡配下の寛永寺の役僧（執当以下）に左右される側面が強いと考えられているが、成菩提院のような形式的には延暦寺の末寺であった西国寺院が、寛永寺と延暦寺の間でどのように位置づけられていたかは、なお今後の解明が必要である[7]。加えて、地方寺院の上下関係や寺院ネットワーク、寺家の運営メンバーや役割分担など、関心がさまざまに広がる記述も本史料には散見する。現時点では、細かな点まで十分に理解は行き届かないが、今後の史料調査を通じ、より正確な内容把握を期したい。（曽根原）

註

（1）近世延暦寺の全体像解明に取り組む藤田和敏氏の一連の研究（「近世延暦寺組織構造の基礎的考察」『天台学報』五三号、二〇一一年など）や、地域の事例発掘に取り組んだ和泉市史編さん委員会編『横山と槙尾山の歴史』〈和泉市の歴史一〉（ぎょうせい、二〇〇五年）、同『松尾谷の歴史と松尾寺』〈同二〉（同、二〇〇八年）など、目立った進展が見られる。

（2）寒川辰清編『近江国輿地志略』（一七三四年）から滋賀県坂田郡役所編『坂田郡志』全三巻（一九一三年）、滋賀県教育委員会編『近江人物志』（文泉堂、一九一七年）などを経て、さらに滋賀県坂田郡教育会編『改訂近江国坂田郡志』全八巻（一九四一〜一九四五年）が編纂された。同書は『山東町史』本編（一九九一年）など、その後の自治体史の記述の基礎となっている。

（3）尾上寛仲『日本天台史の研究』（山喜房佛書林、二〇一四年）にまとめられた一九六〇年前後以降の諸論考、福田栄次郎「『成菩提院文書』の総合的研究」（『明治大学人文科学研究所紀要』四五号、一九九九年）、青柳周一「米原市柏原成菩提院所蔵の近世史料調査について」（『滋賀大学経済学部附属史料館研究紀要』四三号、二〇一〇年）などで大筋をたどることができる。

（4）註（3）福田論文に、「……近世文書のうち、書冊文書は天正十九年十二月「田古新帳」を上限として概数五百点・七百冊である」とあり、それに同論文の「近代書冊文書」から近代分を加えた。

（5）孝健は嘉永五年（一八五二）に松寿院の住職に着任し、元治元年（一八六四）に隠居している。同寺は藤堂家との関係を背景に、恒常的に院室号を得る格式を持っており（藤田和敏「近世延暦寺における院室制度」『天台学報』五七号、二〇一五年参照）、本史料から「欣浄院」が孝健の院室号であったと推測される。

（6）一月五日の太政官布告により、旧大名領と同様に、寺社領についても境内地を除く「私有」が否定された。当時の成菩提院領の状況については『山東町史』本編（一九九一年）九七九〜九八〇頁参照。

（7）たとえば法印・権僧都までの補任は延暦寺で執行できるが、それ以上は勅許が必要となり、寛永寺執当を通じて補任された（高埜利彦『近世日本の国家権力と宗教』東京大学出版会、一九八九年、一四八頁）。一方で院室授与の権限は輪王寺門跡に吸収されず、京都の門跡の手に残されていた（註〈5〉藤田論文）。

（翻刻）

「（表紙）明治二己巳年　　成善提院
七月
入院諸記録
当山四十五（ママ）世
孝健法印代　」

①（／は改行。以下同）
当山近年御世代順
一　三十八世　山門 正覚院前大僧正豪恕法印御兼帯
享和二戌年ヨリ文政七申年迄　弐十弐ヶ年、内末三ヶ年ハ山門霊山院預リ、文政七申年四月
二十四日、豪恕大僧正遷化、江州愛知郡松尾村之産、
一　三十九世　円体法印
東台　御内御書記厳浄院ト云、信州妙義山御留守居ヨリ転住、当代大雪ニ而本堂崩レ、文政
四辛巳年十二月ヨリ／天保四巳年迄、十三ヶ年、同年五月十二日於当院寂、
一　東台 維摩院／本覚院　両院御預リ　六ヶ年

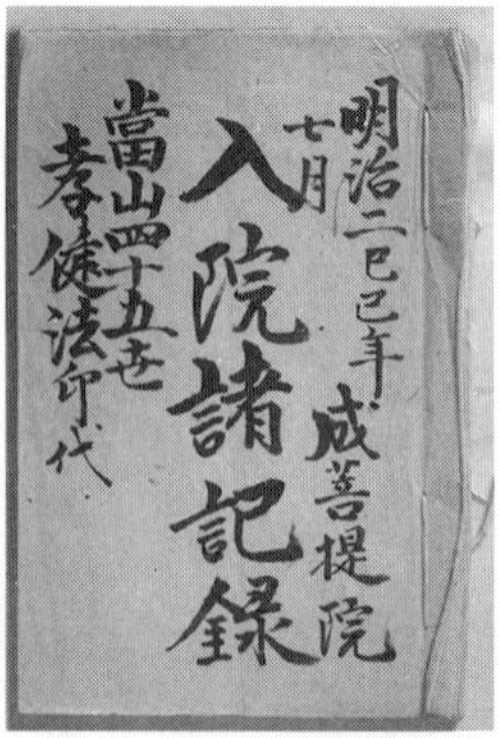

図4－27　入院諸記録

円体法印遷化後三ヶ年御預リ、跡天保九戌年迄、亦三ヶ年御預、

一　四十世　周円法印　九ヶ年

前両院御預リ中為御留守居御勤、御朱印御改ニ東台下向、山門鶏頭院住職、天保九戌年右院ヨリ転住弘化三午年迄、同年十一月二十三日於当院ニ寂、産江戸御家人出、

一　山門鶏足院 后恵心院前大僧正真洞／覚常院　両院御預リ　七ヶ年

弘化三午年周円法印遷化后三ヶ年御預リ、嘉永五子年迄七ヶ年之間当山大借仕法中也、

一　四十一世　亮秀法印　三ヶ年

嘉永五子年山門大慈院ヨリ転住、元三州瀧山御別当所留主居浄心院住職、嘉永七寅年瀧山下向於同山ニ同年十二月晦日寂、尾州藩産、当山本堂再建金百両寄附、

一　山門恵心院真洞僧正御預リ　三ヶ年

亮秀法印遷化后嘉永七寅年ヨリ安政三辰年迄御預リ、

一　四十二世　真洞大僧正　四ヶ年

安政四巳年ヨリ亦跡御預リ之処、当年御朱印於二条御役所ニ頂戴可被仰付候処、無住ニ而ハ御下ヶ無之、依而俄ニ東台願上ヶ御聞済、住兼帯被仰付御朱印無滞頂戴、安政七申年御預リ、

文久三亥年四月九日於山門真洞大僧正寂、

一　四十三世　義孝法印　五ヶ年　東台教衆徳善房ニ而住職之事

万延元申年三月於東台住職万端相済、文久三(二カ)壬戌年五月御入院、元治元子年正月東台松林院江転住ニ相成、尤義孝法印住職跡御預リ中ニ当山修覆行届候事、

一　東台 松林院義孝法印御預リ　三ヶ年
元治元子年ヨリ寅年迄三ヶ年、当山玄関再建之事、
一　四十四世　鳳亮法印　三ヶ年
慶応二寅年五月山門従南谷安禅院転住、明治元辰年十二月二十二日於当山ニ寂、
一　四十五世（ママ）　孝健法印　五ヶ年　巳年五月隠居
山門従松寿院明治二巳年七月転住、
一　四十六世（ママ）　良灌法印
明治六癸酉年五月従石寺光善寺転住、

②

一簡啓上仕候、春暖之節御座候処、先以院家様益御安泰被遊御座、恐悦至極奉存候、然者当院御後住之儀東台松林院御院主様江御伺奉申上候処、即今御一新之折柄御無住ニ而者忽寺領安堵之儀心痛至極ニ付、早速御住職可相願、就而者　院家様ニ者一入御迷惑奉恐察候得共、義孝法印・鳳亮法印両御身代一寺御再興之御積リを以、是悲（非）共当院江御転住被成下候様、委細松林院様より被仰進候筈ニ候得者、於当院も銘々共より御願可申上旨、御差図之次第も有之候ニ付、去月中末寺・檀方重立候もの立会談判仕候処、院家様御転住被成下候ハヽ、一同之懇願ニ相叶候趣挙而申聞候間、院代全性院幷宮川三左衛門・吉村逸平之内登山御依願可奉申上手合罷在候得共、三左衛門・逸平共甚多忙不得寸暇、無余儀延緩ニ相成、漸繰合来ル十日頃ニハ登山之心得ニ罷在候処、今般理明房様御差向被成下、委細御懇篤之御意被仰越被成下、何共恐縮之至リ難有仕合ニ奉存候、甚失敬ニ候得共任

御意ニ今般別紙御願書幷印形旧記一冊、随身全性院義理明房様御同道奉差上候間、同院より御聞取被成下度奉願上候、尤御一新之折柄旧格与者御模様変リ候義（ママ）も可有之与奉存候、乍恐其御筋宜御周旋被成下、首尾能御聞済相成候様御取扱之程奉願上候、先者右之段奉申上度如斯御座候、恐惶謹言、

巳三月八日

檀方惣代　遠藤庫次

同　殿村織之助

末寺惣代　成就院

同　勧善院

樋口権左衛門

吉村逸平

宮川三左衛門

全性院

欣浄院家様　御侍史

③

奉願上候口上

（朱書）「願面之儀者奉書半切ニ相認メ候事、上包之儀者美濃紙折掛之事」

一　拙僧儀去ル丑年十二月山門従安禅院当院江転住被　仰付候ニ付寺務相続罷在候処、近年病身ニ罷成寺役法用難相勤候間、隠居被仰付被　成下、後住之儀者厚法縁も有之候、殊ニ末檀帰依懇願仕罷在候得者、山門松

寿院前住孝健江住職被仰付候様奉願上候、何卒出格之御憐愍を以右願之通　御許容被　成下候ハ、無滞寺務
相続可仕候、難有仕合奉存候、以上、
明治二巳年六月廿日　成善提院（朱書）「寺印」
御殿代　御用席御中

④
奉願上口上覚
（朱書）「用紙柳川半切ニ御認相成美濃紙上包折掛ケ」
一　江州柏原成菩提院義（ママ）、去ル丑年願之通住職被　仰付寺務仕罷在候処、近年病身ニ罷成寺役難相勤候ニ付、
今般隠居被仰付被　下候様奉願上候、尤後住之儀者厚因縁も御座候上末檀一同帰依仕候間、何卒南谷松寿院
前住孝健江被仰付被下候様奉願上候、右願之通住職被　仰付被下候ハ、難有仕合奉存候、此段御序之節宜願
御沙汰度、以上、
巳六月　善光院　無印
御殿代　御用席
右願書持参ニ而院代全性院義理明房様御同伴ニ而坂本教王院様御里坊江罷出欣浄院家様ニ御面会奉申上、善
光院様より右御添願書出　御殿代江御差出ニ相成候事、

⑤

一　当四月右願面　御用席江善光院様より御差出ニ相成、既ニ御沙汰与可相成処、横川院内禅定院御方より、今般御住職一条ニ付関係筋　御殿代江被仰上、右ニ付彼是入縺れ御下知延引ニ罷成、其内欣浄院家様より御往覆（復）之次第、且者六月宮川三左衛門態々登山、次第柄之儀者鳳亮法印御隠居願記録別帳ニ委敷留置候間、右一条之儀者此処ニ書略いたし、依而七月御沙汰ニ相成申候事、

⑥（朱書）朱／御印「但大タカダンシ、タテ紙ニ御認メ、上包同紙之事」

近江州柏原郷成菩提院願之通隠居　御免、後住山門松寿院前住孝健江住職被　仰付之間、向後弥遂入魂寺院相続専要之旨、依三御門跡令旨執達如件、

（朱書）「朱御印 梶井」

明治二年四月

妙法院宮院家　久遠成院大僧都完洞　花押
青蓮院宮院家　宝光明院大僧都亮惇　花押
梶井宮院家　大観心院大僧都行全

成菩提院
末寺中
檀那中

（封紙）「近江州柏原郷／成菩提院／

末寺中／檀那中　」

（朱字）「御上包御認メ方如斯」

一　⑦

一　逸平・三左衛門直様登山之事

右御令旨御下ケニ相成七月盆前　院家様御下部為飛脚御持セ被下置、院内一同安心大悦之至、御入院打合方
盆後之日限大旨廿三四日頃被仰越、御受返書差上置候事、但金二朱、下男儀之者江遣ス

一　⑧

一　御令旨御受廻状之事

以廻状得御意候、然者当院御住職之御儀ニ付、今般御令旨奉頂戴候間、来ル十五日各御登山之上拝見御
受可（重複カ）可被成候、右御案内得貴意如此ニ御座候、以上、

七月十一日　　寂照山　鑑院
　　　　　　　　　　　役人

松尾寺
観音寺　　壱通
　御役者中

過日御登山之節、惣印無御失念御持参可被成候、

廻章同文言之事
尚々御銘々印形無失念御持参可被成候、
殿村数馬殿
遠藤庫次殿　　壱通
但シ講中江御受印案内之儀者、其時節之最寄勝手ニ両人計加印相触候事、

⑨
用紙奉書半切美濃紙包
其院儀、去ル丑年十二月従山門安禅院転住被仰付候ニ付、寺務相続罷在候処、近来病身ニ付、寺役法用難相勤候間、隠居　御免、後住之儀者山門松寿院前住孝健儀厚法縁も有之、殊ニ末檀一同帰依懇願候間、何卒出格之御憐愍を以同院江住職被仰付候様被願上之趣則及御沙汰候処、無余儀筋ニ付、右願之通被仰付候間、此段敬承可有之候、不宣、
七月六日
大観心院　行全　花押
宝光明院　亮惇　花押
久遠成院　完洞　花押
柏原　成菩提院

⑩
江州柏原成菩提院義（ママ）、去ル丑年願之通住職被　仰付、寺務罷在候処、近来病身ニ付寺役難相勤候間、今般隠居

御免、後住之儀者松寿院前住孝健義（ママ）厚因縁茂有之、末檀一同帰依懇願候間、同院江住職被　仰付候様被願上候趣、則及御沙汰候処、御別条不被為在候間、右願之通被　仰付候条、此段承知可有之候、不宣、

七月六日

大観心院

宝光明院

久遠成院

善光院

⑪

乍恐以書附御請奉申上候

（朱書）「上互之竪紙ニ相認美ノ紙上包之事」

一　今般柏原郷成菩提院病気ニ付、願之通隠居御免、後住山門松寿院前住孝健江被仰付之旨、以御令旨被　仰渡一統難有奉敬承、依之御請奉申上候、以上、

明治二己巳年七月

大師講中　殿村数馬　印

吉村逸平　印

宮川三左衛門　印

末寺惣代　観音寺　印

松尾寺　印

御殿代　御用席御中

⑫

一　末山幷講中惣檀方中江相廻シ候
　　御令旨之写、御入院日限案内之事

近（用紙大杉原二ツ折之事）江州柏原郷成菩提院、願之通隠居　御免、後住山門松寿院前住孝健江被　仰付候間、向後弥遂入魂、寺院
相続専要之旨、依　三御門跡令旨執達如件、

　明治二年四月

妙法院宮院家　久遠成院大僧都　完洞　花押
青蓮院宮院家　宝光明院大僧都　亮惇　花押
梶井宮院家　大観心院大僧都　行全　花押
成菩提院　末寺中
檀那中

右之通
御令旨致至（到）来候間、此段敬承可有之候、以上、
　七月　鑑院　全性院　印
役人　印
西川瀬右衛門殿

吉村左八郎殿
殿村数馬殿
遠藤庫次殿
樋口三郎兵衛殿
宮川多門殿
大津泰蔵殿
竹腰八左衛門殿
同　李太夫殿
同　右兵衛殿
同　庄右衛門殿
同　市兵衛殿
桑原義作殿

右廻章拝見之上各御請印可被成候、以上、
右壱通ニ相認メ候事、
一　末山同文言之事、
松尾寺
観音寺

大吉寺
名超寺
石堂寺
安能寺
泉明院
日光寺
常福寺
三光院
玉泉院
右末山江壱通ニ相認メ候事、
柏原宿　檀那中
清瀧村　檀那中
河内村　檀那中
須川村　檀那中
大ノ木村（ママ）　檀那中
杉沢村　檀那中
長岡村　檀那中
常喜村　檀那中

北池村　檀那中
名越村　檀那中
右物檀方中江壱通差出候事、

⑬

以廻章得貴意候、然者
御院主御儀、来ル廿四日当地御入院之御事ニ御座候処、御時節柄ニ付、先例ニ不拘格別手軽之御儀ニ付、其御心得ニ而同五ツ時迄ニ各御登山可被成候、此段御案内得貴意候、以上、

七月十九日
寂照山　鑑院　印
役人　印

松尾寺
観音寺
大吉寺
名超寺
石堂寺
安能寺
泉明院
日光寺

玉泉院
三光院
追而着用之儀者、素絹直綴五条、御随身可被成候、

一 大師講中同文言ニ而壱通
西川瀬右衛門殿
吉村左八郎殿
殿村数馬殿
遠藤庫次殿
桑原儀《(ママ)》作殿
樋口三郎兵衛殿
宮川多門殿
大津泰蔵殿
竹腰杢太夫殿
竹腰孫八郎殿
同 右兵衛殿
同 庄右衛門殿
同 市兵衛殿

追而着用之儀者、麻上下御随身可被成候、

一　惣檀方中江同文言ニ而壱通

柏原宿　檀方中

清瀧村　檀方中

河内村　檀方中

須川村　檀方中

大野木村　檀方中

杉之沢（ママ）村　檀方中

長岡村　檀方中

常喜村　檀方中

名越村　檀方中

北池村　檀方中

追而着用之儀者、麻上下御随身可被成候、

⑭

一　谷汲山江案内上半切ニ相認メ、美濃末寺回状人足ヲ相廻し候事

以手紙得御意候、残暑之節御座候処、益御安康被成御座珍重御儀奉存候、然者当山御院主御儀御病気ニ付願

之通御隠居、御後住之儀者山門松寿院御前住孝健法印江被仰付、来ル廿四日御入院ニ相成候間、右為御御(重複カ)知得貴意候、此旨其御山各院江御沙汰被下度候、恐惶謹言、

七月十九日

全性院
宮川三左衛門
吉村逸平

谷汲山　御役者中

⑮

一　両門前縄手幷瀬右衛門屋敷藪際迄道造り之儀者、任先例ニ門前百姓中一日惣出ニて掃除万端相繕い為致候事、

但先規者柏原庄屋方江書面を以申入候へハ市場寺前掃除、樹木枝出はり候分等夫々宿方より伐取差図等有之候得共、此度之儀者御一新ニ而出格之質素故、宿方江沙汰不申候事、

⑯

一　御院主様御儀、七月廿一日坂本教王院御里坊御乗舟ニ而、米原湊本陣北村源十郎方江御着、御一泊被遊候事、

但、御上壱人、御小僧壱人、侍壱人、下男壱人北村源十郎方御泊リ料互ニ御払相成、茶料百疋被遣候事

一　翌廿二日、明星山泉明院江御着被遊候事、

但、御荷物之儀者米原湊より通し馬ニて当院附送リ候之事、
泉明院江御着之趣下男申来候事、
殿村数馬、途中迄御迎ニ罷出候事、
出入方久五郎、泉明院江遣シ置候事、
夜具かや引戸其外御入用之品々幷同所御滞留中入用向之品見計、前以遣し置罷在候事、
一　七月廿二日吉村逸平御伺ニ泉明院江罷出候事、
一　同廿三日全性院・宮川三左衛門御伺ニ罷出候事、

⑰
七月廿四日御入院之事　雨天
一　御案内人三人　太道／袴羽織
一　引戸駕籠　六尺四人門前
一　侍壱人
一　御草履杖持兼壱人　下男
一　両掛　壱荷
一　合羽籠　壱荷
一　跡より宮川三左衛門　壱人限り
〆

一　今朝より雨天之儀ニも有之候間、末檀出迎之儀者一同相止〆候事、
一　御門前江末山・檀方惣代、御出迎之事、
一　御玄関江全性院・吉村逸平、御出迎之事、
一　御玄関江御駕横附、同所より本堂江直ニ御参詣、御案内全性院・吉村逸平、
一　本尊開扉　着座　末山各院・講中・檀方惣代
一　護摩堂
一　当山御世代常行堂
　　以上、本堂之内
一　次、山王・弁才天・水神、何れも山下・山上相隔候故、
一　次、般若殿・地蔵堂　別殿
一　次、客殿於上段之間、御朱印・諸什物帳引渡
　　下段　全性院・吉村逸平・末山講中
　　　御名代・御法類ニ而是迄御立会有之候得共、鳳亮法印御法縁、且是迄内外万端御承知之御事故、御立会
　　無之、御朱印之儀者昨辰年大略官江差出置候事、
一　上段於御次之間ニ毛氈敷之、末山・講中・檀方惣代前々御目見江相済候事、
　　但御手昆布、壱両人ッ、村々より罷出頂戴之事、
一　次於御居間、御床維摩居士軸、御祝酒院内計、御土器三組三宝、御肴梅干・昆布三宝、全性院・宮川三左衛門・吉村逸平・
　　樋口権左衛門・殿村数馬

右相済、御平服御膳御酒、已上、

⑱

献立

一　土器　三宝

一　御肴

一　御吸物　寒晒・青ミ

本膳

皿　　汁

小皿香之物

坪　　飯

平／猪口／肴／同／同　　御壱人前

中通り以下通し

皿　　汁

猪口

坪　　飯

平　酒三献／壱／弐／三

凡人数七拾人前用意

一　上　御壱人
一　院中下　拾壱人
一　末山　九人
一　講中　九人
一　檀方惣代　拾人余
一　門前　拾七人
一　新井みえへ弐人前送ル
　　〆凡七拾人前
一　白米
一　酒
　　右者廿四日九ッ時前、無御滞御入院相済、夫々御祝膳部差出、七ッ時迄ニ相片付候事、
一　京丸屋五兵衛御手伝ニ一日罷出候事、

五、近世聖教

成菩提院は大量の近世・近代聖教を所蔵するが、平成二十九年（二〇一七）現在悉皆調査の最中で、一段落するまであと数年は要する見込みである。史料の例として、豪恕書写「寂照山」「台密一結」（西山流・谷流・穴太流）、「交名」（受者・ユギ・第五・曼供導師・私記頂戴・大阿闍梨）、『日光山東照宮正還宮交名』などがある。網羅的な紹介は別の機会に行うこととし、本書では龍宝院旧蔵聖教を取り上げる。

成菩提院に残る近世の写本には、成菩提院が持つ談義所としての性格に必ずしも合致しない一群が含まれている。これらの写本が成菩提院聖教の中でどのように位置づけられるのか、当初は判然としなかった。その後の調査により、およそ二〇〇点に及ぶこの一群は龍宝院を介して成菩提院へ流入したことが明らかになってきた。

龍宝院については、「岡嶋家文書」として伝えられた文化十三年（一八一六）の明細書に次のように記されている。近江国坂田郡柏原宿に所在し、真言宗の当山派修験で彦根明王院の同行、本尊は不動明王、そのほか役行者の木像が一体あり、縁起・証文・宝物の類はなく、年貢地は高二石一斗である。修験としての活動は、須川村・大野木村・大清水村など近隣の三五カ村を往古よりの先例よって年に二度巡回し、麦米の初穂を申し受けて不動尊護摩供などを修め修験道を相続しているという。また柏原宿を檀那地とし、宿内一統の庚申待・日待・月待などを勤めるほか、家内安全を祈願し札を納めるなど、宿内の家々との結びつきも深かった。

明治五年（一八七二）、真言修験宗の龍宝院が記した歴代の書き上げも残っている。

道者同鉄
　寛文八年申十月九日（一六六八）
道意同観
　貞享四年卯九月廿一日（一六八七）
権大僧都峯光法印
　享保三年戌十一月四日（一七一八）
　号大聖院
権大僧都正栄法印
　寛延三年午六月廿四日（一七五〇）
権大僧都寛隆法印
　安永六年酉二月廿四日（一七七七）
権大僧都正賢法印
　天保三年辰七月十四日（一八三二）

寛文八年から明治五年当時の当主まで六代の名が記されているが、成菩提院に残る龍宝院関係史料には、この六代の名はほとんど見られない。現在確認されている龍宝院関係史料は一九世紀のものが大半を占め、なかでも唯一、

図　龍宝院遺跡

二〇点近い史料に名を残しているのは、歴代に挙げられていない光恵房密雄である。文政十一年（一八二八）、龍宝院寛隆が寺社奉行へ差し出した相続願書に、「当国雄犬上郡彦根明王院弟子光恵当子廿歳」を養子に迎え相続させたいとあることから、このとき後住に指名された光恵と光恵房密雄は同一人の可能性が高い。多くの史料を残した光恵房密雄が歴代に数えられていないことには疑問が残るが、相続にあたり史料を持ち込んだと考えれば、関係史料の多さには説明がつく。

明治五年以降の龍宝院歴代は定かではない。成善提院に入った龍宝院史料を見ると、密雄にやや遅れて龍宝院南海の名が確認でき、明治初年から南海に代わって全味の名が見えはじめる。全味は姓を岡嶋といい、明治を通じて確認することができる。全味のあとを継いだのは光賢で、光賢は大正に入ってからも祈禱の記録を残している。龍宝院の史料は、一九世紀、あるいは二〇世紀のある段階で聖教などの一部が成善提院に入り、古文書を中心とする一群は全味の後裔である岡嶋家に残されたのだろう。

これまでの調査で、近世の写本、版本に含まれる龍宝院関係史料はおおよそ把握が進んできた。現在調査中の近世文書にも龍宝院関係史料が含まれることから、関係史料の総数は今後なお増えることが見込まれる。（青谷美羽）

五―一　不動法　私

修験関係の史料としては珍しいものではないが、奥書から、光恵房密雄が醍醐寺報恩院本を求め書写したことがわかる点が注目される。

（翻刻）

（識語）「御本曰以御本書之畢／弘長二年（一二六二）正月十二日於醍醐寺慧―以報恩院僧正御房御本書写幷校点畢／御―遍智院御記ニ而同年十二月廿四日僧御房奉伝授後チ書之畢／永禄五年（一五六二）壬戌八月十九日於紀州根来寺智積院玄紹房御秘蔵之御本申請書写之記幷朱点／御本曰／報恩院御直曰／金剛仏子祐宣／寛永十三年（一六三六）六月宗順房看全／醍醐住山之時四度以校了／報恩院僧正　寛順斎左引／大僧正寛順斎御自筆之奥書御本申請校伝受畢／明暦三（一六五七）丁酉十二月十二日求法沙門尊如／享保十三（一七二八）戊申年九月祐覚／享和二年（一八〇二）五月十五日医王院大運房本有／文化四年（一八〇七）五月三日鈴堂房順和／文政九（一八二六）〈丙戌〉四月十八日　光恵房密雄」

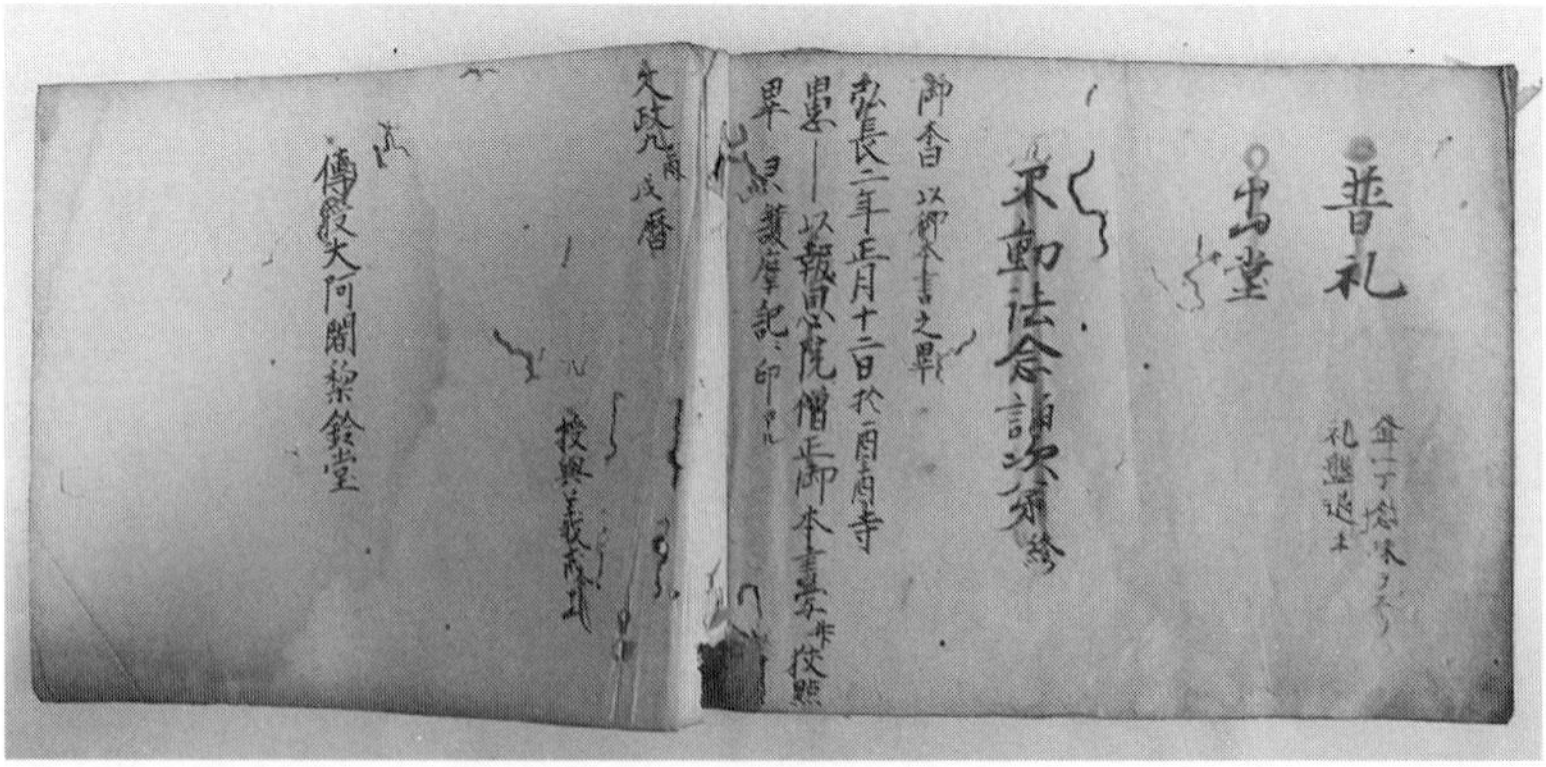

図５―１　不動法　私

五―二　虎巻秘法・虎巻守　秘伝

龍宝院が廻村と祈禱、配札を主な活動とする修験だったことはすでに述べたが、龍宝院関係史料のなかには折本の「虎巻秘法」と巻子本の「虎巻守　秘伝」、二点の虎巻が含まれている。村方の祈禱には用いない本をどのような理由で集積したか、龍宝院の性格を考える上で興味深い。

（翻刻）

（「虎巻秘法」表紙・朱書）
「仏子覚雄」
（内題）
「虎巻行法次第」
（識語）
「永正二年（一五〇五）四月上旬　銘王授无等法印（本奥カ）享禄二年（一五二九）己丑十一月十三日　无等　授与等慶　此巻物以木津
住人新田之正統岡崎主殿義頼所持之珍本謄写訖　其写本者巻物也
寛延三年（一七五〇）季七月七日　山陽瓶原苾蒭性善誌　寛政三亥年（一七九一）二月二日於東
大寺新禅院以性善長老御自筆之本書之　法印亮歓　文化八年辛未（一八一一）八月
十日　右以御本課得成求寂令写之訖　苾蒭円明〈生年／五十八〉
文化十一甲戌（一八一四）正月二十二日　苾蒭円明上人伝授賜巻書写之訖　土井頼
尉義茂　文化十四丁丑（一八一七）年八月十三日栗村山覚雄写得焉了」
（「虎巻守　秘伝」識語）
「貞観二年（八六〇）二月吉日　従三位頼氏―伊予守成隆―六殊王庄判経基……

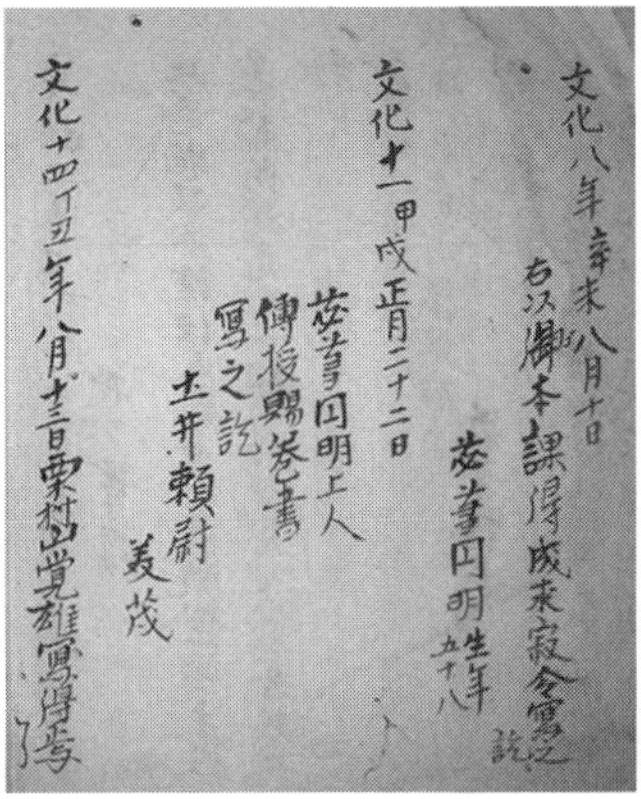

図５－２　虎巻秘法

小笠原大膳大夫―横田対馬守信定―権大僧都法印恵玄―鰐淵山住僧栄尊―権大僧都法印恵尊―権大僧都法印隆玄―肥前国蔵徳房―日照院法印快勤―竪者快玄―大阿闍梨法印春昌―延宝伍（一六七七）歳丁巳五月十九日川崎彦兵衛知影／享保六年（一七二一）辛丑三月吉日／宝暦三年（一七五三）癸酉八月吉日」

五―三　庚辰和讃・役行者神変大菩薩講式

近世から明治初年（一八六八）にかけて当山派の修験として活動した龍宝院は、明治の中頃になると、近世における本山派の系譜を継ぐ天台宗寺門派に改宗して実相院に属した。詳しい経緯はわからないものの、この時期に集められた数点の史料と、次に挙げる「祈念録」に痕跡が見える。明王院のもとでの活動に限界が生じたのか、真言宗から天台宗へ改宗したことが成菩提院へ接近することにつながったと考えられる。

（翻刻）

（「庚辰和讃」表紙書入）

「□（破損）治卅之年」「庚寅五月」

（裏表紙書入）

「天台宗寺門　実相院末徒大本山龍宝院全味所有」

（「役行者神変大菩薩講式」奥書）

「大峰仏頂行者光賢謹書写／明治卅七年（一九〇四）甲辰十月」

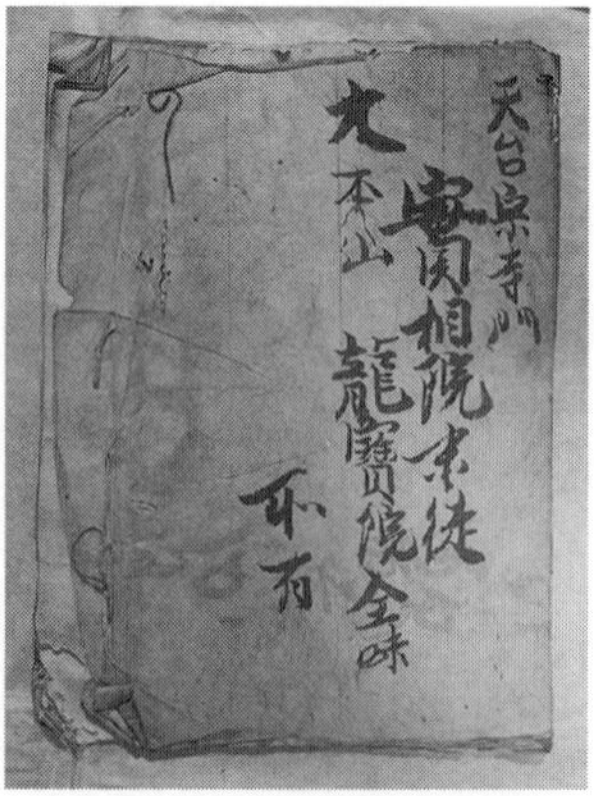

図５－３　庚辰和讃（裏表紙）

（裏表紙書入）
「近江国坂田郡柏原駅天台修験道龍宝院」

五―四　歳内祈念録・祈念録

明治十年代から四十年代まで、「祈念録」と題する龍宝院が村方で行った祈禱の記録が断続的に残る。これまでに数冊確認しており、地鎮、疫病除、厄除、蛇除、鼠除、蚕守護など日々の祈禱の内容と願主が記されている。内容は一貫しており、龍宝院が求められる活動には明治期を通じて大きな変化が生じなかったことを示す貴重な史料である。

（翻刻）

（「歳内祈念録」表紙）
（一八八五）
「明治十八天／乙酉／十月十日政〆」
（裏表紙）
「本院知事」
（「祈念録」表紙）
（一八九二）
「明治廿五年／壬辰／六月元光日」
（裏表紙）
「天台宗寺門派／大本山実相院門跡／直徒／当山十四世／平等金剛龍宝院／岡嶋光賢代」
（「祈念録」表紙）
（一八九六）
「明治廿九年／申七月甲子日」
（裏表紙）
「天台寺門／龍宝院光賢／太陽七月十日　旧五月三十日」

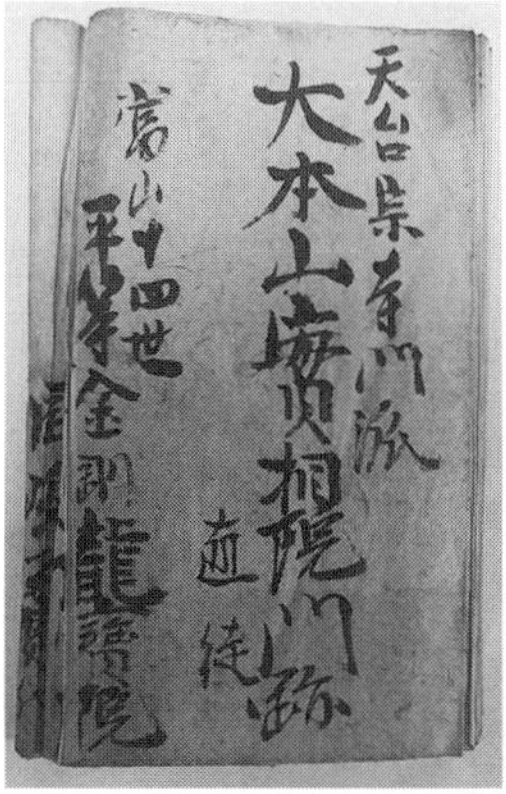

図５－４　祈念録（裏表紙）

五―五　札・護符類

龍宝院史料には龍宝院が用いたと思われる各種の札・護符が含まれる。「祈念録」の記述とも一致する「月待御札」「雷除御符」、「蚕虫安全守護」「愛宕大神守護」などのほか、三峯山本地仏の祈禱札などがある。また、「寿量山／龍宝院／南海代」「明治三／庚午歳／十月朔日午日」の墨書を持つ弁才天像の版木もあり、龍宝院の活動の幅がしのばれる。

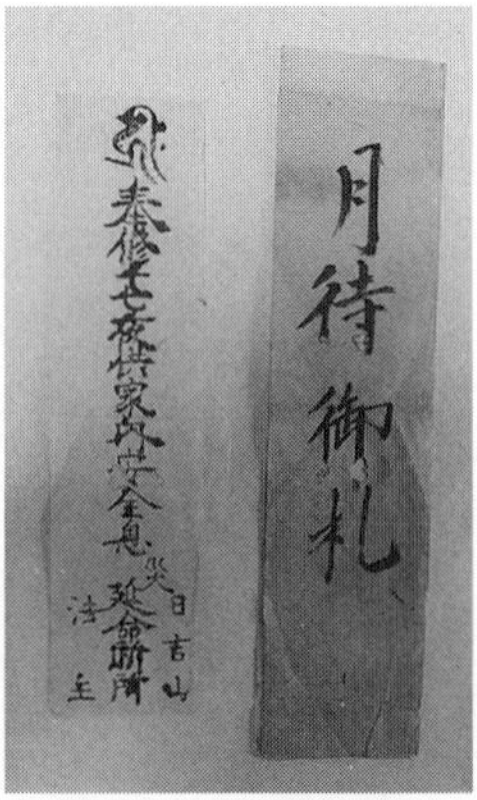

図５－５　月待御札

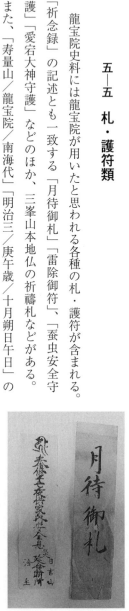

第三部　資料編

第三部は、次の内容で構成される。

一、主要典籍一覧
二、年中行事
三、略年表

「一」は、成菩提院が所蔵する史料のうち、中世聖教について一覧できる暫定版のリストである。本書「第二部　文化財編」で取り扱ったものも含め、概観できるよう作成した。なお、成菩提院史料は本リストの対象を含め整理作業中のため、全体の目録が整備され一般公開が可能となる態勢が整ったと御住職が判断されるまで、実際の閲覧は謝絶である点、ご理解頂ければ幸いである。

「二」は、成菩提院で現在行われている年中行事についての調査報告である。また、以前の実施形態との比較を可能にするため、近世期の関係する簿冊の翻刻をも収録した。

「三」は、主に「第一部　通史・伝承編」をもとに作成した略年表である。成菩提院の歴代住職についての記事や、各時代の事件などを一覧できるようにした。本書「第一部　通史・伝承編」の記述に従い、主に明治初年までを扱っている。

一、主要典籍一覧

解説と凡例

本稿は、成善提院が所蔵する史料のうち、主に中世の典籍類の目録である。同院の史料には、この他に近世・近代の典籍、および中世から近代にかけての古文書がある。

序文にも述べられているとおり、成善提院の史料調査は尽くされていない。本稿もまた、中間報告としての中世と近世のごく初期の典籍類の簡略な目録であって、今後も新たな発見などで変更を余儀なくされる場合もあると予想されることを、予め断っておく。

凡例は以下の通り。

・成善提院が所蔵する中世の典籍類（断簡も含む）を、開基である貞舜をはじめ、第二世慶舜、第三世春海、第四世明舜以降の関係文書をまず掲出し、その後、阿娑縛抄、次第書、印信類、貞舜以前に成立のもの、古刊本・古活字版、最後に室町から近世初期の典籍を載せている。

・『阿娑縛抄』については、『大正新脩大蔵経』（『大正蔵』）の巻数を用い、その巻数を（　）で括って備考欄に入れた。『大正新脩大蔵経』で欠本の場合は「（欠本）」とした。
・本編（第一・二部）との書名が異なる場合は、書名に続き（　）で本編での書名を入れている。
・文字は異体字・俗字も含め、現行のものに改めた。
・判読不能の文字は「□」で、改行は「／」で、割書は〈　〉で示した。
・奥書に書写や伝授の期日について表記がある場合や、書写者、伝授者などがわかる場合、備考欄に抄出した。

一、主要典籍一覧

書名		装幀	備考
【第一世貞舜関係】			
天台名目類聚抄第一	写	綴葉	表紙書入「貞舜」、包表紙上書「貞舜自筆原本　天台名目類聚抄第一　諸宗下　七帖内」
天台名目類聚抄第四	写	綴葉	奥書「応永五年〈戊寅〉十二月十二日」「貞舜」、包表紙「応永五年〈戊寅〉十二月十二日子剋満案筆畢　貞舜」
天台名目類聚抄第五	写	綴葉	奥書「応永九年〈壬午〉二月廿一日」「貞舜」、包表紙「貞舜自筆原本天台名目類聚抄第五　三蔵教下　空門已下　七帖之内」
天台教観時名目私抄	写	綴葉	内題下書入「応永五年〈戊寅〉二月六日始之」、包表紙「応永五年〈戊寅〉二月六日始之　天台教観時名目私抄」
断簡	写	一紙	室町写、半葉十一行
十如是義案立	写	仮綴	包表紙「十如是義案立」
〔断片〕	写	仮綴	
仏土義　義科見聞	写	仮綴	内題下書入「延慶二年六月十二日」、包表紙「貞舜自筆本仏土義々科見聞〈自受用所居事〉」
仏土義　業義	写	綴葉	奥書「応永十一年〈甲申〉三月十四日」「貞舜」、包表紙「貞舜自筆本応永十一年〈甲申〉三月十四日仏土義業義」
〔題未詳論義抄〕	写	仮綴	「第四重精云」の前「康永三年〈甲申〉十一月廿三日」「能運」、包表紙「祐意自筆　断片」
〔題未詳〕（灌頂次第書）	写	巻子	付箋「灌頂」、識語「延文四年〈己亥〉九月五日」「貞済」
瑜祇秘決	写	巻子	奥書「応永十四年〈丁亥〉改月廿九日」「貞舜」、別筆で「円済」、以下印信等一〇点合巻
〔即位法ヵ〕	写	巻子	奥書等「応永八年〈辛巳〉三月七日」「貞舜」
〔一心三観記〕	写	巻紙	

〔天台一心三観相承〕	写	折紙	識語「応永十七年正月十一日」「貞舜」
法花大意	写	竪紙	奥書「応永十年正月廿一日」「貞舜」
七箇法門	写	継紙	奥書「于□□□林鐘上旬□□□」、こより書入「開山以来血脈古端書嘉永□□」
天台法華宗草木成仏口決	写	折紙	識語「〈本云〉観応三年卯月六日」「什覚」
〔断簡〕（貞舜奥書本）	写	一紙	「月七日」「貞舜」
〔断簡〕（貞舜自筆慶舜伝領本奥書）	写	一紙	貞舜自筆・慶舜伝領本の奥書「于時応永十四年〈丁亥〉九月十六日」「慶舜」
金剛界大法対受記第一	写	粘葉	識語「寛喜四年　壬辰　卯月十一日」「信毫」
金剛界大法対受記第二	写	粘葉	識語「寛喜四年　壬辰　五月十三日」「信毫」
金剛界大法対受記第三	写	粘葉	
金剛界大法対受記第四	写	粘葉	識語「貞永元年〈壬辰〉七月十九日」
金剛界大法対受記第五上	写	粘葉	外題下「信□」
金剛界大法対受記第七	写	粘葉	外題下「信□」
金剛界大法対受記第八	写	粘葉	識語「寛喜四年五月十一日」「信毫」
蘇悉地対受記	写	粘葉	識語「天福元年〈癸巳〉七月一日」
蘇悉地羯羅経略疏記第二	写	粘葉	
【第二世慶舜関係】			
法華天台文句輔正記巻第三	写	冊子	表紙左下「慶舜」
法華天台文句輔正記巻第九	写	冊子	
法華天台文句輔正記	写	一枚	
法華天台文句輔正記	写	一枚	
法華天台文句輔正記	写	一枚	

守護国界章上之上	写	仮綴	包表紙「慶舜自筆写本、守護国界章上之上」
守護国界章中之上	写	仮綴	隠題「守　中之上」
守護国界章中之中	写	仮綴	
守護国界章中之下	写	仮綴	尾題の後「台嶺沙門慶□」
〈如法経供養次第〉	写	綴葉	「実海〈夏臈／二十三〉」
〈金剛界印信〉	写	巻子	一紙、裏面「金剛界慶舜印信　応永七年六月十一日」の貼紙
〈胎蔵・蘇悉地印信〉	写	巻子	裏面「慶舜印信　応永七年六月十一日」の貼紙
〈胎蔵界印信〉	写	巻子	奥書「応永廿二年〈乙未〉九月廿一日〈乙卯〉」「厳豪」、本文に梵字𑖀の朱印を多く押す
〈金剛界印信〉	写	巻子	奥書「応永廿五年〈戊戌〉九月廿九日〈丙子〉」「豪喜」、本文に梵字𑖀の朱印を多く押す
〈両部灌頂印信〉	写	巻子	奥書「応永廿九年〈壬寅〉十月」「慶舜」
〈胎蔵界印信〉	写	巻子	奥書「応永卅一年〈歳次甲辰〉十一月十九日」「慶舜」、本文に梵字𑖀の朱印を多く押す
「慶舜弟子分」交名	写	巻子	識語「永享十二年〈庚申〉卯月五日」「玄慶」、こより「応永以後長禄ニ至ル」
〈血脈〉	写	折紙	識語「貞円」「応永十九年九月廿日」
一心三観伝授次第	写	巻子	前欠、識語「応永十二年六月朔日」「慶秀」
三衣相承印信	写	竪紙	奥書「豪舜」
印信	写	一紙	弘範から慶舜へ宛てたもの
〈大日経注釈〉	写	巻子	
【第三世春海関係】			
春海・明舜「弟子分」交名	写	四枚	識語「応仁元年〈丁亥〉八月廿七日」「泰芸」

〔稟海印信〕	写	折紙	識語「永享五〈癸丑〉年二月廿二日」「春海」、端裏「一心三観事河田谷第二重」
〔恵勇印信〕	写	折紙	識語「永享三年十一月廿日」「春海」
相伝法門私見聞（上）	写	一紙	奥書「永享九年十月五日」「春海」、包紙上書「春海御直書」「当院談儀所証書／嘉永五壬子年改」
【第四世明舜以降、中世歴代住職関係】			
灌頂法則	写	仮綴	表紙「真祐書」
問答抄第一	写	冊子	奥書「天正十七年正月十一日」「真祐」
問答抄第二	写	冊子	奥書「天正十七年正月十一日」「真祐」
問答抄第三	写	冊子	奥書「天正十七年正月十一日」「真祐」
問答抄第四	写	冊子	奥書「天正十七年正月十一日」「真祐」
問答抄第五	写	冊子	奥書「天正十七年正月十一日」
問答抄第六	写	冊子	奥書「天正十七年正月十一日」「真祐」
問答抄第七	写	冊子	奥書「天正十七年正月十一日」「真祐」
問答抄第八	写	冊子	奥書「天正十七年正月十一日」「真祐」
問答抄第九	写	冊子	奥書「天正十七年正月」
問答抄第十	写	冊子	奥書「天正十七年正月日」「真祐」
〔論義抄〕	写	継紙	奥書「天正元年正月十一日」「真祐」
悉曇相承血脈	写	折紙	前欠、識語「長禄弐年六月十九日」「真海」
〔題未詳聖教〕（如法経筆立作法ヵ）	写	冊子	識語「慶長廿年〈乙卯〉月廿日」「第十九代住□□（祐円ヵ）」
【阿娑縛抄（中世成立）】			
中世成立・豪鎮本			

一、主要典籍一覧

阿娑縛抄　金灌記	写	巻子	首欠、奥書「建武三年二月四日」「豪鎮」、追記「明治四十二年」「慈憲調」
阿娑縛抄　金灌記　本	写	巻子	奥書「建武四年四月晦日」、(巻三)
阿娑縛抄　修法	写	巻子	識語「建武四年二月廿六日」「豪鎮」、(巻一六)
阿娑縛抄　修法雑用心	写	一枚	紙片上書「灌頂」、(巻一七)
阿娑縛抄　修法雑用心	写	巻子	奥書「建武四年五月上旬」「豪鎮」、包紙上書「十七号」、(巻一七)
阿娑縛抄　胎記供養会　末	写	巻子	奥書「建武四年五月十三日」「豪鎮」、別筆で「明治四十二年」「法聖」、紐に紙片「金記」、(巻二〇)
阿娑縛抄　胎記供養会　末	写	巻子	前欠、奥書「建武二年十二月廿四日」「豪鎮」、包紙上書「弐号」、こより上書「(大明ヵ)」、(巻二一)
阿娑縛抄　金記　諸会　本	写	巻子	前欠、奥書「建武四年二月十日」「豪鎮」、包紙上書「十号」、(巻二九)
阿娑縛抄　蘇悉地記　本	写	巻子	奥書「建武元年九月廿三日」「豪鎮」、追記「明治四十二酉年寂照山五十一世慈寛調」、(巻三四)
阿娑縛抄　十八道次第	写	一結	和紙に包まれて一括、(巻三八)
阿娑縛抄　十八道次第	写	一袋	コピー用紙の袋に包まれて一括、(巻三八)
阿娑縛抄　十八道次第	写	一結	識語「建武四年五月七日」「豪鎮」、(巻三八)
阿娑縛抄　護摩要	写	巻子	前欠、奥書「延元元年三月廿三日」「豪鎮」、包紙上書「三号」、(巻四二)
阿娑縛抄　薬師本	写	巻子	前欠、奥書「建武□年六月廿九日」「豪鎮」、包紙上書「六号」、(巻四六)
阿娑縛抄　時処成就行法	写	巻子	奥書「建武四年五月十三日」「豪鎮」、別筆で「明治四十二年」「法聖」、紐に紙片「二通法抄歟　一切仏歟」、(巻五七)
阿娑縛抄　熾盛光法	写	巻子	南北朝期写、(巻五八)
阿娑縛抄　熾盛光法　本	写	巻子	前欠、包紙上書「八号」、(巻五九)
阿娑縛抄　尊勝	写	巻子	前欠、奥書「建武四年二月十二日」「豪鎮」、包紙上書「壱号」、(巻六〇)
阿娑縛抄　仏眼秘記第三度	写	巻子	首尾欠、識語「建武四年二月三日」「豪鎮」、(巻六五)

阿娑縛抄　准胝	写	巻紙	奥書「（建武ヵ）元年六月十九日」「豪鎮」、（巻六七）
阿娑縛抄　転法輪	写	巻子	識語「建武四年五月廿一日」「豪鎮」、（巻一一二）
阿娑縛抄　馬鳴	写	巻紙	奥書「建武四年五月廿一日」「豪鎮」、こより「馬鳴記」、（巻一一四）
阿娑縛抄　不動　本	写	巻紙	奥書「建武四年五月四日」「豪鎮」、「明治四十二年」「慈寛」、「不動」、紐に「適法随尊各別　観想より前不」、（巻一一六）
阿娑縛抄　星供	写	巻子	前欠、奥書「建武四年六月一日」「豪鎮」、包紙上書「十六号」、（巻一四三）
阿娑縛抄　教相雑抄　下	写	巻子	南北朝期写、識語「文永十年六月三日」「豪鎮」、（巻一八八）
阿娑縛抄　香薬　下（正蔵・仏全本欠本）	写	巻子	識語「建武四年五月五日」「仲賢」「豪鎮」
阿娑縛抄　香薬　下	写	巻子	
阿娑縛抄　諸法要略抄	写	巻子	前欠、奥書「建武四年六月十二日」「豪鎮」、包紙上書「七号」、（巻二一二）
中世成立・豪鎮本以外			
阿娑縛抄　胎灌記	写	巻子	奥書「応永九年秋八月」「円俊」、（巻一）
阿娑縛抄　金灌記　本	写	巻子	奥書「天正十三年乙酉三月十四日」「光栄」、貼紙「灌頂十」、（巻三）
阿娑縛抄　胎灌記　本	写	巻子	奥書「天正十三年三月十四日」「光栄」、貼紙「灌頂九」、（巻一）
阿娑縛抄　合灌記　本	写	巻子	奥書「天正十三年乙酉三月十四日」「光栄」、貼紙「灌頂十一」、（巻五）
阿娑縛抄　胎灌記　本	写	巻子	前欠、奥書「永禄六年六月朔日」「憲栄」、貼紙「灌頂四」、外題「胎初」、（巻一）
阿娑縛抄　胎灌記　末	写	巻子	奥書「康正三年丁丑九月廿八日」「弁賀」別筆で「明治四十二年」「慈寛」、（巻二）
阿娑縛抄　合灌記	写	巻紙	奥書「天文十六年〈丁／未〉九月中旬」「豪仁」、「明治四十二酉年」「法雲」、こより「胎灌記」、（巻五）

一、主要典籍一覧

阿娑縛抄　金灌記　本	写	巻子	前欠、奥書「永禄六年六月朔日」「憲栄」、貼紙「灌頂五」、（巻一）
阿娑縛抄　合灌記　本	写	巻子	前欠、奥書「永禄六年六月朔日」「憲栄」、貼紙「灌頂六」、（巻五）
阿娑縛抄　伝法灌頂三昧耶戒儀式次第	写	巻子	奥書「天文廿四年五月廿七日」「憲栄」、貼紙「灌頂二」、（巻七）
阿娑縛抄　伝法灌頂三昧耶戒儀式次第	写	巻子	奥書「天正十三年乙酉三月十四日」「光栄」、貼紙「灌頂八」、（巻七）
阿娑縛抄　取水作法	写	巻子	奥書「天正十三年三月十四日」「光栄」、貼紙「灌頂七」、（巻一〇）
〔七仏薬師法日記〕	写	巻子	前後欠、大治～建保年間頃写
阿娑縛抄　熾盛光　本	写	巻子	（巻五八）
阿娑縛抄　熾盛光　本	写	巻子	（巻五八）
阿娑縛抄　文殊一字	写	巻子	識語「嘉吉元年〈辛酉〉三月十一日」、別筆で「明治四十二年」「慈覚」、付箋「阿抄ノ内一字文殊」、（巻一〇〇）
阿娑縛抄　令法久住法	写	巻子	識語「嘉吉元年□□□□日」「慶舜」、（巻一〇二ヵ。『大正蔵』に該当巻なし）
阿娑縛抄　令法久住法	写	巻子	（巻一〇二）
阿娑縛抄　令法久住法	写	巻子	（巻一〇二）
阿娑縛抄　弥勒	写	巻子	識語「嘉吉元年三月十一日」「慶舜」、（巻一〇九）
阿娑縛抄　愛染王	写	巻子	前欠、奥書「永和元年乙卯四月十一日」、朱で「厳豪」、（巻一一五）
阿娑縛抄　五壇法	写	巻子	前欠、奥書「嘉吉元年辛酉三月十六日」、（巻一一九）
阿娑縛抄　許可略作法次第	写	巻子	奥書「天文廿四年五月廿八日」「憲栄」、貼紙「灌頂三」、（巻二一五）
阿娑縛抄　許可ヵ	写	巻子	奥書「天正十三年乙酉三月廿七日」「光栄」、貼紙「灌頂十二」、（巻二一五）
阿娑縛抄　許可略作法　上	写	巻子	前欠、上部焼失、識語「応永廿九年〈壬寅〉七月五日」「慶舜」、（巻二一五）

阿娑縛抄　安鎮法日記　乙	写	巻子	前欠、（巻二三三）
阿娑縛抄　安鎮法日記　丁	写	巻子	前欠、（巻二三五）
阿娑縛抄　安鎮法日記集　丁	写	巻子	前後欠、（巻二三五）
阿娑縛抄　安鎮法日記集　丁	写	巻子	前欠、（巻二三五）
阿娑縛抄　安鎮法日記集　丁	写	巻子	（巻二三五）
阿娑縛抄　伝法灌頂内作業次第など	写	巻子	奥書「天文十七年戊申八月廿二日」「豪仁」、貼紙「灌頂一」、（欠本）
阿娑縛抄　目録	写	巻子	奥書「享徳元年〈壬申〉潤八月十七日〈丁未〉」「豪宗」
〔阿娑縛抄　表紙〕	写	一紙	
〔阿娑縛抄　奥書〕	写	六紙	識語「永禄六年六月朔日」「憲栄」
〔阿娑縛抄　塵芥〕	写	数紙	
〔阿娑縛抄　表紙〕	写	一紙	阿娑縛抄表紙を包紙に転用したもの、豪鎮筆か、墨書「阿娑縛抄　五壇法本」
【近世成立・年次未詳】			
阿娑縛抄　胎灌記　本	写	巻子	室町期写、（巻一）
阿娑縛抄　金灌記　本	写	一枚	七紙存、（巻三）
阿娑縛抄　金灌記　本	写	巻子	（巻三）
阿娑縛抄　金灌記	写	巻子	奥書「（天文ヵ）三年甲午十月四日」「円智」、（巻三）
阿娑縛抄　金灌記　本	写	一紙	壇図のみ、（巻三）
阿娑縛抄　合灌記　本	写	巻子	室町期写、付箋「七仏薬師日記之端書也」、昭和頃の紙片上書「合行灌頂首尾欠」、（巻五）

阿娑縛抄　合灌記　本	写	巻子	（巻五）
阿娑縛抄　合灌記　本	写	巻子	（巻五）
阿娑縛抄　合灌記　本	写	巻子	（巻五）
阿娑縛抄　合灌記　本	写	巻子	（巻五）
阿娑縛抄　合灌記　本	写	巻子	（巻五）
阿娑縛抄　伝法灌頂三昧耶戒儀式次第	写	巻紙	奥書「癸未卯月仏誕生日」、貼紙「灌頂十四」、（巻七）
阿娑縛抄　両寺灌頂記　本	写	巻子	三結を一括、一結に付箋「金灌記　行賀」、（巻一二）
阿娑縛抄　両寺灌頂記　本	写	巻子	（巻一二）
七仏薬師日記	写	五紙	（巻未詳）
阿娑縛抄　熾盛光法	写	巻子	（巻五八）
阿娑縛抄　熾盛光　本	写	九紙	（巻五八）
阿娑縛抄　熾盛光法　末	写	一紙	（巻五九）
阿娑縛抄　熾盛光法　末	写	一紙	（巻五九）
阿娑縛抄　請雨	写	巻子	前後欠、（巻七六）
阿娑縛抄　求聞持	写	巻子	室町期写、識語「六月二日」「豪秀」、別筆で「明治四十二酉年」「慈寛」
阿娑縛抄　五壇法日記	写	巻子	包紙上書「十四号」、（巻一一〇）
阿娑縛抄　大師供・山王供・玉女供	写	巻子	南北朝期写、（大師供末）「寛元二年六月七日」、（山王供途中）「建暦三年十月日」「忠快」、（玉女供末）「建暦三年十月廿八日」「忠快」、こよりに「大師山王玉女供歟／大師始玉女末不足」、（巻一七二）
阿娑縛抄　教相雑抄　下	写	巻子	（巻一八八）
阿娑縛抄　教相雑抄　下	写	巻子	（巻一八八）
阿娑縛抄　諸寺略記	写	巻子	前後欠、包紙上書「四号」、（巻二〇一）

阿娑縛抄　胎曼釈　下	写	巻子	（巻二〇八）
阿娑縛抄　許可略作法　上	写	巻紙	奥書「元和六年庚申九月二日」「聡源」、（巻二一五）
阿娑縛抄　普賢延命法日記	写	巻子	前欠、建暦三～四年、包紙上書「十八号」、（巻二二〇）
阿娑縛抄　普賢延命法日記	写	巻子	付箋「金記豪鎮写本」、（巻二二〇）
阿娑縛抄　普賢延命法日記	写	巻子・一紙	元は巻子三巻、（巻二二〇）
阿娑縛抄　安鎮法日記集　丁	写	一紙	（巻二二五）
阿娑婆抄目録　縛	写	横半帳	表紙書入「江州柏原寂照密室／成菩提院什物」、奥書「嘉永六癸丑年四月十八日」「亮秀」
〔壇図〕	写	巻子	（巻未詳）
〔阿娑縛抄断簡〕	写	一枚	
〔諸尊法〕	写	巻子	包紙上書「廿号」
〔保安三年修法記録〕	写	一紙	阿娑縛抄か不明。
〔阿娑縛抄断簡〕	写	二紙	
〔阿娑縛抄貼紙〕	写	一紙	

【次第書】

慶舜の署名があるもの

聖観音　私	写	折本	室町初期写ヵ、見返し右下「慶舜」
行用抄　一切仏	写	折本	室町期写、見返し右下「慶舜」
行用抄　無能勝	写	折本	室町期写、見返し右下「慶舜」
行用抄　風天	写	折本	室町期写、見返し右下「慶舜」
行用抄　火天	写	折本	室町期写、見返し右下「慶舜」

行用抄　華厳経	写	折本	室町期写、見返し右下「慶舜」
行用抄　伊舎耶	写	折本	室町期写、見返し右下「慶舜」
行用抄　七十天	写	折本	室町期写、見返し右下「慶舜」
行用抄　歩擲	写	折本	室町期写、見返し右下「慶舜」
行用抄　羅刹	写	折本	室町期写、見返し右下「慶舜」
行用抄　迦楼羅	写	折本	室町期写、見返し左下「慶舜」（本文同筆）
行用抄　梵天	写	折本	室町期写、見返し右下「慶舜」（本文同筆）
行用抄　地天	写	折本	室町期写、後欠ヵ、見返し右下「慶舜」
行用抄　熾盛光	写	折本	室町期写、後欠、見返し右下「慶舜」
行用抄　無垢浄光経	写	折本	室町期写、後欠、見返し右下「慶舜」
慶舜の署名のないもの			
〔次第〕	写	折本	室町期写、前欠
〔不空羂索〕	写	折本	室町期写、紙片に「不空羂索」、途中欠
行用抄　多羅等	写	折本	室町期写
行用抄　不空羂索	写	折本	室町期写、前後欠、付箋「不空羂索」
〔降雨ヵ〕〔一切楽ヵ〕	写	折本	室町期写、付箋（ハガレ）「請雨歟一切薬歟」
〔舎利〕	写	折本	室町期写、奥書「保元二年三月十三日」
〔無垢浄光経〕	写	折本	室町期写、貼紙「相輪樑」
〔一字頂輪王〕	写	折本	室町期写
〔地天〕	写	折本	室町期写、貼紙「地神供歟」
〔倶哩迦羅龍ヵ〕	写	折本	室町期写
〔蘘麌利〕断簡	写	折本	室町期写、表紙半丁分欠、巻頭「蘘麌利」

白衣	写	折本	室町期写、前欠、表紙付箋「白衣」
〔阿字観カ〕	写	折本	紙表・本文末「建武弟二暦中夏上旬」、貼紙「阿字観歟」
〔秘口伝〕	写	折本	室町期写、奥書「豪鎮」
異筆の慶舜署名あり			
行用抄　馬頭	写	折本	室町期写、見返し右下「慶舜」
〔次第〕	写	折本	室町期写
行用抄　孔雀明王	写	折本	室町期写
〔華厳経他〕	写	折本	室町期写、表紙欠、冒頭「華厳経／供養法　悉地歟」
行用抄　迦楼羅	写	折本	室町期写
行用抄　如意輪加星供	写	折本	室町期写、中欠・後欠、見返し右下「慶舜」
行用抄　羯磨菩薩	写	折本	室町期写、一紙一折のみ存、見返し右下「慶舜」
行用抄　龍樹	写	折本	室町期写、後欠カ、見返し右下「慶舜」
行用抄　放光	写	折本	室町期写、後欠カ、見返し右下「慶舜」
行用抄　大勢至	写	折本	室町期写、見返し右下「慶舜」
行用抄　無量寿命決定如来	写	折本	室町期写、紙片「舎利」を挟む
〔舎利法〕	写	折本	室町期写
〔大随求法　本〕	写	折本	室町期写、紙背「八印略真言」（本文同筆）
夢想成就法	写	折本	室町期写、表紙左下「慶舜」、本文末「交了／慶舜」
夢想成就法	写	折本	奥書「明応七戊午五六」「永俊」、表紙左下書入「永俊」
乞戒導師作法	写	折本	室町前期写、表紙見返し右下「慶舜」
合行灌頂口決（合行灌頂作法）	写	仮綴	室町期写、表紙「合行灌頂鈔決　奥云」「慶舜」
持誦鈔　尊勝	写	折本	室町期写カ、表紙右肩「五」、同左肩「持誦鈔　尊勝」

持誦鈔　一字金輪	写	折本	室町期写カ、表紙右肩「六」、同左肩「持誦鈔　一字」
持誦鈔　阿閦法	写	折本	室町期写カ、表紙右肩「八」、同左肩「持誦鈔　阿閦」
持誦鈔　定光仏	写	折本	室町期写カ、表紙右肩「九」、同左肩「持誦鈔　定光仏」
持誦鈔　善名称	写	折本	室町期写カ、表紙右肩「十」、同左肩「持誦鈔　善名称」
水天持誦	写	折本	室町期写カ
風天法	写	折本	室町期写カ、表紙右肩「十三」、同左肩「風天」
毘楼勒叉	写	折本	室町期写
十一面持誦要集　悉地　蓮花部	写	折本	室町期写カ、表紙右肩「四」
白衣観音法　悉地	写	折本	室町期写、表紙右肩「五」
如意輪持誦要集	写	折本	室町期写カ、表紙右肩「六」
不空羂索持誦要集　悉地　蓮花部	写	折本	室町期写カ、表紙右肩「七」、同左肩「不空羂索」
虚空蔵法	写	折本	室町期写カ、表紙右肩「十」、同左肩「虚空蔵」
〔修法次第〕	写	折本	室町期写カ、巻末一紙残存
持世菩薩	写	折本	室町期写カ〔持誦要集カ〕
〔龍樹〕	写	折本	〔室町期写〕、付箋（ハガレ）「龍樹」（近代）
五字文殊法　悉地・智恵・聡明・所望	写	折本	室町期写カ、外題「持誦鈔」
延命法	写	折本	室町期写カ
持誦鈔　最勝太子法	写	折本	室町期写カ、表紙右肩「二」、同左肩「持誦鈔　最勝太子」
吉祥天	写	折本	室町期写カ、表紙右肩「吉祥天」、同左肩「三」
持誦鈔　妙見	写	折本	室町期写カ、表紙右肩「四」、同左肩「持誦鈔　妙見」

迦楼羅天法	写	折本	室町期写ヵ、表紙右肩「六」、同左肩「迦楼」
氷迦羅天　増益	写	折本	室町期写ヵ、表紙右肩「八」、同左肩「氷迦」
〔軍荼利〕	写	折本	室町期写ヵ、付箋ハガレ「運荼利」（近代）
梵天	写	折本	室町期写ヵ
弥勒	写	折本	室町期写ヵ
不動明王	写	折本	室町期写、他九帖と紙縒一括、紙縒「持誦抄　不足分」、表紙右肩（一）
炎魔天	写	折本	室町期写ヵ、表紙右肩「八」、同左肩「炎魔」
大黒飛礫秘法	写	折本	室町後期写、奥書「貞和二年正月十九日」、表紙「亮運之」「弘運」、包紙「改全　持誦鈔」
[illegible]秘決　第六	写	折本	室町期写、中欠・後欠、奥書「応永廿一年甲午正月十二日慈俊」
仏経供養作法（経供養作法）	写	折本	室町期写
護摩記	写	折本	室町期写
護摩次第	写	折本	室町期写
〔三摩地法次第〕断簡	写	折本	室町期写
加持作法	写	折本	奥書「文明元年己丑六月晦日」「俊賢」「豪憲」
〔弁財天法〕	写	折本	奥書「応永五年戊寅正月十三日」
寂災護摩	写	折本	室町期写、一紙のみ存、表紙「護摩金」「宣尊」
〔不動王法〕（不動末　下）	写	折本	室町期写ヵ、前後欠
大勝金剛法	写	折本	室町期写
〔不動王法〕（不動末　下）断簡	写	折本	室町期写
〔随行私記　本〕断簡	写	折本	室町期写

〔折本白紙〕	写	一紙	室町期写
六観音合行　深秘	写	折本	室町期写、表紙右下「朝円」（別筆）、同左下「慶済」（別筆）
〔除疫病秘法〕	写	折本	室町期写
〔薬師供〕	写	折本	室町期写ヵ、奥書「永禄九年六月十六日」「定俊」、紙片「薬師供」
十二天供	写	折本	表紙書入「豪栄」
導師作法　表	写	折本	室町期成立、表紙左下書入「良弁」
行用抄　白衣観音法　秘法	写	折本	室町期写、表紙左下書入「貞舜」（自筆）
行用抄　造塔	写	粘葉	室町期写、貞舜自筆ヵ、ノドに書入「造塔」、一・四丁欠
〔修法次第〕断簡	写	二紙	室町期写、紙片「胎記歟一枚」
弁財天	写	折本	享徳二年写、「享徳二年癸酉八月廿九日」「弘運」
金記次第	写	折本	室町期写、紙片「金記欤」
行用抄　白衣	写	折本	室町期写
時処金輪法　私	写	折本	奥書「文亀弐年〈壬戌〉十一月十七日」「性宥」、紙片「倶哩伽羅」、表紙左下「性運」
随喜導師略作法	写	折本	室町期写、表紙左下「良弁」
〔大仏頂〕	写	折本	室町期写、付箋ハガレ「仏頂大呪」
〔馬鳴菩薩〕	写	折本	室町期写、付箋ハガレ「馬鳴」
〔白衣観音〕	写	折本	室町期写、挿入紙片「白衣行用抄」
〔次第〕	写	折本	室町期写、前欠、「文安二年□□□廿八日」「幸舜」
〔修法次第〕巻末一紙（三摩地法次第）	写	折本	室町期写、奥書「嘉吉三年癸亥七月廿日」「春海」
摩利支天	写	折本	室町期写、表紙「亮運」
〔不動護摩法〕	写	折本	室町期写、貼紙「不動護摩法」

尊勝法　私	写	折本	室町期成立、見返し中央「春海」
不動明王念誦次第	写	折本	奥書「文明十一年己亥卯月廿一日」、見返し下方に別筆で「日精」「五大虚空蔵（梵字五字）」
行用抄　降三世法	写	粘葉	室町期写、表紙左下「貞舜」（自筆）、包紙上書「開山御直筆／行用」
行用抄　仁王経法	写	折本	室町期写、表紙左下「貞舜」（自筆）
行用抄　多羅尊	写	粘葉	室町期写、現在は仮綴、表紙左下「貞舜」（自筆）
行用抄　炎講伽陀	写	折本	室町期写、表紙左下「貞舜」（自筆）
〔悪夢〕	写	折本	室町期写、貼紙「悪夢歟」（近代）
琰魔天供	写	折本	室町期写
〔堅牢地神五帝竜王〕	写	折本	室町期写
〔文殊〕	写	折本	室町期写
摩利支天	写	折本	室町期写、紙片「行法雑之」、紙背「嘉永六丑年改」
〔大黒天法〕	写	折本	室町期写、前後欠、奥書「貞和二年丙戌正月十八日」、付箋「大黒天法」
〔修法次第〕	写	粘葉	室町期写、貞舜自筆ヵ
〔神供次第〕	写	折本	室町期写、奥書「永享元年十二月日」「良祐之／快運」
〔薬師供〕	写	折本	室町期写、貼付紙片に「薬師供」
〔不動法〕	写	折本	室町期写、付箋（ハガレ）「不動法カ十四印アリ」
勝地抄虚空蔵法	写	仮綴（原粘葉）	室町期写ヵ、奥書「永和二年二月十三日」、表紙「金剛貞賢之」
〔地天〕	写	折本	室町期写、表紙「地天歟」
〔文殊師利菩薩ヵ〕	写	折本	室町期写
〔毘沙門法〕	写	折本	室町期写、紙片「毘沙門法」
〔不動明王法〕	写	折本	室町期写

〔降三世ヵ〕	写	折本	室町期写、前後欠
〔不動明王次第〕	写	折本	室町期写
〔宇賀神供〕	写	粘葉	室町期写
〔随行〕	写	二紙	前中欠、奥書（朱書）「康正二年四月後三日」「祐済」「慶祐」、糊代に「随行」、紙片「随聞」
〔胎記次第下巻〕	写	仮綴（原粘葉）	室町期写、付箋「胎記欤」、糊代「台下　廿四丁」等
〔宇賀神供〕	写	仮綴	室町期写、付箋「宇賀神法」、糊代「（梵字）二丁」
三摩地法	写	仮綴	紙片「密印口決事」
吒枳尼秘密略次第	写	折本	室町期写
大黒天法	写	折本	室町期写、付箋「大黒天法」
愛染王	写	折本	室町期写、奥書「建□第七卯月上旬終日」
〔七星供次第〕	写	折本	室町期写、奥書「長暦三年」
即身成仏義言	写	折本	室町期写
文殊五字法	写	折本	室町期写、後欠、表紙右下「伝領真海」（後筆）、同左下「慶運」（別筆）
神供作法	写	折本	室町期写、表紙中央「汀神供次第」、同左下「良祐之」
聖観音　行用	写	折本	室町期写
内護摩法	写	折本	室町期写、表紙左下「快尊」、第二面裏左下「慶舜」（自筆）
如意輪法	写	折本	奥書「永禄元年卯月十五日」「定運」、紙片「閻曼徳迦威怒王」
行用抄　閻魔天	写	折本	奥書「応永卅年八月十三日」「蓮海」、表紙書入「蓮海」
〔次第〕	写	折本	室町期写、前後欠、奥書「大永四年〈甲申〉五月廿七日」「長尊」
釈迦	写	折本	奥書「文明拾年十月十九日」、見返し右下「慶海」
〔修法次第〕	写	粘葉	室町期写、付箋「胎記歟」

〔護摩次第〕	写	折本	室町期写
〔修法次第〕断簡	写	折本	室町期写
〔修法次第〕断簡	写	折本	室町期写
〔修法次第〕断簡	写	折本	室町期写、巻末一紙のみ
〔修法次第〕断簡	写	折本	室町期写
〔修法次第〕断簡	写	折本	室町期写
〔修法次第〕断簡	写	折本	室町期写
〔六字〕断簡	写	折本	室町期写
〔修法次第〕断簡	写	折本	南北朝末〜室町初期写
〔修法次第〕断簡	写	折本	南北朝末〜室町初期写
〔断簡〕	写	一紙	室町期写
護摩次第	写	一紙	室町期写
〔次第断簡〕	写	折本	室町期写ヵ、前後欠
〔修法次第〕巻末一紙	写	一紙	室町期写、前欠、糊代「（梵字）三丁」
諸行用〔貼紙のみ〕	写	一紙	左下「嘉永六年」、亮秀写ヵ
〔貼紙類一括〕	写	包紙	包紙「進上／小菊　拾帖／金　弐百疋／行用張紙　理龍院」
口決			
相伝口決抄　私〈相伝口決抄〉	写	折本	冒頭識語「建武四二十八日〈時正　第三〉」
即位法門断簡	写	折本	室町前中期成立
〔断簡〕	写	折本	室町期写
〔題未詳聖教〕	写	仮綴	奥書「応永十三年〈丙戌〉三月六日」「納運」
胎記〈残闕〉	写	粘葉	室町期写、表紙裏に本文と同筆にて「観珠」、書出し「胎記　供養会」

胎記（残闕）	写	粘葉	室町期写、表紙裏に本文と同筆にて「観珠」、書出し「転如日輪」
法界尊	写	一紙	
〔題未詳〕	写	二紙	
〔大黒天口決〕断簡	写	折紙	室町期写、前後欠
〔鎮宅事〕〔次第〕巻末	写	折本	南北朝期写、前欠、奥書「応安五年〈壬子〉八月廿四日」「弘範」、こより紙片「行用端書／押印」
〔口決、三種法花等〕	写	粘葉	紙片「開基御自筆歟」、貞舜写カ
〔密印口決〕	写	仮綴	室町期写、前欠
〔天台先徳関係口決〕	写	仮綴	室町期写
星供要鈔	写	折本	室町期写
庚申居待大事・山王法楽・除罰大事　他	写	折本	室町期写
〔唱導書〕断簡	写	折本	南北朝期末～室町初期写
〔大黒天口決〕断簡	写	折本	室町期写、前後欠
〔口決断簡〕	写	折本	室町期写
唱導			
悟鈔（悟抄）　尊勝陀羅尼	写	折本	室町期写
悟鈔（悟抄）　仁王般若	写	折本	室町期写
悟鈔（悟抄）　勢至・延命	写	折本	室町期写
悟鈔（悟抄）　五部大乗経・花ム・大集	写	折本	室町期写
悟鈔（悟抄）　金剛頂経	写	折本	室町期写

悟鈔（悟抄）真言三部経・大日経	写	折本	室町期写
悟鈔（悟抄）小仏・幡	写	折本	室町期写
悟鈔（悟抄）不空羂索	写	折本	室町期写
悟鈔（悟抄）主君	写	折本	室町期写
悟鈔（悟抄）子息	写	折本	室町期写
悟鈔（悟抄）釈迦	写	折本	室町期写
悟鈔（悟抄）自我偈	写	折本	室町期写
悟鈔（悟抄）為舅	写	折本	室町期写
悟鈔（悟抄）法花経	写	折本	室町期写
悟鈔（悟抄）四巻経	写	折本	室町期写
悟鈔（悟抄）往生講	写	折本	室町期写
悟鈔（悟抄）蘇悉地経	写	折本	室町期写
悟鈔（悟抄）一切経	写	折本	室町期写
悟鈔（悟抄）金光明経	写	折本	室町期写
悟鈔（悟抄）〔観音　千手千眼〕	写	折本	室町期写
悟鈔（悟抄）説戒	写	折本	室町初期写
〔紙片〕	写	一片	
〔悟抄包紙〕	写	一紙	後に包んだもの、近世以降
〔紙片〕	写	一片	
〔唱導書〕	写	折本	
〔唱導書〕	写	折本	

花鳥集　経教　知識／輪廻無常	写	折本	
〔唱導書〕顕密	写	折本	南北朝末期～室町初期写
神供略作法	写	一紙	
〔某次第〕	写	一紙	
光明真言法	写	折本	
〔法則〕	写	袋綴	室町期写ヵ、奥書「文明二年〈庚寅〉十月日」「祝運」
上宮王太子講法則（聖徳太子講法則）	写	仮綴	室町期写、表紙右下「成善提院」、同左下「円済之」
遺跡講伽陀	写	折本	室町期写
金剛界表白幷供養文唱礼ウ	写	粘葉	室町期写、表紙「成善提院」「長命」
羅漢講式	写	折本	室町期写、前見返し右下「慶舜」、後補紙帯ウワ書「羅漢供式　慶舜」
羅漢講式　下座次第	写	折本	室町期写、扉裏右下「慶舜」
羅漢供式	写	折本	室町期写
金剛界表白	写	折本	室町期写
〔遷座法則〕	写	折紙	室町期写
仏名　私博士　九拍子	写	一紙	室町期写、表紙のみ、表紙右下「貞源」（別筆）、同左下「神祥房ヵ」（別筆）
〔護符次第〕	写	折本	室町期写　中央貼箋（近世）「御符次第二枚」
〔釈迦讃ヵ〕断簡	写	折本	室町期写
〔真言書付〕一括	写	一紙	
〔断簡〕	写	一紙	室町期写、平仮名漢字交じり文
〔断簡〕	写	折本	室町期写ヵ

〔次第〕	写	折本	室町期写、前欠、紙片「三合力天」挟む
〔閻曼徳迦威怒王供〕	写	折本	奥書二丁オ「大永五年〈乙酉〉八月廿四日」「尊賢」
〔持誦要集ヵ〕〔不動八大童子〕	写	折本	室町期写ヵ
【印信類】			
〔印信集〕	写	巻紙	冒頭の折り返し「□夜不退法」、承永頃写ヵ
〔印信集〕	写	巻紙	
〔口決集〕	写	巻紙	
〔印信〕	写	巻子	奥書「紹恵」、内容は蘇悉地印信
〔瑜祇灌頂次第〕	写	巻子	別筆で巻末書入「応永廿九年〈壬寅〉九月十三日」「豪喜」
〔稟海印信〕	写	折紙	前欠、識語「応永卅三年十二月十三日」「俊海」
〔成秀印信〕	写	折紙	前欠、識語「文正元年〈丙戌〉三月十五日」「秀海」
〔印信〕〔鏡像円融ヵ〕	写	竪紙	
普賢延命山王	写	竪紙	地部欠損、奥書「幸運」
一時礼拝行法行儀次第	写	竪紙	
初重血脈目録	写	竪紙	奥書「賢栄」
塔中法門	写	竪紙	
天台灌頂玄旨	写	竪紙	
胎伝法灌頂八印	写	一枚	識語「応永廿五年〈戊戌〉九月廿一日」「豪喜」、端裏「台伝法密印穴太流住心房伝」
〔蘇悉地〕	写	一枚	四紙、識語「応永十九年九月十八日」「心俊」
〔春海印信〕	写	折紙	前欠、識語「永享三年十一月十九日」「恵勇」

〔昼〕夜不退法	写	一枚	紙片あり、「法橋」、識語「応永七年〈庚辰〉六月五日」「弘範」、端裏「昼夜不退法」ヵ
〔定海印信〕	写	一枚	断片、識語「定海」
〔蘇悉地印信〕	写	一紙	端裏「蘇許〈三昧〉」
〔印信〕	写	一紙	
〔印信〕	写	一紙	
〔印信〕	写	一紙	
〔印信〕	写	一紙	
〔三部灌頂〕	写	一枚	
許可	写	一枚	識語「幸運」
印信断簡（不作信者当知是人）	写	一枚	
〔栄心印信〕	写	竪紙	奥書「天文十五年〈丙午〉八月一日授与定舜」
【貞舜以前に成立のもの】			
真言宗教時義第三	写	粘葉	奥書「保安元年六月十四日」
金剛界儀軌（上・下巻）	写	冊子	題箋欠、奥書「保安元年九月十八日」「文政七迄凡六百九十年程ニ成」「慶淵」
山家要略記	写	巻子	前欠、道意写
山家要略記	写	巻子	前欠
山家要略記　断簡	写	一紙	
山家要略記　断簡	写	一紙	
山家要略記　断簡	写	一紙	
山家要略記　断簡	写	一紙	

華厳仏光三昧観秘法蔵　巻下	写	巻紙	前欠、奥書「貞応二年十月下旬」「証定」
釈摩訶衍論巻第二	写	粘葉	
【古刊本・古活字版】			
〔法華玄義ヵ〕	刊	粘葉	四紙、鎌倉期刊
科註妙法蓮華経巻第三	刊	袋綴	室町期刊、表紙書入「奉寄進成善提院　亮運」
〔法華文句記〕	刊	袋綴	鎌倉末期（弘安）の版の後刷、欄外「記六七」
法華句解巻第六	刊	袋綴	表紙「成善提院」「宝伝寺」、扉題の内題下に墨書「素邦首座」
【室町～近世初期写本・刊本】			
〔聖教断簡〕	写	粘葉	室町期写、慶舜自筆ヵ
法華玄義釈籤	写	粘葉	室町期写
〔金剛界灌頂次第〕	写	粘葉	室町期写
〔五大尊他〕	写	巻子	前欠、奥書「応永十三年戌夏之比」「厳豪」
〔瑜祇灌頂秘録〕	写	巻紙	一巻の内（〔一生中一行念誦事〕、〔瑜祇灌頂血脈〕と合わさっている）
〔一生中一行念誦事〕	写	巻紙	一巻の内（〔瑜祇灌頂秘録〕、〔瑜祇灌頂血脈〕と合わさっている）
〔瑜祇灌頂血脈〕	写	巻紙	一巻の内（〔瑜祇灌頂秘録〕、〔一生中一行念誦事〕と合わさっている）
〔護摩三巻ノ内〕	写	巻紙	端裏「護摩三巻の内」
〔天台付法伝〕	写	一枚	室町期成立
〔大日口決〕	写	巻子	一紙
〔蘇悉地印信〕	写	巻子	
過去荘厳劫千仏名経　巻上	写	巻子	奥書「永正拾肆年〈丁丑〉八月九日」「宗舜」
大仏頂陀羅尼	写	巻子	奥書「嘉吉元年三月廿九日」「豪宗」
〔夢想口決〕	写	巻子	奥書「天正十三年〈酉〉拾一月廿八日／伝授阿闍梨権少僧都良□」

一、主要典籍一覧

〔羅漢講式〕	写	巻子	
〔法門肝要略条目〕	写	折紙	端裏「□中行目録」
舎利供養式（覚鑁撰）	写	巻子	前欠、識語「明応二年〈癸丑〉二月四日」「豪憲」
己心中記（覚超撰）	写	一枚	識語「明徳四年卯月廿七日」「貞海」
〔宝珠・宝塔等口決〕	写	折紙	識語「延文四年〈己亥〉二月五日」「門真」
修学講法則	写	折紙	後欠
〔某口決〕	写	折紙	識語「応永廿二年正月廿八日」「慈俊」
四依五品事	写	冊子	識語「天文十七年拾月七日」、表紙書入右「智泉房」、同左「籌運」
深沙大将像裏書写	写	竪紙	
算題	写	木製	書入「文云而不得云所説名経文如何」「副　四算」
〔宝珠・宝塔等血脈・口決〕	写	継紙	
〔宇賀神将祈願文断片〕	写	一枚	室町期写ヵ
法華深意	写	一枚	三紙、識語「応永十年三月廿三日」「伝範」、紙背「于時応永十年十二月廿一日書写卒伝範　行年卅一歳」
瑜灌檀図支度	写	巻紙	室町期写、貼紙「灌頂十七」、巻頭「内作業灌頂私記」
〔灌頂次第〕	写	八枚	室町期写ヵ
六即義案立	写	冊子	識語「□永七年拾月廿一日」「俊運」、表紙「慶運／台嶺□□」「大弐」、巻末「南無阿弥陀仏大弐」
巻末断簡〔逸名書〕	写	一紙	室町後期、奥書「快円」
濫觴集巻第二　巻頭断簡	写	折紙	室町期写
〔最澄関係記録〕断簡	写	一紙	室町期写、続紙（原装巻子ヵ）
〔仏名会講式〕	写	巻子	前欠、識語「天文八年十月十三日」「憲栄」
涅槃講式	写	巻子	前欠、識語「文明拾四年二月十一日」「栄重」、別筆で「尊舜」

〔反音抄〕巻末断簡	写	一枚	室町末期写
〔恵心流口決〕	写	一枚	室町期写
〔毎七日尊名一覧〕	写	一枚	室町期写、前後欠
〔儀礼次第〕	写	一枚	室町期写
〔行法次第〕	写	一枚	室町期写、原装巻子カ
〔題末詳聖教〕	写	一枚	室町期写、貞舜筆カ
児灌頂	写	巻子	前欠、前半本奥書識語「御本云権大僧都良賢〈十八才〉白翁守明廿八才権律師宏海卅五才　皆大阿闍梨位ノ人也」、後半奥書「于時文明五年〈癸巳〉八月十三日書写訖／権少僧都法印澄心示／法印実俊（花押）」
双身（法）	写	折紙	奥書「信州等覚坊豪詮」「于時元和六〈庚申〉年潤極月廿九日　書写畢」
真言八祖像（第一　龍猛）	写	一幅	裏書「□□（前欠）祖尊像／喜田相模常慶／永禄七天伍月吉日」。包紙「天台八祖　喜田相模守寄進」「真言八祖」
真言八祖像（第二　龍智）	写	一紙	裏書「奉寄進八祖尊像／喜田相模常慶／永禄七天伍月吉日」
真言八祖像（第三　金剛智）	写	一紙	裏書「奉寄進八祖尊像／喜田相模常慶／永禄七天伍月吉日」
真言八祖像（第五　善無畏）	写	一紙	裏書「奉寄進八祖尊像／喜田相模常慶／永禄七天伍月吉日」
真言八祖像（第六　一行阿闍梨）	写	一紙	裏書「□寄進八祖尊像□□□□（破損）」
真言八祖像（第七　恵果三蔵）	写	一幅	裏書「奉寄進八祖尊像／喜田相模常慶／永禄七天伍月吉日」
真言八祖像（第八　弘法大師）	写	一紙	裏書「奉寄進八祖尊像／喜田相模常慶／永禄七天伍月吉日」

二、年中行事

1　成菩提院の年中行事

現在、成菩提院において行われている年中行事を掲げる。

平成三十年（二〇一八）の年中行事一覧（「平成三十年成菩提院行事予定表」による）

一月　一日　　午前零時　修正会
一月　三日　　午前十時　修正会初参り　―観音経持参の事―
一月　十八日　午前十時　焼納会（しめ縄、古いお札等焼却供養）
　　　　　　　午前十一時　初観音会　―観音経持参の事―
二月　三日　　午前十時　節分会
二月　十五日　午前十時　涅槃会
三月　二十三日　午前十時　春季彼岸会・施餓鬼法要
六月　四日　　午前十時　山家会　―観音経持参の事―

七月　十五日　　午前十時　　写経会
八月　五日　　午前八時　　お盆歴代墓地・境内清掃
八月　八日　　午前十時　　盂蘭盆会・施餓鬼法要
九月　二十六日　午前十時　秋季彼岸会
十月第三日曜日（十八日）　　檀家総出
十一月十八日　　午前十時　　霜月会　―観音経持参の事―
十二月十八日　　午後五時　　納観音会　―観音経持参の事―／午前八時注連縄作り
十二月三十一日　午後十一時四十五分　除夜の鐘

観音縁日会　毎月十八日午前十時　御本堂にて
地蔵縁日会　毎月二十四日午前十時　地蔵堂にて

2　成善提院の年中行事と料理

こんにち、成善提院の年中行事において供される料理は、一汁三菜である。汁・飯・坪・平と、それらの蓋を用いて盛り付けられるものがある。食器は黒塗りで、膳は使用しない。古くは、膳に汁・飯・坪・平・高坏が配された朱塗りの食器を用いていたことがあるらしく、聞き取り調査の際、その一具を拝見することができた。手前右に汁、左に飯を置き、その奥右に平、左に坪を配す。蓋はその周囲に置かれる。平は煮物が盛り付けられ、坪は練り物や和え物が盛り付けられることが多い。味付けは、醤油・味噌・砂糖を基本として、みりんや酒などが使われる。料理の材料は、畑仕事をされている檀家さんたちが持って来られることもあり、季節の食材が用いられる。節分会・春季彼岸会・盂蘭盆会・霜月会には、檀家の地区ごとに一人ずつ年番さんが手伝いに来られ、御住職夫人を中心に、共同作業で料理が作られる。そのため、調理方法についての情報交換の場にもなっており、料理の味付けは、その年々の年番さんによって異なるところに味があるという。檀家さんには、事前に行事予定表とお手伝いの案内が配られる。

以上を参考に、現在の年中行事に照らし合わせて、一月から順に献立をみていきたい。

まず、一月一日はお参りの受付がなく、料理は出されない。一月三日の修正会には、おせち料理一〇品、なます、ぜんざい（餅、小豆）、酒が供される。おせち料理は毎年、御住職の配慮によって内容が変化する。一月十八日の初観音会は、どんと焼きとお参りが行われ、それに合わせて色ご飯がパックに入れられ、持ち帰りの形式で供される。

二月三日の節分は、護摩焚きが行われる。この日は、豆ごはん、漬物、八杯汁《はっぱい》（豆腐、生姜入りのとろみをつけたすまし汁）が振る舞われる。現在の山口智順住職が成菩提院に来られてから始まった行事という。二月十五日の涅槃会は、パックに入ったおいなりさん（稲荷寿司）が配られる。

三月の春季彼岸会・施餓鬼法要には、平にじゃがいも、薄揚げ、切り干し大根、坪に白和え、汁に味噌汁（豆腐、揚げ、葱などの具に淡色味噌を用いる）、漬物（その時々の物で、大根や奈良漬など）、季節の果物、白飯、蓋に筍と若布の若竹煮が作られる。施餓鬼法要の時には、周辺の同宗派の寺から役僧が来られ、僧侶と檀家さんが食事を共にする。

六月四日の山家会は、宗祖伝教大師最澄の命日を修する法要で、パックに入った赤飯が配られる。この赤飯が配られるようになったのは、二〇〇九年からのことで、今上（平成）天皇の御成婚五〇周年をきっかけに、檀家さんの結婚五〇周年を祝すようにされた現住職のはからいである。また、この時から他の年中行事にかかわる料理の献立も変わり、現在の姿になった。

七月十五日の写経会は、蜜につけた白玉だんごが供される。

八月五日のお盆歴代墓地・境内清掃は、檀家総出の日であり、掃除終了後にパンとお茶が出される。八月八日の盂蘭盆会・施餓鬼法要には、平に南瓜、揚げ、糸昆布を炊いたもの、坪に若布、胡瓜、玉ねぎの酢の物、汁に冷やし素麺、蓋に胡麻豆腐、漬物、西瓜が用意され、時によっては牛蒡と人参のきんぴらが蓋に加えられることもある。なお、この日は役僧が来られる。

九月の秋季彼岸会は、ちらしずしのパックが出される。

十一月十八日の霜月会は、中国天台宗の祖・天台智顗の忌日に行われる法会で、役僧が来られる。この日は平に大根、親芋、揚げ、坪にいとこ煮（小いも、小豆の煮物）、丁字麩《ちょうじふ》、胡瓜の芥子《からし》和え（酢と芥子で調味）、汁に味噌汁（揚げ、豆腐、しめじ）、白飯、果物（柿）が供される。

十二月十八日の納観音会は、醤油風のかやくご飯（昔は人参ご飯）のパックが出される。

十二月三十一日の除夜の鐘は、甘酒とみかんが振る舞われる。

（二〇一五年九月十五日、成善提院にて、御住職夫妻のお話による）

図　節分の料理例

3　関連史料四点　翻刻

【凡例】

一、適宜常用漢字に直した。
一、合字の「コト」は「㇖」、「より」は「ゟ」のまま記した。
一、割書は〈 〉を使って表した。
一、改行箇所は、原文に従った。
一、同筆の追記と思われる箇所は、本文に入れ込んだ。
一、句読点は私に加えた。

①　年行事

【書誌事項】

写本、一冊。縦二四・五センチ、横一六・五センチ。料紙、楮紙。仮綴（包背装）。表紙別・全五紙。外題、直書。内題、奥書なし。

（翻刻）

（表紙）年行事

（一オ）

一月一日　○夜午後二時ヨリ百八梵鐘ヲ撞キ鳴ラス事
○早朝院主始所化小僧本堂可為出勤事
○本堂護摩堂常行堂及諸神社献燈ノ事
○法式ハ朝夕例時懺法余ハ随意ノ事
○院主居間着到直ニ院内一同年祝礼申陳ヿ
　時ニ昆布手渡候事
○雑煮仏前献供畢リ院内一同頂戴可致事
○料理品ハ　膾〈大根　人参　干柿〉平〈薄豆腐　昆布　菜〉飯　汁〈煮大豆　叩牛房（蒡）〉

（一ウ）

二日　朝雑煮　朝昏随意勤行
　昼献立　膾〈大根　人参〉飯　汁　平〈削　麈〉

三日　朝雑煮　朝昏随意勤行
　午前八時比徳源院年甫到来ノ際一献三種可出事

四日　朝神仏前供鏡餅下ケ扑シ候事
　午後五日檀末年祝賄方致置候事
五日　午後八時比ヨリ末寺住職檀家惣代年祝到来ノ事
　各々年祝指出ス際昆布相挟渡候ヿ尚亦寺ヨリノ
　檀家江年祝物次手ニ可相渡与又ハ各村使僧可遣哉（ママ）的宜

（一一オ）

　可為事ニテ斟酌可有之事先ハ並檀家ハ扇子一本宛
　世話方或ハ肝煎方ハ其差別茂可有之事左ノ通
柏原村　〈男扇子一本　女扇子一本〉宛

三輪三郎治
吉村逸平
西村治良七
門　前
西川瀬右エ門
殿村玄碩
林　喜平

拾八斬（軒カ）
男扇子一本宛

吉田茂吉
田中小平
西村佐市
其余門前十八軒
長曽　同　中野平治
（二ウ）
長久寺村　同　吉村権平
須川村　同　檀家拾二軒
杉沢村　同　同　拾四軒
大野木村　同　同　四　軒
北池村　同　同　七　軒
（この行追記）八条村　男女二本　壱　軒
常木村　同　同　四　軒
名越村　同　同　五　軒
小田村　同　同　五　軒
合六十一軒　外ニ世話方当番幷立会番謝儀可為斟酌ヿ

（三オ）

中飯畢テ大般若転読〈但シ参詣人御札一枚宛手渡候ヿ〉〈当住職并所化　末山一同　可出勤事〉

賄方献立　猪口〈人参　蒟蒻　豆腐アヘ〉平〈揚　牛房（蒡）　昆布〉汁〈豆腐〉飯　酒〈三献〉

右　末檀一同年頭礼広間ニ於テ院主対面ノ事

清滝河内長岡檀家惣代到来有之候半者扇子二本

物代江相遣候事

七日　朝　七草〈七種〉粥餅入神仏献供

（三ウ）

十五日　朝小豆粥餅入神仏献供

二月十五日　涅槃曼多（陀）羅懸置事

三月　彼岸中日後読経会

四月二十三日　水神祭礼赤飯米八升小豆二升午前十時鉄打盛渡ヿ

五月十六日　大般若転読

六月四日　伝教会講中并世話方前以回書差出置ヿ

胎曼供執行導師素絹五条衆僧襲五条ノヿ

賄品　平〈湯葉　細昆布　茄子〉汁〈豆腐〉皿〈胡瓜〉猪口〈菜〉引皿〈素麺〉

（四オ）

七月一日　中興貞舜命日院内ニテ法会執行御廟参詣ヿ

〈陰暦〉十四日　十四日ニ米六升小豆壱升三合餅墓所供養ノヿ別段〈餅二ツ宛相遣ス鑵打ニ而集ム〉

院主御廟参供水向回向可仕ヿ大ノ木　一十二軒　杉ノ沢柏原門前棚経可仕ヿ

十五日　隣末及最寄寺院役僧幷院内所化ヲ以テ施餓鬼会

相勤有之ヿ他僧招待分江凡二朱宛噠嚫ノヿ

賄品　平〈茄子　揚　昆布〉皿〈瓜　生酢〉猪口〈菜〉汁〈豆腐〉

十六日　陰暦改新ノ八月十五日執行　須川村　小田村〈前以小塔婆拵置改書記可致持参ノヿ〉

棚経ニ参嚮ノヿ

（四ウ）

八月十五日　祐円命日常行三昧有勤ノヿ

同日昏方月天子献供燈法楽ノヿ

同　彼岸　千部読経会執行ノヿ

九月十三日　月天子献供燈法楽ノヿ

同　十六日　大般若転読ノヿ
同　下旬　鍬下水田世話方検見ニ付以前回達致置毛見可致ヿ
十月一日　初収税取立ノヿ世話方当番詰ノヿ
十一月廿四日　天台会法華三昧執行末山出勤定例ノ料理差出ヿ
賄品　平〈揚芋　昆布　人参　牛房（蒡）〉　坪〈小豆　堅煎〉　猪口〈蒟蒻　白アヘ〉　生酢〈大
根　豆腐〉　汁〈納豆　豆腐〉

（五オ）

引物餅
御供物及檀家参詣人賦餅米六升小豆壱升五合
十二月廿二日　仏具磨ノヿ
同　十三日　煤払〈亀吉〉　賄品〈酒壱升　夕飯ケンチン〉　祝儀百文宛遣ヿ
十二月廿五日　餅搗〈雇人〉　午飯膳ザイ　夕飯茶漬
同　廿七日　蒸米凡三斗
鏡餅寸方　本尊前　上六寸　下七寸　一重ネ
上四寸　下五寸　六重ネ
上二寸　下三寸　十重ネ
以前掃除可致ノヿ

同　三十日　御廟所参詣可仕ᄀ

（尾上寛仲による裏表紙書き入れ）
殿村玄積　明治十三年七月九日没

誠諦院慈山道賢居士

三和三郎治　明治廿一年九月廿五日没
廿四才

崇雲院天岳浄香居士

（以上）

②　円乗寺年中式目

【書誌事項】

写本、一冊。縦三〇・三センチ、横二一・七センチ。料紙、楮紙。大和綴。表紙別・全七紙。外題、直書。内題「円乗寺年中式目」。見返しと一丁表、六丁裏と七丁表以外ののど、表紙の綴代付近に「高雄」の丸印あり。奥書「元禄三年十月十七日」とあり、「高雄山章」の角印（墨印）あり。

（翻刻）

（表紙）「円乗寺年中式目
成善提院」

（見返し　空白）

（一オ）

円乗寺年中式目

一　正月元日、雑煮、次一汁三菜酒三反
但門前之者、従一軒一人宛来朝夕
一汁壱菜酒壱反、但妻子共ニハ
下行四合宛可遣之

一　二日、柏原町衆礼、雑煮酒三反
可有之、但門前従一軒一人宛来

（一ウ）

伝右衛門下人来、一汁壱菜酒壱反朝夕

一　三日、門前之者右同断
一　同日、大豆太夫蛭子納大豆小升
　壱升、餅弐ッ遣之
一　四日、万徳房節、振舞雑煮、次一汁
　三菜酒三反、但万徳房下人ニ白米
　弐升可遣之
（二オ）
一　五日、清滝村衆礼、夕飯一汁三菜
　酒弐反
一　六日、年越、門前之者共一軒ゟ一人宛
　来、一汁壱菜酒壱反、晩計
一　七日、粥、門前之者一人宛来、但妻子
　共ニハ宿へ可遣之、朝計
一　八日、杉沢・大野木・深川《（ママ）》村衆礼雑
（二ウ）
　煮、次一汁三菜酒三反

一　九日、於万徳房節振舞有之、其節
美濃紙二帖・黒米弐斗可遣之
一　十一日、長岡村衆礼一汁三菜酒弐反
一　十二日、河内村衆礼壱汁三菜酒弐反
一　十四日、曼陀羅供、三日以前末寺中江
廻章可遣之、但朝粥法事過一汁
（三オ）
三菜可為丁寧
一　同日之晩、年越、門前之者一軒ゟ一人
宛来一汁壱菜酒壱反
一　十五日、小豆粥、門前之者一人宛来、
但妻子共ニハ宿へ可遣之、朝計
一　十六日、大般若、朝粥、般若過一汁
三菜可入念、三ヶ月共ニ鳥目拾疋
（三ウ）
宛布施可有之、但門前之者一人宛来、朝飯計

一　同日、常喜・名越・北池・小田村、関ヶ
　原衆礼、一汁三菜酒三反
一　惣末寺衆礼之節、一汁三菜
　酒三反、参上之日限不定也
一　廿日過、町檀方衆節振舞一汁

（四オ）

　三菜酒三反
一　二月、涅槃会仏前三具可備
　之、一汁三菜、法事日中
一　同月、彼岸之中在郷之衆参
　詣之節、一汁弐菜酒弐反、但シ
　仏前ニ盛物六具可備之
一　三月三日、門前之者一軒ゟ一人宛来

（四ウ）

　　一汁壱菜酒壱反、朝計
一　四月八日、誕生会如涅槃会

一　五月五日、門前之者如三月三日
一　同十六日、大般若正月と同断
一　六月四日、伝教会、朝粥、法事過一
汁三菜可入念、湯前ニ赤豆餅
可出之、但仏前盛物九具可備之

（五オ）

附　大野木村六郎左衛門江人遣、斎
可振舞之、六郎左衛門宿江供物可
遣之、門前者一軒ゟ一人宛来、
朝計
一　六月晦日、道作之節門前之者ニ飯
米一人ニ付弐合宛可遣之
一　七月朔日、開山忌、盛物弐具可備

（五ウ）

之、時斎一汁三菜、青銅十疋
宛可布施

一　同七日、門前之者一人宛来、一汁
　　壱菜酒壱反、但朝計
一　同十四日、門前之者一人宛来、一汁
　　壱菜、但夕飯ハむきの花たるへし
一　十五日、施餓鬼、夕飯一汁三菜可

（六オ）

　　入念、附門前之者朝計一リ宛来
一　八月朔日、門前之者一人宛来、一汁壱菜
　　酒壱反、但朝計
一　同十五日、中興忌、七月朔日と同断
一　九月九日、八月朔日と同断
一　同十六日、大般若、正月と同断
一　霜月廿四日、天台会、朝小豆粥

（六ウ）

　　其外ハ如伝教会
一　極月廿日、煤払、門前者朝夕一人

宛来、一汁壱菜酒壱反
一 同廿八日、門松幷餅撞、門前ゟ朝夕
一人宛来
一 節分之晩、門前之者一人宛来
右式目之趣無相違可相守者也
（七オ）
元禄三年庚午十月十七日 （印）

③ 文政六年寂照山年中行事

【書誌事項】
写本、一冊。縦二八・五センチ、横二一・〇センチ。料紙、楮紙。仮綴。表紙別・全一二紙。外題、直書。内題、奥書なし。見返し書き入れ多数。

【翻刻】
（表紙）「文政六癸未年
寂照山年中行事

正月改之　」

（一オ）

正月

元日

一　本堂看経、畢而常行堂・護摩堂
年徳神大黒荒神等、法楽等相済而院内御礼之事
御祝酒御昆布遣之、畢而雑煮相祝候事

一　玄関江、役僧・侍罷出、帳面相控、柏原

（一ウ）

役人・檀方等年礼ニ罷出候ハヽ、帳面ニ相記
広間江相通、院代・役人《代官用部や》対面、挨拶之上酒飯
定例之通差出
都合宜時分御居間入側江通し
対面之、御昆布被遣候事

二日　三日

一　柏原其外出入之者等、年礼ニ罷上候事

不及御対面

（二オ）

四日

一　松尾寺惣代・観音寺惣代、両人為年頭登山

御対面、御昆布被下候事

五日

一　清滝村檀那中為年頭参上、石堂寺先達ニ来ル

御対面、御昆布被下之

（二ウ）

六日

一　年越之御礼院内一同申上之

一　門前之者一同、御勝手迄御礼申上、代官用部や罷出承之

七日

一　今朝七草之御礼、昨夕之通

一　門前之者同断
一　柏原幷村々檀中江為年頭院代廻勤
　　或者使僧廻勤之事、但早朝、酒五升・とうふ五丁杉之沢、酒三升・白米弐升大野木、門前之者使ニ而為
　持遣
八日
一　杉之沢村・須川村・小田村、檀中為年頭参上
　御対面、御昆布被下之事
一　今明日中、宮様江年始呈書、執当中迄差出案文左之通、
　　　十二日
山門執行代于今当駅止宿ニ而相頼遣候事
九日
（三オ）
一　清滝村庄屋・年寄五人江扇子弐本ツ、
被遣之事、代官持参也
十日
一　大野木村・須川村檀中為年礼参上
　御対面、御昆布被下之候事

十一日
一　蔵開ニ付土蔵江神酒可備事
一　長岡村・杉之沢村檀那為年礼参上
　御対面、御昆布被下之
（三ウ）
十二日
一　河内村檀那年礼、常福寺先達ニ而
　来、御対面、御昆布被下之候事
右、何れも年礼参上之面々江者於広間
酒飯定式之通出之、院代幷代官用部屋
（四オ）
挨拶可致事、各年玉持参之事
　但、宜時分御居間次之間江通し、上之間ニ而御対面之事
一　代官家内年礼罷上り候ハ、於広間酒飯出之献立、

御対面、御昆布被下之、定式之通也、院代并用部屋挨拶

十四日

一　年越之御礼、院内一同申上之

十五日

一　門前之者御勝手迄罷上御礼申上、代官用部屋承之

一　今朝御礼昨夕之通、門前之者昨夕之通リ

十六日

一　於本堂大般若転読襲三ツ緒

松尾寺二口　観音寺二口　名超寺　石堂寺

常福寺　三光院　玉泉院

都合八口相済而壱汁三菜組重酒出

（四ウ）

一　右引続、小野篁真筆之大般若於般若殿転読之事

一　小田村・北池村・常喜村・名越村、右四ヶ村者礼日無極、参次第定式之酒飯差出

御対面、御昆布被下之候事

（五オ）
二月
十五日
一　涅槃会執行、末寺五六人出勤
谷汲山御直支配ニ相成候而ゟ相止

三月
三日
一　院内当日御礼之事

（五ウ）
八日
一　龍神御祭礼御膳献之、赤飯蒸献之
法楽之事

四月
朔日
一　山王御祭礼、御神酒御膳献之　壱汁五菜

法楽之事
八日
（六オ）
一　誕生会御執行、末寺六人程出勤、
但近来相止
十七日
一　東照宮御祭事、神酒御膳赤飯献之
法華三昧《八講》執行之事、末寺出勤
五月
一　五日、院内当日御礼之事
一　十六日、小野篁真筆大般若於般若殿
（六ウ）
転読之事
六月
二日大師講中江院代役人名前ニ而廻達
一　土用ニ入翌日奥江罷出暑中御伺申上候事

一　宮様へ暑中伺書見計差出候事、御猶父等、同断之事
一　四日伝教会、胎曼供執行
　導師素絹五条、衆僧襲小五条
松尾寺ニ口　観音寺ニ口　名超寺　石堂寺
常福寺　安能寺　日光寺　泉明院
都合拾口出勤相済而定式之料理被下之
　但大野木桑原六郎左衛門方へ送膳として白米三升・料理物三色程前日為持遣候事
　豆腐拾丁、桑原六郎左衛門ゟ来、両大師会共ニ来ル

七月

（七オ）
一　朔日貞舜権僧正忌、金曼供執行
松尾寺ニ口　観音寺ニ口　名超寺　石堂寺
安能寺　常福寺　泉明院
都合九口、法会相済御廟江参詣、衆僧同断、畢而定式之料理被下之
一　七夕、院内御礼之事
一　十四日、中元ニ付同断之事

一　同日、朝小豆餅搗諸仏神江献之、院内御廟江

（七ウ）

参詣、開山様ゟ初夫々江餅・瓜・茄子献之候事

一　十五日、盂蘭盆会ニ付施餓鬼御執行

松尾寺二口　　観音寺二口　　名超寺　　石堂寺　　安能寺

泉明院

都合八口、法会畢而定式之料理被下之

八月

一　朔日、院内御礼申上候事

（八オ）

一　十五日祐円忌、常行三昧執行

松尾寺二口　　観音寺　　名超寺　　安能寺　　常福寺

泉明院

都合七口、法会畢而定式之料理被下之

一　同日暮方於本堂月天子御法楽之事

九月

一　九日、重陽ニ付院内御礼罷出候事

（八ウ）

一　十三日、暮方於本堂月天子法楽之事

一　十六日、小野篁真筆大般若於般若殿転読之事

一　当月下旬、院領検見之事
　但、日限之儀代官ゟ申出之事
　用部屋同道検見候事

十月

（九オ）

十一月

一　廿四日、天台会、法華三昧御執行
松尾寺ニ口　観音寺ニ口　日光寺　泉明院
都合六口、法会畢而定式之料理被下之

一　寒ニ入候得者　宮様江寒中御機嫌伺書状差出、案如左、献上物先格無之

十二月

一　十三日、如定例本堂幷御居間・御勝手向、不残煤掃事
　　夕飯節献立、如例年

（九ウ）

一　廿一・二日頃、本堂其外仏具磨之事
一　廿五日、定例餅搗之事
　　今明日中年徳棚取付可申事
一　門松建候事、門前之者共役之
一　大晦日、昨今之内為歳暮歴代御廟前江
　御参詣之事、尤前以門前之者江掃除可申付事
一　院内歳末御礼罷出候事

（十オ）

　　鏡餅之寸法
大　下備差渡七寸位　　上備六寸
中　下備差渡五寸位　　同　四寸
小　下備差渡三寸位　　同　弐寸
　右之通寸法相定置、見計取可申也

一　十二月十六七日頃、柏原山伏龍宝院ゟ
例年御札相贈為初尾白米壱升遣之事

（十ウ）

一　正月伊勢大神楽参候節者白米一升鳥目百文遣之
尤又二月比参候節も見合可遣事

一　柏原番人年始ニ上り候節者、白米弐升、切餅
七ツ遣之事

一　四月朔日、山王御祭礼之節、御湯立有之、尤

（十一オ）

当院ゟ白米弐升、青銅弐拾疋、和泉江遣之
門前之者両三人湯番ニ上ル

一　四月十七日　東照宮御祭礼之節者、門前ゟ
御神酒献之、夕方右之神酒頂戴ニ来、其節赤飯御供、少々ツヽ遣之事

一　門前之者野休致し候節ハ、白米弐升被下之

（十一ウ）

一　十二月伊勢御師左太夫参候節、納舛ニ而
　　弐斗御初尾遣之
　　　土産物
　御祓　暦　干瓢　中啓　足袋　青海苔
　刻昆布　若布　〆八品也
　　右書簡相添持参、成菩提院様御雑掌中様と相認来
一　柏原番人江歳暮ニ納舛ニ而弐斗下之、番人ゟ
（十二オ）
　例年草履五足歳末ニ被致候事
一　門前之者役取候節者、壱人ニ付三合三夕舛ニ
　三杯遣、半人之節者壱杯半、女役者弐合五夕舛ニ
　弐杯ツヽ遣之事
一　五節句其外祝儀之節、門前之者共江料理
　遣候処、近来為祝儀米役米相渡候砌京舛ニ而
（十二ウ）

　五升ツ、遣之
一　正月六日、院代村々檀中江年頭廻勤之節
一　白米弐升、酒三升　大野木村桑原六郎左衛門へ遣
一　酒五升、豆腐五丁　杉之沢檀那中江
右之通先例ニ而同日早朝為持遣、右両村共
　酒飯出候事

「（裏表紙書入れ）三十九世
　　圓體代
　紙数拾四枚　」

④　柏原駅　成菩提院覚書

【書誌事項】

写本、一冊。縦二九・五センチ、横二〇・〇センチ。料紙、楮紙。大和綴。表紙別五紙。外題直書。表表紙に本文と別筆にて「此書不審多端有之／現住亮秀加筆者也」とあり。内題、奥書なし。頭注あり。

（翻刻）

（表紙）
「柏原駅
　成善提院覚書
　　此書不審多端有之
　　現住亮秀加筆者也　」

（見返し　空白）

（一オ）

柏原駅寂照山円乗寺成善提院者天台宗海
道三箇談林之随一而穴太流伝法灌頂之密
室也〈俗曰寺／談義所〉

光厳案ニ
思桓武帝歟　一　柏原院依　勅願高祖伝教大師之開闢七堂
明星山之縁起　伽藍之霊場也〈駅南有御廟曰王塚有大師作／医王堂曰明星山〉
爰ニ引者如何　然処嘉暦元丙寅年〈至今茲享保十七壬／子年計四百有七年〉為越
前国平泉寺凶党等堂塔破壊本堂幷三百坊

之寺蹟且七百有余〈俗伝有一僧狐化交衆此／棲止七箇年或時作和歌〉
〈二首不知行方明応九／年十一月日行尊ト有之〉所化分散及中絶焉越

（一ウ）

応永之始山門西塔宝園院貞舜法印常歎台
教之衰有志回瀾且興土木之功伽藍再復旧
観其後永禄年中信長公当院御止宿之節俄
遭舞馬之変矣今寺慶長年中自貞舜十九世
祐円法印建立也是時依　権現様御寄附以
関ヶ原仮城残米二百石充番匠之労費

舞馬之変爰ニ
有ル処後ト相違
此レニテ者皆焼失ト
相見ユ後ヲ為レ是
歟

一　本尊十一面観音夾（扶）侍不動毘沙門共春日作
一　霊檀本尊弥陀尊　恵心僧都作
一　護摩堂不動明王為天下泰平国家静謐長日

（二オ）

不退修法有之

是レ者元禄中　一　堂内文殊薬師地蔵之三尊往古諸堂之本尊
秀算大僧正　　　　也就中大聖文殊者天竺仏而霊験掲焉
書上帳与相違　一　霊仏霊宝数多其外器物多各入経蔵
薬師如来者
延寿堂本尊
如法堂本尊者
普賢菩薩也
　　　　　　　一　山林境内御除地御朱印高百六十石五斗
　　　　　　　　　門前在家二十余宇諸役御免許
　　　　　　　一　末寺法流七八十箇寺各古蹟也〈昔三百余箇／寺見寺記〉
　　　　　　　一　境内有十王堂本尊弥陀地蔵恵心作十王者
　　　　　　　　　小野篁卿作仍謂小野村
（二一ウ）
此説為レ是　　一　信長公有位牌書簡幷陣鍋一口或時御台所
者歟　　　　　　　被召具御止宿不図御平産因此汚穢従護摩
此レ者古老之伝
也

堂失火有不思議堂内深砂王及慈慧大師飛
来掛庫前柿樹於此鎮火以来諸民安産在願
輩裂此柿木需帰依則各得無恙
一　秀吉公御書六通各御朱印
〈増田右衛門允／富田左近将監〉奉之
一　知行高始百五十石秀吉公御朱印後七分之
増検以百六十石五斗也当御代迄御墨印御
（三一オ）
朱印連続
一　権現様御真影一幅〈裏書奥／記之〉且当山御掟書一
通御墨印
一　当院暦代著述
七帖見聞又天台類聚
柏原安立又宝要安立
真海十帖
真祐十帖
〈其外日記古書不可勝計／石田三成有四度解之条目居判〉

（三ウ）

一　鎮守山王権現社　弁財天女社

一　年中行事

天下泰平御祈禱長日不退護摩供

正月十四日　曼陀羅供〈此日法流僧／依願進導師〉

同　十六日　転読大般若経

　但五月九月同断

二月十五日　涅槃会

四月　八日　灌仏会

同　十七日　東照宮法楽

（四オ）

同中申日　　山王祭礼

六月　四日　伝教会

同　十五日　弁天供養

七月朔日　　貞舜忌

同　十五日　盂蘭盆会

八月十五日　祐円忌
十一月三日　深砂（ママ）講式
同　廿四日　天台会
十二月廿八日　仏名会

（四ウ）

〈其外小会度々各末山僧徒等出勤但／阿闍梨職位等依願望戒檀修行之〉

一　貞舜伝見本朝高僧伝第十七巻〈略之〉法花頓
写之法会於当寺如法堂貞舜法印始修行之
〈今如法／堂也〉

一　禁制札有四枚〈別紙／記之〉

一　永禄応永慶長之時代諸大名之書翰数多其
外暦代草藁書許多有之

禁制　　柏原　成菩提院

一　陣取放火之事

（五オ）

一　濫妨狼藉之事

一　伐採山林竹木事

右条々堅令停止訖若於違犯之輩者速可処

厳科者也仍執達如件

永禄十一年八月日　　弾正忠判

禁制　　柏原　常（ママ）菩提院

一　当手軍勢乱妨狼藉之事

一　伐採竹林木事

一　陣取放火之事

（五ウ）

右条々堅令停止畢若違犯之輩在之者速可

処厳科者也仍下知如件

天正拾三年十二月日　　五郎左衛門　判

筑前守　判

禁制　　柏原　成菩提院

一　当手軍勢乱妨狼藉之事

一　伐採山林竹木之事

一　陣取放火之事

右条々堅令停止畢若違犯之輩有之者速可
（六オ）
処厳科者也仍如件
慶長五年九月日　　秀秋　判〈又一通／同断〉
御影裏書
江州成菩提院霊宝
東照大権現尊容一幅
依探題大僧正天海命　法印栄俊画図
之所也
寛永十七庚辰年十一月十七日
今ノ像者　一　深砂《（ママ）》王画像一幅有之是者往年平泉寺凶徒
時代相違
乱入之砌有奇瑞依茲当院擁護神毎年十一
（六ウ）
月三日有法会尤出被甲護身守事有裏書

一　日光御門主御支配当住静慮院前大僧正也
　　叡山麓一乗寺曼殊院宮御門室院家

（裏表紙裏　空白）

（裏表紙　空白）

三、略年表

時代	世代	住僧	年号（西暦）	業績と寺の動き	世の中の動き
奈良時代			延暦四年（七八五）		最澄、延暦寺を開く。
平安時代			延暦二四年（八〇五）		最澄、天台宗を開く。
			弘仁六年（八一五）	最澄の開創、嵯峨天皇の勅願所、天台宗海道三談林の随一の柏原談義所といういわれがあるが、後代の談か（『大日本寺院総覧』）。	
鎌倉時代					一一八五年、源頼朝による守護地頭の設置。
					一三二四年、正中の変。
					一三三一年、元弘の変。
室町時代			嘉暦元年（一三二六）	越前平泉寺の衆徒、足利義満の本願により五度来襲（『大日本寺院総覧』、当院所蔵「深沙大将図」裏書）。	
			応永七年（一四〇〇）	この頃、当院、談義所的な性質を持ち始めるか（貞舜を「能化」とする史料あり）。	一三九二年、南北朝が統一。
	一	貞舜	在任応永七年（一四〇〇）頃～応永二三年	比叡山西塔等で修した貞舜が中興第一世住持となる。『宗要柏原案立』『天台名目類聚鈔』（七帖見聞）など多くの聖教の成立に関わり、顕密	

		（一四一六）頃	双方に亘る多くの聖教を書写、当院に伝える。当院を「談義所」と称する史料の初見（『宗要抄　河田谷　二乗帖上』（金剛輪寺蔵））。	
二	慶舜	応永一九年（一四一二）か同二九年（一四二二）頃	慶舜、第二世住持となる。慶舜の時代に、当院に西山流の灌頂道場である「灌室」が設置される。慶舜、『阿沙縛抄』の書写事業にも関わる（灌頂に関わる複数の巻の伝来は、当院が有する灌室と関わるか）。貞舜・慶舜・第三世住持春海本として伝来する修法の次第を記した『行用抄』も、慶舜のものが大量に現存する。多くの弟子を有する。	
三	春海	応永三一年（一四二四）頃	成菩提院灌室で慶舜から密教の灌頂、談義を受けたことを記す史料が残る（『胎蔵界印信』『相伝法門私見聞』等）。慶舜より『阿沙縛抄』を継承するほか、様々な聖教を集めて談義のためのテクストを作成していたことが知られる。「六月会前後義科講」等、当院の談義所としての活動を支える。当院に土地寄進も行っている。	
四	明舜		春海から明舜への書物の伝授を記す史料が残る（嘉吉三年（一四四三））。当院の談義所としての立て直しのため、先代の法度に倣いながら寺院法を制定（「明舜法印御代法度条々」『年中雑々』）。	
五	舜海	文明一一年（一四七九）頃	明舜の法度をより充実させた四〇箇条から成る法度制定（「条々」『年中雑々』）。	
六	心舜		『法華教主（五味義科抄）』などを著す。	

	七	宣舜	永正七年（一五一〇）頃	談義活動を行う。	
	八	快尊	天文三年（一五三四）頃〜	「宗門の瑚璉」（『円乗寺開山第一世貞舜法印行状』）と高く評される。第四世明舜時のものより詳細な寺内法度『院中代々法度之事』もこの時期に成立か。当院に田地の施入が行われる。	
	九	定海	永正一七年（一五二〇）頃〜	各地で聖教の書写活動。『阿沙縛抄』の書写も行っていたか。	
	一〇	真海	天文二年（一五三三）頃〜	天文一七年（一五四八）、当院第一七世となる真祐に『真海十帖』を伝授、この頃には美濃国横蔵寺に移っている。『七帖要文』『台嶺真珠集』『両部兼貫記』等の著作がある。天文二一年（一五五二）、田畑一段を成菩提院に売り渡す。当院子院の菅生寺法華院の栄心（『法華直談抄』著）との交流も推測される。山王祭と思われる祭礼等を執行。	
	一一	真円			
	一二	心芸		当院第一〇世真海撰『問答抄』（一三帖）を一〇帖に改める（第六、第八奥書）。	
	一三	憲栄	永禄五年（一五六二）頃〜	当院の聖教、経典を補完する。	
	一四	定舜		当院に、栄心から定舜に与えられた、関東天台の相承を含む印信が残る（天文一五年〈一五四六〉）。	一五七一年、織田信長、延暦寺を焼く。
安土桃山時代	一五	亮運		当院に諸典籍を寄進。亮運所持本も多く現存す	一五八二年、信長、本能寺

時代	世	住持	年代	事績	関連事項
				る。天正頃（一五七三～九二）の亮運の書写本、当院外にも残る。	に討死。
	一六	光栄	天正一三年（一五八五）頃～	筑後国高良山刑部卿顕秀より『阿沙縛抄』内六本の典籍が寄進。当院子院の菅生寺で成立の栄心『法華直談抄』、当院に奉納される。	
	一七	真祐	天正一七年（一五八九）頃～	第一〇世真海の入室の弟子（『問答抄』第一奥書）。真海の著作『真海十帖』の改訂、書写を行う。『灌頂法則』は真祐自筆と考えられ、成菩提院での灌頂の際に利用されたと目される。秀吉の朝鮮出兵に際して、戦勝祈願の品物を贈る。横川恵心院第二世も歴任し、晩年は三井寺の法泉院に退く。	一五九〇年、豊臣秀吉による天下統一。
	一八	澄芸	天正一九年（一五九一）頃～	秀吉の太閤検地に立ち会い、新旧両帳引き合わせを行う。	
江戸時代	一九	祐円	慶長五年（一六〇〇）頃～	関ヶ原合戦に際し、護摩法を修し、徳川家康の勝利を祈禱、合戦の勝敗が決したことにより、祐円は家康の陣に牡丹餅を献上（この盆現存）などの伝承あり。慶長一三年（一六〇八）、家康から成菩提院に寺領一五〇石の安堵、当院を顕教・密教双方の伝統を持つ寺院と認めた法度も出される。永禄年間焼失の本堂伽藍再建。慶長一八年（一六一三）、秀忠より寺領加増により、幕末に至るまで寺領一六〇石五斗の朱印地となる。後に成菩提院中興の祖とされる。	一六〇〇年、関ヶ原合戦。一六一二年、幕府、キリスト教禁止令。一六一六年、徳川家康が豊臣家を滅ぼす（大坂夏の陣）
	二〇	天海	寛永五年（一六二八）～	他院との兼帯の住持体制、以後第三一世俊静まで続く（天海より前は「弟子相続」）。織田信長	

			の比叡山焼き討ちによりとだえた広学竪義など各種法会の復興のため、当院を含む多くの寺院から書物を集める。	
二一	憲海	承応三年（一六五四）～	比叡山東塔北谷蓮華院、寛永寺真如院住職となり、成善提院住職を兼帯。	
二二	光憲			
二三	秀仙	延宝六年（一六七八）	梵鐘鋳造、鐘楼建立。	
二四	公憲	延宝八年（一六八〇）～	延暦寺西塔妙観院、出羽国立石寺の住持を経て成善提院住職を兼帯。貞享元（一六八四）年、大僧都となり、延暦寺東塔竹林院住職になる。	一六八七年、生類憐れみの令。
二五	広海			
二六	亮雄			
二七	秀算	元禄五年（一六九二）～	延暦寺西塔正観院住職を経て当院住職就任。以下第二九世普寂まで、延暦寺西塔正観院との兼帯、法印大僧正まで昇進の住持が続く。	
二八	玄海	元禄一五年（一七〇二）	延暦寺西塔正観院住職継承とともに成善提院住職に就任。法印大僧都に昇進。	
二九	普寂	在任元禄一七（一七〇四）～ 正徳三年（一七一三）	延暦寺西塔正観院住職継承とともに成善提院住職に就任。大僧正に昇進。	
三〇	良詮		この頃、延暦寺西塔に西山流灌室が設けられる。	
三一	俊静	在任享保一八（一七三三）～	延暦寺西塔正観院住職継承とともに成善提院住職に就任。大僧正に昇進。東照宮を祀るための	

		元文四年（一七三九）頃	法華八講を実施（享保二〇年〈一七三五〉、元文元年〈一七三六〉）。その後、文化八年（一八一一）にも執り行われる（豪恕代）。	
三二	栄応	在任寛保元（一七四一）～明和元年（一七六四）	延暦寺西塔観樹院、江戸・芝の如来寺住職を経て成善提院住職就任。明和元年（一七六四）、善珉と当院住職交替し、延暦寺渓広院住職となる。後に、東叡山泉龍院に移転。輪王寺門跡から当院は「移転所（格式ある寺院の住職の隠居寺）」とされる。	
三三	善珉	明和元年（一七六四）	延暦寺渓広院住職だった善珉、成善提院住職だった栄応と交替し、成善提院住職就任。	
三四	観光		比叡山横川定光院、久能山住職を経て成善提院住職就任か。	
三五	慈周	在任天明五（一七八五）～寛政元年（一七八九）	六如という名で漢詩人として名高い。当院裏山の尾根に皆山亭を築き、法務の傍ら詩作を行う。安楽律問題終息後に成善提院就任か。	一七八六年、最上徳内の千島探検。
三六	義本	享和元年（一八〇一）頃	慈周逝去に前後して成善提院住持となる。成善提院末寺の谷汲山華厳寺の本尊の出開帳を企画。権僧正。	一八〇〇年、伊能忠敬による全国測量。
三七	丞然			
三八	豪恕	在任享和元（一八〇一）～文政四年（一八二一）	比叡山東塔正覚院との兼帯で成善提院住職となる。摂津国蓮華寺蔵の伝小野篁筆『大般若経』六〇〇巻購入、経蔵を造り納める（享和一二年〈一八〇二〉）。初代貞舜に権僧正を与えるよう働きかけ、享和三年（一八〇三）贈官。	

三、略年表

	三九	円体	文政四年（一八二一）〜	文政八年（一八二五）の大雪による堂舎破損の再興に尽力。第一九世住職、当院中興の祖祐円二百回忌の実施（文政一〇年〈一八二七〉）。	一八二三年、シーボルト来日。
	四〇	周円	在任天保九（一八三八）〜弘化三年（一八四六）	天保四年（一八三三）、円体没後の東叡山寛永寺の維摩院と本覚院による成菩提院管轄下、留守居として成菩提院住職を勤める。開帳実施。	一八四一年、天保の改革始まる。
	四一	亮秀	在任嘉永五（一八五二）〜七年（一八五四）	周円没後、延暦寺鶏足院と覚常院による七年間の管轄後、成菩提院住職に就任。宝物の調査や『行用抄』書写・整理、『阿沙縛抄』目録の書写などを行う。	
	四二	真洞	安政四年（一八五七）	嘉永七年（一八五四）亮秀没後、当院、延暦寺恵心院の真洞の預かりとなり、その後、真洞、正式に当院住職就任。	
	四三	義孝	在任万延元（一八六〇）〜元治元年（一八六四）	密教にも長ける。文久三年（一八六三）、「穴太西山流」書写。退院後三年間成菩提院を預かり、「当山玄関再建」を果たす。	一八六〇年、桜田門外の変。一八六七年、大政奉還。
明治以降	四四	鳳亮	在任慶応二（一八六六）〜明治元年（一八六八）	延暦寺東塔北谷安禅院より三十四歳で転住か。	一八六八年、明治維新。
	四五	義孝		再任。	
	四六	孝健	在任明治二（一八六九）〜明治七年	延暦寺松寿院より推挙されて転住。当院第三八世住職豪恕以降歴代住職の事蹟をまとめる（『入院諸記録』、明治三年〈一八七〇〉）。明治	

		（一八七四）	四年〈一八七一〉、太政官布告により、寺社領地の政府所有化。
四七	良灌	明治六年（一八七三）	石寺光善寺より転任。
四八	孝健		再任。
四九	純映		
五〇	皎然		
五一	慈純		
五二	広範		
五三	慈寛		
五四	幸円		
五五	慈寛		再任。
五六	川口実然		大正一二年二月二四日着任、昭和一八年六月二四日寂。
五七	清原恵弘		昭和一八年九月二五日着任、同二〇年七月二三日寂。
五八	水谷教章		昭和二一年六月二四日着任、同四七年一〇月三一日辞任。
五九	尾上寛仲		昭和四八年九月九日着任、同五九年五月九日寂。
六〇	中村昭範		昭和五九年六月二〇日着任、同六三年三月二一日辞任。
六一	山口智順		昭和六三年四月一日着任。

あとがき

本書は日本の文化史、宗教史や思想史の上で注目すべき寺院の活動について、その歴史と文化財を中心とした研究成果の公開を目的としている。

日本の中世思想の基盤となったのが、伝統仏教の中の顕教と密教であることは、思想史方面では島地大等や硲慈弘、田村芳朗など、歴史学方面では黒田俊雄などが主張してきた。顕密からなる伝統仏教は、思想史的には真宗、禅宗、日蓮宗などの母体となると共に、神仏習合や修験道、さらには文学や芸能にも大きな影響を与えたが、その中世社会における実態はなお検討の余地を大きく残している。とくに中世前期に対する中世後期以降、中央に対する地方の実態解明が著しく遅れている。本書はその欠落部分を埋める方向性を持つ。

本書で扱う成菩提院は、現在の滋賀県米原市の旧中山道沿いにあり、京都と東国の交通の要衝であることから、多くの学僧が往来し、文化的な蓄積がなされた。その中で盛んになったのが、談義所としての活動である。古代の寺院は貴族階級との関わりで存在した。庶民にとって仏教思想は縁遠く、わずかに呪術的な部分での受容が主であった（民俗行事としての大般若経転読など）。しかし時代が進むにつれ、仏教について理解したいという人々が増えていく。それに伴い鎌倉時代には、古くは宮中などで行われた説法が、庶民を対象として実施された。僧侶の間でも、難解な教学を多方面から検討し、親しみやすい語り口でわかりやすく広める動向が生まれてくる。中世後期には、関東を中心に地方の学問寺院が発達し、説法を訓練する学舎としてであろうか、「談義所」と呼ばれた。当時の記録で代表的な談義所として知られたのが、仙波（現、埼玉県の中院）、長南（現、千葉県の長福寺）、そして柏原談義所、すなわち成菩提院である。プロの僧侶集団の独占状態であった知の世界が、広く人々に受容されていく画期としては、近世初期の出版文化の発達が知られているが、談義所の活動はその前の段階の画期を担っており、成菩提院はその談義所寺院を代表する存在であった。さらに、他の寺院の残存史料の乏しさや、成菩提院が有力な灌頂道場でもあったこと（談義所としては稀な例）とあわせて考えるなら、中世顕密仏教の知的動向や精神世界が近世に向かって展開していく過程を跡付けられる存在として、同寺の所蔵史料は重要な意義を持ち、その研究も学術的な貢献度が高いといえる。

本書制作に至る活動は、三十年近く前に福田榮次郎氏（当時明治大学教授）を中心とする調査団が、本院の史料調査を開始した時点に始まる。本書の中核部分を担う松本公一氏・大島薫氏や曽根原理などの文化史研究者は、十年以上にわたり科学研究費補助金（科研費）を獲得し、本院の聖教史料調査を継承し成果を蓄積してきた。また八年前からは、青柳周一氏、朴澤直秀氏ら歴史学研究者により、近世文書を中心とする調査活動が加わった。そうした研究活動の蓄積を基本とした上で、近年は美術史や民俗学的な調査も加味し、研究活動の範囲を広げつつある。

また、本書執筆の中心メンバーは、何度も国際学会で関係する共同報告を実施している。たとえば、二〇〇五年三月に東京で開催された第一九回国際宗教学宗教史会議世界大会において、大島氏は「日本中世における唱導と談義」を主題とするパネルに加わり報告している。二〇〇六年四月に韓国・海印寺で行われた韓国仏教学結集大会においては大島氏と曽根原が、二〇〇八年にソウルで行われた同大会においても曽根原が、談義所関係の報告を行った。二〇〇九年に開催されたオランダ・ライデン大学における国際研究集会 Perspectives on Religion and Ritual in

Early Modern Japan（近世日本における宗教と儀礼へのまなざし）においては、曽根原を代表とする「科研」から八名が派遣され、その中の牧野和夫氏が談義所関係の報告を行った。二〇一〇年八月にカナダ・トロントで開催された第二〇回国際宗教学宗教史会議世界大会では、Seminary Temples in Medieval Japan: The Forefront of the Research on 'Dangisho' Temples（日本中世の学問寺院——談義所研究の最前線——）という主題で五名のパネル報告を行った（牧野・松本・大島の各位と三橋正氏および曽根原）。最近では二〇一五年六月に、ドイツ・ハイデルベルク大学で国際ワークショップ Combinatory Religious Practices in Japanese History（日本史における神仏習合）が、同大学アジア・欧州学クラスター（代表 Hans M Krämer）と曽根原を代表とする「科研」との共催で行われ、四名が参加して談義所に関する報告等を担当した（松本氏・大島氏・青谷美羽氏と曽根原）。そうした機会に、少なくない海外の研究者が関心を示し、討論に参加した。実は、西欧キリスト教世界の宗教思想史でも、説法の方法論において、プロフェッショナルな集団の範囲を脱し広く庶民を射程としていく過程をめぐり、新たな研究動向が生まれている。談義所で発達した「直談」の研究などは、国際的な研究動向とも切り結ぶ内容を持っていることを付言したい。

本書の執筆担当者は次のとおりである（敬称略、刊行時点）。

序文　山口　智順・成菩提院・住職
通史・伝承編一～五　松本　公一・池坊短期大学・教授
六・八～十一　曽根原　理・東北大学・学術資源研究公開センター・助教
七　松金　直美・真宗大谷派教学研究所・助手

十二　青谷　美羽・京都造形芸術大学・芸術学部・非常勤講師

文化財編　総括　大島　薫　・関西大学・文学部・教授

指定文化財　大島／上野良信・滋賀県立琵琶湖文化館・学芸員

中世文書　湯浅　治久・専修大学・文学部・教授／林晃弘・東京大学・史料編纂所・助教

中世聖教　大島／松本／曽根原

近世文書　曽根原／松金／林

青柳　周一・滋賀大学・経済学部・教授

梅田　千尋・京都女子大学・文学部・准教授

藤田　和敏・大本山相国寺・寺史編纂室・研究員

朴澤　直秀・日本大学・法学部・教授

近世聖教　曽根原／青谷

資料編　一　万波　寿子・日本学術振興会・特別研究員（ＰＤ）

二　川嶋　美貴子・同志社大学・文学研究科・博士課程修了／大島

三　和田　有希子・群馬県立女子大学・文学部・非常勤講師

本書に収録した内容は、次の研究費による成果の一部であり、列記して謝意を示す。科学研究費による補助金二六三七〇〇七六（代表：曽根原）、同二一五二〇二二二（代表：松本公一）、同一六Ｋ〇三〇二三（代表：朴澤直秀）、平成二十二・二十三年度陵水学術後援会学術調査・研究助成（代表：青柳周一）、二〇一五・二〇一六年度東京大学

史料編纂所共同利用・共同研究拠点　一般共同研究（代表：曽根原）。

　末筆ながら、本書制作のために多大のご協力を頂いた成菩提院の山口住職をはじめ、関係各位、大変なご苦労をかけた法藏館編集部の田中夕子氏にも、改めて御礼申し上げたい。

　なお本書の刊行については独立行政法人日本学術振興会平成二十九年度科学研究費助成事業（科学研究費補助金、研究成果公開促進費、課題番号１７ＨＰ５０２２）の交付を受けた。

（曽根原　理）

History and cultural properties of the Tendai *Dangisho** Jōbodai-in (*Seminary temple of late medieval Japan)

By The Jōbodai-in Historical Materials Research Group

Contents

Introduction

I History and folklore (13th-20th centuries)

1 Establishment of Jōbodai-in as a *Dangisho* by the 1st head priest, Jōshun

2 Keishun, the 2nd head priest and the establishment of the *Kanshitsu* (a school for the teaching of esoteric baptisms)

3 Scholastic learning at Jōbodai-in from the time of Shunkai, the 3rd head priest

4 The networks of priests evident in the Jōbodai-in materials

5 Jōbodai-in in the 15th-16th centuries

6 Jōbodai-in in the 17th century

7 The branch temples of Jōbodai-in in the 17th-19th centuries

8 The era of Jōbodai-in head priests holding concurrent office elsewhere

9 The activities of Jishu, the 35th head priest

10 The activities of the 38th head priest Gōjo and the 39th head priest Entai

11 Jōbodai-in in the second half of the 19th century

12 The folklore of Jōbodai-in

II Cultural assets

1 Designated Important Cultural Properties

2 Medieval documents

3 Medieval religious documents

4 Early modern documents

5 Early modern religious documents

III Materials

1 List of important religious materials

2 Annual events at Jōbodai-in

3 Chronological table (overview)

Afterword

天台談義所　成菩提院の歴史

二〇一八年二月二八日　初版第一刷発行

編　者　成菩提院史料研究会

発行者　西村　明高

発行所　株式会社　法藏館
京都市下京区正面通烏丸東入
郵便番号　六〇〇-八一五三
電話　〇七五-三四三-〇〇三〇（編集）
〇七五-三四三-五六五六（営業）

装幀者　山崎　登

印刷・製本　亜細亜印刷株式会社

Printed in Japan　ISBN 978-4-8318-6239-6 C3021